高职高专规划教材·财会专业

财务会计实务

（第2版）

何和平　叶　佳　郭素勤　主　编
刘晓菊　何　涛　赵晓云　副主编

电子工业出版社
Publishing House of Electronics Industry
北京·BEIJING

内 容 简 介

本书依据最新发布的企业会计准则和税收政策的有关规定，按照高职高专会计专业人才培养的目标及要求，参照国家初级会计资格的职业标准，以会计要素的确认和计量构建内容体系。全书由会计要素确认和计量的基本理论、会计六大要素的确认和计量、会计确认和计量结果的报告3部分内容组成。全书共10章，各章均设有知识目标、技能目标、链接、提示、思考、检测、同步训练等项目，方便教学中的师生互动，以及相关知识和技能的训练与检测。

本书的内容体系、检测题和同步训练题与全国初级会计资格考试要求基本吻合，有利于课程教学和会计专业技术资格考试辅导相融合，既可作为高职高专会计类专业的教学用书，也可作为会计从业人员参加国家初级会计专业技术资格考试的参考用书。

未经许可，不得以任何方式复制或抄袭本书之部分或全部内容。
版权所有，侵权必究。

图书在版编目（CIP）数据

财务会计实务 / 何和平，叶佳，郭素勤主编. —2 版. —北京：电子工业出版社，2018.1
ISBN 978-7-121-33246-3

Ⅰ. ①财… Ⅱ. ①何… ②叶… ③郭… Ⅲ. ①财务会计-高等学校-教材 Ⅳ. ①F234.4

中国版本图书馆 CIP 数据核字（2017）第 307986 号

责任编辑：胡辛征　　　　　　　　　　特约编辑：许振伍　孙明珍
印　　刷：三河市龙林印务有限公司
装　　订：三河市龙林印务有限公司
出版发行：电子工业出版社
　　　　　北京市海淀区万寿路 173 信箱　邮编 100036
开　　本：787×1 092　1/16　印张：19.75　字数：531 千字
版　　次：2015 年 2 月第 1 版
　　　　　2018 年 1 月第 2 版
印　　次：2020 年 9 月第 5 次印刷
定　　价：59.00 元

凡所购买电子工业出版社图书有缺损问题，请向购买书店调换。若书店售缺，请与本社发行部联系，联系及邮购电话：(010)88254888，88258888。
质量投诉请发邮件至 zlts@phei.com.cn，盗版侵权举报请发邮件至 dbqq@phei.com.cn。
本书咨询联系方式：电话 010-62017651；邮箱 fservice@vip.163.com；QQ 群 427695338；微信 DZFW18310186571。

前　言

《国家中长期教育改革和发展规划纲要（2010—2020年）》指出：积极推进学历证书和职业资格证书"双证书"制度，推进职业学校专业课程内容和职业标准相衔接。《国家职业教育改革实施方案》（国发〔2019〕4号）提出，从2019年开始，在职业院校、应用型本科高校启动"学历证书+若干职业技能等级证书"（称"1+X证书"）制度试点工作。"双证书"或"1+X证书"（以下统称"双证书"）是指学生在毕业时能同时获得证明其学历的毕业证书和与专业相关的职业资格证书或职业技能等级证书。高职教育是培养面向生产、建设、服务和管理第一线需要的高技能人才，"双证书"是技能型人才的知识、技能、能力和素质的体现和证明，是高职毕业生能够直接从事或胜任某种职业或岗位群工作的凭证。因此，实行"双证书"制度是高职教育实现高技能人才培养目标的要求。

本教材根据会计职业岗位群的任职要求，参照国家的会计职业资格标准，重构其课程体系及教学内容，把国家对会计职业资格的知识和技能要求融入有关课程的教学过程，鼓励学生毕业时在获得高职会计专业毕业证书的同时，积极取得相应的会计专业技术资格证书。建设适合"双证书"教育的特色教材，是编写本教材的主要目的。因此，本教材在内容和编排方面具有以下特点。

1. 以会计要素的确认和计量构建教材内容体系。按照财政部发布的《企业会计准则》规定，依据高职会计专业培养技能型人才的目标和要求，主要参照国家对初级会计专业技术资格的考试标准，以会计要素的确认和计量为主线构建教材内容体系。

2. 课程教学与职业资格考试辅导相融合。教材内容既符合高职会计人才培养的知识和技能要求，也融入了国家初级会计专业技术资格考试的主要内容，将财务会计课程教学与初级会计资格考试辅导相融合，将学生的职业能力培养与国家职业资格标准相衔接。对于国家"初级会计实务考试大纲"中有关基础会计知识、管理会计基础和政府会计基础等内容，根据高职会计专业课程设置的一般要求，将融入其他相关课程，不列入本教材内容。

3. 体现会计与税制改革完善的最新变化。继2006年财政部发布企业会计准则体系——1项基本准则和38项具体准则，2014年修订或新发布了基本准则和长期股权投资、职工薪酬、财务报表列报、合营安排、公允价值计量等8项具体准则及应用指南之后，2017年财政部又修订或新发布了收入、金融工具确认和计量、金融工具列报、政府补助、持有待售的非流动资产等7项具体准则及应用指南；自2016年5月1日起，在全国范围内全面推开营业税改征增值税试点及后续的深化增值税改革，财政部和国家税务总局相继发布了《增值税会计处理规定》《关于简并增值税税率有关政策的通知》《关于深化增值税改革有关政策的公告》等；同时，近几年来国家对初级会计专业技术资格的考试内容及考试方式也有了较大的调整和变化。教材内容适时体现了这些新的变化和发展。

4. 充分考虑教学需要及学生的学习特点。编写风格立足于学生，每一章中设有"知识

财务会计实务（第2版）

目标""技能目标""链接""提示""思考""检测"等项目，为课堂教学中师生互动及相关知识点检测提供条件；每一章后配有"同步训练"（单项选择题、多项选择题、判断题、不定项选择题、计算分析题或综合题），便于学生在学习中明确重点并自我测试各章知识和技能的掌握程度。检测题和同步训练中客观题的题型及要求与全国初级会计专业技术资格考试题相吻合。

  本教材由何和平、叶佳、郭素勤担任主编，刘晓菊、何涛、赵晓云担任副主编。稿件编写具体分工为：第一、五章由金华职业技术学院何和平编写；第二、八章由金华职业技术学院刘晓菊编写；第三、七章由乐山职业技术学院郭素勤编写；第四、十章由浙江丰登化工股份有限公司财务总监叶佳编写；第六章由四川职业技术学院何涛编写；第九章由金华职业技术学院赵晓云编写。全书由何和平拟定写作提纲、统稿和补充修改。

  微课制作具体分工为：第一、二、九、十章的微课由赵晓云制作；第三、四章的微课由叶佳制作；第五、六、七、八章的微课由乐山职业技术学院李弘知制作。

  本教材在编写过程中借鉴和吸收了国内外专家和学者的大量研究成果，本教材的出版得到了电子工业出版社的大力支持，在此一并表示感谢。

  由于编者水平和经验有限，书中难免存在疏漏和错误之处，恳请读者和同行批评指正。

编　者

目 录

第一章 会计要素的确认和计量 /1

第一节 会计要素的确认 /1
第二节 会计要素的计量 /6
同步训练 /7

第二章 流动资产的确认和计量 /9

第一节 货币资金 /9
第二节 应收及预付款项 /23
第三节 存货 /31
第四节 金融资产（一）/55
同步训练 /61

第三章 非流动资产的确认和计量 /67

第一节 金融资产（二）/67
第二节 长期股权投资 /77
第三节 固定资产 /87
第四节 无形资产 /102
第五节 投资性房地产 /109
第六节 其他资产 /117
同步训练 /121

第四章 流动负债的确认和计量 /126

第一节 短期借款及应付利息 /126
第二节 应付及预收款项 /128

第三节 应付职工薪酬 /134
第四节 应交税费 /142
第五节 应付股利及其他应付款 /160
同步训练 /161

第五章 非流动负债的确认和计量 /166

第一节 长期借款 /166
第二节 应付债券 /168
第三节 长期应付款 /174
同步训练 /176

第六章 所有者权益的确认和计量 /180

第一节 实收资本 /180
第二节 资本公积 /186
第三节 其他综合收益 /189
第四节 留存收益 /191
同步训练 /194

第七章 收入的确认和计量 /199

第一节 收入的确认和计量原则 /199
第二节 销售商品收入 /205
第三节 提供劳务收入 /221
第四节 让渡资产使用权收入 /224
同步训练 /226

第八章 费用的确认和计量 /231

第一节 营业成本 /231
第二节 税金及附加 /235
第三节 期间费用 /236
同步训练 /240

第九章 利润的确认和计量 /243

第一节 营业外收入 /244
第二节 营业外支出 /249
第三节 所得税费用 /251
第四节 本年利润 /253
同步训练 /255

第十章 会计确认和计量结果的报告 /260

第一节 财务报告概述 /260
第二节 资产负债表 /261
第三节 利润表 /276
第四节 现金流量表 /280
第五节 所有者权益变动表 /296
第六节 附注 /300
同步训练 /301

参考文献 /308

第一章

会计要素的确认和计量

知识目标

掌握各项会计要素的定义、特征和确认条件；熟悉会计要素计量属性；了解会计确认和会计计量的含义。

技能目标

能对企业发生的交易或事项进行职业判断，并运用会计要素确认条件，对资产、负债、所有者权益、收入、费用和利润进行确认。

会计是以货币为主要计量单位，对企业单位的经济活动进行核算和监督的一种管理活动。企业会计的目标是向会计信息使用者提供与企业财务状况、经营成果和现金流量等有关的会计信息，反映企业管理层受托责任履行情况，从而有助于会计信息使用者做出相关决策。承担这一信息载体和功能的是企业编制的以财务报表为核心的财务报告，它是会计要素确认和计量的最终结果。

第一节 会计要素的确认

一、会计确认的含义

会计确认是按照规定的标准和方法，辨认、判断和确定发生的交易或事项是否作为会计要素进行正式记录并列入财务报表的过程。会计是一个信息系统，会计核算过程实质上是一个信息转换、加工和传输的过程，包括会计确认、计量、记录和报告等环节。会计确认是信息转换的关键环节，是会计核算系统的基础。会计确认主要是解决能否进入会计系统（包括账务系统和报表系统）的问题，即能否入账和能否入表的问题。因此，会计确认可分为初始确认和后续确认。

① 初始确认是指对发生的交易或事项的原始经济信息进行的确认。原始经济信息的载体是伴随交易或事项发生的原始凭证，初始确认是从审核和填制原始凭证开始，依据会计要素定义和确认标准，将交易或事项进行分类，运用复式记账法编制记账凭证，并登记有关账簿。初始确认的标准主要是发生的交易或事项能否用货币计量，如果发生的交易或事项不能用货币计量，则将其摒弃在会计核算系统之外。

② 后续确认是指对已确认的会计要素在日后由于变动影响的再次确认或终止确认，以及对财务报表列报的会计信息进行的确认。经过初始确认并已登记入账的会计要素，依据会计信息质量要求，需要继续进行加工、浓缩、提炼或加以重新归类、组合，确认账簿中的哪些信息应当列入财务报表。后续确认的标准主要是会计信息使用者的需要，财务报表列报的会计信息应

是能够影响会计信息使用者决策的信息。

会计确认的标准有可定义性、可计量性、可靠性和相关性,其中可定义性和可计量性是主要标准。如果会计信息主要反映的是企业经营管理者的受托责任,会计确认更强调其可靠性;如果会计信息主要是满足会计信息使用者的需要,会计确认更强调其相关性。因此,进行会计确认时应在可靠性和相关性之间权衡,以保证提供的会计信息能够满足各方面的需要。

链接 1-1

二、会计要素的确认

会计要素是指根据交易或事项的经济特征所做的基本分类。企业会计要素分为资产、负债、所有者权益、收入、费用和利润。资产、负债和所有者权益是组成资产负债表的会计要素,侧重于反映企业的财务状况;收入、费用和利润是组成利润表的会计要素,侧重于反映企业的经营成果。

(一)资产的确认

1. 资产的定义

资产是指企业过去的交易或事项形成的,由企业拥有或控制的,预期会给企业带来经济利益的资源。根据定义,资产具有以下特征。

① 资产预期会给企业带来经济利益。所谓资产预期会给企业带来经济利益,是指资产直接或间接导致现金和现金等价物流入企业的潜力。这种潜力既可以来自企业日常的生产经营活动,也可以来自非日常活动;带来的经济利益可以是现金或现金等价物,也可以是转化为现金或现金等价物的形式,还可以是减少现金或者现金等价物流出的形式。

预期能为企业带来经济利益是资产的重要特征。如果某一项目预期不能给企业带来经济利益,那么就不能将其确认为企业的资产。前期已经确认为资产的项目,如果不能再为企业带来经济利益,也不能再确认为企业的资产。

② 资产应为企业拥有或控制的资源。资产作为一种资源应当由企业拥有或控制,具体是指企业享有某项资源的所有权,或者虽然不享有某项资源的所有权,但该资源能被企业所控制。

企业享有资产的所有权,通常表明企业能够排他性地从资产中获取经济利益。通常在判断资产是否存在时,所有权是考虑的首要因素。在有些情况下,资产虽然不为企业所拥有,即企业并不享有其所有权,但企业控制了这些资产,同样表明企业能够从资产中获取经济利益,符合会计上对资产的定义。如果企业既不拥有也不控制资产所能带来的经济利益,就不能将其作为企业的资产予以确认。

③ 资产是由企业过去的交易或事项形成的。资产应当由企业过去的交易或事项所形成,过去的交易或事项包括购买、生产、建造行为或者其他交易或事项。只有过去的交易或事项才能产生资产,企业预期在未来发生的交易或事项不形成资产。

2. 资产的确认条件

将一项资源确认为资产,除需要符合资产的定义外,还应同时满足以下两个条件。

① 与该资源有关的经济利益很可能流入企业。从资产的定义可以看到,能带来经济利益是资产的一个本质特征。但在现实生活中,由于经济环境瞬息万变,与资源有关的经济利益能否流入企业或能够流入多少实际上带有不确定性,因此资产的确认还应与对经济利益流入的不确

定性程度的判断结合起来。如果根据编制财务报表时所取得的证据，判断与资源有关的经济利益很可能流入企业，那么就应当将其作为资产予以确认；反之，不能确认为资产。

② 该资源的成本或价值能够可靠地计量。可计量性是所有会计要素确认的重要前提，只有当有关资源的成本或价值能够可靠地计量时，资产才能予以确认。在实务中，企业取得的资产只有具有实际发生的成本或生产成本能够可靠计量，才能视为符合了资产确认的可计量条件。在某些情况下，企业取得的资产没有发生实际成本或发生的实际成本很小，但是如果其公允价值能够可靠计量，也被认为符合资产可计量性的确认条件。

检测 1-1　多项选择题

下列各项中，企业能够确认为资产的有（　　　　）。

A．经营租出的设备　　　　B．经营租入的设备

C．融资租入的设备　　　　D．近期将要购入的设备

（二）负债的确认

1. 负债的定义

负债是指企业过去的交易或事项形成的，预期会导致经济利益流出企业的现时义务。根据定义，负债具有以下特征。

① 负债是企业承担的现时义务。负债必须是企业承担的现时义务，这里的现时义务是指企业在现行条件下已承担的义务。未来发生的交易或事项形成的义务，不属于现时义务，不应当确认为负债。

链接 1-2

② 负债预期会导致经济利益流出企业。预期会导致经济利益流出企业也是负债的一个本质特征，只有在履行义务时会导致经济利益流出企业的，才符合负债的定义。在履行现时义务清偿负债时，导致经济利益流出企业的形式多种多样，既可以用现金偿还或以实物资产形式偿还，也可以用提供劳务的形式偿还或部分转移资产、部分提供劳务的形式偿还等。

③ 负债是由企业过去的交易或事项形成的。负债应当由企业过去的交易或事项所形成。也就是说，只有过去的交易或事项才形成负债，企业将在未来发生的承诺、签订的合同等交易或事项不形成负债。

2. 负债的确认条件

将一项现时义务确认为负债，除需要符合负债的定义外，还需要同时满足以下两个条件。

① 与该义务有关的经济利益很可能流出企业。从负债的定义可以看到，预期会导致经济利益流出企业是负债的一个本质特征。在实务中，履行义务所需流出的经济利益带有不确定性，尤其是与推定义务相关的经济利益通常需要依赖于大量的估计。因此，负债的确认应当与对经济利益流出的不确定性程度的判断结合起来，如果有确凿证据表明与现时义务有关的经济利益很可能流出企业，就应当将其作为负债予以确认；反之，如果企业承担了现时义务，但是导致企业经济利益流出的可能性很小，就不符合负债的确认条件，不应将其作为负债予以确认。

② 未来流出的经济利益的金额能够可靠地计量。负债的确认在考虑经济利益流出企业的同时，对于未来流出的经济利益的金额应当能够可靠计量。对于与法定义务有关的经济利益流出金额，通常可以根据合同或法律规定的金额予以确定。考虑到经济利益流出的金额通常在未来期间，有时未来期间较长，有关金额的计量需要考虑货币时间价值等因素的影响。对于与推定

义务有关的经济利益流出金额，企业应当根据履行相关义务所需支出的最佳估计数进行估计，并综合考虑有关货币时间价值、风险等因素的影响。

【思考1-1】在实务中，企业发生的某些交易或事项，符合负债定义但不符合负债确认条件，能否将其确认为企业的负债？为什么？

（三）所有者权益的确认

1. 所有者权益的定义

所有者权益是指企业资产扣除负债后，由所有者享有的剩余权益。公司的所有者权益又称为股东权益。所有者权益包括所有者投入的资本、直接计入所有者权益的利得和损失、留存收益等。

2. 所有者权益的确认条件

所有者权益体现的是所有者在企业中的剩余权益，是企业的资产减去负债后的净资产，因此，所有者权益的确认主要依赖于其他会计要素，尤其是资产和负债的确认。所有者权益金额的确定也主要取决于资产和负债的计量。

提示 1-1

利得是指由企业非日常活动所形成的、会导致所有者权益增加的、与所有者投入资本无关的经济利益的流入。损失是指由企业非日常活动所发生的、会导致所有者权益减少的、与向所有者分配利润无关的经济利益的流出。

（四）收入的确认

1. 收入的定义

收入是指企业在日常活动中形成的、会导致所有者权益增加的与所有者投入资本无关的经济利益的总流入。根据定义，收入具有以下特征。

① 收入是企业在日常活动中形成的。日常活动是指企业为完成其经营目标所从事的经常性活动及与之相关的活动。明确界定日常活动是为了将收入与利得相区分，因为企业非日常活动所形成的经济利益的流入不能确认为收入，而应当计入利得。

② 收入是与所有者投入资本无关的经济利益的总流入。收入应当会导致经济利益的流入，从而导致资产的增加。但是在实务中，经济利益的流入有时是所有者投入资本的增加所导致的，所有者投入资本的增加不应当确认为收入，而应当将其直接确认为所有者权益。

③ 收入会导致所有者权益的增加。与收入相关的经济利益的流入应当会导致所有者权益的增加，不会导致所有者权益增加的经济利益的流入不符合收入的定义，不应确认为收入。企业对于因借入款项导致的经济利益流入，不应将其确认为收入，而应当确认为一项负债。

2. 收入的确认条件

企业收入的来源渠道多种多样，不同收入来源的特征有所不同，如销售商品、提供劳务、让渡资产使用权等。收入的确认除了应当符合定义外，至少应当符合以下条件：一是与收入相关的经济利益应当很可能流入企业；二是经济利益流入企业的结果会导致资产的增加或负债的减少；三是经济利益的流入金额能够可靠地计量。

检测 1-2　单项选择题

下列项目中，应确认为收入的是（　　）。
A．出售固定资产收取的价款　　B．出租无形资产收取的租金
C．发行公司债券收取的发行款　　D．发行股票收取的发行款

（五）费用的确认

1. 费用的定义

费用是指企业在日常活动中发生的、会导致所有者权益减少的、与向所有者分配利润无关的经济利益的总流出。根据定义，费用具有以下特征：

① 费用是企业在日常活动中形成的。费用必须是企业在日常活动中所形成的，这些日常活动的界定与收入定义中涉及的日常活动的界定相一致。日常活动所产生的费用通常包括营业成本、税金及附加、期间费用等。将费用界定为日常活动所形成的，目的是将其与损失相区分，企业非日常活动所形成的经济利益的流出不能确认为费用，而应当计入损失。

② 费用是与向所有者分配利润无关的经济利益的总流出。费用的发生应当会导致经济利益的流出，从而导致资产的减少或负债的增加。其表现形式包括现金或现金等价物的流出；存货的流出或固定资产和无形资产的消耗等。企业向所有者分配利润也会导致经济利益的流出，而该经济利益的流出属于所有者权益的抵减项目，不应确认为费用，应当将其排除在费用的定义之外。

③ 费用会导致所有者权益的减少。与费用相关的经济利益的流出应当会导致所有者权益的减少，不会导致所有者权益减少的经济利益的流出不符合费用的定义，不应确认为费用。

2. 费用的确认条件

费用的确认除了应当符合定义外，还应当满足严格的条件，即费用的确认至少应当符合以下条件：一是与费用相关的经济利益应当很可能流出企业；二是经济利益流出企业的结果会导致资产的减少或负债的增加；三是经济利益的流出金额能够可靠地计量。

提示 1-2

利得和损失按会计要素归属不同分为两类：一类直接计入所有者权益；一类直接计入当期利润。会计上不仅应严格区分收入与利得、费用与损失的界限，而且应严格划分直接计入所有者权益的利得或损失与直接计入当期利润的利得或损失的界限。

（六）利润的确认

1. 利润的定义

利润是指企业在一定会计期间的经营成果。利润包括收入减去费用后的净额、直接计入当期利润的利得和损失等。通常情况下，如果企业实现了利润，表明企业的所有者权益将增加；反之，如果企业发生亏损（即利润为负数），表明企业的所有者权益将减少。

2. 利润的确认条件

利润反映的是收入减去费用、利得减去损失后净额的概念。因此，利润的确认主要依赖于收入和费用及利得和损失的确认，其金额的确定也主要取决于收入、费用、利得和损失金额的计量。

【思考1-2】从会计要素的定义角度分析，收入减去费用一定等于利润吗？应当如何理解"收入－费用＝利润"这一会计平衡公式？

第二节　会计要素的计量

一、会计计量的含义

会计计量是选择运用一定的计量属性和计量单位，将符合确认条件的会计要素登记入账并列报于财务报表而确定其金额的过程。会计信息主要是一种定量化的信息，会计计量是将会计信息量化的过程，贯穿于会计确认、记录和报告各环节。如果发生的交易或事项不能可靠地计量，那就不能予以确认、记录和报告，就不能实现会计目标。因此，会计计量是会计核算系统的核心。

① 会计计量主要包括计量单位（计量尺度）和计量属性（计量基础）两部分内容。会计以货币为主要计量单位（不排除以实物量度、劳动量度作为辅助计量单位），一般情况下，会计计量以法定的名义货币作为计量单位。会计计量属性是指所用量度的经济基础，如历史成本、重置成本、公允价值等，计量属性的选择取决于不同使用者的信息需要。计量单位和计量属性的组合形成计量模式，不同计量单位和不同计量属性的组合形成了不同的计量模式。

② 会计计量可分为初始计量和后续计量。初始计量是指对发生的交易或事项进行初始确认时的计量，即确定会计要素的入账价值；后续计量是指对已计量并登记入账的会计要素在日后由于变动影响的再次计量或期末计量，以及对财务报表列报的会计信息进行的计量。

③ 会计确认和会计计量是密不可分的，会计确认离不开会计计量，"能够可靠地计量"是所有会计要素的确认条件之一。会计确认是会计计量的前提，未经确认，就不能进行计量。

二、会计要素计量属性

企业应当按照规定的会计计量属性进行计量，确定相关金额。会计的计量反映的是会计要素金额的确定基础，主要包括历史成本、重置成本、可变现净值、现值和公允价值等。

（一）历史成本

历史成本又称实际成本，是指取得或者制造某项财产物资时所实际支付的现金或其他等价物。在历史成本计量下，资产按照其购置时支付的现金或现金等价物的金额，或者按照购置资产时所付出的对价的公允价值计量；负债按照其因承担现时义务而实际收到的款项或资产的金额，或者承担现时义务的合同金额，或者按照日常活动中为偿还负债预期需要支付的现金或现金等价物的金额计量。

（二）重置成本

重置成本又称现行成本，是指按照当前市场条件重新取得同样一项资产所需支付的现金或现金等价物金额。在重置成本计量下，资产按照现在购买相同或者相似资产所需支付的现金

第一章 会计要素的确认和计量

或现金等物的金额计量；负债按照现在偿付该项债务所需支付的现金或现金等价物的金额计量。

（三）可变现净值

可变现净值是指在生产经营过程中，以预计售价减去进一步加工的成本和销售所必需的预计税金、费用后的净值。在可变现净值计量下，资产按照其正常对外销售所能收到的现金或现金等价物的金额扣减该资产至完工时估计将要发生的成本、估计的销售费用及相关税金后的金额计量。

（四）现值

现值是指对未来现金流量以恰当的折现率进行折现后的价值，是考虑货币时间价值因素等的一种计量属性。在现值计量下，资产按照预计从其持续使用和最终处置中所产生的未来现金流入量的折现金额计量；负债按照预计期限内需要偿还的未来现金流出量的折现金额计量。

（五）公允价值

公允价值是指市场参与者在计量日发生的有序交易中，出售一项资产所能收到或转移一项负债所需支付的价格，即脱手价格。在公允价值计量下，资产和负债按照市场参与者在当前主要市场或最有利市场进行的有序交易中，出售一项资产所能收到或转移一项负债所需支付的金额计量。

链接 1-3

提示 1-3

企业在对会计要素进行计量时，一般应当采用历史成本。采用重置成本、可变现净值、现值、公允价值计量的，应当保证所确定的会计要素金额能够取得并可靠计量。

检测 1-3　判断题

可变现净值只适用于资产要素的计量。　　　　　　　　　　　　　　　　　（　　）

同步训练

一、单项选择题

1. 资产按照现在购买相同或者相似资产所需支付的现金或现金等价物的金额计量的会计计量属性是（　　）。
   A．历史成本　　　B．重置成本　　　C．公允价值　　　D．现值
2. 负债是指企业过去的交易或事项形成的，预期会导致经济利益流出企业的（　　）。
   A．现时义务　　　B．潜在义务　　　C．过去义务　　　D．未来义务
3. 下列交易或事项，应确认为企业负债的是（　　）。
   A．与供应商签订购货合同　　　B．预计未来很可能发生的经营亏损
   C．预付给供应商的购货款　　　D．预期将为出售商品提供的保修服务

4. 下列各项中，应确认为收入的是（　　）。
　　A．出售房屋建筑物收取的价款　　B．出租房屋建筑物收取的租金
　　C．收到购货单位预付的货款　　　D．接受投资者投入的资本
5. 下列计量属性，不适用于负债要素计量的是（　　）。
　　A．历史成本　　B．重置成本　　C．可变现净值　　D．现值

二、多项选择题

1. 下列各项中，属于反映企业财务状况的会计要素有（　　）。
　　A．资产　　　　B．负债　　　　C．收入　　　　D．费用
2. 下列交易或事项，应确认为企业资产的有（　　）。
　　A．购入的无形资产　　　　　　B．已霉烂变质无使用价值的存货
　　C．融资租入的固定资产　　　　D．计划确定为下月购入的原材料
3. 下列各项中，应确认为费用的有（　　）。
　　A．因违约支付的赔偿款　　　　B．支付短期借款的利息
　　C．提供劳务缴纳的增值税　　　D．销售商品结转的商品成本
4. 下列各项中，属于企业所有者权益组成部分的有（　　）。
　　A．股本　　　　　　　　　　　B．资本公积
　　C．盈余公积　　　　　　　　　D．未分配利润
5. 下列各项中，属于会计计量的后续计量的是（　　）。
　　A．存货发出的计价　　　　　　B．应收账款入账价值的确定
　　C．固定资产计提折旧　　　　　D．无形资产进行摊销

三、判断题

1. 所有符合资产、负债定义的项目，均应进行会计确认并列入财务报表。（　　）
2. 企业编制的以财务报表为核心的财务报告是会计确认和计量的最终结果。（　　）
3. 企业非日常活动形成的利得和损失均应确认为当期损益。（　　）
4. 按历史成本计量意味着资产和负债的账面价值不能变动。（　　）
5. "能够可靠地计量"是所有会计要素的确认条件之一。（　　）

第二章 流动资产的确认和计量

知识目标

掌握现金和银行存款管理的主要内容,其他货币资金的内容,现金和银行存款的清查,应收及预付款项、交易性金融资产的核算方法,存货的内容和成本的确定及计价方法,存货的核算方法及清查;熟悉各种支付结算方式的基本规定、金融资产的分类;了解应收款项、存货减值的确认和计量。

技能目标

能按照有关管理制度进行现金和银行存款的管理并正确使用各种支付结算方式,会编制银行存款余额调节表;能对应收款项、交易性金融资产、存货的确认和计量进行职业判断,并正确运用计量模式和核算方法对其初始计量和后续计量进行会计处理。

资产按其流动性可分为流动资产和非流动资产。流动资产是指预计能够在一个正常营业周期中变现、出售或耗用,或者主要为交易目的而持有,或者预计在资产负债表日起一年内(含一年)变现,或者自资产负债表日起一年内交换其他资产或清偿负债的能力不受限制的现金或者现金等价物。资产负债表中列示的流动资产项目通常包括货币资金、交易性金融资产、应收票据、应收账款、预付款项、其他应收款、存货等。

提示 2-1

一个正常营业周期通常是指企业自购买用于加工或者出售的资产起至实现现金或现金等价物的期间。正常营业周期通常短于一年,在一年内有几个营业周期。但也存在正常营业周期长于一年的情况,如房地产企业开发用于出售的房地产开发产品、造船企业制造用于出售的大型船只等,往往超过一年才变现、出售或耗用,因而仍应划分为流动资产。正常营业周期不能确定的,应当以一年(12个月)作为正常营业周期。

第一节 货币资金

货币资金是指企业生产经营过程中处于货币形态的资产,包括库存现金、银行存款和其他货币资金。

一、库存现金

库存现金是指通常存放于企业财会部门,由出纳人员经管的货币。库存现金是企业流动性最强的资产，企业应当严格遵守国家有关现金管理制度，正确进行现金收支的核算，监督现金使用的合法性和合理性。

（一）现金管理制度

根据国务院发布的《现金管理暂行条例》的规定，现金管理制度主要包括以下内容。

1. 现金的使用范围

企业可用现金支付的款项有：①职工工资、津贴；②个人劳务报酬；③根据国家规定颁发给个人的科学技术、文化艺术、体育等各种奖金；④各种劳保、福利费用及国家规定的对个人的其他支出；⑤向个人收购农副产品和其他物资的价款；⑥出差人员必须随身携带的差旅费；⑦结算起点（1 000元）以下的零星支出；⑧中国人民银行确定需要支付现金的其他支出。

除上述情况可以用现金支付外，其他款项的支付应通过银行转账结算。

提示 2-2

现金的使用范围，除第⑤、⑥项外，开户单位支付给个人的款项中，支付现金每人一次不得超过1 000元，超过限额部分，根据提款人的要求在指定的银行转为储蓄存款或以支票、银行本票支付。确需全额支付现金的，应经开户银行审查后予以支付。

2. 现金的库存限额

现金的库存限额是指为了保证企业日常零星开支的需要，允许单位留存现金的最高数额。这一限额由开户银行根据单位的实际需要核定，一般按照单位3～5天日常零星开支所需确定。边远地区和交通不便地区的开户单位的库存现金限额，可按多于5天但不得超过15天的日常零星开支的需要确定。经核定的库存现金限额，开户单位必须严格遵守，超过部分应于当日终了前存入银行；低于限额的部分，可签发现金支票从银行提取现金补足。需要增加或减少库存现金限额的，应当向开户银行提出申请，由开户银行核定。

3. 现金收支的规定

开户单位现金收支应当依照下列规定办理。

① 开户单位现金收入应当于当日送存开户银行、当日送存确有困难的，由开户银行确定送存时间。

② 开户单位支付现金，可以从本单位库存现金限额中支付或从开户银行提取，不得从本单位的现金收入中直接支付，即不得坐支现金。因特殊情况需要坐支现金的，应当事先报经有关部门审查批准，并在核定的坐支范围和限额内进行，且坐支单位应当定期向开户银行报送坐支金额和使用情况。

③ 开户单位从开户银行提取现金时，应如实写明提取现金的用途，由本单位财会部门负责人签字盖章，并经开户银行审查批准后予以支付。

④ 因采购地点不确定、交通不便、抢险救灾及其他特殊情况必须使用现金的单位，应向开户银行提出书面申请，由本单位财会部门负责人签字盖章，并经开户银行审查批准后予以支付。

（二）现金的账务处理

为了全面、连续地反映和监督库存现金的收支和结存情况，企业应当设置现金总账和现金日记账，分别进行企业库存现金的总分类核算和明细分类核算。

企业应当设置"库存现金"科目，总括地反映企业库存现金的收入、支出和结存情况。借方登记企业库存现金的增加，贷方登记企业库存现金的减少；期末借方余额反映期末企业实际持有的库存现金的金额。企业内部各部门周转使用的备用金，可以单独设置"备用金"科目进行核算。

为了加强对现金的管理，随时掌握现金收支的动态和库存余额，企业应当设置现金日记账，由出纳人员根据收付款凭证，按照业务发生顺序逐笔登记。每日终了，应当在现金日记账上计算出当日的现金收入合计额、现金支出合计额和结余额，并将现金日记账的余额与实际库存现金额相核对，保证账款相符；月度终了，现金日记账的余额应当与现金总账的余额核对，做到账账相符。

（三）现金的清查

为了保证现金的安全完整，企业应当按规定对库存现金进行定期和不定期的清查。一般采用实地盘点法，对于清查的结果应当编制现金盘点报告单。如果有挪用现金、白条顶库的情况，应及时予以纠正；对于超限额留存的现金，应及时送存银行。如果账款不符，发现有待查明原因的现金短缺或溢余，应先通过"待处理财产损溢"科目核算。按管理权限经批准后，分别按以下情况处理。

① 如果为现金短缺，属于应由责任人赔偿或保险公司赔偿的部分，计入其他应收款；属于无法查明原因的，计入管理费用。

② 如果为现金溢余，属于应支付给有关人员或单位的，计入其他应付款；属于无法查明原因的，计入营业外收入。

提示 2-3

"待处理财产损溢"属于资产类科目，期末结账前必须按照批准结果处理完毕，不能留有余额。如果是在期末结账前尚未经批准的，应先根据查明原因情况做出处理，并在报表附注中进行披露。

二、银行存款

银行存款是企业存放在银行或其他金融机构的货币资金。企业生产经营过程中需要在银行开设存款户，通过转账办理结算起点以上的款项收付。我国目前主要采用的支付结算方式有支票、银行本票、银行汇票、商业汇票、汇兑、委托收款、托收承付、银行卡、信用证等。

（一）银行存款的管理

1. 银行存款开户管理

企业应根据中国人民银行《支付结算办法》等有关规定在银行开立存款账户。企业开立账户，依据不同的用途可以分为基本存款账户、一般存款账户、专用存款账户和临时存款账户等。

① 基本存款账户。基本存款账户是存款人办理日常转账结算和现金收付需要开立的银行结算账户。该账户是存款人的主办账户，存款人日常经营活动的资金收付及其工资、奖金和现金的支取，应通过该账户办理。存款人只能在银行开立一个基本存款账户。

② 一般存款账户。一般存款账户是存款人因借款或其他结算需要，在基本存款账户开户银行以外的银行营业机构开立的银行结算账户。该账户用于办理存款人借款转存、借款归还和其

他结算的资金收付。该账户可以办理现金缴存,但不得办理现金支取。

③ 专用存款账户。专用存款账户是存款人按照法律、行政法规和规章,对其特定用途资金进行专项管理和使用而开立的银行结算账户。该账户用于办理各项专用资金的收付。存款人拥有的基本建设资金、更新改造资金、特定用途需要专户管理的资金等均可在银行开立专用账户。

④ 临时存款账户。临时存款账户是存款人因临时需要并在规定期限内使用而开立的银行结算账户。存款人设立临时机构、异地临时经营活动或注册验资可以申请开立临时存款账户。该账户用于办理临时机构及存款人临时经营活动发生的资金收付,有效期最长不得超过 2 年。存款人在账户的使用中需要延长期限的,应在有效期限内向开户银行提出申请,并由开户银行报中国人民银行当地分支行核准后办理展期。临时存款账户支取现金,应按照国家现金管理的规定办理。

2. 银行存款结算管理

单位、个人和银行办理支付结算必须遵循如下结算原则:①恪守信用,履约付款;②谁的钱进谁的账,由谁支配;③银行不垫款。

单位、个人办理支付结算,不准签发没有资金保证的票据或远期支票,套取银行信用;不准签发、取得和转让没有真实交易和债权债务的票据,套取银行和他人的资金;不准无理拒绝付款,任意占用他人资金;不准违反规定开立和使用账户。

(二)银行支付结算方式

我国现行支付结算体系包括票据、信用卡和结算方式(三票、一卡、三方式)。"三票一卡"是指 3 种票据(汇票、本票和支票)和银行卡,结算方式包括汇兑、托收承付和委托收款。

1. 支票

支票是指由出票人签发的,委托办理支票存款业务的银行在见票时无条件支付确定的金额给收款人或持票人的票据。

① 支票必须记载的事项。支票必须有表明"支票"的字样、无条件支付的委托、确定的金额、付款人名称、出票日期和出票人签章。缺少以上记载事项之一的,支票无效。

② 支票的办理。出票人签章必须使用与在银行预留签章一致的签名和盖章;严禁签发空头支票,即必须在银行存款余额内签发支票。

③ 支票的使用。支票可分为转账支票、现金支票和普通支票 3 种:转账支票只能用于转账,不得支取现金;现金支票只能用于支取现金,不得背书转让;普通支票既可用于支取现金,也可用于转账。在普通支票左上角画有两条平行线的,为划线支票,划线支票只能转账不能提现。

现金支票丢失可以挂失止付,转账支票丢失不得挂失止付。支票的提示付款期为自出票日起 10 日,超过期限的,银行不予受理。企业和个人在同一票据交换区域的各种款项结算,都可使用支票,而且可以背书转让。

2. 银行本票

银行本票是银行签发的,承诺自己在见票时无条件支付确定金额给收款人或持票人的票据。银行本票分为不定额本票和定额本票(1 000 元、5 000 元、10 000 元、50 000 元)两种。

① 银行本票必须记载的事项。银行本票必须有表明"银行本票"的字样、无条件支付承诺、确定的金额、收款人名称、出票日期、出票人签章。缺少以上记载事项之一的,银行本票无效。

② 银行本票的办理。申请使用银行本票,应填写申请书并提交全额款项给出票银行。填写

第二章 流动资产的确认和计量

"现金"字样的本票可兑付现金，收款人为单位的，不得签发现金银行本票。

③ 银行本票的使用。在同一票据交换区域的企业和个人需要支付的各种款项，均可使用银行本票。提示付款期最长不得超过2个月，可背书转让。

3. 银行汇票

银行汇票是指出票银行签发的，由其在见票时按照实际结算金额无条件支付给收款人或持票人的票据。

① 银行汇票必须记载的事项。银行汇票必须有表明"银行汇票"的字样、无条件支付的承诺、出票金额、付款人名称、收款人名称、出票日期、出票人签章。

② 银行汇票的办理。申请签发银行汇票，申请人必须先交付全额保证金，出票银行方予出票。银行汇票具有百分之百的付款保证性。

③ 银行汇票的使用。银行汇票具有信用度高、安全可靠、使用灵活、适用范围广的特点，单位和个人各种款项的结算，均可使用银行汇票。银行汇票可用于转账，填明"现金"字样的也可以用于支取现金；提示付款期限为1个月，见票即付，无须提示承兑；允许背书转让，尤其是异地采购，能够票随人走，钱货两清，准确结算，余款自动退回。

4. 商业汇票

商业汇票是由出票人签发的，由委托付款人在指定日期无条件支付确定的金额给收款人或持票人的票据。商业汇票按承兑人的不同分为商业承兑汇票和银行承兑汇票：商业承兑汇票由银行以外的付款人承兑；银行承兑汇票由银行承兑。商业汇票的付款人为承兑人。

① 商业汇票必须记载的事项。商业汇票必须有表明"商业承兑汇票"或"银行承兑汇票"的字样、无条件支付委托、确定的金额、付款人名称、收款人名称、出票日期、出票人签章。缺少任何一项，商业汇票无效。

② 商业汇票的办理。在银行开立存款账户的法人及其他组织之间必须有真实的交易关系或债权债务关系，才能使用商业汇票。商业承兑汇票的出票人，为在银行开立存款账户的法人及其他组织，与付款人具有真实的委托付款关系，且具有支付汇票金额的可靠资金来源；银行承兑汇票的出票人是在承兑银行开立存款账户的法人及其他组织，与承兑银行具有真实的委托付款关系，且资信状况良好，具有支付汇票金额的可靠资金来源。

商业承兑汇票可以由付款人或收款人签发，由付款人承兑；银行承兑汇票应由在承兑银行开立存款账户的存款人签发。

③ 商业汇票的使用。商业汇票的最长付款期限不得超过6个月，可在同城和异地使用。商业汇票的提示付款期限为自汇票到期日起10日，商业承兑汇票付款人拒绝承兑的，必须在规定时间出具拒绝承兑的证明；银行承兑汇票的出票人于汇票到期日未能足额交存票款时，承兑银行无条件向持票人付款，对出票人尚未支付的汇票金额按每天5‰计收利息。商业汇票可进行背书转让，持票人也可向银行办理贴现，但要求与出票人或直接前手之间具有真实的商品交易关系，并提供与其前手之间进行商品交易的增值税发票和商品发运单据复印件。

5. 汇兑

汇兑是汇款人委托银行将款项支付给收款人的结算方式。汇兑是异地结算的一种，分为信汇和电汇两种方式，由汇款人选择使用。

办理汇兑的基本规定如下。

① 单位和个人的各种款项结算，均可使用汇兑结算方式。

② 签发汇兑凭证必须记载的事项。汇总凭证必须有表明"信汇"或"电汇"的字样；无条件支付的委托；确定的金额；收款人名称；汇款人名称；汇入地点、汇入行名称；汇出地点、汇出行名称；委托日期；汇款人签章，等等。

③ 汇兑凭证上记载收款人为个人的，收款人需要到汇入银行领取汇款，汇款人应在汇兑凭证上注明"留行待取"字样；留行待取的汇款，需要指定单位的收款人领取汇款的，应注明收款人的单位名称。

④ 汇款人和收款人均为个人，需要在汇入银行支取现金的，应先在信、电汇凭证的"汇款金额"大写栏填写"现金"字样，后填写汇款金额。

⑤ 汇入银行对开立存款账户的收款人，应将汇给其的款项直接转入收款人账户，并向其发出收账通知。收账通知是银行将款项确已收入收款人账户的凭据。

⑥ 支取现金的，信汇、电汇凭证上必须有按规定填明的"现金"字样，才能办理。未填明"现金"字样需要支取现金的，由汇入银行按照国家现金管理规定审查支付。如果是转账支付，应由原收款人填制支款凭证，并由本人向银行交验其身份证件办理。

6. 委托收款

委托收款是收款人委托银行向付款人收取款项的结算方式。按款项划回方式，分邮划和电划两种，由收款人选用。单位和个人凭已承兑的商业汇票、债券、存单、国内信用证等付款人债务证明办理款项的结算，均可使用委托收款结算方式。委托收款结算方式在同城、异地均可使用。

办理委托收款的程序如下。

1）签发委托收款凭证。签发委托收款凭证必须记载的事项有：表明"委托收款"的字样；确定的金额；付款人名称；收款人名称；委托收款凭据名称及附寄单证张数；委托日期和收款人签章。委托收款以银行以外的单位为付款人的，还必须记载付款人开户行名称；以银行以外的单位或在银行开立存款账户的个人为收款人的，还必须记载收款人开户行名称。上述各项如有欠缺，银行不予受理。

2）委托。收款人办理委托收款应向银行提交委托收款凭证和有关的债务证明。

3）付款。付款银行接到寄来的委托收款凭证和债务证明，审查无误后办理付款。

① 以付款银行为付款人的，银行应当在当日将款项主动支付给收款人。

② 以单位为付款人的，付款银行应及时通知付款人，需要将有关债务证明交给付款人的，应交给付款人。付款人应于接到通知的当日书面通知银行付款。付款人未在接到通知日的次日起 3 日内通知银行付款的，视同付款人同意付款，银行应于付款人接到通知日的次日起第 4 日上午开始营业时、将款项划给收款人。银行在办理划款时，付款人存款账户不足支付的，应通过被委托银行向收款人发出未付款项通知书。

③ 拒绝付款。付款人审查有关债务证明后，对收款人委托收取的款项需要拒绝付款的，可以办理拒绝付款。以银行为付款人的，应自收到委托收款和债务证明的次日起 3 日内出具拒绝证明，连同有关债务证明、凭证寄给被委托银行，转交收款人；以单位为付款人的，应在付款人接到通知日的次日起 3 日内出具拒绝证明，持有债务证明的，应将其送交开户银行。银行将拒绝证明、债务证明和有关凭证一并寄给被委托银行，转交收款人。

7. 托收承付

托收承付是根据购销合同由收款人发货后委托银行向异地付款人收取款项，由付款人向银

第二章 流动资产的确认和计量

行承认付款的结算方式。托收承付结算按款项划回方式有邮寄和电划两种，由收款人选择使用。

有关托收承付的基本规定如下。

① 使用托收承付结算方式的收付款双方，必须是国有企业、供销合作社及经营管理较好，并经开户银行审查同意的城乡集体所有制工业企业。

② 办理托收承付结算的款项，必须是商品交易，以及因商品交易而产生的劳务供应的款项。代销、寄销、赊销商品的款项，不得办理托收承付结算。收付双方使用托收承付结算必须签有符合《合同法》规定的购销合同，并在合同上定明使用托收承付结算方式。收款人办理托收，必须有商品确已发运的证件。

③ 托收承付结算每笔的金额起点为 10 000 元，新华书店系统每笔的金额起点为 1 000 元。

办理托收承付的程序如下。

1）签发托收凭证。签发托收凭证必须记载的事项有：表明"托收"的字样；确定的金额；付款人名称及账号；收款人名称及账号；付款人开户银行名称；收款人开户银行名称；托收附寄单证张数或册数；合同名称、号码；委托日期；收款人签章。

2）托收。收款人按照签订的购销合同发货后，委托银行办理托收。

收款人应将托收凭证并附发运证件或其他符合托收承付结算要求的有关证明和交易单证送交银行。收款人开户银行接到托收凭证及其附件后，应当按照托收的范围、条件和托收凭证记载的要求认真进行审查，必要时还应查验收付款人签订的购销合同。

3）承付。付款人开户银行收到托收凭证及其附件后，应当及时通知付款。付款人应在承付期内审查核实，安排资金。承付货款分为验单付款和验货付款两种，由收付双方商量选用，并在合同中明确规定。验单付款的承付期为 3 天，从付款人开户银行发出承付通知的次日算起（承付期内遇法定节假日顺延）；验货付款的承付期为 10 天，从运输部门向付款人发出提货通知的次日算起。付款人在承付期内，未向银行表示拒绝付款，银行即视作承付，并在承付期满的次日（遇法定节假日顺延）上午、银行开始营业时将款项划给收款人。不论验单付款还是验货付款，付款人都可以在承付期内提前向银行表示承付，并通知银行提前付款，银行则应立即办理划款。

① 逾期付款。付款人在承付期满日银行营业终了时，如无足够资金支付，其不足部分即为逾期未付款项，按逾期付款处理。

② 拒绝付款。对于下列情况，付款人在承付期内，可向银行提出全部或部分拒绝付款：第一，没有签订购销合同或购销合同未订明托收承付结算方式的款项；第二，未经双方事先达成协议，收款人提前交货或因逾期交货，付款人不再需要该项货物的款项；第三，未按合同规定的到货地址发货的款项；第四，代销、寄销、赊销商品的款项；第五，验单付款，发现所列货物的品种、规格、数量、价格与合同规定不符，或者货物已到，经查验货物与合同规定或发货清单不符的款项；第六，验货付款，经查验货物与合同规定或与发货清单不符的款项；第七，货款已经支付或计算有错误的款项。

③ 重办托收。收款人对被无理拒绝付款的托收款项，在收到退回的结算凭证及其所附单证后，需要委托银行重办托收。经开户银行审查，确属无理拒绝付款，可以重办托收。

8. 银行卡

银行卡是指经批准由商业银行（含邮政金融机构）向社会发行的具有消费信用、转账结算、存取现金等全部或部分功能的信用支付工具。

（1）银行卡的分类

① 银行卡按是否具有透支功能分为信用卡和借记卡。信用卡可以透支，借记卡不具备透支功能。

信用卡按是否向发卡银行交存备用金分为贷记卡、准贷记卡两类。贷记卡是指发卡银行给予持卡人一定的信用额度，持卡人可在信用额度内先消费后还款的信用卡；准贷记卡是指持卡人需先按发卡银行要求交存一定金额的备用金，当备用金账户余额不足支付时可在发卡银行规定的信用额度内透支的信用卡。

借记卡按功能不同分为转账卡（含储蓄卡）、专用卡、储值卡。转账卡是实时扣账的借记卡，具有转账结算、存取现金和消费功能；专用卡是具有专门用途，在特定区域使用的借记卡，具有转账结算、存取现金功能，其中"专门用途"是指在百货、餐饮、饭店、娱乐行业以外的用途；储值卡是发卡银行根据持卡人的要求将其资金转至卡内储存，交易时直接从卡内扣款的预付钱包式借记卡。

② 银行卡按照币种不同分为人民币卡和外币卡。

③ 银行卡按发行对象不同分为单位卡（商务卡）和个人卡。

④ 银行卡按信息载体不同分为磁条卡和芯片（IC）卡。芯片（IC）卡既可应用于单一的银行卡品种，又可应用于组合的银行卡品种。

（2）银行卡交易的基本规定

① 凡在中国境内金融机构开立基本存款账户的单位，应当凭中国人民银行核发的开户许可证申领单位卡；个人申领银行卡（储值卡除外），应当向发卡银行提供本人有效身份证件，经发卡银行审查合格后，为其开立记名账户。银行卡及其账户只限经发卡银行批准的持卡人本人使用，不得出租和转借。

② 单位人民币卡账户的资金一律从其基本存款账户转账存入，不得存取现金，也不得将销货收入存入单位卡账户；单位外币卡账户的资金应从其单位的外汇账户转账存入，不得在境内存取外币现钞。严禁将单位的款项转入个人卡账户储存。

③ 单位人民币卡可办理商品交易和劳务供应款项的结算，但不得透支。单位卡不得支取现金。

④ 持卡人在还清全部交易款项、透支本息和有关费用后，可申请办理销户。销户时，单位人民币卡账户的资金应当转入其基本存款账户，单位外币卡账户的资金应当转回其相应的外汇账户，不得提取现金。

⑤ 银行对贷记卡和储值卡内的存款是不支付利息的。对准贷记卡和借记卡（不含储值卡）内的存款按人民银行的规定支付利息。贷记卡非现金交易透支可享受免息还款期，免息还款期最长为60日，在免息还款期内持卡人还清银行资金，则无须支付非现金交易的透支利息；贷记卡持卡人支取现金透支，不享受免息还款期和最低还款额待遇，按日利息5‰支付透支利息。

贷记卡透支超过银行的信用额度和无法归还最低还款额，银行将对超过的透支额度和最低还款额未归还部分收取5%的超限费和滞纳金。

9. 信用证

国内信用证简称信用证，是指开证银行依照申请人（购货方）的申请向受益人（销货方）开出的有一定金额，在一定期限内凭信用证规定的单据支付款项的书面承诺。我国信用证为不可撤销、不可转让的跟单信用证。不可撤销信用证是指信用证开具后在有效期内，非经信用证各有关当事人（开证银行、开证申请人和受益人）的同意，开证银行不得修改或撤销的信用证；不可转让信用证是指受益人不能将信用证的权利转让给他人的信用证。

信用证结算方式只适用于国内企业之间商品交易产生的货款结算，并且只能用于转账结算，不得支取现金。办理信用证的基本程序如下。

1）开证。开证申请人使用信用证时，应委托其开户银行办理开证业务。开证申请人申请办理开证业务时，应当填具开证申请书、信用证申请人承诺书并提交有关购销合同。开证行在决定受理该项业务时，应向申请人收取不低于开证金额20%的保证金，并可根据申请人资信情况要求其提供抵押、质押或由其他金融机构出具保函。

信用证的基本条款包括：开证行名称及地址；开证日期；信用证编号；不可撤销、不可转让信用证；开证申请人名称及地址；受益人名称及地址（受益人为有权收取信用证款项的人，一般为购销合同的供方）；通知行名称（通知行为受开证行委托向受益人通知信用证的银行）；信用证有效期及有效地点（信用证有效期为受益人向银行提交单据的最迟期限，最长不得超过6个月；信用证的有效地点为信用证指定的单据提交地点，即议付行或开证行所在地）；交单期（提交运输单据的信用证所注明的货物装运后必须交单的特定日期）；信用证金额；付款方式（即期付款、延期付款或议付）；运输条款；货物描述（包括货物名称、数量、价格等）；单据条款（必须注明据以付款或议付的单据，至少包括发票、运输单据或货物收据）；其他条款，等等。

2）通知。通知行收到信用证，应认真审核。审核无误的，应填制信用证通知书，连同信用证交付受益人。

3）议付。议付是指信用证指定的议付行在单证相符条件下，扣除议付利息后向受益人给付对价的行为。议付仅限于延期付款信用证。受益人可以在交单期或信用证有效期内向议付行提示单据、信用证正本及信用证通知书，并填制信用证议付／委托收款申请书和议付凭证，请求议付。

4）付款。受益人在交单期或信用证有效期内向开证行交单收款，应向开户银行填制委托收款凭证和信用证议付／委托收款申请书，并出具单据和信用证正本。

开户银行收到凭证和单证审查齐全后，应及时为其向开证行办理交单和收款。

申请人交存的保证金和其存款账户余额不足支付的，开证行仍应在规定的付款时间内进行付款，对不足支付的部分做逾期贷款处理。对申请人提供抵押、质押、保函等担保的，按《中华人民共和国担保法》的有关规定索偿。

（三）银行存款的账务处理

企业应当根据业务需要，按照规定在其所在地银行开设账户，运用所开设的账户，进行存款、取款及各种收支转账业务的结算。银行存款的收付应严格执行银行结算制度的规定。

为了反映和监督企业银行存款的收入、支出和结存情况，企业应当设置"银行存款"科目，借方登记企业银行存款的增加，贷方登记银行存款的减少；期末借方余额反映期末企业实际持有的银行存款的金额。

企业应当设置银行存款总账和银行存款日记账，分别进行银行存款的总分类核算和明细分类核算。企业可按开户银行和其他金融机构、存款种类等设置"银行存款日记账"，根据收付款凭证，按照业务的发生顺序逐笔登记。每日终了，应结出余额。

银行支付结算方式不同，银行存款的账务处理也有所区别。其具体账务处理见本章第一节、第二节的其他货币资金、应收票据、应收账款等的相关内容。

(四)银行存款的核对

1. 未达账项

银行存款的清查是采用与开户银行定期核对账目的方法进行的。在同银行核对账目之前,企业应检查银行存款日记账的正确性和完整性。然后,与银行对账单逐笔核对,至少每月核对一次。通过核对,往往会发现银行对账单上的收付记录、存款余额与企业银行存款日记账上的收付记录、存款余额不一致。其主要原因是:第一,企业与银行之间的一方或双方记账有错误;第二,存在未达账项。

所谓未达账项,是指在开户银行与存款单位之间,对于同一项业务,由于凭证传递时间和记账时间的不同,发生一方已经入账而另一方尚未入账的事项。未达账项有以下4种情况。

① 企业已收、银行未收的款项。例如,企业销货收到转账支票,开具送款单送存银行,根据银行盖章退回的进账单回单联直接登记银行存款的增加,而银行要在收妥了购货单位的款项时才能记账。在银行收妥款项前对账,则形成了企业已收、银行未收的未达账项。

② 企业已付、银行未付的款项。例如,企业采购物资,开出一张转账支票,企业直接根据支票存根等凭证登记银行存款的减少,而银行由于尚未接到凭证或尚未办妥支付转账手续,未记减少,此时则形成企业已付、银行未付的未达账项。

③ 银行已收、企业未收的款项。例如,银行计算企业存款利息,已记入企业存款账户,而企业尚未接到收账通知,未记增加,此时则形成银行已收、企业未收的未达账项。

④ 银行已付、企业未付的款项。例如,银行代企业支付水电费,银行已取得支付款项的凭证,登记企业存款的减少,而企业尚未接到付款通知未入账,此时则形成银行已付、企业未付的未达账项。

银行存款日记账与银行对账单核对时,对于发现的记账错误,应及时查清并予以更正;对于未达账项,应查明后编制银行存款余额调节表,如果没有记账错误,调节后的双方余额应当相等。

2. 银行存款余额调节表的编制

银行存款余额调节表是在企业和开户银行双方现有银行存款余额基础上,各自加减未达账项进行调节的方法。其计算公式为:

企业银行存款日记账余额+银行已收企业未收款项-银行已付企业未付款项=
银行对账单余额+企业已收银行未收款项-企业已付银行未付款项

【思考2-1】银行存款余额调节表能否作为调整银行存款账面余额的记账依据?为什么?

例 2-1 甲企业2019年3月31日银行存款日记账的余额为275 000元,开户银行送来的对账单的余额为279 000元。经逐笔核对,发现以下未达账项。

① 月末企业开出现金支票一张,用于支付职工借支的差旅费,计2 800元,持票人尚未到银行取款。

② 企业收到购货单位交来的转账支票一张,计5 000元,已开具进账单送存银行,但银行尚未入账。

③ 银行接受企业委托代收销货款,计11 100元,已收到记入企业存款户中,企业尚未接到收账通知,而未入账。

④ 银行代企业支付水电费4 900元,企业尚未接到通知而未入账。

根据以上未达账项,编制银行存款余额调节表,如表 2-1 所示。

表 2-1　银行存款余额调节表

2019 年 3 月 31 日　　　　　　　　　　　　　　　　　　　　　　　　　元

项 目	金 额	项 目	金 额
企业银行存款日记账余额	275 000	银行对账单余额	279 000
加:银行已收企业未收款项	11 100	加:企业已收银行未收款项	5 000
减:银行已付企业未付款项	4 900	减:企业已付银行未付款项	2 800
调节后的存款余额	281 200	调节后的存款余额	281 200

经过调整未达账项,调节后双方存款余额相符,则表明双方账目基本正确,调节后余额即为企业可以动用的银行存款实有数额;如果调节后余额不符,则表明双方记账存在错误,应及时查明,并进行更正。值得注意的是,银行存款余额调节表本身并非原始凭证,不能据以调整账簿记录,必须在接到银行转来的有关收付凭证后才能依照记账程序予以入账。

三、其他货币资金

(一)其他货币资金的内容

其他货币资金是指企业除现金、银行存款以外的其他各种货币资金,主要包括银行汇票存款、银行本票存款、信用卡存款、信用证保证金存款、外埠存款和存出投资款等。

① 银行汇票存款是指企业为取得银行汇票按照规定存入银行的款项。
② 银行本票存款是指企业为取得银行本票按照规定存入银行的款项。
③ 信用卡存款是指企业为取得信用卡按规定存入银行的款项。
④ 信用证保证金存款是指企业为取得信用证按规定存入银行的款项。
⑤ 外埠存款是指企业为了到外地进行临时或零星采购,而汇往采购地银行开立采购专户的款项。
⑥ 存出投资款是指企业已存入证券公司但尚未购买股票、基金等投资对象的款项。

(二)其他货币资金的账务处理

为了反映和监督其他货币资金的收支结存情况,企业应当设置"其他货币资金"科目,借方登记其他货币资金的增加数,贷方登记其他货币资金的减少数;期末余额在借方,反映企业实际持有的其他货币资金。本科目可按其他货币资金的种类进行明细核算。

1. 银行汇票存款

企业使用银行汇票办理结算时,应填写银行汇票委托书,并将相应金额的款项交存银行。取得银行汇票后,根据银行盖章退回的委托书存根联,借记"其他货币资金——银行汇票"科目,贷记"银行存款"科目;企业使用银行汇票后,应根据发票账单及开户银行转来的银行汇票第四联等有关凭证,借记"材料采购"或"原材料""库存商品""应交税费——应交增值税(进项税额)"等科目,贷记"其他货币资金——银行汇票"科目;采购完毕收回剩余款项时,借记"银行存款"科目,贷记"其他货币资金——银行汇票"科目。

销货企业收到银行汇票、填制进账单到开户银行办理款项入账手续时,根据进账单及销货发票等,借记"银行存款"科目,贷记"主营业务收入""应交税费——应交增值税(销项税额)"等科目。

例2-2 甲公司为增值税一般纳税人，向银行提交银行汇票委托书，并交存款项250 000元，银行受理后签发银行汇票和解讫通知，退回银行汇票委托书存根联。

甲公司应编制如下会计分录。

借：其他货币资金——银行汇票　　　　　　　　　　　　250 000
　　贷：银行存款　　　　　　　　　　　　　　　　　　　　　250 000

例2-3 承例2-2，甲公司用银行汇票购入原材料一批，取得的增值税专用发票上注明的原材料价款为200 000元，增值税税额为26 000元，多余款项24 000元退回开户银行。企业已收到开户银行转来的银行汇票第四联（多余款收账通知）。

甲公司应编制如下会计分录。

借：原材料　　　　　　　　　　　　　　　　　　　　　　200 000
　　应交税费——应交增值税（进项税额）　　　　　　　　　26 000
　　贷：其他货币资金——银行汇票　　　　　　　　　　　　226 000
借：银行存款　　　　　　　　　　　　　　　　　　　　　　24 000
　　贷：其他货币资金——银行汇票　　　　　　　　　　　　 24 000

2. 银行本票存款

企业使用银行本票办理结算时，应填写银行本票申请书，并将相应金额的款项交存银行。取得银行本票后，根据银行盖章退回的申请书存根联，借记"其他货币资金——银行本票"科目，贷记"银行存款"科目；企业持银行本票购货，收到有关发票账单时，借记"材料采购"或"原材料""库存商品""应交税费——应交增值税（进项税额）"等科目，贷记"其他货币资金——银行本票"科目。企业因本票超过付款期等原因而要求退款时，应填制进账单一式两联，连同本票一并交存银行，根据银行盖章退回的进账单第一联，借记"银行存款"科目，贷记"其他货币资金——银行本票"科目。

销货企业收到银行本票、填制进账单到开户银行办理款项入账手续时，根据进账单及销货发票等，借记"银行存款"科目，贷记"主营业务收入""应交税费——应交增值税（销项税额）"等科目。

例2-4 甲公司为取得银行本票，向银行填交银行本票申请书，并将16 950元银行存款转作银行本票存款。企业取得银行本票后，根据银行盖章退回的银行本票申请书存根联填制银行付款凭证。

甲公司应编制如下会计分录。

借：其他货币资金——银行本票　　　　　　　　　　　　　16 950
　　贷：银行存款　　　　　　　　　　　　　　　　　　　　 16 950

例2-5 承例2-4，甲公司用银行本票购买办公用品，取得的增值税专用发票上注明的价款为15 000元，增值税税额为1 950元。

甲公司应编制如下会计分录。

借：管理费用　　　　　　　　　　　　　　　　　　　　　　15 000
　　应交税费——应交增值税（进项税额）　　　　　　　　　　1 950

贷：其他货币资金——银行本票　　　　　　　　　　　　　　　　　　　　　16 950

3. 信用卡存款

　　企业申请使用信用卡时，应填制信用卡申请表，连同支票和有关资料一并送存发卡银行。根据银行盖章退回的进账单第一联，借记"其他货币资金——信用卡"科目，贷记"银行存款"科目；企业用信用卡购物或支付有关费用，收到开户银行转来的信用卡存款的付款凭证及所附发票账单，借记"管理费用"等科目，贷记"其他货币资金——信用卡"科目；企业信用卡在使用过程中，需要向其账户续存资金的，应借记"其他货币资金——信用卡"科目，贷记"银行存款"科目；企业的持卡人如果不需要继续使用信用卡，应持信用卡主动到发卡银行办理销户，销卡时，信用卡余额转入企业基本存款户，不得提取现金，借记"银行存款"科目，贷记"其他货币资金——信用卡"科目。

　　例2-6　甲公司于5月5日向银行申领信用卡，向银行交存50 000元。6月10日，该企业用信用卡向某饭店支付招待费5 000元，取得增值税普通发票。

　　甲公司应编制如下会计分录。

　　借：其他货币资金——信用卡　　　　　　　　　　　　　　　　　　　　　50 000
　　　贷：银行存款　　　　　　　　　　　　　　　　　　　　　　　　　　　　50 000
　　借：管理费用　　　　　　　　　　　　　　　　　　　　　　　　　　　　　5 000
　　　贷：其他货币资金——信用卡　　　　　　　　　　　　　　　　　　　　　5 000

4. 信用证保证金存款

　　企业申请使用信用证进行结算时，应填写信用证申请书。将信用证保证金交存银行时，应根据银行盖章退回的信用证申请书回单，借记"其他货币资金——信用证保证金"科目，贷记"银行存款"科目；企业接到开证行通知，根据供货单位信用证结算凭证及所附发票账单，借记"材料采购"或"原材料""库存商品""应交税费——应交增值税（进项税额）"等科目，贷记"其他货币资金——信用证保证金"科目；将未用完的信用证保证金存款余额转回开户银行时，借记"银行存款"科目，贷记"其他货币资金——信用证保证金"科目。

　　例2-7　甲公司向银行申请开具信用证950 000元，用于支付境外采购材料价款。企业已向银行缴纳保证金，并收到银行盖章退回的进账单第一联。

　　甲公司应编制如下会计分录。

　　借：其他货币资金——信用证保证金　　　　　　　　　　　　　　　　　　950 000
　　　贷：银行存款　　　　　　　　　　　　　　　　　　　　　　　　　　　950 000

　　例2-8　承例2-7，甲公司收到银行转来的境外销货单位信用证结算凭证及所附发票账单、海关进口增值税专用缴款书等有关凭证，材料价款为800 000元，增值税税额为104 000元。

　　甲公司应编制如下会计分录。

　　借：原材料　　　　　　　　　　　　　　　　　　　　　　　　　　　　　800 000
　　　　应交税费——应交增值税（进项税额）　　　　　　　　　　　　　　　104 000
　　　贷：其他货币资金——信用证保证金　　　　　　　　　　　　　　　　　904 000

　　例2-9　承例2-7、例2-8，甲公司收到银行收款通知，对该境外销货单位开出的信用证余款 46 000 元已经转回银行账户。

甲公司应编制如下会计分录。

借：银行存款　　　　　　　　　　　　　　　　　　　　　　　　46 000
　　贷：其他货币资金——信用证保证金　　　　　　　　　　　　　　　46 000

5. 外埠存款

为满足企业临时或零星采购的需要，企业将款项汇往采购地银行开立采购专户时，应填写汇款委托书，委托开户银行办理汇款。企业将款项汇往外地采购专用账户时，根据汇出款项凭证，编制付款凭证，进行账务处理，借记"其他货币资金——外埠存款"科目，贷记"银行存款"科目；收到采购人员转来供应单位发票账单等报销凭证时，借记"材料采购"或"原材料""库存商品""应交税费——应交增值税（进项税额）"等科目，贷记"其他货币资金——外埠存款"科目；采购完毕收回剩余款项时，根据银行的收账通知，借记"银行存款"科目，贷记"其他货币资金——外埠存款"科目。

例 2-10　甲公司派采购员到异地采购原材料，8 月 10 日企业委托开户银行汇款 200 000 元到采购地设立采购专户，收到银行汇款凭证回单联。

甲公司应编制如下会计分录。

借：其他货币资金——外埠存款　　　　　　　　　　　　　　　　　200 000
　　贷：银行存款　　　　　　　　　　　　　　　　　　　　　　　　200 000

例 2-11　承例 2-10，8 月 20 日，采购员交来从采购专户付款购入材料的有关凭证。增值税专用发票上的原材料价款为 160 000 元，增值税税额为 20 800 元。

甲公司应编制如下会计分录。

借：原材料　　　　　　　　　　　　　　　　　　　　　　　　　　160 000
　　应交税费——应交增值税（进项税额）　　　　　　　　　　　　　　20 800
　　贷：其他货币资金——外埠存款　　　　　　　　　　　　　　　　180 800

例 2-12　承例 2-11、例 2-10，8 月 30 日，收到开户银行的收款通知，该采购专户中的结余款项已经转回。

甲公司应编制如下会计分录。

借：银行存款　　　　　　　　　　　　　　　　　　　　　　　　　19 200
　　贷：其他货币资金——外埠存款　　　　　　　　　　　　　　　　19 200

6. 存出投资款

企业在向证券市场进行股票、债券等投资时，应向证券公司申请资金账号并划出资金。按实际划出的金额，借记"其他货币资金——存出投资款"科目，贷记"银行存款"科目；购买股票、债券等时，按实际支付的金额，借记"交易性金融资产""长期股权投资"等科目，贷记"其他货币资金——存出投资款"科目。

检测 2-1　多项选择题

下列各项中，不属于其他货币资金的有（　　　　）。
A. 企业各部门周转使用的备用金　　B. 银行本票存款
C. 银行承兑汇票　　　　　　　　　　D. 银行汇票存款

第二节 应收及预付款项

应收及预付款项是指企业在日常生产经营过程中发生的各项债权,包括应收款项和预付款项。应收款项包括应收票据、应收账款、应收股利、应收利息和其他应收款等;预付款项则是指企业按照合同规定预付的款项,如预付账款等。应收款项的确认和计量主要取决于收入的确认和计量原则,收入的确认和计量原则将在第七章介绍。

一、应收票据

(一)应收票据的确认

应收票据是指企业因销售商品、提供劳务等而收到的商业汇票。商业汇票是一种由出票人签发的,委托付款人在指定日期无条件支付确定金额给收款人或持票人的票据。

商业汇票的付款期限最长不得超过 6 个月,商业汇票的提示付款期限自汇票到期日起 10 日。符合条件的商业汇票的持票人,可以持未到期的商业汇票连同贴现凭证向银行申请贴现。

根据承兑人不同,商业汇票分为商业承兑汇票和银行承兑汇票。商业承兑汇票是指由付款人签发并承兑,或者由收款人签发交由付款人承兑的汇票;银行承兑汇票是指由在承兑银行开立存款账户的存款人(这里也是出票人)签发,由承兑银行承兑的票据。

商业汇票按是否计息分为带息票据和不带息票据。带息票据是指票据上载明利率的票据,带息票据的到期值等于面值加上利息;不带息票据是指票据上未载明利率的票据,不带息票据的到期值等于面值。

(二)应收票据的计量

无论是带息票据还是不带息票据,取得时按面值计量。为了反映和监督应收票据取得、票款收回等经济业务,企业应当设置"应收票据"科目,借方登记取得的应收票据的面值,贷方登记到期收回票款或到期前向银行贴现的应收票据的票面余额;期末余额在借方,反映企业持有的商业汇票的票面金额。本科目可按照开出、承兑商业汇票的单位进行明细核算,并设置应收票据备查簿,逐笔登记商业汇票的种类、号数和出票日、票面金额、交易合同号和付款人、承兑人、背书人的姓名或单位名称、到期日、背书转让日、贴现日、贴现率和贴现净额,以及收款日和收回金额、退票情况等资料。商业汇票到期结清票款或退票后,在备查簿内逐笔注销。

1. 应收票据的取得和收回

应收票据取得的原因不同,其会计处理也有所区别。因债务人抵偿前欠货款而取得的应收票据,借记"应收票据"科目,贷记"应收账款"科目;因企业销售商品、提供劳务等而收到开出、承兑的商业汇票,借记"应收票据"科目,贷记"主营业务收入""应交税费——应交增值税(销项税额)"等科目。商业汇票到期收回款项时,应按实际收到的金额,借记"银行存款"科目,贷记"应收票据"科目。

例 2-13 3月1日，甲公司向乙公司销售一批产品，货款为 100 000 元。款项尚未收到，已办妥托收手续，适用的增值税税率为 13%。

甲公司应编制如下会计分录。

借：应收账款 113 000
　　贷：主营业务收入 100 000
　　　　应交税费——应交增值税（销项税额） 13 000

例 2-14 承例 2-13，3月15日，甲公司收到乙公司寄来的一张3个月期的银行承兑汇票，面值为 113 000 元，用于抵付产品货款。

甲公司应编制如下会计分录。

借：应收票据 113 000
　　贷：应收账款 113 000

例 2-15 承例 2-14，6月15日，甲公司上述应收票据到期，收回票面金额 113 000 元存入银行。

甲公司应编制如下会计分录。

借：银行存款 113 000
　　贷：应收票据 113 000

企业持有的应收票据，如商业承兑汇票因债务人无力支付而到期无法收回时，应将应收票据的账面余额转入应收账款，借记"应收账款"科目，贷记"应收票据"科目。

【思考 2-2】企业支付银行承兑汇票手续费应如何进行会计处理？带息应收票据期末计提应收利息应如何进行会计处理？

2. 应收票据的转让

企业可以将持有的商业汇票背书转让。背书是指在票据背面或粘单上记载有关事项并签章的票据行为。票据被拒绝承兑、拒绝付款或超过付款提示期限的，不得背书转让。背书转让的，背书人应当承担票据责任。

通常情况下，企业将持有的商业汇票背书转让以取得所需物资时，按应计入取得物资成本的金额，借记"材料采购"或"原材料""库存商品"等科目，按专用发票上注明的可抵扣的增值税税额，借记"应交税费——应交增值税（进项税额）"科目；按商业汇票的票面金额，贷记"应收票据"科目；如有差额，借记或贷记"银行存款"等科目。

例 2-16 承例 2-14，假定甲公司于4月15日将上述应收票据背书转让，以取得生产经营所需的 A 种材料。该材料价款为 100 000 元，适用的增值税税率为 13%。

甲公司应编制如下会计分录。

借：原材料 100 000
　　应交税费——应交增值税（进项税额） 13 000
　　贷：应收票据 113 000

第二章 流动资产的确认和计量

3. 应收票据的贴现

应收票据贴现是指持票人因急需资金，将未到期的商业汇票背书后转让给银行，银行受理后，扣除按银行的贴现率确定的贴现息后，将余额付给贴现企业的业务活动。

企业持未到期的应收票据向银行贴现，应按实际收到的金额（即减去贴现息后的净额），借记"银行存款"科目，按贴现息部分，借记"财务费用"科目；按应收票据的票面价值，贷记"应收票据"科目。

二、应收账款

（一）应收账款的确认

应收账款是指企业因销售商品、提供劳务等经营活动，应向购货单位或接受劳务单位收取的款项，主要包括企业销售商品或提供劳务等应向有关债务人收取的价款及代购货单位垫付的包装费、运杂费等。企业使用委托收款、托收承付方式结算时，其应收款项应确认为应收账款。

（二）应收账款的计量

企业发生应收账款时，应按应收金额计量。为了反映和监督应收账款的增减变动及结存情况，企业应当设置"应收账款"科目，不单独设置"预收账款"科目的企业，预收的账款也在"应收账款"科目核算。但在编制资产负债表时，应当将"应收账款"科目明细账的贷方余额填入"预收款项"科目。"应收账款"科目的借方登记应收账款的增加，贷方登记应收账款的收回及确认的坏账损失；期末余额一般在借方，反映企业尚未收回的应收账款，如果期末余额在贷方，则反映企业预收的账款。本科目可按债务人进行明细核算。

例 2-17 甲公司采用委托收款结算方式向乙公司销售商品一批，货款为 50 000 元，增值税税额为 6 500 元，以银行存款代垫运杂费 1 000 元。已办理托收手续。

甲公司应编制如下会计分录。

借：应收账款	57 500
贷：主营业务收入	50 000
应交税费——应交增值税（销项税额）	6 500
银行存款	1 000

例 2-18 承例 2-17，甲公司实际收到款项时，应编制如下会计分录。

借：银行存款	57 500
贷：应收账款	57 500

企业应收账款改用应收票据结算，在收到承兑的商业汇票时，借记"应收票据"科目，贷记"应收账款"科目。

例 2-19 甲公司收到丙公司交来商业承兑汇票一张，面值 10 000 元，用以偿还其前欠货款。

甲公司应编制如下会计分录。

借：应收票据	10 000
贷：应收账款	10 000

检测 2-2 多项选择题

下列各项中，构成应收账款入账价值的有（　　　　）。

A．增值税销项税额　　　　　　B．代购货方垫付的包装费
C．代购货方垫付的运杂费　　　D．销售货物发生的商业折扣

三、预付账款

预付账款是指企业按照合同规定预付的款项。预付账款是企业暂时被供货单位占用的资金。企业预付货款后，有权要求对方按照购货合同规定发货。预付账款必须以购销双方签订的购货合同为条件，按照规定的程序和方法进行核算。

企业应当设置"预付账款"科目，核算预付账款的增减变动及结存情况。"预付账款"科目的借方登记预付的款项及补付的款项，贷方登记收到所购物资时根据有关发票账单记入"原材料"等科目的金额及收回多付款项的金额；期末余额在借方，反映企业实际预付的款项，期末余额在贷方，则反映企业应付或应补付的款项。预付款项情况不多的企业，可以不设置"预付账款"科目，而将预付的款项通过"应付账款"科目核算。"预付账款"科目可按供货单位进行明细核算。

企业根据购货合同的规定向供应单位预付款项时，借记"预付账款"科目，贷记"银行存款"科目；企业收到所购物资，按应计入购入物资成本的金额，借记"材料采购"或"原材料""库存商品"科目，按相应的增值税进项税额，借记"应交税费——应交增值税（进项税额）"科目，贷记"预付账款"科目；当预付货款少于采购货物所需支付的款项时，应将不足部分补付，借记"预付账款"科目，贷记"银行存款"科目；当预付货款多于采购货物所需支付的款项时，对收回的多余款项，借记"银行存款"科目，贷记"预付账款"科目。

例 2-20 甲公司向乙公司采购材料 2 000 千克，每千克单价 50 元，所需支付的款项总额为 100 000 元。按照合同规定向乙公司预付货款的 40%，验收货物后补付其余款项。

甲公司应编制如下会计分录。

（1）预付 40%的货款时。

借：预付账款——乙公司　　　　　　　　　　　　　　　　40 000
　　贷：银行存款　　　　　　　　　　　　　　　　　　　　　　40 000

（2）收到乙公司发来的 2 000 千克材料，验收无误。增值税专用发票记载的价款为 100 000 元，增值税税额为 13 000 元。以银行存款补付所欠款项 73 000 元。

借：原材料　　　　　　　　　　　　　　　　　　　　　　100 000
　　应交税费——应交增值税（进项税额）　　　　　　　　　13 000
　　贷：预付账款——乙公司　　　　　　　　　　　　　　　　113 000
借：预付账款——乙公司　　　　　　　　　　　　　　　　73 000
　　贷：银行存款　　　　　　　　　　　　　　　　　　　　　　73 000

提示 2-4

企业的预付账款，如有确凿证据表明其不符合预付账款的性质，或者因供货单位破产、撤销等原因已无望再收到所购货物时，应将原计入预付账款的金额转入其他应收款。

四、其他应收款

（一）其他应收款的确认

其他应收款是指企业除应收票据、应收账款、预付账款等以外的其他各种应收及暂付款项。它主要包括以下内容：①应收的各种赔款、罚款，如因企业财产等遭受意外损失而应向有关保险公司收取的赔款等；②应收的出租包装物租金；③应向职工收取的各种垫付款项，如为职工垫付的水电费，应由职工负担的医药费、房租费等；④存出保证金，如租入包装物支付的押金；⑤其他各种应收、暂付款项。

检测 2-3 多项选择题

下列事项中，应确认为其他应收款的是（　　　　）。

A．应收的各种赔款　　　　B．应收的出租包装物租金

C．存出保证金　　　　　　D．收取的各种押金

（二）其他应收款的计量

为了反映和监督其他应收账款的增减变动及结存情况，企业应当设置"其他应收款"科目进行核算。"其他应收款"科目的借方登记其他应收款的增加，贷方登记其他应收款的收回；期末余额一般在借方，反映企业尚未收回的其他应收款项。本科目可按债务人进行明细核算。

例 2-21 甲公司以银行存款替职工张明垫付应由其个人负担的医疗费 3 000 元，拟从其工资中扣回。

甲公司应编制如下会计分录。

（1）垫付时

借：其他应收款——张明　　　　　　　　　　　　　　　　　3 000

　　贷：银行存款　　　　　　　　　　　　　　　　　　　　　　　3 000

（2）扣款时

借：应付职工薪酬　　　　　　　　　　　　　　　　　　　　3 000

　　贷：其他应收款——张明　　　　　　　　　　　　　　　　　　3 000

例 2-22 甲公司在采购过程中发生材料毁损，按保险合同规定，应由保险公司赔偿损失 20 000 元。赔款尚未收到。

甲公司应编制如下会计分录。

借：其他应收款——保险公司　　　　　　　　　　　　　　20 000

　　贷：材料采购　　　　　　　　　　　　　　　　　　　　　　20 000

例 2-23 承例 2-22，上述保险公司赔款如数收到。

甲公司应编制如下会计分录。

借：银行存款　　　　　　　　　　　　　　　　　　　　　　　20 000
　　贷：其他应收款——保险公司　　　　　　　　　　　　　　　　20 000

例 2-24　甲公司租入包装物一批，以银行存款向出租方支付押金12 000元。

甲公司应编制如下会计分录。

借：其他应收款——存出保证金　　　　　　　　　　　　　　　12 000
　　贷：银行存款　　　　　　　　　　　　　　　　　　　　　　12 000

例 2-25　承例 2-24，租入包装物按期如数退回，甲公司收到出租方退还的押金12 000元。已存入银行。

甲公司应编制如下会计分录。

借：银行存款　　　　　　　　　　　　　　　　　　　　　　　12 000
　　贷：其他应收款——存出保证金　　　　　　　　　　　　　　12 000

例 2-26　甲公司职工李红出差借支差旅费3 000元，以现金支付。

甲公司应编制如下会计分录。

借：其他应收款——李红　　　　　　　　　　　　　　　　　　3 000
　　贷：库存现金　　　　　　　　　　　　　　　　　　　　　　3 000

例 2-27　承例 2-26，李红出差归来报销差旅费2 800元。其中，住宿费所取得的增值税专用发票上注明的价款为2 000元，增值税税额为120元；取得注明旅客身份信息的铁路车票的票面金额545元，可计算进项税额=545÷(1+9%)×9%=45元。余款交回。

甲公司应编制如下会计分录。

借：管理费用　　　　　　　　　　　　　　　　　　　　　　　2 635
　　应交税费——应交增值税（进项税额）　　　　　　　　　　　165
　　库存现金　　　　　　　　　　　　　　　　　　　　　　　　200
　　贷：其他应收款——李红　　　　　　　　　　　　　　　　　3 000

五、应收款项减值

（一）应收款项减值的确认

企业的各项应收款项，可能会因购货人拒付、破产、死亡等原因而无法收回。企业无法收回的应收款项就是坏账，因坏账而遭受的损失为坏账损失。

企业应当在资产负债表日对应收款项的账面价值进行检查，有客观证据表明该应收款项发生信用减值的，应当将该应收款项的账面价值减记至预计未来现金流量现值，减记的金额确认信用减值损失，计提坏账准备。确定应收款项减值有两种方法，即直接转销法和备抵法。我国《企业会计准则》规定采用备抵法确定应收款项的减值。

链接 2-1

1. 直接转销法

采用直接转销法时，日常核算中应收款项可能发生的坏账损失不予考虑，不计提坏账准备，只有在实际发生坏账时，才作为损失计入当期损益，同时冲销应收款项，即借记"信用减值损失"科目,贷记"应收账款"等科目。

例2-28 某企业2016年发生的一笔80 000元的应收账款,屡催无效,收回的可能性极小,于2019年末确认为坏账。

2019年末该企业应编制如下会计分录。

借:信用减值损失——坏账损失　　　　　　　　　　　　80 000
　　贷:应收账款　　　　　　　　　　　　　　　　　　　　　80 000

如果已冲销的应收账款以后又收回,应编制如下会计分录。

借:应收账款　　　　　　　　　　　　　　　　　　　　　80 000
　　贷:信用减值损失——坏账损失　　　　　　　　　　　　　80 000

同时,应编制如下会计分录。

借:银行存款　　　　　　　　　　　　　　　　　　　　　80 000
　　贷:应收账款　　　　　　　　　　　　　　　　　　　　　80 000

这种方法的优点是账务处理简单、实用,缺点是不符合权责发生制和收入与费用相互配比的会计原则。在这种方法下,只有坏账已经发生时,才能将其确认为当期费用,导致各期收益不实;在资产负债表上,应收款项是按其账面余额而不是按净额反映的,这在一定程度上扭曲了期末的财务状况。因此,一般不采用直接转销法。

2. 备抵法

备抵法是指采用一定的方法按期估计坏账损失,计入当期费用并建立坏账准备,待坏账实际发生时,冲销已提的坏账准备和相应的应收款项。采用这种方法,坏账损失计入同一期间的损益,体现了配比原则的要求,避免了企业明盈实亏;在资产负债表上列示应收款项净额,使报表使用者能了解企业应收款项的可变现金额。

在备抵法下,企业应当根据实际情况合理估计当期坏账损失的金额。由于企业发生坏账损失带有很大的不确定性,所以只能以过去的经验为基础,参照当前的信用政策、市场环境和行业惯例,尽量准确地估计每期应收款项未来现金流量现值,从而确定当期减值损失金额,计入当期损益。企业在预计未来现金流量现值时,应当在合理预计未来现金流量的同时,合理选用折现利率。短期应收款项的预计未来现金流量与其现值相差很小的,在确认相关减值损失时,可不对其预计未来现金流量进行折现。

链接2-2

(二)应收款项减值的计量

企业应当设置"坏账准备"科目,核算应收款项的坏账准备计提、转销等情况。企业当期计提的坏账准备应当计入资产减值损失。"坏账准备"科目的借方登记实际发生的坏账损失金额和冲减的坏账准备金额,贷方登记当期计提的坏账准备金额;期末余额一般在贷方,反映企业已计提但尚未转销的坏账准备。

坏账准备的计算公式为:

当期应计提的坏账准备=当期按应收款项计算应提坏账准备金额∓
"坏账准备"科目的贷方(或借方)余额

企业计提坏账准备时,按应减记的金额,借记"信用减值损失——计提的坏账准备"科目,贷记"坏账准备"科目;冲减多计提的坏准备时,借记"坏账准备"科目,贷记"信用减值损失——计提的坏账准备"科目。

例2-29 甲公司采用按应收账款余额的10%计提坏账准备。2018年12月31日，应收账款余额合计为2 400 000元，应计提240 000元坏账准备。

2018年末计提坏账准备时，应编制如下会计分录。

借：信用减值损失——计提的坏账准备　　　　　　　　　　　　240 000
　　贷：坏账准备　　　　　　　　　　　　　　　　　　　　　　240 000

企业确实无法收回的应收款项按管理权限报经批准后作为坏账转销时，应当冲减已计提的坏账准备。企业发生坏账损失时，借记"坏账准备"科目，贷记"应收账款""其他应收款"等科目。

例2-30 承例2-29，甲公司2019年对丙公司的应收账款实际发生坏账损失60 000元。2019年12月31日甲公司应收账款余额合计为2 500 000元，应计提250 000元坏账准备。

2019年甲公司应编制如下会计分录。

（1）实际发生坏账损失时

借：坏账准备　　　　　　　　　　　　　　　　　　　　　　　60 000
　　贷：应收账款　　　　　　　　　　　　　　　　　　　　　　60 000

（2）2019年末计提坏账准备时

根据甲公司坏账核算方法，其"坏账准备"科目应保持的贷方余额为250 000元。计提坏账准备前，"坏账准备"科目的实际余额为贷方180 000（240 000-60 000）元，因而本年末应计提的坏账准备金额为70 000（250 000-180 000）元。

借：信用减值损失——计提的坏账准备　　　　　　　　　　　　70 000
　　贷：坏账准备　　　　　　　　　　　　　　　　　　　　　　70 000

企业已确认并转销的应收款项后又收回的，应当按照实际收到的金额增加坏账准备的账面余额。已确认并转销的应收款项后又收回时，借记"应收账款""其他应收款"等科目，贷记"坏账准备"科目。同时，借记"银行存款"科目，贷记"应收账款""其他应收款"等科目。

例2-31 承例2-30，甲公司2020年7月1日，收到2019年已转销的丙公司的坏账10 000元，已存入银行。

甲公司应编制如下会计分录。

借：应收账款　　　　　　　　　　　　　　　　　　　　　　　10 000
　　贷：坏账准备　　　　　　　　　　　　　　　　　　　　　　10 000
借：银行存款　　　　　　　　　　　　　　　　　　　　　　　10 000
　　贷：应收账款　　　　　　　　　　　　　　　　　　　　　　10 000

例2-32 承例2-30、例2-31，甲公司2020年12月31日应收账款余额合计为2 000 000元，应计提200 000元的坏账准备。

甲公司计提坏账准备前，"坏账准备"科目的实际余额为贷方260 000（250 000＋10 000）元，因而本年末应冲减多计提的坏账准备60 000（260 000－200 000）元。

甲公司应编制如下会计分录。

借：坏账准备　　　　　　　　　　　　　　　　　　　　　60 000
　　贷：信用减值损失——计提的坏账准备　　　　　　　　　　60 000

提示 2-5
对已确认为坏账的应收款项，并不意味着企业放弃了其追索权，一旦重新收回，应及时入账。

检测 2-4　单项选择题
长江公司 2019 年 1 月 10 日，因销售商品应收大明公司的一笔应收账款 1 200 万元。2019 年 6 月 30 日，计提坏账准备 150 万元。2019 年 12 月 31 日，该应收账款的未来现金流量现值为 850 万元。那么，2019 年 12 月 31 日，该应收账款应计提的坏账准备为（　　）万元。
A. 300　　　　　B. 200　　　　　C. 350　　　　　D. 250

第三节　存　货

一、存货的确认和初始计量

（一）存货的定义和内容

存货是指企业在日常活动中持有以备出售的产品或商品、处在生产过程中的在产品、在生产过程或者提供劳务过程中耗用的材料或物料等，包括各类材料、在产品、自制半成品、库存商品、周转材料、委托代销商品等。

① 在途物资是指企业购入但尚未到达或尚未验收入库的各种材料物资。

② 原材料是指企业在生产过程中经加工改变其形态或性质并构成产品主要实体的各种原料及主要材料、辅助材料、燃料、修理用备件（备品备件）、包装材料、外购半成品（外购件）等。

③ 周转材料是指企业能够多次使用，不符合固定资产定义，逐渐转移其价值但仍保持原有形态，不确认为固定资产的材料，包括包装物和低值易耗品。其特点是单位价值较低，或者使用期限相对于固定资产较短，在使用过程中保持其原有实物形态基本不变。

④ 在产品是指企业正在制造尚未完工的生产物，包括正在各个生产工序加工的产品和已加工完毕但尚未检验或已检验但尚未办理入库手续的产品。

⑤ 自制半成品是指经过一定生产过程并已检验合格交付半成品仓库保管，但尚未制造完工成为产成品，仍需进一步加工的中间产品。

⑥ 委托加工物资是指企业委托外单位加工的各种材料、商品等物资。

⑦ 库存商品是指企业外购或委托加工完成验收入库用于销售的各种商品，企业已经完成全部生产过程并已验收入库，可以按照合同规定的条件送交订货单位，或者可以作为商品对外销售的产品。

⑧ 发出商品或委托代销商品。其中，发出商品是指企业商品销售不满足收入确认条件但已发给购买方的商品物资；委托代销商品是指企业存放在受托单位并委托其代为销售的商品。

(二)存货的确认条件

存货只有在符合定义,并同时满足下列条件时,才能予以确认。

1. 与该存货有关的经济利益很可能流入企业

资产最重要的特征是预期会给企业带来经济利益。如果某一项目预期不能给企业带来经济利益,就不能确认为企业的资产。存货是企业的一项重要的流动资产,因此,对存货的确认,关键是判断其是否很可能给企业带来经济利益或其所包含的经济利益是否很可能流入企业。通常情况下,拥有存货的所有权是与该存货有关的经济利益很可能流入本企业的一个重要标志。例如,根据销售合同已经售出(取得现金或收取现金的权利)、所有权已经转移的存货,因其所含经济利益已不能再流入本企业,所以即使该存货尚未运离企业,也不能再确认为本企业的存货。

2. 该存货的成本能够可靠地计量

成本或价值能够可靠地计量是资产确认的一项基本条件。存货作为企业资产的组成部分,要予以确认就必须能够对其成本进行可靠的计量。存货的成本能够可靠地计量必须以取得的确凿证据为依据,并且具有可验证性。如果存货成本不能可靠地计量,则不能确认为一项存货。例如,企业承诺的订货合同,由于并未实际发生,不能可靠地确定其成本,因此就不能确认为购买企业的存货。

检测 2-5 多项选择题

下列各项中,应当作为企业存货的有( )。

A. 周转材料　　　　B. 发出商品　　　　C. 在途物资　　　　D. 工程物资

(三)存货的初始计量

存货应当按照成本进行初始计量。存货成本包括采购成本、加工成本和其他成本。

存货的来源不同,其成本的构成内容也不同。原材料、商品、低值易耗品等通过购买而取得的存货的初始成本由采购成本构成;产成品、在产品、半成品、委托加工物资等通过进一步加工而取得的存货的初始成本由采购成本、加工成本及使存货达到目前场所和状态所发生的其他成本构成。

1. 外购的存货

外购存货的成本即存货的采购成本,是指企业物资从采购到入库前所发生的全部支出,包括购买价款、相关税费、运输费、装卸费、保险费及其他可归属于存货采购成本的费用。

① 存货的购买价款是指企业购入的材料或商品的发票上列明的价款,但不包括按照规定可以抵扣的增值税税额。

② 存货的相关税费是指企业购买存货发生的进口关税、消费税、资源税和不能抵扣的增值税进项税额及相应的教育费附加等应计入存货采购成本的税金。

③ 其他可归属于存货采购成本的费用是指采购成本中除上述各项以外的可归属于存货采购的费用。例如,在存货采购过程中发生的仓储费、包装费、运输途中的合理损耗、入库前的挑选整理费用等。这些费用能分清负担对象的,应直接计入存货的采购成本;不能分清负担对象的,应选择合理的分配方法,分配计入有关存货的采购成本。分配方法通常包括按所购存货的质量或采购价格的比例进行分配。

但是,对于采购过程中发生的物资毁损、短缺等,除合理的损耗应作为存货的"其他可归属于存货采购成本的费用"计入采购成本外,应区别不同情况进行会计处理:①应从供货单位、外部运输机构等收回的物资短缺或其他赔款，冲减物资的采购成本；②因遭受意外灾害发生的损失和尚待查明原因的途中损耗，不得增加物资的采购成本，应暂作为待处理财产损溢进行核算，在查明原因后再做处理。

提示 2-6

商品流通企业在采购商品过程中发生的进货费用，应当计入存货采购成本，也可以先进行归集，期末根据所购商品的存销情况进行分摊。对于已售商品的进货费用，计入当期损益；对于未售商品的进货费用，计入期末存货成本。企业采购商品的进货费用金额较小的，可以在发生时直接计入当期损益。

检测 2-6 单项选择题

某企业为增值税小规模纳税人。该企业购入甲材料600千克，每千克含税单价为50元。发生含税运杂费2 000元，运输途中合理损耗10千克，入库前发生挑选整理费用450元。该批甲材料每千克成本为（　　）元。

A．54.24　　B．54.08　　C．55　　D．50.85

2. 自制的存货

自制存货是指由企业内部加工制造的各种存货，如自制材料、自制半成品和产成品等，其成本由采购成本、加工成本及使存货达到目前场所和状态所发生的其他成本构成。其中，采购成本是由所使用或消耗的原材料采购成本转移而来的；加工成本是由直接人工和制造费用构成的，其实质是企业在加工存货的过程中追加发生的生产成本，不包括直接由材料存货转移来的价值。

提示 2-7

自制存货，如生产大型机器设备、船舶、飞机等生产周期较长（通常为一年以上）且用于出售的资产，借入款项发生的利息等可以资本化，计入存货成本中。

3. 委托外单位加工的存货

委托外单位加工完成的存货，包括加工后的原材料、包装物、低值易耗品、半成品、产成品等，其成本包括实际耗用的原材料或半成品、加工费、装卸费、保险费、委托加工的往返运输费等费用及按规定应计入成本的税费。但是，下列费用不应计入存货成本，而应在其发生时计入当期损益。

① 非正常消耗的直接材料、直接人工和制造费用，应在发生时计入当期损益，不应计入存货成本。例如，由于自然灾害而发生的直接材料、直接人工和制造费用。由于这些费用的发生无助于使该存货达到目前场所和状态，所以不应计入存货成本，而应确认为当期损益。

② 仓储费用是指企业在存货采购入库后发生的储存费用，应在发生时计入当期损益。但是，在生产过程中为达到下一个生产阶段所必需的仓储费用应计入存货成本。例如，某种酒类产品生产企业为使生产的酒达到规定的产品质量标准而必须发生的仓储费用，应计入酒的成本，不应计入当期损益。

③ 不能归属于使存货达到目前场所和状态的其他支出，应在发生时计入当期损益，不得计入存货成本。

二、存货发出的计量

在日常工作中,企业发出的存货,可以按实际成本核算,也可以按计划成本核算。如果采用计划成本核算,会计期末应调整为实际成本。

企业应当根据各类存货的实物流转方式、企业管理的要求、存货的性质等实际情况,合理地确定发出存货成本的计算方法,以及当期发出存货的实际成本。对于性质和用途相同的存货,应当采用相同的成本计算方法确定发出存货的成本。在实际成本核算方式下,企业可以选用的发出存货成本的计价方法包括个别计价法、先进先出法、月末一次加权平均法和移动加权平均法等。

(一)个别计价法

个别计价法又称个别认定法、具体辨认法、分批实际法,采用这一方法是假设存货具体项目的实物流转与成本流转相一致,按照各种存货逐一辨认各批发出存货和期末存货所属的购进批别或生产批别,分别按其购入或生产时所确定的单位成本计算各批发出存货和期末存货成本。在这种方法下,把每一种存货的实际成本作为计算发出存货成本和期末存货成本的基础。由于采用该方法要求各批发出存货必须可以逐一辨认所属的购进批次或生产批次,因此需要对每一存货的品种规格、入账时间、单位成本、存放地点等做详细记录。

例 2-33 甲公司 2019 年 6 月 A 商品的收入、发出及结存情况如表 2-2 所示。

表 2-2　A 商品购销明细账　　　　　　　　　　　　　　　　　　　元

日期		摘要	收入			发出			结存		
月	日		数量/件	单价	金额	数量/件	单价	金额	数量/件	单价	金额
6	1	期初余额							200	10	2 000
	5	购入	500	12	6 000				700		
	10	销售				400			300		
	15	购入	600	14	8 400				900		
	20	销售				800			100		
	25	购入	500	15	7 500				600		
	28	销售				300			300		
	30	本期合计	1 600		21 900	1 500			300		

假设经过具体辨认,本期发出存货所属的购入批别如下:10 日发出的 400 件存货中,100 件系期初结存,300 件为 5 日购入;20 日发出的 800 件存货中,有 100 件系期初结存,有 100 件系 5 日购入,其余 600 件系 15 日购入;28 日发出的 300 件存货中均属 25 日购进的商品。

该公司采用个别计价法计算的 A 商品本月发出和期末结存成本如下。

6 月 10 日发出 A 商品的成本 = 100×10 + 300×12 = 4 600(元)

6 月 20 日发出 A 商品的成本 = 100×10 + 100×12 + 600×14 = 10 600(元)

6 月 28 日发出 A 商品的成本 = 300×15 = 4 500(元)

期末结存 A 商品成本 = 100×12 + 200×15 = 4 200(元)

根据上述计算,本月 A 商品的收入、发出和结存情况如表 2-3 所示。

表 2-3　A 商品购销明细账（个别计价法）　　　　　　　　　　　　　　　　元

日期		摘要	收入			发出			结存		
月	日		数量/件	单价	金额	数量/件	单价	金额	数量/件	单价	金额
6	1	期初余额							200	10	2 000
	5	购入	500	12	6 000				200 500	10 12	8 000
	10	销售				100 300	10 12	1 000 3 600	100 200	10 12	3 400
	15	购入	600	14	8 400				100 200 600	10 12 14	11 800
	20	销售				100 100 600	10 12 14	1 000 1 200 8 400	100	12	1 200
	25	购入	500	15	7 500				100 500	12 15	8 700
	28	销售				300	15	4 500	100 200	12 15	4 200
	30	本期合计	1 600		21 900	1 500		19 700	100 200	12 15	4 200

从表 2-3 可知，采用个别计价法得出的本期发出存货的成本及期末结存存货的成本分别为 19 700 元和 4 200 元。

个别计价法的成本计算准确，符合实际情况，但在存货收发频繁的情况下，其发出成本分辨的工作量较大。因此，这种方法适用于一般不能替代使用的存货、为特定项目专门购入或制造的存货及提供的劳务，如重型设备、飞机、船舶及珠宝、名画等贵重物品。在实际工作中，越来越多的企业采用计算机信息系统进行会计处理，个别计价法可以广泛应用于发出存货的计价，并且该方法确定的存货成本最为准确。

（二）先进先出法

先进先出法是指以先购入的存货应先发出（销售或耗用）这一存货实物流动假设为前提，对发出存货进行计价的一种方法。采用这种方法，先购入的存货成本在后购入存货成本之前转出，据以确定发出存货和期末存货的成本。其具体方法是：收入存货时，逐笔登记收入存货的数量、单价和金额；发出存货时，按照先进先出的原则逐笔登记存货的发出成本和结存金额。

例 2-34　沿用例 2-33 的资料，甲公司采用先进先出法计算 A 商品本月发出和期末结存成本如下。

6 月 10 日发出 A 商品的成本 = 200×10 + 200×12 = 4 400（元）

6 月 20 日发出 A 商品的成本 = 300×12 + 500×14 = 10 600（元）

6 月 28 日发出 A 商品的成本 = 100×14 + 200×15 = 4 400（元）

期末结存 A 商品成本 = 300×15 = 4 500（元）

根据上述计算，本月 A 商品的收入、发出和结存情况如表 2-4 所示。

表2-4 A商品购销明细账（先进先出法）　　　　　　　　　　　　　　元

日期		摘要	收入			发出			结存		
月	日		数量/件	单价	金额	数量/件	单价	金额	数量/件	单价	金额
6	1	期初余额							200	10	2 000
	5	购入	500	12	6 000				200 500	10 12	8 000
	10	销售				200 200	10 12	2 000 2 400	300	12	3 600
	15	购入	600	14	8 400				300 600	12 14	3 600 8 400
	20	销售				300 500	12 14	3 600 7 000	100	14	1 400
	25	购入	500	15	7 500				100 500	14 15	1 400 7 500
	28	销售				100 200	14 15	1 400 3 000	300	15	4 500
	30	本期合计	1 600		21 900	1 500		19 400	300	15	4 500

从表2-4可知，采用先进先出法得出的本期发出存货的成本和期末存货的成本分别为19 400元和4 500元。

先进先出法可以随时结转存货发出成本，从而保证了产品成本和销售成本计算的及时性，并且期末存货成本是由最近购货成本确定的，比较接近现行的市场价值，但较烦琐，在存货收发业务较多且存货单价不稳定时，其工作量较大。在物价持续上升时，期末存货成本接近于市价，而发出成本偏低，会高估企业当期利润和库存存货价值；反之，会低估企业存货价值和当期利润。

检测 2-7　判断题

在物价持续下跌时，发出存货采用先进先出法更能体现谨慎性要求。　　　　（　　）

（三）月末一次加权平均法

月末一次加权平均法是指以本月全部进货数量加上月初存货数量作为权数，去除以本月全部进货成本加上月初存货成本，计算出存货的加权平均单位成本，以此为基础计算本月发出存货的成本和期末存货的成本的一种方法。计算公式为：

存货的加权平均单位成本＝[月初结存存货成本＋∑（本月各批进货的实际单位成本×本月各批进货的数量）]÷（月初结存存货的数量＋本月各批进货数量之和）

本月发出存货成本＝本月发出存货的数量×存货的平均单位成本

月末结存存货成本＝月末结存存货的数量×存货的平均单位成本

或：

月末结存存货成本＝月初结存存货的实际成本＋本月收入存货的实际成本－本月发出存货的实际成本

在加权平均单位成本不能除尽的情况下，为了保证期末结存商品的数量、单位成本与总成本的一致性，应先按加权平均单位成本计算期末结存商品成本，然后倒减出本月发出商品成本，将计算尾差计入发出商品成本。

例2-35 沿用例2-33的资料，甲公司采用月末一次加权平均法计算的A商品本月加权平均单位成本及本月发出和期末结存成本如下。

6月份A商品的平均单位成本=（2 000+21 900）÷（200+1 600）=13.28（元）

6月份A商品的结存存货成本=300×13.28=3 984（元）

6月份A商品的发出存货成本=2 000+21 900-3 984=19 916（元）

根据上述计算，本月A商品的收入、发出和结存情况如表2-5所示。

表2-5　A商品购销明细账（月末一次加权平均法）　　　　　　　　元

日期		摘要	收入			发出			结存		
月	日		数量/件	单价	金额	数量/件	单价	金额	数量/件	单价	金额
6	1	期初余额							200	10	2 000
	5	购入	500	12	6 000				700		
	10	销售				400			300		
	15	购入	600	14	8 400				900		
	20	销售				800			100		
	25	购入	500	15	7 500				600		
	28	销售				300			300		
	30	本期合计	1 600		21 900	1 500	13.28	19 916	300	13.28	3 948

从表2-5可知，采用月末一次加权平均法得出的本期发出存货的成本和期末结存存货的成本分别为19 916元和3 948元。

采用加权平均法只在月末一次计算加权平均单价，平时不对发出存货计价，因而日常核算工作量较小，简便易行，适用于存货收发比较频繁的企业。但由于平时无法从账上提供发出和结存存货的单价与金额，因此不利于存货成本的日常管理与控制。

（四）移动加权平均法

移动加权平均法是指以每次进货的成本加上原有库存存货的成本，除以每次进货数量加上原有库存存货的数量，据以计算加权平均单位成本，作为在下次进货前计算各次发出存货成本依据的一种方法。其计算公式为：

存货单位成本=（原有结存存货的实际成本+本次收入存货的实际成本）÷（原有结存存货的数量+本次收入存货的数量）

本次发出存货成本=本次发出存货数量×本次发货前存货的单位成本

本月月末结存存货成本=月末结存存货数量×本月月末存货单位成本

例2-36 沿用例2-33的资料，甲公司采用移动加权平均法核算企业存货，则A商品每次进货后本期收入、发出和结存情况如表2-6所示。从表中可以看出，存货的平均成本从期初的10元变为期中的11.43元、13.14元，再变成期末的14.69元。

各平均成本计算如下。

6月5日购入存货后的平均单位成本=（2 000+6 000）÷（200+500）=11.43（元）

6月15日购入存货后的平均单位成本=（3 428+8 400）÷（300+600）=13.14（元）

6月25日购入存货后的平均单位成本=（1 316+7 500）÷（100+500）=14.69（元）

表2-6 A商品购销明细账（移动加权平均法） 元

日期		摘要	收入			发出			结存		
月	日		数量/件	单价	金额	数量/件	单价	金额	数量/件	单价	金额
6	1	期初余额							200	10	2 000
	5	购入	500	12	6 000				700	11.43	8 000
	10	销售				400	11.43	4 572	300	11.43	3 428
	15	购入	600	14	8 400				900	13.14	11 828
	20	销售				800	13.14	10 512	100	13.14	1 316
	25	购入	500	15	7 500				600	14.69	8 816
	28	销售				300	14.69	4 407	300	14.69	4 409
	30	本期合计	1 600		21 900	1 500		19 491	300	14.69	4 409

从表2-6可知，采用移动加权平均法得出本期发出存货的成本和期末结存存货的成本分别为19 491元和4 409元。

采用移动加权平均法能够使企业管理当局及时了解存货的结存情况，计算的平均单位成本及发出和结存的存货成本比较客观。但由于每次收货都要计算一次平均单价，所以计算工作量较大，对收发货较频繁的企业不适用。

三、存货收入和发出的账务处理

（一）原材料

原材料是指企业在生产过程中经过加工改变其形态或性质并构成产品主要实体的各种原料、主要材料和外购半成品，以及不构成产品实体但有助于产品形成的辅助材料。原材料按经济内容分为原料及主要材料、辅助材料、外购半成品（外购件）、修理用备件（备品备件）、包装材料、燃料等。

原材料的日常收发和结存可以采用实际成本计价，也可以采用计划成本计价。

1. 按实际成本计价

（1）科目设置

材料按实际成本计价核算的主要特点是：材料的收发及结存无论是按总分类核算还是明细分类核算，均按照实际成本计价，企业需要设置"原材料""在途物资"等会计科目。

①"原材料"科目核算库存各种材料的收发和结存情况。在原材料按实际成本核算时，本科目的借方登记入库材料的实际成本，贷方登记发出材料的实际成本；期末余额在借方，反映企业库存材料的实际成本。本科目可按材料的保管地点（仓库）、材料的类别、品种和规格等进行明细核算。

②"在途物资"科目核算企业采用实际成本（进价）进行材料、商品等物资的日常核算，以及货款已付尚未验收入库的各种物资（在途物资）的采购成本。本科目的借方登记企业购入的在途物资的实际成本，贷方登记验收入库的在途物资的实际成本；期末余额在借方，反映企业在途物资的采购成本。本科目可按供应单位和物资品种进行明细核算。

③"应付账款"科目核算企业因购买材料、商品和接受劳务等经营活动应支付的款项。本科目借方登记偿还的应付账款，贷方登记企业因购入材料、商品和接受劳务等尚未支付的款项；期末余额一般在贷方，反映企业尚未支付的应付账款。本科目可按债权人进行明细核算。

（2）账务处理

原材料核算的主要内容包括购入材料和发出材料两部分。具体账务处理方法如下。

① 购入材料

由于材料采购地点和支付方式不同，原材料入库与付款的时间可能一致，也可能不一致，其账务处理也有所不同。

1/ 货款已经支付或已开出、承兑商业汇票，同时材料已验收入库

例2-37 甲公司为增值税一般纳税人，购入C材料一批，增值税专用发票上注明价款为40 000元及包装费为1 500元，增值税税额为5 395元。款项以转账支票付讫，材料已验收入库。

甲公司应编制如下会计分录。

借：原材料——C材料	41 500
应交税费——应交增值税（进项税额）	5 395
贷：银行存款	46 895

本例属于发票账单与材料同时到达的采购业务，企业材料已验收入库，因此应通过"原材料"科目核算。对于增值税专用发票上注明的可抵扣的进项税额，应借记"应交税费——应交增值税（进项税额）"科目。

例2-38 甲公司购入D材料一批，取得的增值税专用发票上注明价款为60 000元及包装费为1 000元，增值税税额为7 930元。款项以银行汇票支付，材料已验收入库。

甲公司应编制如下会计分录。

借：原材料——D材料	61 000
应交税费——应交增值税（进项税额）	7 930
贷：其他货币资金——银行汇票	68 930

例2-39 甲公司采用托收承付结算方式购入E材料一批，增值税专用发票上注明价款为70 000元，增值税税额为9 100元；运输费为2 000元，增值税税额为180元。款项在承付期内以银行存款支付，材料已验收入库。

甲公司应编制如下会计分录。

借：原材料——E材料	72 000
应交税费——应交增值税（进项税额）	9 280
贷：银行存款	81 280

2/ 货款已经支付或已开出、承兑商业汇票，材料尚未验收入库

例2-40 甲公司采用汇兑结算方式从乙单位购入F材料一批，发票及账单已收到，增值税专用发票上注明价款为30 000元，增值税税额为3 900元。材料尚未到达。

甲公司应编制如下会计分录。

借：在途物资——乙单位	30 000
应交税费——应交增值税（进项税额）	3 900
贷：银行存款	33 900

本例属于已经付款，但材料尚未到达的采购业务，应通过"在途物资"科目核算，待材料

到达并入库后,再根据收料单,由"在途物资"科目转入"原材料"科目核算。

例2-41 承例2-40,上述购入的F材料已收到,并验收入库。

甲公司应编制如下会计分录。

借:原材料——F材料　　　　　　　　　　　　　　　　　　　30 000
　　贷:在途物资——乙单位　　　　　　　　　　　　　　　　　　30 000

3/ 货款尚未支付,材料已经验收入库

例2-42 甲公司采用托收承付结算方式从丙单位购入G材料一批,增值税专用发票上注明价款为40 000元,增值税税额为5 200元;运输费为1 000元,增值税税额为90元。银行转来的结算凭证已到,款项尚未支付,材料已验收入库。

甲公司应编制如下会计分录。

借:原材料——G材料　　　　　　　　　　　　　　　　　　　41 000
　　应交税费——应交增值税(进项税额)　　　　　　　　　　　 5 290
　　贷:应付账款——丙单位　　　　　　　　　　　　　　　　　46 290

例2-43 甲公司采用委托收款结算方式购入H材料一批,材料已验收入库。月末发票账单尚未收到,也无法确定其实际成本,暂估价值为30 000元。

甲公司应编制如下会计分录。

借:原材料——H材料　　　　　　　　　　　　　　　　　　　30 000
　　贷:应付账款——暂估应付账款　　　　　　　　　　　　　　30 000

下月初,做红字会计分录予以冲回。

借:原材料——H材料　　　　　　　　　　　　　　　　　　　30 000
　　贷:应付账款——暂估应付账款　　　　　　　　　　　　　　30 000

在这种情况下,发票账单未到也无法确定实际成本。由于一般在较短时间内发票账单就可以收到,因此为了简化核算手续,在材料验收入库时,可暂不进行账务处理,只将收到的材料登记明细账,待收到发票账单时,再进行账务处理。但如果等到月末尚未收到发票账单,在月末则应按照合同价格暂估价值入账,借记"原材料"科目,贷记"应付账款——暂估应付账款"科目。下月初做红字会计分录予以冲回,以便下月付款或开出、承兑商业汇票后,按正常程序,借记"原材料""应交税费——应交增值税(进项税额)"科目,贷记"银行存款"或"应付票据"等科目。

例2-44 承例2-43,上述购入的H材料于次月收到发票账单,增值税专用发票上注明的价款为31 000元,增值税税额为4 030元;运输费为2 000元,增值税税额为180元。全部款项已用银行存款付讫。

甲公司应编制如下会计分录。

借:原材料——H材料　　　　　　　　　　　　　　　　　　　33 000
　　应交税费——应交增值税(进项税额)　　　　　　　　　　　 4 210
　　贷:银行存款　　　　　　　　　　　　　　　　　　　　　　37 210

4/ 货款已经预付,材料尚未验收入库

第二章 流动资产的确认和计量

例 2-45 根据与某钢厂的购销合同规定,甲公司为购买 J 材料向该钢厂预付 100 000 元货款的 80%,计 80 000 元,已通过汇兑方式汇出。

甲公司应编制如下会计分录。

借:预付账款——某钢厂　　　　　　　　　　　　　　　　　　　　80 000
　　贷:银行存款　　　　　　　　　　　　　　　　　　　　　　　　80 000

例 2-46 承例 2-45,甲公司收到该钢厂发运来的 J 材料,已验收入库。有关发票账单记载,该批货物的价款为 100 000 元,增值税税额为 13 000 元;运输费为 3 000 元,增值税税额为 270 元。所欠款项以银行存款付讫。

甲公司应编制如下会计分录。

(1) 材料入库时

借:原材料——J 材料　　　　　　　　　　　　　　　　　　　　　103 000
　　应交税费——应交增值税(进项税额)　　　　　　　　　　　　　13 270
　　贷:预付账款——某钢厂　　　　　　　　　　　　　　　　　　116 270

(2) 补付货款时

借:预付账款——某钢厂　　　　　　　　　　　　　　　　　　　　36 270
　　贷:银行存款　　　　　　　　　　　　　　　　　　　　　　　　36 270

② 发出材料

在实际成本计价核算下,企业可以采用个别计价法、先进先出法、月末一次加权平均法和移动加权平均法等确定发出材料的实际成本,详见例 2-33、例 2-34、例 2-35、例 2-36。

企业发出材料具有种类多、业务频繁等特点。为了简化日常核算,平时一般只登记材料明细分类账,反映各种材料的收发和结存金额,月末根据领料单或限额领料单中有关领料的单位、部门等加以归类,编制发料凭证汇总表,据以编制记账凭证,登记入账。发出材料实际成本的确定,可以由企业从上述个别计价法、先进先出法、月末一次加权平均法、移动加权平均法等方法中选择。计价方法一经确定,不得随意变更。如需变更,应在附注中予以说明。

例 2-47 甲公司根据发料凭证汇总表的记录,6 月份基本生产车间领用 K 材料 450 000元,辅助生产车间领用 K 材料 25 000 元,车间管理部门领用 K 材料 4 000 元,企业行政管理部门领用 K 材料 3 000 元,共计 482 000 元。

甲公司应编制如下会计分录。

借:生产成本——基本生产成本　　　　　　　　　　　　　　　　　450 000
　　　　　　　——辅助生产成本　　　　　　　　　　　　　　　　　25 000
　　制造费用　　　　　　　　　　　　　　　　　　　　　　　　　　4 000
　　管理费用　　　　　　　　　　　　　　　　　　　　　　　　　　3 000
　　贷:原材料——K 材料　　　　　　　　　　　　　　　　　　　　482 000

在实际成本计价核算下,"原材料"科目的借方、贷方及余额均以实际成本计价,不存在成本差异的计算和结转问题。但采用实际成本核算,日常反映不出材料成本是节约还是超支,从而不能反映和考核物资采购业务的经营成果。因此,这种方法通常适用于材料收发业务较少的企业。在实务工作中,对于材料收发业务较多且计划成本资料较为健全、准确的企业,一般可以采用计划成本进行材料收发的核算。

2. 按计划成本计价

（1）科目设置

材料采用计划成本核算时，材料的收发和结存均按照计划成本计价，企业需要设置"原材料""材料采购""材料成本差异"等会计科目。其主要特点是：材料收发凭证都按计划成本计价，材料总分类账和明细分类账均按计划成本登记；通过"材料采购"科目核算各种材料的采购成本，材料实际成本与计划成本的差异通过"材料成本差异"科目核算；月末，计算本月发出材料应负担的成本差异并进行分摊，根据领用材料的用途计入相关资产的成本或当期损益，从而将发出材料的计划成本调整为实际成本。

① "原材料"科目核算库存各种材料的收发与结存情况。在材料采用计划成本核算时，本科目的借方登记入库材料的计划成本，贷方登记发出材料的计划成本；期末余额在借方，反映企业库存材料的计划成本。

② "材料采购"科目核算购入各种材料的采购成本，借方登记采购材料的实际成本，贷方登记入库材料的计划成本。借方大于贷方表示超支，从本科目贷方转入"材料成本差异"科目的借方；贷方大于借方表示节约，从本科目借方转入"材料成本差异"科目的贷方；期末为借方余额，反映企业在途材料的采购成本。本科目可按供应单位和材料品种进行明细核算。

③ "材料成本差异"科目核算已入库各种材料的实际成本与计划成本的差异，借方登记超支差异和发出材料应负担的节约差异，贷方登记节约差异及发出材料应负担的超支差异。期末如为借方余额，反映企业库存材料的实际成本大于计划成本的差异（即超支差异）；如为贷方余额，反映企业库存材料实际成本小于计划成本的差异（即节约差异）。本科目可以分别"原材料""周转材料"等科目，按照类别或品种进行明细核算。

（2）账务处理

① 购入材料

1/ 货款已经支付，同时材料验收入库

例 2-48 甲公司购入 L 材料一批，增值税专用发票上注明的价款为 30 000 元，增值税税额为 3 900 元。发票账单已收到，计划成本为 32 000 元。材料已验收入库，款项以银行存款支付。

甲公司应编制如下会计分录。

借：材料采购　　　　　　　　　　　　　　　　　　　　　30 000
　　　应交税费——应交增值税（进项税额）　　　　　　　　3 900
　　贷：银行存款　　　　　　　　　　　　　　　　　　　　　　　33 900

在计划成本法下，取得的材料先要通过"材料采购"科目进行核算，企业支付材料价款和运杂费等构成存货实际成本的，记入"材料采购"科目。

2/ 货款已经支付，材料尚未验收入库

例 2-49 甲公司采用汇兑结算方式购入 M 材料一批，增值税专用发票上注明的价款为 40 000 元，增值税税额为 5 200 元。发票账单已收到，计划成本为 38 000 元。材料尚未入库，款项以银行存款支付。

甲公司应编制如下会计分录。

借：材料采购	40 000
应交税费——应交增值税（进项税额）	5 200
贷：银行存款	45 200

3/ 货款尚未支付，材料已经验收入库

例2-50 甲公司采用商业承兑汇票支付方式购入N材料一批，增值税专用发票上记载的价款为50 000元，增值税税额为6 500元。发票账单已收到，计划成本为52 000元。材料已验收入库。

甲公司应编制如下会计分录。

借：材料采购	50 000
应交税费——应交增值税（进项税额）	6 500
贷：应付票据	56 500

例2-51 甲公司购入Q材料一批，材料已验收入库。发票账单未到，月末按照计划成本50 000元估价入账。

甲公司应编制如下会计分录。

借：原材料——Q材料	50 000
贷：应付账款——暂估应付账款	50 000

下月初做红字会计分录予以冲回。

借：原材料——Q材料	50 000
贷：应付账款——暂估应付账款	50 000

在这种情况下，对于尚未收到发票账单的收料凭证，月末应按计划成本暂估入账，借记"原材料"等科目，贷记"应付账款——暂估应付账款"科目。下期初做红字分录予以冲回。

企业购入验收入库的材料，按计划成本，借记"原材料"科目，贷记"材料采购"科目；按实际成本大于计划成本的差异，借记"材料成本差异"科目，贷记"材料采购"科目；实际成本小于计划成本的差异，借记"材料采购"科目，贷记"材料成本差异"科目。

例2-52 承例2-48和例2-50，月末，甲公司汇总本月已付款或已开出并承兑商业汇票的入库材料的计划成本84 000（32 000＋52 000）元。

甲公司应编制如下会计分录。

借：原材料——L材料	32 000
——N材料	52 000
贷：材料采购	84 000

上述入库材料的实际成本为80 000（30 000＋50 000）元，入库材料的成本差异为节约4 000（84 000－80 000）元。

借：材料采购	4 000
贷：材料成本差异——L材料	2 000
——N材料	2 000

② 发出材料

月末，企业根据领料单等编制发料凭证汇总表结转发出材料的计划成本。应当根据所发出材料的用途，按计划成本分别记入"生产成本""制造费用""销售费用""管理费用"等科目，同时结转材料成本差异。

例 2-53 甲公司根据发料凭证汇总表的记录，某月 L 材料的消耗（计划成本）为：基本生产车间领用 200 000 元，辅助生产车间领用 60 000 元，车间管理部门领用 10 000 元，企业行政管理部门领用 5 000 元。

甲公司应编制如下会计分录。

借：生产成本——基本生产成本	200 000
——辅助生产成本	60 000
制造费用	10 000
管理费用	5 000
贷：原材料——L 材料	275 000

根据《企业会计准则第 1 号——存货》的规定，企业日常采用计划成本核算的、发出的材料成本应由计划成本调整为实际成本，通过"材料成本差异"科目进行结转；发出材料应负担的成本差异应当按期（月）分摊，不得在季末或年末一次计算。其计算公式为：

本期材料成本差异率 =（期初结存材料的成本差异 + 本期验收入库材料的成本差异）÷（期初结存材料的计划成本 + 本期验收入库材料的计划成本）× 100%

期初材料成本差异率 = 期初结存材料的成本差异 ÷ 期初结存材料的计划成本 × 100%

发出材料应负担的成本差异 = 发出材料的计划成本 × 本期（或期初）材料成本差异率

如果企业的材料成本差异率各期之间是比较均衡的，也可以采用期初材料成本差异率分摊本期的材料成本差异。年度终了，应对材料成本差异率进行核实调整。

检测 2-8　单项选择题

某企业对材料采用计划成本核算。月初结存材料计划成本为 400 万元，材料成本差异为贷方余额 6 万元；本月入库材料计划成本为 2 000 万元，材料成本差异借方发生额为 12 万元；本月发出材料的计划成本为 1 600 万元。该企业月末结存材料的实际成本为（　　）万元。

A．798　　　　B．800　　　　C．802　　　　D．1 604

例 2-54 承例 2-48 和例 2-53，甲公司某月月初结存 L 材料的计划成本为 100 000 元，成本差异为超支 4 800 元；当月入库 L 材料的计划成本为 32 000 元，成本差异为节约 2 000 元。那么，材料成本差异率 =（4 800 - 2 000）÷（100 000 + 32 000）× 100% = 2.12%。

结转发出材料的成本差异，甲公司应编制如下会计分录。

借：生产成本——基本生产成本	4 240
——辅助生产成本	1 272
制造费用	212
管理费用	106

贷：材料成本差异——L材料　　　　　　　　　　　　　　　　　　　　　　5 830

　　企业在分摊发出材料应负担的成本差异时，按照所发出材料的用途计算出各成本费用项目应负担的差异金额，借记"生产成本""制造费用""销售费用""管理费用"等科目，贷记"材料成本差异"科目。实际成本大于计划成本的超支差异，用蓝字登记；实际成本小于计划成本的节约差异，用红字登记。

　　本月发出存货应负担的成本差异从"材料成本差异"科目转出后，该科目的余额为月末结存存货应负担的成本差异。在编制资产负债表时，月末结存存货应负担的成本差异应作为存货的调整项目，将结存存货的计划成本调整为实际成本列示。

（二）包装物

1. 包装物核算的内容

　　包装物是指为了包装本企业商品而储备的各种包装容器，如桶、箱、瓶、坛、袋等。其核算内容包括：①生产过程中用于包装产品作为产品组成部分的包装物；②随同商品出售而不单独计价的包装物；③随同商品出售单独计价的包装物；④出租或出借给购买单位使用的包装物。

2. 包装物的账务处理

　　为了反映和监督包装物的增减变动及其价值损耗、结存情况，企业应当设置"周转材料——包装物"科目，借方登记包装物的增加，贷方登记包装物的减少；期末余额在借方，通常反映企业期末结存包装物的金额。

　　① 生产过程中领用包装物。领用时，应按照领用包装物的实际成本，借记"生产成本"科目，按照领用包装物的计划成本，贷记"周转材料——包装物"科目；按照其差额，借记或贷记"材料成本差异"科目。

　　例2-55　甲公司对包装物采用计划成本计价核算，某月生产产品领用包装物一批，计划成本为6 000元，材料成本差异率为2%。

　　甲公司应编制如下会计分录。

　　借：生产成本——基本生产成本　　　　　　　　　　　　　　　　　　　　6 120
　　　　贷：周转材料——包装物　　　　　　　　　　　　　　　　　　　　　　6 000
　　　　　　材料成本差异　　　　　　　　　　　　　　　　　　　　　　　　　　120

　　② 随同商品出售不单独计价的包装物。出售时，应按其实际成本，借记"销售费用"科目，按其计划成本，贷记"周转材料——包装物"科目；按其差额，借记或贷记"材料成本差异"科目。

　　例2-56　甲公司某月销售商品领用不单独计价包装物一批，其计划成本为4 000元，材料成本差异率为2%。

　　甲公司应编制如下会计分录。

　　借：销售费用　　　　　　　　　　　　　　　　　　　　　　　　　　　　4 080
　　　　贷：周转材料——包装物　　　　　　　　　　　　　　　　　　　　　　4 000
　　　　　　材料成本差异　　　　　　　　　　　　　　　　　　　　　　　　　　80

　　③ 随同商品出售单独计价的包装物。出售时，一方面应反映其销售收入，计入其他业务收入；另一方面应反映其实际销售成本，计入其他业务成本。

例2-57 甲公司某月销售商品领用单独计价包装物一批,其计划成本为7 000元,销售收入为9 000元,增值税税额为1 170元。款项已存入银行。该包装物的材料成本差异率为3%。

甲公司应编制如下会计分录。

(1) 出售单独计价包装物时

借:银行存款　　　　　　　　　　　　　　　　　　　　　　　　10 170
　　贷:其他业务收入　　　　　　　　　　　　　　　　　　　　　　9 000
　　　　应交税费——应交增值税(销项税额)　　　　　　　　　　1 170

(2) 结转所售单独计价包装物的成本时

借:其他业务成本　　　　　　　　　　　　　　　　　　　　　　　7 210
　　贷:周转材料——包装物　　　　　　　　　　　　　　　　　　7 000
　　　　材料成本差异　　　　　　　　　　　　　　　　　　　　　　210

【思考2-3】例2-57中,如果该包装物的材料成本差异率为-3%,则结转所售单独计价包装物的成本的会计分录应当如何编制?

④ 出租或出借给购买单位使用的包装物。

用于出租的包装物,收到的租金应作为其他业务收入并计算应交的增值税,分次摊销包装物的成本应计入其他业务成本;用于出借的包装物,其摊销的成本应计入销售费用。有关分次摊销法的举例见例2-58。

(三)低值易耗品

1. 低值易耗品核算的内容

作为存货核算和管理的低值易耗品,一般划分为一般工具、专用工具、替换设备、管理用具、劳动保护用品和其他用具等。

2. 低值易耗品的账务处理

为了反映和监督低值易耗品的增减变动及结存情况,企业应当设置"周转材料——低值易耗品"科目,借方登记低值易耗品的增加,贷方登记低值易耗品的减少;期末余额在借方,通常反映企业期末结存低值易耗品的金额。

企业的低值易耗品等周转材料符合存货定义和条件的,按照分次摊销法计入成本费用。金额较小的,可在领用时一次计入成本费用,以简化核算。但为加强实物管理,应当在备查簿上进行登记。

分次摊销法是指根据周转材料可供使用的估计次数,将其成本分期计入有关成本费用的一种摊销方法。分次摊销法适用于可供多次反复使用的低值易耗品。在采用分次摊销法的情况下,需要单独设置"周转材料——低值易耗品——在用""周转材料——低值易耗品——在库"和"周转材料——低值易耗品——摊销"明细科目。

例2-58 甲公司的基本生产车间领用专用工具一批,实际成本为120 000元,不符合固定资产定义,所以采用分次摊销法进行摊销。该专用工具的估计使用次数为两次。

甲公司应编制如下会计分录。

（1）领用专用工具时

借：周转材料——低值易耗品——在用　　　　　　　　　　　　120 000
　　贷：周转材料——低值易耗品——在库　　　　　　　　　　　　120 000

（2）第1次领用时摊销其价值的一半

借：制造费用　　　　　　　　　　　　　　　　　　　　　　　　60 000
　　贷：周转材料——低值易耗品——摊销　　　　　　　　　　　　60 000

（3）第2次领用时摊销其价值的一半

借：制造费用　　　　　　　　　　　　　　　　　　　　　　　　60 000
　　贷：周转材料——低值易耗品——摊销　　　　　　　　　　　　60 000

同时，

借：周转材料——低值易耗品——摊销　　　　　　　　　　　　　120 000
　　贷：周转材料——低值易耗品——在用　　　　　　　　　　　　120 000

（四）委托加工物资

1. 委托加工物资核算的内容

委托加工物资是指企业委托外单位加工的各种材料、商品等物资。企业委托外单位加工物资的成本包括加工中实际耗用物资的成本、支付的加工费用及应负担的运杂费等，支付的税金包括委托加工物资所应负担的消费税（属于消费税应税范围的加工物资）等。

2. 委托加工物资的账务处理

为了反映和监督委托加工物资的增减变动及结存情况，企业应当设置"委托加工物资"科目，借方登记委托加工物资的实际成本，贷方登记加工完成验收入库的物资的实际成本和剩余物资的实际成本；期末余额在借方，反映企业尚未完工的委托加工物资的实际成本。

需要交纳消费税的委托加工物资，由受托方代收代缴的消费税，应分别按以下情况处理：委托加工物资收回后用于直接销售的，记入"委托加工物资"科目；收回后用于继续加工应税消费品的，先记入"应交税费——应交消费税"科目的借方，待消费品连续生产完工销售后，按规定用以抵扣消费品销售后所负担的消费税。

例2-59 甲公司委托丁公司加工商品（属于应税消费品）10 000件，有关经济业务如下。

（1）1月20日，发出材料一批，计划成本为600 000元，材料成本差异率为-3%。

甲公司应编制如下会计分录。

① 发出委托加工材料时

借：委托加工物资　　　　　　　　　　　　　　　　　　　　　600 000
　　贷：原材料　　　　　　　　　　　　　　　　　　　　　　　600 000

② 结转发出材料应分摊的材料成本差异时

借：委托加工物资　　　　　　　　　　　　　　　　　　　　　　18 000
　　贷：材料成本差异　　　　　　　　　　　　　　　　　　　　　18 000

（2）2月20日，支付商品加工费12 000元，支付应当交纳的消费税66 000元。该商品收回后用于连续生产，消费税可抵扣。甲公司和丁公司均为一般纳税人，适用的增值税税率为13%。

甲公司应编制如下会计分录。

借：委托加工物资　　　　　　　　　　　　　　　　　　　　　12 000
　　应交税费——应交消费税　　　　　　　　　　　　　　　　66 000
　　　　　　——应交增值税（进项税额）　　　　　　　　　　 1 560
　　贷：银行存款　　　　　　　　　　　　　　　　　　　　　79 560

（3）3月4日，用银行存款支付往返运杂费1 000元，取得增值税专用发票上注明的增值税税额为90元。甲公司应编制如下会计分录。

借：委托加工物资　　　　　　　　　　　　　　　　　　　　　 1 000
　　应交税费——应交增值税（进项税额）　　　　　　　　　　　　90
　　贷：银行存款　　　　　　　　　　　　　　　　　　　　　 1 090

（4）3月5日，上述商品10 000件（每件计划成本为65元）加工完毕，已办理加工收回的验收入库手续。甲公司应编制如下会计分录。

借：原材料或库存商品　　　　　　　　　　　　　　　　　　　650 000
　　贷：委托加工物资　　　　　　　　　　　　　　　　　　　595 000
　　　　材料成本差异　　　　　　　　　　　　　　　　　　　 55 000

检测2-9　判断题

委托加工物资收回后，直接用于对外销售的，委托方应将缴纳的增值税和消费税计入委托加工物资的成本。　　　　　　　　　　　　　　　　　　　　　　　　　　　（　　）

（五）库存商品

1. 库存商品核算的内容

库存商品是指企业已完成全部生产过程并已验收入库，合乎标准规格和技术条件，可以按照合同规定的条件送交订货单位，或者可以作为商品对外销售的产品及外购或委托加工完成验收入库用于销售的各种商品。库存商品具体包括库存产成品、外购商品、存放在门市部准备出售的商品、发出展览的商品、寄存在外的商品、接收来料加工制造的代制品和为外单位加工修理的代修品等。已完成销售手续但购买单位在月末未提取的产品，不应作为企业的库存商品，而应作为代管商品处理，单独设置代管商品备查簿进行登记。

库存商品可以采用实际成本核算，也可以采用计划成本核算。采用计划成本核算时，库存商品实际成本与计划成本的差异，可单独设置"产品成本差异"科目，比照"材料成本差异"科目核算。

为了反映和监督库存商品的增减变动及结存情况，企业应当设置"库存商品"科目，借方登记验收入库的库存商品成本，贷方登记发出的库存商品成本；期末余额在借方，反映各种库存商品的实际成本或计划成本。本科目可按库存商品的种类、品种和规格等进行明细核算。

2. 库存商品的账务处理

（1）验收入库商品

对于库存商品采用实际成本核算的企业，当库存商品生产完成并验收入库时，应按实际成本，借记"库存商品"科目，贷记"生产成本——基本生产成本"科目。

例 2-60 甲公司商品入库汇总表记载，某月已验收入库 S 产品 1 000 台，实际单位成本 2 000 元，计 2 000 000 元；T 产品 500 台，实际单位成本 1 000 元，计 500 000 元。

甲公司应编制如下会计分录。

借：库存商品——S 产品	2 000 000
——T 产品	500 000
贷：生产成本——基本生产成本（S 产品）	2 000 000
——基本生产成本（T 产品）	500 000

（2）结转销售商品

① 实际成本法。企业销售商品确认收入时，应结转其销售成本。实际成本法是指按存货发出计价方法所确定的实际成本，借记"主营业务成本"等科目，贷记"库存商品"科目。

例 2-61 甲公司月末汇总的发出商品中，当月已实现销售的 S 产品有 500 台，T 产品有 300 台。该月 S 产品实际单位成本 2 000 元，T 产品实际单位成本 1 000 元。

在结转其销售成本时，甲公司应编制如下会计分录。

借：主营业务成本	1 300 000
贷：库存商品——S 产品	1 000 000
——T 产品	300 000

② 毛利率法。毛利率法是商品流通企业，尤其是商业批发企业计算本期商品销售成本和期末库存商品成本的常用方法。商品流通企业由于经营商品的品种繁多，如果分品种计算商品成本，工作量将大大增加，而且一般来讲，商品流通企业同类商品的毛利率大致相同，采用这种存货计价方法既能减轻工作量，也能满足对存货管理的需要。

毛利率法是指根据本期销售净额乘以上期实际（或本期计划）毛利率匡算本期销售毛利，并据以计算发出存货和期末存货成本的一种方法。其计算公式为：

$$毛利率 =（销售毛利 \div 销售净额）\times 100\%$$

$$销售净额 = 商品销售收入 - 销售退回与折让$$

$$销售毛利 = 销售净额 \times 毛利率$$

$$销售成本 = 销售净额 - 销售毛利$$

$$期末存货成本 = 期初存货成本 + 本期购货成本 - 本期销售成本$$

例 2-62 某商场采用毛利率法进行核算。2019 年 5 月 1 日针织品类商品库存 300 万元，本月购进 160 万元，本月销售收入 260 万元，上月该类商品毛利率为 20%。

本月已销商品和月末库存商品的成本计算如下。

本月销售收入 = 260（万元）

销售毛利 = 260 × 20% = 52（万元）

本月销售成本 = 260 - 52 = 208（万元）

月末库存商品成本 = 300 + 160 - 208 = 252（万元）

检测2-10　单项选择题

某企业采用毛利率法计算发出存货成本。该企业上月实际毛利率30%，本月月初存货成本1 200万元，购入存货成本2 800万元，销售收入3 000万元，销售退回300万元。那么，该企业本月月末存货成本为（　　）万元。

　　A. 1 300　　　B. 1 900　　　C. 2 110　　　D. 2 200

③ 售价金额核算法。商品流通企业购入的商品可以采用进价金额核算，也可以采用售价金额核算。对于从事商业零售业务的企业（如百货公司、超市等），由于经营的商品种类、品种、规格等繁多，而且要求按商品零售价格标价，采用其他成本计算结转方法均较困难，因此广泛采用售价金额核算法。

售价金额核算法是指平时商品的购入、加工收回、销售均按售价记账，售价与进价的差额通过"商品进销差价"科目核算，期末计算进销差价率和本期已销售商品应分摊的进销差价，并据以调整本期销售成本的一种方法。本期计算出已售商品应分摊的进销差价，借记"商品进销差价"科目，贷记"主营业务成本"科目。其计算公式为：

商品进销差价率＝（期初库存商品进销差价＋本期购入商品进销差价）÷（期初库存商品售价＋本期购入商品售价）×100%

本期销售商品应分摊的商品进销差价＝本期商品销售收入×商品进销差价率

本期销售商品的成本＝本期商品销售收入－本期销售商品应分摊的商品进销差价

期末结存商品的成本＝期初库存商品的进价成本＋本期购进商品的进价成本－本期销售商品的成本

企业的商品进销差价率各期之间是比较均衡的，也可以采用上期商品进销差价率分摊本期的商品进销差价。年度终了，应对商品进销差价进行核实调整。

例2-63　某商场采用售价金额核算法进行核算。2019年3月1日，"库存商品"科目以售价计算的余额为100 000元，"商品进销差价"科目的贷方余额为25 000元。本月购进该商品的进价成本为500 000元，售价总额为625 000元，本月销售收入为600 000元。

有关计算如下。

商品进销差价率＝（25 000＋125 000）÷（100 000＋625 000）×100%＝20.7%

已销商品应分摊的商品进销差价＝600 000×20.7%＝124 200（元）

本期销售商品的实际成本＝600 000－124 200＝475 800（元）

期末结存商品的实际成本＝75 000＋500 000－475 800＝99 200（元）

检测2-11　单项选择题

某商场采用售价金额核算法对库存商品进行核算。月初库存商品进价成本30万元，售价总额46万元；本月购进商品进价成本40万元，售价总额54万元；本月销售收入80万元。那么，本月销售商品的成本为（　　）万元。

　　A. 46　　　B. 56　　　C. 70　　　D. 80

四、存货的期末计量

（一）存货期末计量原则

资产负债表日，存货应当按照成本与可变现净值孰低计量。其中，成本是指期末存货的实际成本，如果企业存货成本的日常核算采用计划成本法、售价金额核算法，则成本应为经调整后的实际成本。可变现净值是指在日常活动中，存货的估计售价减去至完工时预计将要发生的成本、预计的销售费用及相关税费后的金额。可变现净值的特征表现为存货的预计未来净现金流量，而不是存货的售价或合同价。

当存货成本低于可变现净值时，存货按成本计价；当存货成本高于可变现净值时，存货按可变现净值计价。当存货成本高于其可变现净值时，表明存货可能发生损失，应在存货销售之前提前确认这一损失，计入当期损益，并计提存货跌价准备，相应减少存货的账面价值。以前减记存货价值的影响因素已经消失的，减记的金额应当予以恢复，并在原已计提的存货跌价准备金额内转回，转回的金额计入当期损益。

（二）存货可变现净值的确定

当存货存在减值迹象时，企业应当以取得的确凿证据为基础，并且考虑持有存货的目的、资产负债表日后事项的影响等因素计算确定存货的可变现净值。企业持有存货的目的不同，确定存货可变现净值的计算方法也不同。

① 对于直接用于出售的商品存货（如产成品、商品和用于出售的材料等），没有销售合同约定的，其可变现净值由在正常生产经营过程中商品存货的一般销售价格（市场销售价格）减去估计的销售费用和相关税费等后的金额确定。

② 对于用于继续加工的材料存货（如原材料、在产品、委托加工物资等），由于该材料的价值将体现在用其生产的产成品上，因此在确定其可变现净值时，应以其生产的产成品的可变现净值与该产成品的成本进行比较。如果其生产的产成品的可变现净值高于成本，则该材料应当按成本计量。

如果材料价格的下降表明以其生产的产成品的可变现净值低于成本，则该材料应当按可变现净值计量。其可变现净值由在正常生产经营过程中，以该材料所生产的产成品的估计售价减去至完工时估计将要发生的成本、估计的销售费用及相关税费后的金额确定。

③ 对于有合同约定的存货，可变现净值应当由合同价格（而不是估计售价）减去估计的销售费用和相关税费后的金额确定。如果销售合同所规定的标的物还没生产出来，但持有专门用于生产该标的物的材料，其可变现净值也应以合同价格作为计量基础；如果持有的同一项存货的数量多于合同订购的数量，超出合同的部分应以一般销售价格为基础计算，分别确定其可变现净值，并与相对应的成本比较，分别确定存货跌价准备的计提或转回金额。

例 2-64 期末，甲公司库存 A 材料的账面成本为 90 万元，其市场价格持续下跌且在可预见的未来无回升的希望，已存在减值迹象。该材料专门用于生产与乙公司所签订合同约定的 20 台丙产品。合同约定甲公司为乙公司提供丙产品 20 台，每台售价 10 万元（不含增值税）。将该材料加工成 20 台丙产品尚需加工成本总额为 100 万元。估计销售每台丙产品尚需发生相关税费 1 万元。

根据上述资料，期末可按以下步骤确定 A 原材料的账面价值。

1）计算用 A 材料所生产的丙产品的可变现净值。

丙产品的可变现净值＝20×10－20×1＝180（万元）

2）将丙产品的可变现净值与其成本进行比较。

丙产品的生产成本＝90＋100＝190（万元）

丙产品的可变现净值 180 万元低于其成本 190 万元，因此期末生产丙产品用的 A 材料应当按可变现净值计量。

3）计算 A 材料的可变现净值，并确定其期末价值。

该材料的可变现净值＝20×10－100－20×1＝80（万元）

期末 A 材料的账面价值 80 万元低于其成本 90 万元，表明已减值，应计提存货跌价准备并计入当期损益 10 万元。

（三）存货跌价准备的账务处理

企业应当设置"存货跌价准备"科目，核算计提的存货跌价准备，借方登记实际发生的存货跌价损失金额和冲减的存货跌价准备金额，贷方登记计提的存货跌价准备金额；期末余额在贷方，反映企业已计提但尚未转销的存货跌价准备。本科目可按存货项目或类别进行明细核算。

1. 存货跌价准备的计提

企业通常应当按照单个存货项目计提存货跌价准备，即应当将每一存货项目的成本与可变现净值分别进行比较，按每一存货项目可变现净值低于成本的差额作为计提各该存货项目跌价准备的依据。但在某些特殊情况下，也可以合并计提存货跌价准备。例如，与在同一地区生产和销售的产品系列相关，具有相同或类似最终用途或目的，且难以同其他项目分开来计量的存货，可以按产品系列合并计提存货跌价准备。此外，对于数量繁多、单价较低的存货，可以按照存货类别计提存货跌价准备。

当存货成本高于其可变现净值时，企业应当按照存货可变现净值低于成本的差额，借记"资产减值损失——计提的存货跌价准备"科目，贷记"存货跌价准备"科目。

例 2-65 甲公司 2018 年末，A 存货的账面成本为 120 000 元。由于本年以来 A 存货的市场价格持续下跌，根据资产负债表日状况，A 存货的预计可变现净值为 100 000 元，"存货跌价准备"期初余额为 0，甲公司应计提存货跌价准备为 20 000（120 000－100 000）元。

甲公司应编制如下会计分录。

借：资产减值损失——计提的存货跌价准备　　　　　　　20 000
　　贷：存货跌价准备——A 存货　　　　　　　　　　　　　　20 000

2. 存货跌价准备的转回

当以前减记存货价值的影响因素已经消失，减记的金额应当予以恢复，并在原已计提的存货跌价准备金额内转回，转回的金额计入当期损益。转回已计提的存货跌价准备金额时，按恢复增加的金额，借记"存货跌价准备"科目，贷记"资产减值损失——计提的存货跌价准备"科目。

例 2-66 承例 2-65，假设 2019 年以来 A 存货市场价格有所上升，至 2019 年末，A 存货的预计可变现净值为 110 000 元，可以判断以前造成存货价值下跌的影响因素已经消失，应转回的存货跌价准备为 10 000 元。

甲公司应编制如下会计分录。

借：存货跌价准备——A存货　　　　　　　　　　　　　　　　　　　10 000
　　贷：资产减值损失——计提的存货跌价准备　　　　　　　　　　　　　10 000

提示 2-8

在核算存货跌价准备的转回时，转回的存货跌价准备和计提该准备的存货项目或类别应当存在直接对应关系。在原已计提的存货跌价准备金额内转回，意味着转回的金额以将存货跌价准备的余额冲减至 0 为限。

3. 存货跌价准备的结转

对于已经计提了存货跌价准备的存货，企业发生存货销售时，应在结转存货销售成本的同时结转相应的存货跌价准备，借记"存货跌价准备"科目，贷记"主营业务成本""其他业务成本"等科目。

例 2-67　2019 年 6 月 25 日，甲公司将 B 商品按 70 000 元的价格售出，增值税销项税额为 9 100 元。B 商品账面余额为 75 000 元，已计提存货跌价准备 18 000 元。

甲公司应编制如下会计分录。

（1）确认收入时

借：银行存款　　　　　　　　　　　　　　　　　　　　　　　　　　79 100
　　贷：主营业务收入——B商品　　　　　　　　　　　　　　　　　　 70 000
　　　　应交税费——应交增值税（销项税额）　　　　　　　　　　　　　9 100

（2）结转成本时

借：主营业务成本——B商品　　　　　　　　　　　　　　　　　　　　75 000
　　贷：库存商品——B商品　　　　　　　　　　　　　　　　　　　　 75 000

（3）结转已提的存货跌价准备时

借：存货跌价准备——B商品　　　　　　　　　　　　　　　　　　　　18 000
　　贷：主营业务成本——B商品　　　　　　　　　　　　　　　　　　 18 000

五、存货的清查

为了加强对存货的控制，维护存货的安全完整，企业应当定期或不定期地对存货的实物进行盘点和抽查，以确定存货的实有数量，并与账面记录相核对，确保账实相符。企业至少应当在编制年度财务报告前，对存货进行一次全面的清查盘点。

为了反映企业在财产清查中查明的各种存货的盘盈、盘亏和毁损情况，企业应当设置"待处理财产损溢"科目，借方登记存货的盘亏、毁损金额及盘盈的转销金额，贷方登记存货的盘盈金额及盘亏的转销金额。企业清查的各种存货损溢，应在期末结账前处理完毕，处理后本科目应无余额。本科目可按盘盈、盘亏的资产种类和项目进行明细核算。

（一）存货盘盈的账务处理

企业发生存货盘盈时，应按照同类或类似存货的市场价格作为实际成本及时登记入账，借记"原材料""周转材料""库存商品"等科目，贷记"待处理财产损溢——待处理流动资产损溢"科目。在按管理权限报经批准后，借记"待处理财产损溢"科目，贷记"管理费用"科目。

例 2-68　甲公司在财产清查中盘盈 M 材料 1 000 千克，实际单位成本 50 元。经查，属于材料收发计量方面的错误。

甲公司应编制如下会计分录。

（1）发生盘盈时

借：原材料——M材料　　　　　　　　　　　　　　　　　　50 000
　　贷：待处理财产损溢——待处理流动资产损溢　　　　　　　　50 000

（2）批准处理时

借：待处理财产损溢——待处理流动资产损溢　　　　　　　　50 000
　　贷：管理费用　　　　　　　　　　　　　　　　　　　　　50 000

（二）存货盘亏及毁损的账务处理

企业发生存货盘亏及毁损时，应将其账面成本及时转销，借记"待处理财产损溢——待处理流动资产损溢"科目，贷记"原材料""周转材料""库存商品"等科目。在按管理权限报经批准后，对于入库的残料价值，借记"原材料"等科目；对于应由保险公司和过失人的赔款，借记"其他应收款"科目；扣除残料价值和应由保险公司、过失人赔款后的净损失，属于一般经营损失的部分，借记"管理费用"科目；属于非常损失的部分，借记"营业外支出"科目；贷记"待处理财产损溢——待处理流动资产损溢"科目。

例 2-69　甲公司在财产清查中发现盘亏 N 材料 100 千克，实际单位成本为 200 元，经查，属于一般经营损失。假定不考虑相关税费。

甲公司应编制如下会计分录。

（1）发生盘亏时

借：待处理财产损溢——待处理流动资产损溢　　　　　　　　20 000
　　贷：原材料——N材料　　　　　　　　　　　　　　　　　　20 000

（2）批准处理时

借：管理费用　　　　　　　　　　　　　　　　　　　　　　20 000
　　贷：待处理财产损溢——待处理流动资产损溢　　　　　　　　20 000

例 2-70　甲公司因台风造成一批库存材料毁损，实际成本 50 000 元。根据保险责任范围及保险合同规定，应由保险公司赔偿 30 000 元。残料变价收入 5 000 元已存入银行。假定不考虑相关税费。

甲公司应编制如下会计分录。

（1）批准处理前

借：待处理财产损溢——待处理流动资产损溢　　　　　　　　50 000

贷：原材料　　　　　　　　　　　　　　　　　　　　　　　　　　50 000
（2）批准处理后
借：其他应收款——保险公司　　　　　　　　　　　　　　　　　　30 000
　　银行存款　　　　　　　　　　　　　　　　　　　　　　　　　　5 000
　　营业外支出——非常损失　　　　　　　　　　　　　　　　　　　15 000
　　贷：待处理财产损溢——待处理流动资产损溢　　　　　　　　　　50 000

第四节　金融资产（一）

一、金融资产及其分类和计量

（一）金融资产的确认

　　金融工具是指形成一方的金融资产并形成其他方的金融负债或权益工具的合同。其中，金融资产是指企业持有的现金、其他方的权益工具和符合下列条件之一的资产。
　　① 从其他方收取现金或其他金融资产的合同权利。
　　② 在潜在有利条件下，与其他方交换金融资产或金融负债的合同权利。
　　③ 将来须用或可用企业自身权益工具进行结算的非衍生工具合同，且企业根据该合同将收到可变数量的自身权益工具。
　　④ 将来须用或可用企业自身权益工具进行结算的衍生工具合同，但以固定数量的自身权益工具交换固定金额的现金或其他金融资产的衍生工具合同除外。其中，企业自身权益工具不包括应当按照《企业会计准则第37号——金融工具列报》分类为权益工具的可回售工具或发行方仅在清算时才有义务向另一方按比例交付其净资产的金融工具，也不包括本身就要求在未来收取或交付企业自身权益工具的合同。
　　企业成为金融工具合同的一方时，应当确认一项金融资产或金融负债。需要说明的是，由收入准则规范的交易形成的应收款项或合同资产、由租赁准则规范的交易形成的租赁应收款，分别适用《企业会计准则第14号——收入》和《企业会计准则第21号——租赁》。但应收款项或合同资产、租赁应收款的减值适用《企业会计准则第22号——金融工具确认和计量》有关减值的规定。

（二）金融资产的分类

　　金融资产的分类是确认和计量的基础。企业应当根据其管理金融资产的业务模式和金融资产的合同现金流量特征，将金融资产划分为以下3类。
　　① 以摊余成本计量的金融资产。
　　② 以公允价值计量且其变动计入其他综合收益的金融资产。
　　③ 以公允价值计量且其变动计入当期损益的金融资产。
　　企业管理金融资产的业务模式，是指企业如何管理其金融资产以产生现金流量。业务模式决定企业所管理金融资产现金流量的来源是收取合同现金流量、出售金融资产，还是两者兼有。

企业管理金融资产的业务模式，应当以企业关键管理人员决定的对金融资产进行管理的特定业务目标为基础确定。企业确定管理金融资产的业务模式，应当以客观事实为依据，不得以按照合理预期不会发生的情形为基础确定。

金融资产的合同现金流量特征，是指金融工具合同约定的，反映相关金融资产经济特征的现金流量属性。企业分类为以摊余成本计量的金融资产和以公允价值计量且其变动计入其他综合收益的金融资产，其合同现金流量特征，应当与基本借贷安排一致，即相关金融资产在特定日期产生的合同现金流量仅为对本金和以未偿付本金金额为基础的利息的支付。其中，本金是指金融资产在初始确认时的公允价值，本金金额可能因提前还款等原因在金融资产的存续期内发生变动；利息包括对货币时间价值、与特定时期未偿付本金金额相关的信用风险，以及其他基本借贷风险、成本和利润的对价。

依据企业管理金融资产的业务模式和合同现金流量特征的分类标准，金融资产的债务工具投资，按其现金流量的来源是收取合同现金流量，还是出售金融资产或两者兼而有之，可以划分为以摊余成本计量的金融资产、以公允价值计量且其变动计入当期损益的金融资产或以公允价值计量且其变动计入其他综合收益的金融资产；金融资产的权益工具投资（不包括长期股权投资），除可以将非交易性权益工具投资指定为以公允价值计量且其变动计入其他综合收益的金融资产之外，其他权益工具投资应当划分为以公允价值计量且其变动计入当期损益的金融资产。权益工具投资应当始终以公允价值计量，不能划分为以摊余成本计量的金融资产。

（三）金融资产的计量

1. 金融资产的初始计量

企业初始确认金融资产，应当按照公允价值计量。对于以公允价值计量且其变动计入当期损益的金融资产，相关交易费用应当直接计入当期损益；对于其他类别的金融资产，相关交易费用应当计入初始确认金额。

交易费用是指可直接归属于购买、发行或处置金融工具的增量费用，包括支付给代理机构、咨询公司、券商、证券交易所、政府有关部门等的手续费、佣金、相关税费及其他必要支出，不包括债券溢价、折价、融资费用、内部管理成本和持有成本等与交易不直接相关的费用。

企业应当根据《企业会计准则第39号——公允价值计量》的规定，确定金融资产在初始确认时的公允价值。公允价值通常为相关金融资产的交易价格。金融资产公允价值和交易价格之间存在差异的，企业应当区别下列情况进行处理。

① 在初始确认时，金融资产的公允价值依据相同资产在活跃市场上的报价或以仅使用可观察市场数据的估值技术确定的，企业应当将该公允价值与交易价格之间的差额确认为一项利得或损失。

② 在初始确认时，金融资产的公允价值以其他方式确定的，企业应当将该公允价值与交易价格之间的差额递延。初始确认后，企业应当根据某一因素在相应会计期间的变动程度将该递延差额确认为相应会计期间的利得或损失。该因素应当仅限于市场参与者对该金融工具定价时将予考虑的因素，包括时间等。

企业取得金融资产所支付的价款中包含的已宣告但尚未发放的利息或现金股利，应当单独确认为应收项目处理。

2. 金融资产的后续计量

初始确认后，企业应当对不同类别的金融资产，分别以摊余成本、以公允价值计量且其变动计入其他综合收益或以公允价值计量且其变动计入当期损益进行后续计量。

企业对权益工具的投资和与此类投资相联系的合同应当以公允价值计量。但在有些情况下，如果用以确定公允价值的近期信息不足，或者公允价值的可能估计金额分布范围很广，而成本代表了该范围内对公允价值的最佳估计的，则该成本可代表其在该分布范围内对公允价值的恰当估计。企业应当利用初始确认日后可获得的关于被投资方业绩和经营的所有信息，判断成本能否代表公允价值。如果存在金融工具准则所列 7 种情形（包含但不限于）之一的，可能表明成本不代表相关金融资产的公允价值，企业应当对其公允价值进行估值。权益工具投资或合同存在报价的，企业不应当将成本作为对其公允价值的最佳估计。

本节仅介绍以公允价值计量且其变动计入当期损益的金融资产的会计处理。

二、以公允价值计量且其变动计入当期损益的金融资产

企业分类为以摊余成本计量的金融资产和以公允价值计量且其变动计入其他综合收益的金融资产之外的金融资产，应当将其分类为以公允价值计量且其变动计入当期损益的金融资产，即交易性金融资产。

（一）交易性金融资产的确认

以公允价值计量且其变动计入当期损益的金融资产，包括交易性金融资产和指定为以公允价值计量且其变动计入当期损益的金融资产。

金融资产满足下列条件之一的，表明企业持有该金融资产的目的是交易性的。

① 取得相关金融资产的目的主要是近期出售。

② 相关金融资产在初始确认时属于集中管理的可辨认金融工具组合的一部分，且有客观证据表明近期实际存在短期获利模式。

③ 相关金融资产属于衍生工具。但符合财务担保合同定义的衍生工具及被指定为有效套期工具的衍生工具除外。

企业在非同一控制下的企业合并中确认的或有对价构成金融资产的，该金融资产应当分类为以公允价值计量且其变动计入当期损益的金融资产。

在初始确认时，如果能够消除或显著减少会计错配，企业可以将金融资产指定为以公允价值计量且其变动计入当期损益的金融资产。该指定一经做出，不得撤销。会计错配是指当企业以不同的会计确认方法和计量属性，对在经济上相关的资产和负债进行确认或者计量而产生利得或损失时，可能导致的会计确认和计量上的不一致。

为了核算交易性金融资产的取得、收取现金股利或利息、处置等业务，企业应当设置"交易性金融资产""公允价值变动损益""投资收益"等科目。

①"交易性金融资产"科目核算企业分类为以公允价值计量且其变动计入当期损益的金融资产。该科目的借方登记交易性金融资产的取得成本、资产负债表日其公允价值高于账面余额的差额等，贷方登记资产负债表日其公允价值低于账面余额的差额，以及企业出售时结转的成本和公允价值变动损益；期末借方余额反映企业持有的交易性金融资产的公允价值。本科目可按交易性金融资产的类别和品种，分别设置"成本""公允价值变动"等明细科目核算。企业持有的指定为以公允价值计量且其变动计入当期损益的金融资产可在本科目下单设"指定类"明细科目核算。

②"公允价值变动损益"科目核算企业交易性金融资产等公允价值变动形成的应计入当期损益的利得或损失。该科目的借方登记资产负债表日企业持有的交易性金融资产等的公允价值低于账面余额的差额,贷方登记资产负债表日其公允价值高于账面余额的差额;期末,应将本科目的余额转入"本年利润"科目,结转后本科目无余额。本科目可按交易性金融资产、投资性房地产等进行明细核算。

③"投资收益"科目核算企业交易性金融资产等持有期间取得的投资收益及处置交易性金融资产等实现的投资收益或投资损失。该科目的借方登记企业出售交易性金融资产等发生的投资损失及相关税费,贷方登记企业持有期间取得的投资收益及出售交易性金融资产等实现的投资收益;期末,应将本科目的余额转入"本年利润"科目,结转后本科目无余额。本科目可按投资项目进行明细核算。

(二)交易性金融资产的初始计量

企业初始确认交易性金融资产时,应当按照该金融资产取得时的公允价值,借记"交易性金融资产——成本"科目;按其发生的交易费用,借记"投资收益"科目,发生交易费用取得的增值税专用发票上注明的增值税税额,借记"应交税费——应交增值税(进项税额)"科目;按照实际支付的金额,贷记"其他货币资金"等科目。取得交易性金融资产所支付价款中包含的已宣告但尚未发放的现金股利或已到付息期但尚未领取的债券利息,应当单独确认为应收项目,记入"应收股利"或"应收利息"科目。

例2-71 2019年4月20日,甲公司委托某证券公司从上海证券交易所购入A上市公司股票1 000 000股,将其划分为交易性金融资产。该笔股票投资在购买日的公允价值为10 000 000元,另支付相关费用25 000元,取得的增值税专用发票上注明的增值税税额为1 500元。

甲公司应编制如下会计分录。

借:交易性金融资产——成本　　　　　　　　　　　　10 000 000
　　投资收益　　　　　　　　　　　　　　　　　　　　　25 000
　　应交税费——应交增值税(进项税额)　　　　　　　　1 500
　贷:其他货币资金——存出投资款　　　　　　　　　10 026 500

检测2-12 单项选择题

A公司2019年4月10日从证券市场上购入B公司发行在外的股票100万股作为交易性金融资产,每股支付价款4元(含已宣告但尚未发放的现金股利0.5元),另支付相关费用2万元,则A公司交易性金融资产取得时的入账价值为(　　)万元。

A.400　　　B.350　　　C.402　　　D.352

(三)交易性金融资产的后续计量

1.交易性金融资产的股利和利息

企业持有交易性金融资产期间对于被投资单位宣告发放的现金股利或企业在资产负债表日按分期付息、一次还本债券投资的票面利率计算的利息收入,应当确认为应收项目,记入"应收股利"或"应收利息"科目,并计入投资收益。

第二章 流动资产的确认和计量

需要强调的是，企业只有在同时满足3个条件时，才能确认交易性金融资产所取得的股利或利息收入并计入当期损益：一是企业收取股利或利息的权利已经确立（如被投资单位已宣告）；二是与股利或利息相关的经济利益很可能流入企业；三是股利或利息的金额能够可靠计量。

例 2-72 2018年7月10日，甲公司购入丙公司发行的期限3年的公司债券。该笔债券于2018年1月1日发行，面值为200 000元，票面利率为4%。该债券每半年付息一次，分别于7月和次年1月付息。甲公司将其划分为交易性金融资产，支付价款为205 000元（其中包含已到付息期但尚未领取的债券利息4 000元），另支付交易费用3 500元。2018年7月30日，甲公司收到该笔债券2018年上半年的利息4 000元。2019年1月30日，甲公司收到2018年下半年的债券利息4 000元。假定不考虑相关税费。

甲公司应编制如下会计分录。

（1）2018年7月10日，购入丙公司的公司债券时

借：交易性金融资产——成本　　　　　　　　　　　　201 000
　　应收利息　　　　　　　　　　　　　　　　　　　　4 000
　　投资收益　　　　　　　　　　　　　　　　　　　　3 500
　　贷：其他货币资金——存出投资款　　　　　　　　　　　　208 500

（2）2018年7月30日，收到2018年上半年的债券利息时

借：其他货币资金——存出投资款　　　　　　　　　　4 000
　　贷：应收利息　　　　　　　　　　　　　　　　　　　　　4 000

（3）2018年12月31日，确认持有丙公司的公司债券利息收入时

借：应收利息　　　　　　　　　　　　　　　　　　　4 000
　　贷：投资收益　　　　　　　　　　　　　　　　　　　　　4 000

（4）2019年1月30日，收到持有丙公司的公司债券利息时

借：其他货币资金——存出投资款　　　　　　　　　　4 000
　　贷：应收利息　　　　　　　　　　　　　　　　　　　　　4 000

2. 交易性金融资产的期末计量

资产负债表日，交易性金融资产应当按照公允价值计量，公允价值与账面余额之间的差额计入当期损益。企业应当在资产负债表日按照交易性金融资产公允价值与其账面余额的差额，借记或贷记"交易性金融资产——公允价值变动"科目，贷记或借记"公允价值变动损益"科目。

例 2-73 承例2-72，假定2018年12月31日，甲公司购买的该笔债券的市价为204 000元；2019年6月30日，甲公司购买的该笔债券的市价为202 000元。不考虑相关税费和其他因素。

甲公司应编制如下会计分录。

（1）2018年12月31日，确认该笔债券的公允价值变动损益时

借：交易性金融资产——公允价值变动　　　　　　　　3 000
　　贷：公允价值变动损益　　　　　　　　　　　　　　　　　3 000

（2）2019年6月30日，确认该笔债券的公允价值变动损益时

借：公允价值变动损益　　　　　　　　　　　　　　　2 000
　　贷：交易性金融资产——公允价值变动　　　　　　　　　　2 000

在本例中，2018年12月31日，该笔债券的公允价值为204 000元，账面余额为201 000元，公允价值大于账面余额3 000元，应记入"公允价值变动损益"科目的贷方；2019年6月30日，该笔债券的公允价值为202 000元，账面余额为204 000万元，公允价值小于账面余额2 000元，应记入"公允价值变动损益"科目的借方。

2019年上半年债券利息收入确认及收到债券利息的会计分录与前述相同，不再讲述。

检测2-13 单项选择题

A公司于2019年11月10日从证券市场上购入B公司的股票400万股作为交易性金融资产，每股支付价款5元，另支付相关费用10万元。2019年12月31日，这部分股票的公允价值为2 050万元，则A公司2019年12月31日应确认的公允价值变动损益为（   ）万元。

A．收益50　　　B．损失50　　　C．收益40　　　D．损失40

（四）交易性金融资产的处置

企业出售交易性金融资产时，应当将该金融资产出售时的公允价值与其账面余额之间的差额确认为投资收益。企业应按实际收到的金额，借记"银行存款"等科目；按该金融资产的账面余额，贷记"交易性金融资产——成本"科目，贷记或借记"交易性金融资产——公允价值变动"科目；按其差额，贷记或借记"投资收益"科目。

例2-74 承例2-72和例2-73，假定2019年7月25日，甲公司出售了所持有的丙公司债券，售价为207 544元，存入银行。

甲公司应编制如下会计分录。

借：其他货币资金——存出投资款　　　　　　　　　　　　　　207 544
　　贷：交易性金融资产——成本　　　　　　　　　　　　　　　　201 000
　　　　　　　　　　　——公允价值变动　　　　　　　　　　　　　1 000
　　　　投资收益　　　　　　　　　　　　　　　　　　　　　　　　5 544

月末，金融商品转让产生的转让收益，应按照卖出价扣除买入价（不需要扣除已宣告未发放现金股利和已到付息期未领取的利息）后的余额为销售额计算纳税，按应纳税额借记"投资收益"科目，贷记"应交税费——转让金融商品应交增值税"科目。

例2-75 沿用例2-74的资料，甲公司以转让丙公司债券的卖出价207 544元扣除买入价205 000元后的余额2 544元为销售额计算纳税，适用增值税税率为6%。

转让金融商品应交增值税=(207 544-205 000)÷(1+6%)×6%=144（元）

甲公司应编制如下会计分录。

借：投资收益　　　　　　　　　　　　　　　　　　　　　　　　144
　　贷：应交税费——转让金融商品应交增值税　　　　　　　　　　144

检测2-14 单项选择题

A公司于2018年1月1日购入面值为200万元,年利率为4%的债券。取得时支付价款208万元（含已到付息期但尚未发放的利息8万元），另支付交易费用1万元。A公司将该项金融资产划分为交易性金融资产。2018年1月10日，收到购买时价款中所含的利息8万元，2018

年12月31日，债券的公允价值为212万元，2019年1月10日收到债券2018年度的利息8万元。2019年4月20日，A公司出售债券售价为215万元。那么，A公司出售债券时应确认投资收益的金额为（　　）万元。

  A．3   B．11   C．15   D．16

同步训练

一、单项选择题

1．甲公司2019年2月5日销售商品应收乙公司账款1 000万元，2019年12月31日，该笔应收账款的未来现金流量现值为900万元。在此前，已计提坏账准备60万元。2019年12月31日，该笔应收账款应计提的坏账准备为（　　）万元。

  A．100   B．40   C．900   D．0

2．甲公司于2019年4月5日从证券市场上购入乙公司发行在外的股票200万股，划分为交易性金融资产。每股支付价款5元（含已宣告尚未发放的现金股利1元），另支付相关费用8万元。由此，甲公司交易性金融资产取得时的入账价值为（　　）万元。

  A．808   B．800   C．1 000   D．1 008

3．下列各项中，一般纳税人不计入存货成本的是（　　）。

  A．购入存货时发生的增值税进项税额 B．入库前的挑选整理费
  C．购入存货发生的保险费用   D．购入存货而支付的进口关税

4．某企业月初结存材料的计划成本为250万元，材料成本差异为超支45万元；当月入库材料的计划成本为550万元，材料成本差异为节约85万元；当月生产车间领用材料的计划成本为600万元。本月的材料成本差异率为（　　）。

  A．5%   B．－5%   C．18%   D．－15.45%

5．某企业采用先进先出法计算发出材料的成本。2019年3月1日，结存A材料200吨，每吨实际成本为200元；3月4日和3月17日分别购进A材料300吨和400吨，每吨实际成本分别为180元和220元；3月10日和3月27日分别发出A材料400吨和350吨。A材料本月发出材料的成本为（　　）元。

  A．76 000 B．73 000 C．149 000 D．33 000

6．某企业为增值税一般纳税人，适用的增值税税率为13%。该企业委托其他单位（增值税一般纳税人）加工一批属于应税消费品的原材料（非金银首饰），该批委托加工原材料收回后用于继续生产应税消费品。发出材料的成本为300万元，支付的不含增值税的加工费为100万元，支付的增值税为13万元，受托方代收代缴的消费税为30万元。该批原材料已加工完成并验收入库的成本为（　　）万元。

  A．400   B．430   C．413   D．313

7．企业销售产品领用不单独计价包装物一批，其计划成本为8 000元，材料成本差异率为1%，则此项业务企业应计入销售费用的金额为（　　）元。

  A．8 000   B．7 920   C．8 080   D．0

8. 某企业存货的日常核算采用毛利率法计算发出存货成本。该企业2019年1月份实际毛利率为30%，本年度2月1日的存货成本为2 200万元，2月份购入存货成本为5 600万元，销售收入为5 400万元。该企业2月末存货成本为（　　）万元。

  A. 4 020　　　　B. 3 600　　　　C. 4 000　　　　D. 4 200

9. 某企业因自然灾害原因毁损一批材料。该批材料成本为20 000元，增值税税额为2 600元。收到各种赔款2 500元，残料入库500元。报经批准后，应记入"营业外支出"科目的金额为（　　）元。

  A. 17 500　　　　B. 19 600　　　　C. 22 600　　　　D. 17 000

10. 某企业采用月末一次加权平均法计算发出材料成本。2019年3月1日，结存甲材料200件，单位成本40元；3月15日，购入甲材料400件，单位成本35元；3月20日，购入甲材料400件，单位成本38元；当月共发出甲材料500件。3月份发出甲材料的成本为（　　）元。

  A. 18 500　　　　B. 18 600　　　　C. 19 000　　　　D. 20 000

二、多项选择题

1. 下列各项中，通过"其他货币资金"科目核算的有（　　）。

  A. 银行存款　　　　B. 银行汇票存款　　　　C. 备用金　　　　D. 银行本票存款

2. 在购入公司债券作为交易性金融资产时，可能用到的借方科目有（　　）。

  A. 交易性金融资产　　B. 应收利息　　C. 财务费用　　D. 投资收益

3. 下列项目中，应计入材料采购成本的有（　　）。

  A. 一般纳税人购入材料支付的增值税　　B. 进口关税

  C. 运输途中的合理损耗　　D. 入库前挑选整理费

4. 存货的计价方法有实际成本法和计划成本法。在实际成本法下，发出存货的计价方法包括（　　）。

  A. 个别计价法　　　　B. 先进先出法

  C. 后进先出法　　　　D. 全月一次加权平均法

5. 编制银行存款余额调节表时，下列未达账项中会导致企业银行存款日记账的账面余额小于银行对账单余额的有（　　）。

  A. 企业开出支票，银行尚未支付

  B. 外来送存支票，银行尚未入账

  C. 银行代收款项，企业尚未接到收款通知

  D. 银行代付款项，企业尚未接到付款通知

6. 一般纳税企业委托其他单位加工材料收回后直接对外销售的，在发生的下列支出中，应计入委托加工物资成本的有（　　）。

  A. 加工费　　　　B. 支付的增值税税额

  C. 发出材料的实际成本　　　　D. 受托方代收代缴的消费税

7. 下列各项中，应计提坏账准备的有（　　）。

  A. 应收账款　　B. 应收票据　　C. 预付账款　　D. 其他应收款

8. 下列各项中，会引起应收账款账面价值发生变化的有（　　）。

  A. 计提坏账准备　　　　B. 收回应收账款

  C. 转销坏账准备　　　　D. 收回已转销的坏账

9. 企业进行材料清查时，对于盘亏的材料，应先记入"待处理财产损溢"科目，待期末或报经批准后，根据不同的原因可分别转入（　　　　）科目。

　　A．其他应付款　　B．管理费用　　C．营业外支出　　D．其他应收款

10. 下列与存货相关会计处理的表述中，正确的有（　　　　）。

　　A．应收保险公司存货损失赔偿款计入其他应收款

　　B．资产负债表日存货应按成本与可变现净值孰低计量

　　C．按管理权限报经批准的盘盈存货价值冲减管理费用

　　D．结转商品销售成本的同时转销其已计提的存货跌价准备

三、判断题

1. 委托加工物资收回后，直接用于对外销售的，委托方应将缴纳的消费税计入委托加工物资的成本。　　　　　　　　　　　　　　　　　　　　　　　　　　　　　（　　）

2. 购入材料在运输途中发生的合理损耗应计入管理费用。　　　　　　　　（　　）

3. 取得交易性金融资产所发生的相关交易费用应当在发生时计入交易性金融资产成本。
　　　　　　　　　　　　　　　　　　　　　　　　　　　　　　　　　（　　）

4. 资产负债表日，存货的成本低于可变现净值，企业应当计提存货跌价准备。（　　）

5. 企业应收款项发生减值时，应将该应收款项账面价值高于预计未来现金流量现值的差额，确认为信用减值损失，计入当期损益。　　　　　　　　　　　　　　　　（　　）

四、不定项选择题

甲企业为增值税一般纳税人，适用增值税税率为13%，原材料按实际成本计价核算。2019年8月初，A材料账面余额90 000元。该企业8月份发生的有关经济业务如下：

（1）5日，购入A材料1 000千克，增值税专用发票上注明的价款为300 000元，增值税税额为39 000元。购入该种材料发生保险费1 000元，增值税税额60元；发生运输费3 600元，增值税税额324元。运输过程中发生合理损耗10千克。材料已验收入库，款项均已通过银行付清。

（2）15日，委托外单位加工B材料（属于应税消费品），发出B材料成本70 000元，支付加工费20 000元，取得的增值税专用发票上注明的增值税税额为2 600元，由受托方代收代缴的消费税为10 000元。材料加工完毕验收入库，款项均已支付。材料收回后用于继续生产应税消费品。

（3）20日，领用A材料60 000元，用于企业专设销售机构办公楼的日常维修。购入A材料支付的相关增值税税额为7 800元。

（4）31日，生产领用A材料一批。该批材料成本为15 000元。

要求：根据上述资料，不考虑其他因素，分析回答下列第1至5题。

1. 根据资料（1），下列各项中应计入外购原材料实际成本的是（　　　　）。

　　A．运输过程中的合理损耗　　　　B．采购过程中发生的保险费和运输费

　　C．增值税专用发票上注明的价款　　D．增值税发票上注明的增值税税额

2. 根据资料（1），下列各项中关于甲企业采购A材料的会计处理，正确的是（　　　　）。

　　A．记入"原材料"科目的金额为304 984元

　　B．记入"原材料"科目的金额为304 600元

C. 记入"应交税费——应交增值税（进项税额）"科目的金额为 39 000 元
D. 记入"应交税费——应交增值税（进项税额）"科目的金额为 39 384 元

3. 根据资料（2），关于甲企业委托加工业务的会计处理，正确的是（　　）。
   A. 收回委托加工物资的成本为 90 000 元
   B. 收回委托加工物资的成本为 100 000 元
   C. 受托方代收代缴的消费税 10 000 元应计入委托加工物资成本
   D. 受托方代收代缴的消费税 10 000 元应记入"应交税费——应交消费税"科目的借方

4. 根据资料（3），下列各项中甲企业专设销售机构办公楼日常维修领用 A 材料会计处理正确的是（　　）。

   A. 借：销售费用　　　　　　　　　　　　　　　60 000
         贷：原材料　　　　　　　　　　　　　　　　60 000
   B. 借：在建工程　　　　　　　　　　　　　　　67 800
         贷：原材料　　　　　　　　　　　　　　　　60 000
             应交税费——应交增值税（进项税额转出）　7 800
   C. 借：销售费用　　　　　　　　　　　　　　　67 800
         贷：原材料　　　　　　　　　　　　　　　　60 000
             应交税费——应交增值税（进项税额转出）　7 800
   D. 借：在建工程　　　　　　　　　　　　　　　60 000
         贷：原材料　　　　　　　　　　　　　　　　60 000

5. 根据期初及（1）至（4）资料，甲企业 31 日 A 材料结存成本为（　　）元。
   A. 339 600　　B. 315 000　　C. 319 600　　D. 319 984

五、计算分析题

1. 2019 年 1 月 1 日，甲企业应收账款余额为 3 000 万元，坏账准备余额为 150 万元。2019 年度，甲企业发生如下相关业务。

（1）销售商品一批，增值税专用发票上注明的价款为 5 000 万元，增值税税额为 650 万元。款项尚未收到。

（2）因某客户破产，该客户所欠货款 10 万元不能收回。确认为坏账损失。

（3）收回上年度已转销为坏账损失的应收账款 8 万元并存入银行。

（4）收到某客户以前所欠的货款 4 000 万元并存入银行。

（5）2019 年 12 月 31 日，甲企业对应收账款进行减值测试，确定按 5%计提坏账准备。

要求：（答案中的金额单位用万元表示）

（1）编制 2019 年度确认坏账损失的会计分录。

（2）编制收回上年度已转销为坏账损失的应收账款的会计分录。

（3）计算 2019 年末"坏账准备"科目的余额。

（4）编制 2019 年末计提坏账准备的会计分录。

2. 2018 年 1 月 5 日，甲公司支付价款 2 040 000 元（含已到付息期但尚未领取的利息 40 000 元）购入某公司发行的债券，另发生交易费用 40 000 元，取得增值税专用发票上注明的增值税税额为 2 400 元。该债券面值 2 000 000 元，剩余期限为 2 年，票面年利率为 4%，每半年付息一次。甲公司将其划分为交易性金融资产。其他资料如下：

（1）2018年1月15日，收到该债券2017年下半年的利息40 000元。
（2）2018年6月30日，该债券的公允价值为2 300 000元（不含利息）。
（3）2018年7月15日，收到该债券2018年上半年利息。
（4）2018年12月31日，该债券的公允价值为2 200 000元（不含利息）。
（5）2019年1月15日，收到该债券2018年下半年利息。
（6）2019年3月10日，将该债券全部出售，实际收到价款2 215 000元。
（7）2019年3月31日，按照该债券卖出价扣除买入价后的余额为销售额，增值税税率为6%，计提转让金融商品应交增值税。

要求：编制甲公司上述经济业务有关会计分录。

3. 甲公司为增值税一般纳税人，增值税税率为13%。生产中所需W材料按实际成本核算，采用月末一次加权平均法计算和结转发出材料成本。2019年6月1日，W材料结存1 400千克，账面余额385万元，未计提存货跌价准备。2019年6月份甲公司发生的有关W材料业务如下。

（1）6月3日，持银行汇票300万元购入W材料800千克，增值税专用发票上注明的价款为216万元，增值税税额为28.08万元；运输费为1.8万元，增值税税额为0.162万元。材料已验收入库，剩余票款退回并存入银行。

（2）6月6日，签发一张商业承兑汇票购入W材料590千克，增值税专用发票上注明的价款为163万元，增值税税额为21.19万元；运输费为0.4万元，增值税税额为0.036万元。材料已验收入库。

（3）6月10日，收到乙公司作为资本投入的W材料5 000千克，并验收入库。投资合同约定该批原材料价值（不含可抵扣的增值税进项税额）为1 415万元，增值税进项税额为183.95万元，乙公司开具增值税专用发票。假定合同约定的价值与公允价值相等，未发生资本溢价。

（4）6月20日，销售W材料一批，开出增值税专用发票上注明的售价为171万元，增值税税额为22.23万元。款项已由银行收妥。

（5）6月30日，因自然灾害毁损W材料50千克。该批材料购入时支付的增值税为1.82万元。经保险公司核定应赔偿10万元，款项尚未收到，其余损失已经有关部门批准处理。

（6）6月份发出材料情况如下。①生产车间领用W材料2 000千克，用于生产A产品960千克、B产品1 040千克；车间管理部门领用700千克；企业行政管理部门领用450千克。②委托加工一批零部件，发出W材料100千克。③对外销售发出W材料600千克。

（7）6月30日，W材料的预计可变现净值为1 000万元。

假定除上述资料外，不考虑其他因素。

要求：（"应交税费"科目要求写明细科目及专栏名称；答案中的金额单位用万元表示）
（1）编制甲公司第（1）至（4）项业务的会计分录。
（2）计算甲公司6月份W材料的加权平均单位成本。
（3）编制甲公司第（5）项业务和第（6）项结转发出材料成本的会计分录。
（4）计算甲公司6月30日W材料账面余额。
（5）计算甲公司6月30日W材料计提的存货跌价准备并编制会计分录。

4. 甲公司为增值税一般纳税人，材料按计划成本计价核算。A材料计划单位成本为每千克10元。该公司2019年4月份有关资料如下。
（1）"原材料"账户月初余额40 000元，"材料成本差异"账户月初贷方余额500元，"材料采购"账户月初借方余额10 600元（上述账户核算的均为A材料）。

(2) 4月5日，企业上月已付款的A材料1 000千克如数收到，已验收入库。

(3) 4月15日，从外地乙公司购入A材料6 000千克。增值税专用发票上注明的材料价款为59 000元，增值税税额为7 670元。企业已用银行存款支付上述款项，材料尚未到达。

(4) 4月20日，从乙公司购入的A材料到达，验收入库时发现短缺40千克，经查明为途中定额内自然损耗。按实收数量验收入库。

(5) 4月30日，汇总本月发料凭证，本月共发出A材料7 000公斤，全部用于产品生产。

要求：

(1) 根据上述业务编制相关的会计分录。

(2) 计算甲公司A材料的本月材料成本差异率、本月发出材料应负担的成本差异及月末库存材料的实际成本。

第三章 非流动资产的确认和计量

知识目标

掌握各项非流动资产的特征和初始成本的确定，长期股权投资、非交易性金融资产、投资性房地产的后续计量，固定资产折旧方法和无形资产摊销方法，以及各项非流动资产处置或出售的核算；熟悉长期股权投资和投资性房地产的核算范围、固定资产折旧范围、无形资产的核算内容；了解各项非流动资产减值、持有待售的非流动资产的确认和计量。

技能目标

能对长期股权投资、非交易性金融资产、固定资产、无形资产、投资性房地产、其他资产的确认和计量进行职业判断；能正确运用计量模式和核算方法，对各项非流动资产的初始计量和后续计量进行会计处理。

非流动资产是指流动资产以外的资产。资产负债表中列示的非流动资产项目通常包括长期股权投资、非交易性金融资产、固定资产、在建工程、工程物资、固定资产清理、无形资产、开发支出、投资性房地产和其他非流动资产等。

第一节 金融资产（二）

本节主要介绍非交易性金融资产，即以摊余成本计量的金融资产和以公允价值计量且其变动计入其他综合收益的金融资产的会计处理，以及金融资产重分类和金融资产信用减值的会计处理。

一、以摊余成本计量的金融资产

以摊余成本计量的金融资产即债权投资，是在特定日期收取合同现金流量的债务工具投资。因为其收取合同现金流量的日期特定、金额固定或可确定，所以，权益工具投资不能划分为以摊余成本计量的金融资产。

（一）债权投资的确认

金融资产同时符合下列条件的，应当分类为以摊余成本计量的金融资产。

① 企业管理该金融资产的业务模式是以收取合同现金流量为目标。

② 该金融资产的合同条款规定，在特定日期产生的现金流量，仅为对本金和以未偿付本金金额为基础的利息的支付。

为了反映和监督以摊余成本计量的金融资产的增减变动情况，企业应当设置"债权投资""投资收益"等科目进行核算。

"债权投资"科目核算企业以摊余成本计量的债权投资的账面余额。该科目的借方登记债权投资的取得成本、一次还本付息债券投资在资产负债表日按照票面利率计算确定的应收未收利息等，贷方登记企业出售或收回债权投资时结转的成本等；期末借方余额，反映企业债权投资的账面余额。该科目可按债权投资的类别和品种，分别设置"成本（或面值）""利息调整""应计利息"等明细科目进行核算。

（二）债权投资的初始计量

企业取得债权投资应当按照公允价值计量，取得时所发生的相关交易费用计入债权投资的初始确认金额。企业取得债权投资支付的价款中包含的已到付息期但尚未领取的债券利息，应当单独确认为应收项目处理。

企业取得的债权投资，应按该投资的面值，借记"债权投资——成本"科目，按支付的价款中包含的已到付息期但尚未领取的利息，借记"应收利息"科目，按实际支付的金额，贷记"银行存款"等科目；按其差额，借记或贷记"债权投资——利息调整"科目。

例3-1 2018年1月1日，甲公司支付价款1 000 000元（含交易费用）从上海证券交易所购入B公司同日发行的5年期公司债券12 500份，债券票面价值总额为1 250 000元，票面年利率为4.72%，于年末支付本年度债券利息（即每年利息为59 000元），本金在债券到期时一次偿还。甲公司将其划分为债权投资。该债券投资的实际利率为10%。

甲公司应编制如下会计分录。

借：债权投资——成本　　　　　　　　　　　　　　　　　　　1 250 000
　　贷：其他货币资金——存出投资款　　　　　　　　　　　　　1 000 000
　　　　债权投资——利息调整　　　　　　　　　　　　　　　　　250 000

检测3-1　单项选择题

2018年6月1日，甲公司购入乙公司当月发行的面值总额为1 000万元的债券，期限为5年，到期一次还本付息。票面利率8%，支付价款1 080万元，另支付相关税费10万元。甲公司将其划分为债权投资，则甲公司应确认"债权投资——利息调整"科目的金额为（　　）万元。

A．70　　　　B．80　　　　C．90　　　　D．110

（三）债权投资的后续计量

企业应当按实际利率确定的摊余成本对债权投资进行后续计量，涉及的会计处理主要是资产负债表日确认债券利息收入并作为投资收益。

金融资产或金融负债的摊余成本，应当以该金融资产或金融负债的初始确认金额经下列调整后的结果确定。

1）扣除已偿还的本金。

2）加上或减去采用实际利率法将该初始确认金额与到期日金额之间的差额进行摊销形成的累计摊销额。

第三章 非流动资产的确认和计量

3）扣除累计计提的损失准备（仅适用于金融资产）。

实际利率法是指计算金融资产或者金融负债的摊余成本及将利息收入或利息费用分摊计入各会计期间的方法；实际利率是指将金融资产或金融负债在预计存续期的估计未来现金流量，折现为该金融资产账面余额（不考虑减值）或该金融负债摊余成本所使用的利率。在确定实际利率时，应当在考虑金融资产或金融负债所有合同条款（如提前还款、展期、看涨期权或其他类似期权等）的基础上估计预期现金流量，但不应当考虑预期信用损失。

企业应当按照实际利率法确认利息收入。利息收入应当根据金融资产账面余额乘以实际利率计算确定，但下列情况除外。

① 对于购入或源生的已发生信用减值的金融资产，企业应当自初始确认起按照该金融资产的摊余成本和经信用调整的实际利率计算确定其利息收入。

经信用调整的实际利率是指将购入或源生的已发生信用减值的金融资产在预计存续期的估计未来现金流量，折现为该金融资产摊余成本的利率。在确定经信用调整的实际利率时，应当在考虑金融资产的所有合同条款（如提前还款、展期、看涨期权或其他类似期权等）及初始预期信用损失的基础上估计预期现金流量。

② 对于购入或源生的未发生信用减值，但在后续期间成为已发生信用减值的金融资产，企业应当在后续期间按照该金融资产的摊余成本（即账面余额减已提减值）和实际利率（初始确认时确定的实际利率，不因减值的发生而变化）计算确定其利息收入。企业按照上述规定对金融资产的摊余成本运用实际利率法计算利息收入的，如果该金融工具在后续期间因其信用风险有所改善而不再存在信用减值，并且这一改善在客观上可同应用上述规定之后发生的某一事件相联系（如债务人的信用评级被上调），企业应当转按实际利率乘以该金融资产账面余额来计算确定利息收入。

在资产负债表日，按债权投资的面值和票面利率计算确定的应收未收利息，借记"应收利息"（分期付息、到期还本债券）或"债权投资——应计利息"（到期一次还本付息债券）科目，按其账面余额或摊余成本和实际利率计算确定的利息收入，贷记"投资收益"科目；按其差额，借记或贷记"债权投资——利息调整"科目。

例3-2 承例3-1，根据约定，2018年12月31日，甲公司按期收到B公司支付的第1年债券利息59 000元，并按摊余成本和实际利率计算确认的投资收益为100 000元。假定该金融资产未发生信用减值，摊余成本即为账面余额。债权投资的利息收入及摊余成本计算如表3-1所示。

表3-1 债权投资利息收入及摊余成本计算　　　　　　　　　　　　元

日　期	现金流入 (a)	实际利息收入（b） =期初（d）×10%	已收回的本金 (c)=(a)−(b)	摊余成本余额（d） =期初（d）−(c)
2018年1月1日				1 000 000
2018年12月31日	59 000	100 000	−41 000	1 041 000
2019年12月31日	59 000	104 100	−45 100	1 086 100
2020年12月31日	59 000	108 610	−49 610	1 135 710
2021年12月31日	59 000	113 571	−54 571	1 190 281
2022年12月31日	59 000	118 719*	−59 719	1 250 000
小　计	295 000	545 000	−250 000	1 250 000
2022年12月31日	1 250 000	—	1 250 000	0
合　计	1 545 000	545 000	1 000 000	—

*尾数调整 1 250 000+59 000−1 190 281=118 719（元）

2018年12月31日，甲公司确认债券实际利息收入、收到债券利息时，应编制如下会计分录。

　　借：应收利息——B公司　　　　　　　　　　　　　　59 000
　　　　债权投资——利息调整　　　　　　　　　　　　　41 000
　　　　贷：投资收益　　　　　　　　　　　　　　　　　　　　100 000
　　借：其他货币资金——存出投资款　　　　　　　　　59 000
　　　　贷：应收利息——B公司　　　　　　　　　　　　　　　59 000

2019年至2022年，甲公司确认债券实际利息收入、收到债券利息时的会计分录与2018年基本相同，只是其利息调整金额和利息收入金额不同，此处不再给出。

2022年12月31日，甲公司收到债券本金时，应编制如下会计分录。

　　借：其他货币资金——存出投资款　　　　　　　　1 250 000
　　　　贷：债权投资——成本　　　　　　　　　　　　　　　1 250 000

（四）债权投资的出售

企业出售债权投资时，应当将取得的价款与账面价值之间的差额作为投资损益处理。如果债权投资已计提减值损失准备的，还应同时结转减值损失准备。

企业出售债权投资，应按实际收到的金额，借记"银行存款"等科目；按该债权投资的账面余额，贷记"债权投资——成本/应计利息"科目，贷记或借记"债权投资——利息调整"科目；按其差额，贷记或借记"投资收益"科目。对于已计提债权投资减值损失准备的，还应同时借记"债权投资减值准备"科目。

例3-3　承例3-1和例3-2，2022年1月5日，甲公司将所持有的12 500份B公司债券全部出售，取得价款1 200 000元。该日，甲公司该债券投资的账面余额为1 190 281元。其中，成本明细科目为借方余额1 250 000元，利息调整明细科目为贷方余额59 719元。假定该债券在持有期间未发生减值。

甲公司应编制如下会计分录。

　　借：其他货币资金——存出投资款　　　　　　　　1 200 000
　　　　债权投资——利息调整　　　　　　　　　　　　　59 719
　　　　贷：债权投资——成本　　　　　　　　　　　　　　　1 250 000
　　　　　　投资收益　　　　　　　　　　　　　　　　　　　　9 719

月末，金融商品转让产生的转让收益，应按照卖出价扣除买入价后的余额为销售额计算纳税。按应纳税额借记"投资收益"科目，贷记"应交税费——转让金融商品应交增值税"科目。

二、以公允价值计量且其变动计入其他综合收益的金融资产

以公允价值计量且其变动计入其他综合收益的金融资产包括其他债权投资和其他权益工具投资，是以收取合同现金流量和出售金融资产两者兼而有之的债务工具投资和被指定的非交易性权益工具投资。

第三章 非流动资产的确认和计量

(一) 其他债权投资和其他权益工具投资的确认

金融资产同时符合下列条件的,应当分类为以公允价值计量且其变动计入其他综合收益的金融资产。

① 企业管理该金融资产的业务模式既以收取合同现金流量为目标,又以出售该金融资产为目标。

② 该金融资产的合同条款规定,在特定日期产生的现金流量仅为对本金和以未偿付本金金额为基础的利息的支付。

在初始确认时,企业可以将非交易性权益工具投资指定为以公允价值计量且其变动计入其他综合收益的金融资产。该指定一经做出,不得撤销。

提示 3-1

企业在非同一控制下的企业合并中确认的或有对价构成金融资产的,该金融资产应当分类为以公允价值计量且其变动计入当期损益的金融资产,不得指定为以公允价值计量且其变动计入其他综合收益的金融资产。

为了反映和监督以公允价值计量且其变动计入其他综合收益的金融资产的增减变动情况,企业应当设置"其他债权投资""其他权益工具投资"等科目进行核算。

① "其他债权投资"科目核算企业以公允价值计量且其变动计入其他综合收益的长期债权投资的账面价值。该科目的借方登记其他债权投资的取得成本、资产负债表日其公允价值高于账面价值的差额等,贷方登记资产负债表日其公允价值低于账面价值的差额、出售其他债权投资时结转的成本等;期末借方余额,反映企业其他债权投资的账面价值。该科目按其他债权投资的类别和品种,分别设置"成本""利息调整""应计利息""公允价值变动"等明细科目进行核算。

② "其他权益工具投资"科目核算企业指定为以公允价值计量且其变动计入其他综合收益的非交易性权益工具投资的账面价值。该科目的借方登记其他权益工具投资的取得成本、资产负债表日其公允价值高于账面价值的差额等,贷方登记资产负债表日其公允价值低于账面价值的差额、出售其他权益工具投资时结转的成本等;期末借方余额,反映企业其他权益工具投资的账面价值。该科目按其他权益工具投资的类别和品种,分别设置"成本""公允价值变动"等明细科目进行核算。

(二) 其他债权投资和其他权益工具投资的初始计量

企业取得的其他债权投资和其他权益工具投资应当按照公允价值计量,取得时发生的相关交易费用应当计入其初始确认金额。取得时所支付的价款中包含的已宣告但尚未发放的现金股利或利息,应当单独确认为应收项目处理。

① 企业取得的金融资产为其他权益工具投资的,应按其取得时的公允价值与交易费用之和,借记"其他权益工具投资——成本"科目,按支付的价款中包含的已宣告但尚未发放的现金股利,借记"应收股利"科目;按实际支付的金额,贷记"银行存款"等科目。

② 企业取得的金融资产为其他债权投资的,应按其面值或取得成本,借记"其他债权投资——成本"科目,按支付的价款中包含的已到付息期但尚未领取的利息,借记"应收利

息"科目；按实际支付的金额，贷记"银行存款"等科目；按其差额，借记或贷记"其他债权投资——利息调整"科目。

例 3-4 2018 年 1 月 5 日，甲公司购入 A 公司股票 100 000 股，并将该非交易性权益工具投资指定为以公允价值计量且其变动计入其他综合收益的金融资产。该笔股票投资在购买日的公允价值为 1 000 000 元，支付相关交易费用 5 000 元。

甲公司应编制如下会计分录。

借：其他权益工具投资——成本　　　　　　　　　　　　　　1 005 000
　　贷：其他货币资金——存出投资款　　　　　　　　　　　　　　1 005 000

在本例中，取得其他权益工具投资发生的相关交易费用 5 000 元应计入其初始确认金额，而不是像交易性金融资产那样计入当期投资损益。

例 3-5 沿用例 3-1 的资料，2018 年 1 月 1 日，甲公司支付价款 1 000 000 元（含交易费用）从上海证券交易所购入 B 公司同日发行的 5 年期公司债券 12 500 份。债券票面价值总额为 1 250 000 元，票面年利率为 4.72%，于年末支付本年度债券利息（即每年利息为 59 000 元），本金在债券到期时一次偿还。甲公司将其划分为以公允价值计量且其变动计入其他综合收益的金融资产。该债券投资的实际利率为 10%。

甲公司应编制如下会计分录。

借：其他债权投资——成本　　　　　　　　　　　　　　　　1 250 000
　　贷：其他货币资金——存出投资款　　　　　　　　　　　　　　1 000 000
　　　　其他债权投资——利息调整　　　　　　　　　　　　　　　　250 000

检测 3-2 单项选择题

2018 年 1 月 5 日，甲公司从证券市场上购入乙公司发行在外的股票 100 万股作为其他权益工具投资，每股支付价款 4 元（含已宣告但尚未发放的现金股利 0.5 元），另支付相关交易费用 2 万元，则甲公司取得该其他权益工具投资时的入账价值为（　　）万元。

A. 400　　　　B. 405　　　　C. 402　　　　D. 352

（三）其他债权投资和其他权益工具投资的后续计量

企业持有其他债权投资和其他权益工具投资的后续计量，所涉及的会计处理主要有两个方面：一是资产负债表日确认债券利息收入或持有期间取得现金股利；二是资产负债表日反映其公允价值变动。

1. 持有期间取得的现金股利或债券利息

企业在持有期间取得现金股利或债券利息，应当作为投资收益处理。企业持有其他权益工具投资的，被投资单位宣告发放现金股利时，按可分得的金额，借记"应收股利"科目，贷记"投资收益"科目。企业只有在同时符合下列条件时，才能确认股利收入并计入当期损益：①企业收取股利的权利已经确立；②与股利相关的经济利益很可能流入企业；③股利的金额能够可靠计量。

企业持有其他债权投资的，资产负债表日按其他债权投资的面值和票面利率计算确定的应收未收利息,借记"应收利息"(分期付息、到期还本债券)或"其他债权投资——应计利息"(到期一次还本付息债券)科目;按其他债权投资的账面余额或摊余成本和实际利率计算确定的利息收入,贷记"投资收益"科目;按其差额,借记或贷记"其他债权投资——利息调整"科目。

企业持有的其他债权投资,其摊余成本和实际利率的相关内容可见本节前面所述;在持有期间实现的利息收入和应收利息的会计处理,可参见例3-2。

2. 资产负债表日的公允价值变动

资产负债表日其他债权投资和其他权益工具投资应当按公允价值计量,其公允价值变动应当作为其他综合收益,计入所有者权益,不构成当期损益。

例3-6 承例3-4,假定2018年6月30日,甲公司购买的该笔股票的公允价值为1 050 000元;2018年12月31日,甲公司购买的该笔股票的公允价值为1 030 000元。

甲公司应编制如下会计分录。

(1) 2018年6月30日,确认该笔股票的公允价值变动损益时

借:其他权益工具投资——公允价值变动   45 000
    贷:其他综合收益   45 000

(2) 2018年12月31日,确认该笔股票的公允价值变动损益时

借:其他综合收益   20 000
    贷:其他权益工具投资——公允价值变动   20 000

在本例中,2018年6月30日,该笔股票的公允价值为1 050 000元,账面余额为1 005 000元,公允价值大于账面余额45 000元;2018年12月31日,该笔股票的公允价值为1 030 000元,账面余额为1 050 000元,公允价值小于账面余额20 000元。其大于和小于的差额均应记入"其他综合收益"科目,而不像交易性金融资产那样记入"公允价值变动损益"科目。

企业将非交易性权益工具投资指定为以公允价值计量且其变动计入其他综合收益的金融资产的,除了作为投资回报的股利收入计入当期损益外,其他相关的利得或损失(包括汇兑损益)均计入其他综合收益,且后续不得转入当期损益,持有期间也不确认减值。

企业将债务工具投资分类为以公允价值计量且其变动计入其他综合收益的金融资产的,其产生的所有利得或损失,除减值损失或利得和汇兑损益之外,均应当计入其他综合收益,直至该金融资产终止确认或被重分类。但是,采用实际利率法计算的该金融资产的利息应当计入当期损益。该金融资产计入各期损益的金额应当与视同其一直按摊余成本计量而计入各期损益的金额相等。

(四)其他债权投资和其他权益工具投资的出售

企业出售其他债权投资的,应将取得的价款与账面余额之间的差额作为投资损益处理,同时,应当将之前计入其他综合收益的累计利得或损失从其他综合收益中转出,计入当期损益。企业出售时,应按实际收到的金额,借记"银行存款"等科目;按该其他债权投资的账面余额,贷记"其他债权投资——成本/应计利息"科目,贷记或借记"其他债权投资——利息调整/公允价值变动"科目;按其差额,贷记或借记"投资收益"科目。同时,按应从其他综合收益中转出的累计利得或损失,借记或贷记"其他综合收益"科目,贷记或借记"投资收益"科目。

企业将非交易性权益工具投资指定为以公允价值计量且其变动计入其他综合收益的金融资

产的，当该金融资产即其他权益工具投资终止确认时，之前计入其他综合收益的累计利得或损失应当从其他综合收益中转出，计入留存收益（盈余公积和未分配利润）。

例 3-7 ① 承例 3-5，2022 年 1 月 5 日，甲公司将所持有的 12 500 份 B 公司债券全部出售，取得价款 1 250 000 元。该日，该其他债权投资的账面余额为 1 200 000 元。其中，成本明细科目为借方余额 1 250 000 元，利息调整明细科目为贷方余额 59 719 元，公允价值变动明细科目为借方余额 9 719 元。假定该债券在持有期间未发生减值。

甲公司应编制如下会计分录。

借：其他货币资金——存出投资款	1 250 000
其他债权投资——利息调整	59 719
贷：其他债权投资——成本	1 250 000
——公允价值变动	9 719
投资收益	50 000

同时，

借：其他综合收益	9 719
贷：投资收益	9 719

月末，金融商品转让产生的转让收益，应按照卖出价扣除买入价后的余额为销售额计算纳税，按应纳税额借记"投资收益"科目，贷记"应交税费——转让金融商品应交增值税"科目。

② 承例 3-6，2019 年 1 月 20 日，甲公司将持有的 100 000 股 A 公司股票全部出售，取得价款 980 000 元。该日，该其他权益工具投资的账面余额为 1 030 000 元（其中，成本明细科目为借方余额 1 005 000 元，公允价值变动明细科目为借方余额 25 000 元）。

甲公司应编制如下会计分录。

借：其他综合收益	25 000
贷：盈余公积——法定盈余公积	2 500
利润分配——未分配利润	22 500

同时，

借：其他货币资金——存出投资款	980 000
盈余公积——法定盈余公积	5 000
利润分配——未分配利润	45 000
贷：其他权益工具投资——成本	1 005 000
——公允价值变动	25 000

三、金融资产的重分类

企业改变其管理金融资产的业务模式时，应当按照金融工具确认和计量准则的规定对所有受影响的相关金融资产进行重分类。企业对金融资产进行重分类，应当自重分类日起采用未来适用法进行相关会计处理，不得对以前已经确认的利得、损失（包括减值损失或利得）或利息进行追溯调整。重分类日是导致企业对金融资产进行重分类的业务模式发生变更后的首个报告期间的第 1 天。

① 企业将一项以摊余成本计量的金融资产重分类为以公允价值计量且其变动计入当期损益的金融资产的，应当按照该资产在重分类日的公允价值进行计量。原账面价值与公允价值之间的差额计入当期损益。

企业将一项以摊余成本计量的金融资产重分类为以公允价值计量且其变动计入其他综合收益的金融资产的，应当按照该金融资产在重分类日的公允价值进行计量。原账面价值与公允价值之间的差额计入其他综合收益。该金融资产重分类不影响其实际利率和预期信用损失的计量。

② 企业将一项以公允价值计量且其变动计入其他综合收益的金融资产重分类为以摊余成本计量的金融资产的，应当将之前计入其他综合收益的累计利得或损失转出，调整该金融资产在重分类日的公允价值，并以调整后的金额作为新的账面价值，即视同该金融资产一直以摊余成本计量。该金融资产重分类不影响其实际利率和预期信用损失的计量。

企业将一项以公允价值计量且其变动计入其他综合收益的金融资产重分类为以公允价值计量且其变动计入当期损益的金融资产的，应当继续以公允价值计量该金融资产。同时，企业应当将之前计入其他综合收益的累计利得或损失从其他综合收益转入当期损益。

③ 企业将一项以公允价值计量且其变动计入当期损益的金融资产重分类为以摊余成本计量的金融资产的，应当以其在重分类日的公允价值作为新的账面余额。

企业将一项以公允价值计量且其变动计入当期损益的金融资产重分类为以公允价值计量且其变动计入其他综合收益的金融资产的，应当继续以公允价值计量该金融资产。

对以公允价值计量且其变动计入当期损益的金融资产进行重分类的，企业应当根据该金融资产在重分类日的公允价值确定其实际利率。同时，企业应当自重分类日起对该金融资产适用金融工具确认和计量准则关于金融资产减值的相关规定，并将重分类日视为初始确认日。

四、金融资产的信用减值

新的金融工具确认和计量准则将金融资产减值会计处理由"已发生损失法"修改为"预期信用损失法"，要求考虑金融资产未来预期信用损失情况，以更加及时、足额地计提金融资产减值准备，揭示和防控金融资产信用风险。

（一）金融资产发生信用减值的可观察信息

当对金融资产预期未来现金流量具有不利影响的一项或多项事件发生时，该金融资产成为已发生信用减值的金融资产。金融资产已发生信用减值的证据包括下列可观察信息。

① 发行方或债务人发生重大财务困难。
② 债务人违反合同，如偿付利息或本金违约或逾期等。
③ 债权人出于与债务人财务困难有关的经济或合同考虑，给予债务人在任何其他情况下都不会做出的让步。
④ 债务人很可能破产或进行其他财务重组。
⑤ 发行方或债务人财务困难导致该金融资产的活跃市场消失。
⑥ 以大幅折扣购买或源生一项金融资产，该折扣反映了发生信用损失的事实。

金融资产发生信用减值，有可能是多个事件的共同作用所致，未必是可单独识别的事件所致。

（二）金融资产发生信用减值的计量方法

企业应当按照金融工具确认和计量准则规定，以预期信用损失为基础，对金融资产进行减值会计处理并确认损失准备。

预期信用损失是指以发生违约的风险（发生违约的概率）为权重的金融工具信用损失的加权平均值；信用损失是指企业按照原实际利率折现的，根据合同应收的所有合同现金流量与预期收取的所有现金流量之间的差额（现金流缺口）。其中，对于企业购买或源生的已发生信用减值的金融资产，应按照该金融资产经信用调整的实际利率折现。由于预期信用损失考虑付款的金额和时间分布，因此即使企业预计可以全额收款但收款时间晚于合同规定的到期期限，也会产生信用损失。在估计现金流量时，企业应当考虑金融工具在整个预计存续期的所有合同条款，如提前还款、展期、看涨期权或其他类似期权等。企业所考虑的现金流量应当包括出售所持担保品获得的现金流量，以及属于合同条款组成部分的其他信用增级所产生的现金流量。

企业应当在每个资产负债表日评估相关金融工具的信用风险自初始确认后是否已显著增加，并按照下列情形分别计量其损失准备、确认预期信用损失及其变动。①如果该金融工具的信用风险自初始确认后已显著增加，企业应当按照相当于该金融工具整个存续期内预期信用损失的金额计量其损失准备。无论企业评估信用损失的基础是单项金融工具还是金融工具组合，由此形成的损失准备的增加或转回金额，应当作为减值损失或利得计入当期损益。②如果该金融工具的信用风险自初始确认后并未显著增加或只具有较低的信用风险的，企业应当按照相当于该金融工具未来12个月内预期信用损失的金额计量其损失准备。无论企业评估信用损失的基础是单项金融工具还是金融工具组合，由此形成的损失准备的增加或转回金额，应当作为减值损失或利得计入当期损益。未来12个月内预期信用损失，是指因资产负债表日后12个月内（如果金融工具的预计存续期少于12个月，则为预计存续期）可能发生的金融工具违约事件而导致的预期信用损失，是整个存续期预期信用损失的一部分。

企业在进行相关评估时，应当考虑所有合理且有依据的信息，包括前瞻性信息。为确保自金融工具初始确认后信用风险显著增加，即确认整个存续期预期信用损失，企业在一些情况下应当以组合为基础考虑评估信用风险是否显著增加。

企业在前一会计期间已经按照相当于金融工具整个存续期内预期信用损失的金额计量了损失准备。但在当期资产负债表日，该金融工具已不再属于自初始确认后信用风险显著增加的情形，企业应当在当期资产负债表日按照相当于未来12个月内预期信用损失的金额计量该金融工具的损失准备，由此形成的损失准备的转回金额应当作为减值利得计入当期损益。

对于购买或源生的已发生信用减值的金融资产，企业应当在资产负债表日仅将自初始确认后整个存续期内预期信用损失的累计变动确认为损失准备。在每个资产负债表日，企业应当将整个存续期内预期信用损失的变动金额作为减值损失或利得计入当期损益。即使该资产负债表日确定的整个存续期内预期信用损失小于初始确认时估计现金流量所反映的预期信用损失的金额，企业也应当将预期信用损失的有利变动确认为减值利得。

提示 3-2

对于由收入准则规范的交易形成的应收款项或合同资产、由租赁准则规范的交易形成的租赁应收款，企业应当始终按照相当于整个存续期内预期信用损失的金额计量其损失准备。

企业计量金融工具预期信用损失的方法应当反映下列各项要素：①通过评价一系列可能的结果而确定的无偏概率加权平均金额；②货币时间价值；③在资产负债表日无须付出不必要的

额外成本或努力即可获得的有关过去事项、当前状况以及未来经济状况预测的合理且有依据的信息。

企业应当以概率加权平均为基础对预期信用损失进行计量。企业对预期信用损失的计量应当反映发生信用损失的各种可能性，但不必识别所有可能的情形。在计量预期信用损失时，企业需考虑的最长期限为企业面临信用风险的最长合同期限（包括考虑续约选择权），而不是更长期间，即使该期间与业务实践相一致。

对于金融资产，信用损失应为企业应收取的合同现金流量与预期收取的现金流量之间差额的现值。对于资产负债表日已发生信用减值但并非购买或源生已发生信用减值的金融资产，信用损失应为该金融资产账面余额与按原实际利率折现的估计未来现金流量的现值之间的差额。

（三）金融资产发生信用减值的账务处理

1. 以摊余成本计量的金融资产

以摊余成本计量的金融资产即债权投资，企业应当设置"债权投资减值准备"科目，核算其计提的损失准备，借方登记其结转或转回的损失准备金额，贷方登记其计提的损失准备金额；期末贷方余额，反映企业已计提但尚未结转或转回的以摊余成本计量的金融资产损失准备。

资产负债表日，债权投资的预计信用损失金额增加的，按其增加金额，借记"信用减值损失——债权投资损失准备"科目，贷记"债权投资减值准备"科目；预计信用损失金额转回的，按其转回金额，借记"债权投资减值准备"科目，贷记"信用减值损失——债权投资损失准备"科目。

2. 以公允价值计量且其变动计入其他综合收益的金融资产

债务工具投资分类为以公允价值计量且其变动计入其他综合收益的金融资产即其他债权投资，企业应当在其他综合收益中确认其损失准备，并将减值损失或利得计入当期损益，且不应减少该金融资产在资产负债表中列示的账面价值。

资产负债表日，其他债权投资的预计信用损失金额增加的，按其增加金额，借记"信用减值损失——其他债权投资损失准备"科目，贷记"其他综合收益——信用减值准备"科目；预计信用损失金额转回的，按其转回金额，借记"其他综合收益——信用减值准备"科目，贷记"信用减值损失——其他债权投资损失准备"科目。

非交易性权益工具投资指定为以公允价值计量且其变动计入其他综合收益的金融资产即其他权益工具投资，不需要确认其损失准备。

企业实际发生信用损失，认定相关金融资产无法收回，经批准予以核销的，应当根据批准的核销金额，借记"债权投资减值准备""其他综合收益——信用减值准备"等科目，贷记相应的资产科目。若核销金额大于已计提的损失准备，还应按其差额借记"信用减值损失"科目。

第二节　长期股权投资

一、长期股权投资的确认

长期股权投资是指投资方对被投资单位实施控制、重大影响的权益性投资，以及对其合营企业的权益性投资。

① 投资方能够对被投资单位实施控制的权益性投资，就是对子公司投资。所谓控制，是指投资方拥有对被投资方的权力，通过参与被投资方的相关活动而享有可变回报，并且有能力运用对被投资方的权力影响其回报金额。其中，相关活动是指对被投资方的回报产生重大影响的活动。投资方享有现时权利使其目前有能力主导被投资方的相关活动，而不论其是否实际行使该权利，视为投资方拥有对被投资方的权利。除非有确凿证据表明其不能主导被投资方相关活动，否则下列情况表明投资方对被投资方拥有权利：一是投资方持有被投资方半数以上的表决权的；二是投资方持有被投资方半数或以下的表决权，但通过与其他表决权持有人之间的协议能够控制半数以上表决权的。

② 投资方能够对被投资单位施加重大影响的权益性投资，就是对联营企业投资。所谓重大影响，是指投资方对被投资单位的财务和经营政策有参与决策的权利，但并不能够控制或与其他方一起共同控制这些政策的制定。实务中，较为常见的重大影响体现为在被投资单位的董事会或类似权力机构中派有代表，通过在被投资单位财务和经营决策制定过程中的发言权实施重大影响。投资方直接或通过子公司间接拥有被投资单位 20%及以上但低于 50%的表决权资本，或者虽然只拥有被投资单位 20%以下的表决权资本，但实质上能够施加重大影响的，一般确认为对被投资单位具有重大影响。在确定能否对被投资单位施加重大影响时，应当考虑投资方和其他方持有的被投资单位当期可转换公司债券、当期可执行认股权证等潜在表决权因素。

③ 投资方对被投资单位实施共同控制的权益性投资，就是对合营企业投资。所谓共同控制，是指按照相关约定对某项安排所共有的控制，并且该安排的相关活动必须经过分享控制权的参与方一致同意后才能决策。所谓合营企业，是指合营仅对该安排的净资产享有权利的合营安排。其中，合营安排是指一项由两个或两个以上的参与方共同控制的安排。合营安排具有下列特征：一是各参与方均受到该安排的约束；二是两个或两个以上的参与方对该安排实施共同控制。任何一个参与方都不能够单独控制该安排，对该安排具有共同控制的任何一个参与方均能够阻止其他参与方或参与方组合单独控制该安排。合营安排分为共同经营和合营企业。其中，共同经营，是指合营方享有该安排相关资产且承担该安排相关负债的合营安排。如果存在两个或两个以上的参与方组合能够集体控制某项安排的，不构成共同控制。仅享有保护性权利的参与方不享有共同控制。

【思考 3-1】企业直接拥有被投资单位 50%及以下的表决权资本但具有实质控制权的，确认为控制型投资；企业直接拥有被投资单位 20%以下的表决权资本但实质上能够施加重大影响的，确认为重大影响型投资。这样的确认体现了什么会计信息质量要求？

提示 3-3

企业持有的对被投资单位不具有控制、共同控制或重大影响，不论在活跃市场中有无报价、公允价值能否可靠计量的权益性投资，应当确认为以公允价值计量且其变动计入当期损益的金融资产或以公允价值计量且其变动计入其他综合收益的金融资产。

二、长期股权投资的初始计量

长期股权投资的初始计量就是确定其初始投资成本。企业的长期股权投资包括企业合并形成的长期股权投资和非企业合并取得的长期股权投资。

第三章 非流动资产的确认和计量

（一）企业合并形成的长期股权投资

企业合并形成的长期股权投资，分别有同一控制下控股合并与非同一控制下控股合并确定其初始投资成本。

1. 同一控制下企业合并形成的长期股权投资

合并方以支付现金、转让非现金资产或承担债务方式作为合并对价的，应当在合并日按照所取得的被合并方在最终控制方合并财务报表中的净资产的账面价值的份额作为长期股权投资的初始投资成本。长期股权投资的初始投资成本与支付的现金、转让的非现金资产及所承担债务账面价值之间的差额，应当调整资本公积（资本溢价或股本溢价）。资本公积（资本溢价或股本溢价）不足冲减的，依次冲减盈余公积和未分配利润。合并方以发行权益性工具作为合并对价的，应按发行股份的面值总额作为股本。长期股权投资的初始投资成本与所发行股份面值总额之间的差额，应当调整资本公积（股本溢价）。资本公积（股本溢价）不足冲减的，依次冲减盈余公积和未分配利润。

合并方发生的审计、法律服务、评估咨询等中介费用及其他相关管理费用，在发生时计入当期损益。与发行权益性工具作为合并对价直接相关的交易费用，应当冲减资本公积（资本溢价或股本溢价）。资本公积（资本溢价或股本溢价）不足冲减的，依次冲减盈余公积和未分配利润。与发行债务性工具作为合并对价直接相关的交易费用，应当计入债务性工具的初始确认金额。

例 3-8 2017 年 4 月 30 日，甲公司向其母公司 A 发行 5 000 000 股普通股（每股面值为 1 元，每股公允价值为 4.50 元），取得母公司 A 拥有对乙公司 100%的股权，并于当日起能够对乙公司实施控制。合并后乙公司仍维持其独立法人地位继续经营。2017 年 4 月 30 日，A 公司合并财务报表中乙公司净资产账面价值为 20 000 000 元。假定甲公司和乙公司都受 A 公司最终同一控制，在企业合并前采用的会计政策相同。不考虑相关税费等其他因素影响。

因合并前甲公司与乙公司都受 A 公司最终控制，应作为同一控制下的企业合并处理。甲公司对于合并形成的对乙公司的长期股权投资，应按享有乙公司在 A 公司合并财务报表中的净资产账面价值的份额确定其初始投资成本。甲公司应编制如下会计分录。

借：长期股权投资——乙公司　　20 000 000
　　贷：股本　　5 000 000
　　　　资本公积——股本溢价　　15 000 000

2. 非同一控制下企业合并形成的长期股权投资

非同一控制下的控股合并中，购买方应当按照确定的企业合并成本作为长期股权投资的初始投资成本。企业合并成本包括购买方付出的资产、发生或承担的负债、发行的权益性工具或债务性工具的公允价值之和。购买方为企业合并发生的审计、法律服务、评估咨询等中介费用及其他相关管理费用，应于发生时计入当期损益；购买方作为合并对价发行的权益性工具或债务性工具的交易费用，应当计入权益性工具或债务性工具的初始确认金额。

例 3-9 2017 年 6 月 30 日，丙公司取得丁公司 60%的股权（600 万股），当日起就能够对丁公司实施控制。合并中，丙公司支付的有关资产在购买日的账面价值与公允价值如表 3-2 所示。丙公司聘请专业资产评估机构对丁公司的资产进行评估，以银行存款支付评估费用

500 000元。假定合并前丙公司和丁公司不存在任何关联方关系。不考虑相关税费等其他因素影响。

表3-2 丙公司支付的有关资产购买日的账面价值与公允价值

2017年6月30日　　　　　　　　　　　　　　　　　　　　　　　　　元

项目	账面价值	公允价值
土地使用权（自用）	10 000 000（成本为15 000 000，累计摊销5 000 000）	16 000 000
专利技术	4 000 000（成本为5 000 000），累计摊销1 000 000）	5 000 000
银行存款	4 000 000	4 000 000
合计	18 000 000	25 000 000

因合并前丙公司和丁公司不存在任何关联方关系，所以应作为非同一控制下的企业合并处理。丙公司对于合并形成的对丁公司的长期股权投资，应按支付对价的公允价值确定其初始投资成本。丙公司应编制如下会计分录。

借：长期股权投资——丁公司　　　　　　　　　　　　　　　　25 000 000
　　累计摊销　　　　　　　　　　　　　　　　　　　　　　　6 000 000
　　管理费用　　　　　　　　　　　　　　　　　　　　　　　　500 000
　　贷：无形资产——土地使用权　　　　　　　　　　　　　　15 000 000
　　　　　　　　——专利技术　　　　　　　　　　　　　　　 5 000 000
　　　　银行存款　　　　　　　　　　　　　　　　　　　　　4 500 000
　　　　资产处置损益　　　　　　　　　　　　　　　　　　　7 000 000

（二）非企业合并取得的长期股权投资

除企业合并形成的长期股权投资以外，以支付现金、非现金资产等非企业合并方式取得的长期股权投资，应当按照实际支付的购买价款或对价作为初始投资成本。初始投资成本包括与取得长期股权投资直接相关的费用、税金和其他必要支出。企业取得长期股权投资，实际支付的价款或对价中包含的已宣告但尚未发放的现金股利或利润，应当确认为应收项目，不构成长期股权投资的成本。

企业以支付现金、非现金资产等非企业合并方式取得长期股权投资时，按照确定的初始投资成本，借记"长期股权投资"科目，按照享有被投资单位已宣告但尚未发放的现金股利或利润，借记"应收股利"科目；按照实际支付的买价及手续费、税金等，贷记"银行存款"等科目。收到投资单位发放的现金股利或利润时，借记"银行存款"科目，贷记"应收股利"科目。

例3-10 甲公司2017年3月15日购买京华股份有限公司的股票5 000 000股准备长期持有，占京华股份有限公司股份的25%，能够对该公司施加重大影响。每股买入价为5.15元，每股价格中包含有0.15元的已宣告分派的现金股利，另发生相关税费500 000元。款项已支付。2016年12月31日，京华股份有限公司的所有者权益的账面价值（与其公允价值相同）为100 000 000元。

甲公司的账务处理如下。

（1）计算初始投资成本。

股票成交金额（5 000 000×5.15）　　　　　　　　　　　　　25 750 000
加：相关税费　　　　　　　　　　　　　　　　　　　　　　　500 000

减：已宣告分派的现金股利（5 000 000×0.15）   （750 000）
                                            25 500 000

（2）编制购入股票的会计分录。
借：长期股权投资——投资成本   25 500 000
    应收股利   750 000
    贷：其他货币资金——存出投资款   26 250 000

（3）假定甲公司2017年5月15日收到京华股份有限公司分来的购买该股票时已宣告分派的股利750 000元。甲公司应编制如下会计分录。
借：银行存款   750 000
    贷：应收股利   750 000

例3-11 甲公司2017年5月25日购买京东股份有限公司发行的股票6 000 000股准备长期持有，占京东股份有限公司股份的40%，能够对该公司施加重大影响。每股买入价为5元，购买该股票时发生相关税费250 000元。款项已支付。

甲公司的账务处理如下。
（1）计算初始投资成本。
股票成交金额（6 000 000×5）   30 000 000
加：相关税费   250 000
（2）编制购入股票的会计分录。   30 250 000
借：长期股权投资   30 250 000
    贷：其他货币资金——存出投资款   30 250 000

三、长期股权投资的后续计量

企业取得的长期股权投资，在确定初始投资成本后，持有期间应根据企业对被投资单位的影响程度等情况的不同，分别采用成本法和权益法进行后续计量。

① 成本法是指长期股权投资按成本计价的方法。企业能够对被投资单位实施控制的长期股权投资，即对子公司投资，应当采用成本法核算，参见例3-8、例3-9。

② 权益法是指长期股权投资以初始投资成本计量后，在投资持有期间根据企业享有被投资单位所有者权益份额的变动对投资的账面价值进行调整的方法。企业对被投资单位具有共同控制或重大影响的长期股权投资，应当采用权益法核算，参见例3-10、例3-11。

（一）长期股权投资核算的成本法

采用成本法核算的长期股权投资，持有期间除追加投资或收回投资以外，长期股权投资的账面余额一般保持初始投资成本不变。持有期间被投资单位宣告发放现金股利或利润时，企业按应享有的部分确认为当期投资收益，借记"应收股利"科目，贷记"投资收益"科目。

例3-12 承例3-9，丙公司于2018年6月15日收到丁公司宣告发放现金股利的通知，每股可分现金股利0.2元。

甲公司应编制如下会计分录。

借：应收股利（6 000 000×0.2）　　　　　　　　　　　　　　1 200 000
　　贷：投资收益　　　　　　　　　　　　　　　　　　　　　　　1 200 000

检测 3-3 单项选择题

甲公司长期持有乙公司 60% 的股权，采用成本法核算。2018 年 1 月 1 日，该项投资账面价值为 1 300 万元。2018 年度乙公司实现净利润 2 000 万元，宣告发放现金股利 1 200 万元。假设不考虑其他因素，2018 年 12 月 31 日该项投资账面价值为（　　）万元。

A. 1 300　　B. 1 780　　C. 2 700　　D. 3 220

（二）长期股权投资核算的权益法

长期股权投资采用权益法核算，应在"长期股权投资"科目下设置"投资成本""损益调整""其他综合收益""其他权益变动" 4 个明细科目，以分别反映长期股权投资的初始投资成本、持有期间因被投资单位所有者权益发生增减变动而应享有或分担的份额对长期股权投资账面价值进行的调整。

1. 初始投资成本与应享有权益份额之间的差额调整

采用权益法核算的长期股权投资，取得时的初始投资成本与应享有被投资单位可辨认净资产公允价值份额之间的差额，应区别以下情况处理。

① 初始投资成本大于投资时应享有被投资单位可辨认净资产公允价值份额的，不调整确认的初始投资成本，借记"长期股权投资——投资成本"科目，贷记"银行存款"等科目。例如，例 3-10 中，长期股权投资的初始投资成本 25 500 000 元大于投资时应享有被投资单位可辨认净资产公允价值份额 25 000 000（100 000 000×25%）元，其差额 500 000 元不调整确认的初始投资成本。

② 初始投资成本小于投资时应享有被投资单位可辨认净资产公允价值份额的，其差额应确认为当期收益，同时调整长期股权投资的成本，借记"长期股权投资——投资成本"科目，贷记"银行存款"等科目；按其差额，贷记"营业外收入"科目。

例 3-13 沿用例 3-10，如果甲公司投资时，京华股份有限公司的所有者权益的账面价值（与其公允价值相同）为 106 000 000 元，则长期股权投资的初始投资成本 25 500 000 元小于投资时应享有被投资单位可辨认净资产公允价值份额 26 500 000（106 000 000×25%）元，其差额 1 000 000 元应调整初始投资成本。

甲公司应编制如下会计分录。

借：长期股权投资——投资成本　　　　　　　　　　　　　　26 500 000
　　应收股利　　　　　　　　　　　　　　　　　　　　　　　　750 000
　　贷：其他货币资金——存出投资款　　　　　　　　　　　　26 250 000
　　　　营业外收入　　　　　　　　　　　　　　　　　　　　　1 000 000

2. 持有期间被投资单位实现净利润或发生净亏损

被投资单位实现的净利润，企业按持股比例计算应享有的份额，借记"长期股权投资——损益调整"科目，贷记"投资收益"科目；被投资单位发生净亏损，企业按持股比例计算应分担的份额，借记"投资收益"科目，贷记"长期股权投资——损益调整"科目。企业确认应分担被投资单位发生的净亏损，应以长期股权投资的账面价值减记至 0 为限。其账面价值减记至 0 为限是指"长期股权投资——对××单位投资"科目下的"投资成本""损益调整""其他综合收益""其他权益变动"4 个明细科目合计为 0。

3. 取得被投资单位分派的现金股利或利润

被投资单位宣告分派现金股利或利润时，企业按持股比例计算应分得的部分，借记"应收股利"科目，贷记"长期股权投资——损益调整"科目。收到被投资单位宣告发放的股票股利，不进行账务处理，但应在备查簿中登记。

4. 持有期间被投资单位其他综合收益的变动

被投资单位其他综合收益发生变动的，投资方按照持股比例计算应享有的份额，借记或贷记"长期股权投资——其他综合收益"科目，贷记或借记"其他综合收益"科目。

例 3-14 承例 3-10，2017 年京华股份有限公司实现净利润 8 000 000 元，以公允价值计量且其变动计入其他综合收益的金融资产，其公允价值变动增加其他综合收益 600 000 元。2018 年 4 月 15 日，京华股份有限公司宣告发放现金股利，每 10 股分派 2 元。2018 年 5 月 15 日，甲公司收到京华股份有限公司分派的现金股利。

甲公司应编制如下会计分录。

（1）确认应享有京华股份有限公司所有者权益的变动时

借：长期股权投资——损益调整（8 000 000×25%）　　　　2 000 000
　　　　　　　　——其他综合收益（600 000×25%）　　　　150 000
　　贷：投资收益　　　　　　　　　　　　　　　　　　　2 000 000
　　　　其他综合收益　　　　　　　　　　　　　　　　　150 000

（2）京华股份有限公司宣告发放现金股利时

借：应收股利（5 000 000/10×2）　　　　　　　　　　　1 000 000
　　贷：长期股权投资——损益调整　　　　　　　　　　　1 000 000

（3）收到京华股份有限公司发放的现金股利时

借：其他货币资金——存出投资款　　　　　　　　　　　1 000 000
　　贷：应收股利　　　　　　　　　　　　　　　　　　　1 000 000

权益法下，在确认应享有或应分担被投资单位的净利润或净亏损时，在被投资单位账面净利润的基础上，应考虑以下因素的影响进行适当调整。

① 被投资单位采用的会计政策和会计期间与投资方不一致的，应按投资方的会计政策和会计期间对被投资单位的财务报表进行调整，在此基础上确定被投资单位的损益。

② 在确认应享有或应分担被投资单位的净利润或净亏损时，如果取得投资时被投资单位所有者权益的账面价值与其公允价值不同的，企业在计算确认投资收益时，不能完全以被投资单位账面净利润与持股比例计算确定，而是需要对被投资单位实现的净利润按公允价值调整后计算确定。

投资方在对被投资单位的净利润进行调整时，应考虑重要性原则，不具有重要性的项目可不予调整。投资企业无法合理确定取得投资时被投资单位各项可辨认资产、负债等公允价值的，或者其公允价值与账面价值之间的差额不具有重要性的，或者是其他原因导致无法取得对被投资单位净利润进行调整所需资料的，可以按照被投资单位的账面净利润为基础，调整未实现内部交易损益后，计算确认投资收益。

③ 投资方与联营企业及合营企业之间发生的未实现内部交易损益，按照应享有的比例计算归属于投资方的部分，应当予以抵销，在此基础上确认投资损益。投资方与被投资单位发生的内部交易损失，按照资产减值准则等规定属于资产减值损失的，应当全额确认。

例3-15 A公司于2018年1月2日购入B公司30%的股份，能够对B公司的生产经营决策施加重大影响，购买价款为10 000 000元。取得投资日，B公司可辨认净资产公允价值为60 000 000元，除表3-3所示项目外，其他资产、负债的公允价值与账面价值相同。

表3-3 资产的公允价值与账面价值不相同的项目　　　　　　　　　　　　　　　元

项目	账面价值	已提折旧或摊销	公允价值	原预计使用年限	剩余使用年限
存货	2 500 000		3 500 000		
固定资产	5 000 000	1 000 000	6 000 000	20	16
无形资产	3 000 000	600 000	4 000 000	10	8
合计	10 500 000	1 600 000	135 000 000		

假定B公司2018年实现净利润3 000 000元，其中在A公司取得投资时的账面存货2 500 000元中有80%对外出售。A公司与B公司的会计年度和采用的会计政策相同。固定资产、无形资产等均按直线法提取折旧或摊销，预计净残值均为0。假定A、B公司间未发生其他任何内部交易。

A公司在确定应享有B公司2018年的投资收益时，应在B公司实现净利润的基础上，根据取得投资时B公司有关资产的账面价值与其公允价值差额的影响进行调整（假定不考虑相关税费等其他因素影响）。

调整后的净利润＝3 000 000－（3 500 000－2 500 000）×80%－（6 000 000÷16－5 000 000÷20）－（4 000 000÷8－3 000 000÷10）＝1 875 000（元）

A公司应享有份额＝1 875 000×30%＝562 500（元）

A公司编制如下会计分录。

借：长期股权投资——损益调整　　　　　　　　　　　　　　562 500
　　贷：投资收益　　　　　　　　　　　　　　　　　　　　　　　562 500

5. 超额亏损的确认

在权益法下，投资方确认应分担被投资单位发生的损失，原则上应以长期股权投资及其他实质上构成对被投资单位净投资的长期权益（简称其他长期权益）减记至0为限，投资方负有承担额外损失义务的除外。投资方在确认应分担被投资单位发生的亏损时，应按照以下顺序处理。

1）减记长期股权投资的账面价值。

2）在长期股权投资的账面价值减记至0的情况下，考虑是否有其他长期权益的项目。如果有，则以其他长期权益的账面价值为限，继续确认投资损失，冲减长期应收项目等的账面价值。

3）在其他长期权益的价值也减记至0的情况下，如果按照投资合同或协议约定，投资方需要履行其他额外的损失赔偿义务，则需按预计将承担责任的金额确认预计负债，计入当期投资损失。

在按上述顺序已确认的损失以外仍有额外损失的,应在账外备查簿登记,不再予以确认。

投资方按权益法确认应分担被投资单位的净亏损或被投资单位其他综合收益减少净额,将有关长期股权投资冲减至 0 并产生了未确认投资净损失的,被投资单位在以后期间实现净利润或其他综合收益增加净额时,投资方应当按照以前确认或登记有关投资净损失时的相反顺序进行会计处理,即依次减记未确认投资净损失金额、恢复其他长期权益和恢复长期股权投资的账面价值。同时,投资方还应当重新复核预计负债的账面价值。其有关会计处理如下。

① 投资方当期对被投资单位净利润和其他综合收益增加净额的分享额小于或等于前期未确认投资净损失的,根据登记的未确认投资净损失的类型,弥补前期未确认的应分担的被投资单位净亏损或其他综合收益减少净额等投资净损失。

② 投资方当期对被投资单位净利润和其他综合收益增加净额的分享额大于前期未确认投资净损失的,应先按照以上①的规定弥补前期未确认投资净损失;对于前者大于后者的差额部分,依次恢复其他长期权益的账面价值和恢复长期股权投资的账面价值,同时按权益法确认该差额。

投资方应当按照《企业会计准则第 13 号——或有事项》的有关规定,对预计负债的账面价值进行复核,并根据复核后的最佳估计数予以调整。

6. 持有期间被投资单位所有者权益的其他变动

被投资单位除净损益、其他综合收益及利润分配以外的所有者权益的其他变动,投资方按照持股比例计算应享有的份额,借记或贷记"长期股权投资——其他权益变动"科目,贷记或借记"资本公积——其他资本公积"科目,并在备查簿中予以登记。投资方在后续处置股权投资但对剩余股权仍采用权益法核算或对剩余股权终止权益法核算时,将这部分资本公积按处置比例或全部转入当期投资收益。

检测 3-4 多项选择题

下列各项中,能引起权益法核算的长期股权投资账面价值发生变动的有(　　)。

A. 被投资单位实现净利润 B. 被投资单位宣告发放股票股利
C. 被投资单位宣告发放现金股利 D. 被投资单位的其他综合收益变动

(三) 长期股权投资核算方法的转换

① 公允价值计量转权益法核算。投资方因追加投资等原因能够对被投资单位施加重大影响或实施共同控制但不构成控制的,应按金融工具确认和计量准则确定的原持有的股权投资的公允价值加上新增投资成本之和,作为改按权益法核算的初始投资成本;原持有的股权投资分类为可供出售金融资产的,其公允价值与账面价值之间的差额,以及原计入其他综合收益的累计公允价值变动应转入改按权益法核算的当期损益。然后,比较上述的初始投资成本与追加投资后的持股比例计算确定的应享有被投资方在追加投资日可辨认净资产公允价值份额之间的差额,前者大于后者的,不调整其账面价值;前者小于后者的,差额应调整其账面价值并计入当期营业外收入。

② 公允价值计量或权益法核算转成本法核算。投资方因追加投资等原因能够对非同一控制下的被投资单位实施控制的,在编制个别财务报表时,应当按原持有的股权投资账面价值加上新增投资成本之和,作为改按成本法核算的初始投资成本。购买日之前持有的股权投资因采用权益法核算而确认的其他综合收益,应当在处置该项投资时采用与被投资单位直接处置相关资产或负债相同的基础进行会计处理。因被投资方除净损益、其他综合收益和利润分配以外的其

他所有者权益变动而确认的所有者权益,应当在处置该项投资时相应转入处置期间的当期损益;购买日之前持有的股权投资按金融工具确认和计量准则的有关规定进行会计处理的,原持有股权的公允价值与账面价值之间的差额及原计入其他综合收益的累计公允价值变动应当全部转入改按成本法核算的当期损益。

③ 权益法核算转公允价值计量。投资方因处置部分股权投资等原因丧失了对被投资单位的共同控制或重大影响的,处置后的剩余股权应当改按金融工具确认和计量准则的有关规定进行核算,其在丧失共同控制或重大影响之日的公允价值与账面价值之间的差额计入当期损益;原股权投资因采用权益法核算而确认的其他综合收益,应当在终止采用权益法核算时采用与被投资单位直接处置相关资产或负债相同的基础进行会计处理。因被投资方除净损益、其他综合收益和利润分配以外的其他所有者权益变动而确认的所有者权益,应当在终止采用权益法核算时全部转入当期损益。

④ 成本法核算转权益法核算或公允价值计量。投资方因处置部分权益性投资等原因丧失了对被投资单位的控制的,在编制个别财务报表时,处置后的剩余股权能够对被投资单位实施共同控制或施加重大影响的,应当改按权益法核算,并对该剩余股权视同自取得时即采用权益法核算进行追溯调整;处置后的剩余股权不能对被投资单位实施共同控制或施加重大影响的,应当改按金融工具确认和计量准则的有关规定进行会计处理,其在丧失控制之日的公允价值与账面价值间的差额计入当期损益。

(四)长期股权投资的减值

在资产负债表日,长期股权投资的可收回金额低于账面价值的,应当将该长期股权投资的账面价值减记至可收回金额,减记的金额确认为资产减值损失,计入当期损益,同时计提相应的资产减值准备。长期股权投资减值损失一经确认,在以后会计期间不得转回。

企业计提长期股权投资减值准备,应当设置"长期股权投资减值准备"科目核算。企业按应减记的金额,借记"资产减值损失——计提的长期股权投资减值准备"科目,贷记"长期股权投资减值准备"科目。

检测 3-5 判断题

企业持有的长期股权投资如发生减值,应将其减值损失确认为当期的投资损失。( )

四、长期股权投资的处置

企业处置长期股权投资时,应相应结转所处置股权相对应的长期股权投资的账面价值,处置所得的价款与处置长期股权投资账面价值之间的差额,应确认为处置损益。

处置长期股权投资时,应按实际收到的金额,借记"银行存款"等科目,按原已计提的减值准备,借记"长期股权投资减值准备"科目;按长期股权投资的账面余额,贷记"长期股权投资"科目,按尚未领取的现金股利或利润,贷记"应收股利"科目;按其差额,贷记或借记"投资收益"科目。

例 3-16 承例 3-9,丙公司因各方面的考虑,决定将持有的丁公司股权的 5% 对外出售。2018 年 9 月 5 日以每股 10 元的价格卖出(假定不考虑相关税费),款项已收到。该项长期股权投资未计提减值准备。

丙公司的账务处理如下。

（1）计算投资收益

股票转让取得价款（6 000 000×5%×10）	3 000 000
减：投资账面余额（25 000 000×5%）	（1 250 000）
	1 750 000

（2）编制出售股票的会计分录

借：其他货币资金——存出投资款　　　　　　　　　　3 000 000
　　贷：长期股权投资　　　　　　　　　　　　　　　　1 250 500
　　　　投资收益　　　　　　　　　　　　　　　　　　1 750 500

采用权益法核算的长期股权投资，原计入其他综合收益和资本公积的金额，在处置时也应进行结转，将与所处置股权相对应的部分自其他综合收益和资本公积转入当期损益，即：借记或贷记"其他综合收益"和"资本公积——其他资本公积"科目，贷记或借记"投资收益"科目。

例 3-17 承例 3-10、例 3-14，2018 年 6 月 20 日，甲公司出售所持京华股份有限公司股票的 5%，每股售价为 8 元（假定不考虑相关税费），款项已收到（5 000 000×5%×8）。出售时甲公司账面上京华股份有限公司长期股权投资的账户余额为：投资成本 25 500 000 元，损益调整 1 000 000 元，其他综合收益 150 000 元。

甲公司应编制如下会计分录。

借：其他货币资金——存出投资款　　　　　　　　　　2 000 000
　　贷：长期股权投资——投资成本　　　　　　　　　　1 275 000
　　　　　　　　　　——损益调整　　　　　　　　　　　 50 000
　　　　　　　　　　——其他综合收益　　　　　　　　　 7 500
　　　　投资收益　　　　　　　　　　　　　　　　　　　667 500

同时，

借：其他综合收益　　　　　　　　　　　　　　　　　　　7 500
　　贷：投资收益　　　　　　　　　　　　　　　　　　　7 500

金融商品转让产生的转让收益，月末应按照卖出价扣除买入价后的余额为销售额计算纳税，按应纳税额借记"投资收益"科目，贷记"应交税费——转让金融商品应交增值税"科目。

第三节　固定资产

一、固定资产的确认

（一）固定资产的定义和特征

固定资产是指为生产商品、提供劳务、出租或经营管理而持有的，使用寿命超过一个会计年度的有形资产。从固定资产的定义看，同其他资产相比，固定资产应具有以下特征。

① 企业持有固定资产的目的是满足生产商品、提供劳务、出租或经营管理的需要，而不是

对外出售。这一特征是固定资产区别于存货等流动资产的重要标志。

② 企业使用固定资产的期限较长,使用寿命一般超过一个会计年度。这一特征表明企业固定资产的收益期超过一年,能在一年以上的时间里为企业带来经济利益。

③ 固定资产必须是有形资产。这一特征将固定资产与无形资产区别开来,有些无形资产可能同时符合固定资产的其他特征,但没有实物形态。

提示 3-4

固定资产定义中的"出租",是指以经营租赁方式出租的机器设备等。以经营租赁方式出租的房屋建筑物属于企业的投资性房地产。此外,以融资租赁方式出租的,在租赁期内不属于出租方的资产。

(二)固定资产的确认条件

一项资产如果要作为固定资产加以确认,首先需要符合固定资产的定义,其次还要符合固定资产的确认条件。也就是说,与该固定资产有关的经济利益很可能流入企业,同时该固定资产的成本能够可靠地计量。

(三)固定资产的分类

企业应根据不同的管理需要和核算要求,采用不同的分类标准对固定资产进行分类。其主要有以下几种分类方法。

1. 按经济用途分类

按固定资产的经济用途分类,可分为生产经营用固定资产和非生产经营用固定资产。

① 在生产经营用固定资产是指直接服务于企业生产、经营过程的各种固定资产,如生产经营用的房屋、建筑物、机器、设备、器具、工具等。

② 非生产经营用固定资产是指不直接服务于生产、经营过程的各种固定资产,如职工宿舍等使用的房屋、设备和其他固定资产等。

2. 综合分类

按固定资产的经济用途和使用情况等综合分类,可划分为七大类:①生产经营用固定资产;②非生产经营用固定资产;③租出固定资产(指在经营租赁方式下出租给外单位使用的固定资产);④不需用固定资产;⑤未使用固定资产;⑥土地(指过去已经估价单独入账的土地。因征地而支付的补偿费,应计入与土地有关的房屋、建筑物的价值内,不单独作为土地价值入账;企业取得的土地使用权,应作为无形资产管理,不作为固定资产管理);⑦融资租入固定资产(指企业以融资租赁方式租入的固定资产,在租赁期内应视同自有固定资产进行管理)。

由于企业的经营性质、经营规模不同,对固定资产的分类不可能完全一致。在实际工作中,企业大多采用综合分类的方法作为编制固定资产目录、进行固定资产核算的依据。

提示 3-5

固定资产的各组成部分具有不同使用寿命或以不同方式为企业提供经济利益,适用不同折旧率或折旧方法的,应当分别将各组成部分确认为单项固定资产。

二、固定资产的初始计量

（一）固定资产核算的科目设置

企业一般需要设置"固定资产""累计折旧""在建工程""工程物资""固定资产清理"等科目，核算固定资产取得、计提折旧、处置等情况。

①"固定资产"科目核算企业持有的固定资产原价，借方登记企业增加的固定资产原价，贷方登记企业减少的固定资产原价；期末借方余额，反映企业固定资产的原价。企业应当设置固定资产登记簿和固定资产卡片，按固定资产类别、使用部门和每项固定资产进行明细核算。

②"累计折旧"科目是"固定资产"的调整科目，核算企业固定资产的累计折旧，借方登记处置固定资产转出的累计折旧，贷方登记企业计提的固定资产折旧；期末贷方余额，反映企业固定资产的累计折旧额。本科目可按固定资产类别或项目进行明细核算。

③"在建工程"科目核算企业基建、更新改造等在建工程发生的支出，借方登记企业各项在建工程的实际支出，贷方登记完工工程转出的成本；期末借方余额，反映企业尚未达到预定可使用状态的在建工程的成本。本科目可按"建筑工程""安装工程""在安装设备""待摊支出"及单项工程等进行明细核算。

④"工程物资"科目核算企业为在建工程而准备的各种物资的实际成本，借方登记企业购入工程物资的成本，贷方登记领用或转出工程物资的成本；期末借方余额，反映企业为在建工程准备的各种物资的成本。本科目可按"专用材料""专用设备""工器具"等进行明细核算。

⑤"固定资产清理"科目核算企业因出售、报废、毁损、对外投资、非货币性资产交换、债务重组等原因转出的固定资产价值及在清理过程中发生的费用等，借方登记转出的固定资产账面价值、清理过程中应支付的相关税费及其他费用，贷方登记固定资产清理完成的处理；期末借方余额，反映企业尚未清理完毕的固定资产清理净损失。本科目可按被清理的固定资产项目进行明细核算。

此外，企业固定资产发生减值的，还应当设置"固定资产减值准备"科目进行核算。

企业取得的固定资产应当按照成本进行初始计量，其取得方式不同，初始计量的方法也不同。

（二）外购固定资产

企业外购固定资产的成本，包括购买价款、相关税费、使固定资产达到预定可使用状态前所发生的可归属于该项资产的运输费、装卸费、安装费和专业人员服务费等。如果企业为增值税一般纳税人，购进生产经营用固定资产的进项税额可以抵扣销项税额，不计入固定资产成本。

购入不需要安装的固定资产，应按实际支付的购买价款、相关税费及使固定资产达到预定可使用状态前所发生的可归属于该项资产的运输费、装卸费和专业人员服务费等，作为固定资产成本，借记"固定资产"科目，贷记"银行存款"等科目。

例3-18 甲公司为增值税一般纳税人，购入一台不需要安装即可投入使用的设备，增值税专用发票上注明的设备价款为50 000元，增值税税额为6 500元；运输费为1 000元，增值税税额为90元。款项以银行存款支付。

甲公司应编制如下会计分录。

借：固定资产　　　　　　　　　　　　　　　　　　　　　　　51 000
　　应交税费——应交增值税（进项税额）　　　　　　　　　　 6 590
　　贷：银行存款　　　　　　　　　　　　　　　　　　　　　　　57 590

购入需要安装的固定资产，应在购入固定资产成本的基础上加上安装调试成本等，作为固定资产的成本。购入进行安装时，借记"在建工程"科目，贷记"银行存款"等科目；支付安装费用时，借记"在建工程"科目，贷记"银行存款"等科目；安装完毕达到预定可使用状态时，按其实际成本，借记"固定资产"科目，贷记"在建工程"科目。

例3-19　甲公司为增值税一般纳税人，购入一台需要安装的设备，增值税专用发票上注明的设备价款为300 000元，增值税税额为39 000元；运输费为15 000元，增值税税额为1 350元；安装费为35 000元，增值税税额为3 150元。款项以银行存款支付。

甲公司应编制如下会计分录。

（1）购入进行安装时

借：在建工程　　　　　　　　　　　　　　　　　　　　　　　315 000
　　应交税费——应交增值税（进项税额）　　　　　　　　　　 40 350
　　贷：银行存款　　　　　　　　　　　　　　　　　　　　　　　355 350

（2）支付安装费用时

借：在建工程　　　　　　　　　　　　　　　　　　　　　　　 35 000
　　应交税费——应交增值税（进项税额）　　　　　　　　　　　3 150
　　贷：银行存款　　　　　　　　　　　　　　　　　　　　　　　 38 150

（3）设备安装完毕达到预定可使用状态时

借：固定资产　　　　　　　　　　　　　　　　　　　　　　　350 000
　　贷：在建工程　　　　　　　　　　　　　　　　　　　　　　　350 000

在实际工作中，企业可能以一笔款项购入多项没有单独标价的固定资产。如果这些资产均符合固定资产的定义，并满足固定资产的确认条件，则应将各项资产单独确认为固定资产，并按各项固定资产公允价值的比例对总成本进行分配，分别确定各项固定资产的成本。如果以一笔款项购入的多项资产中还包括固定资产以外的其他资产，也应按类似的方法予以处理。

例3-20　甲公司为增值税一般纳税人，为降低采购成本，向乙公司一次购进了3套不同型号且具有不同生产能力的设备A、B、C，增值税专用发票上注明的价款为7 800 000元、包装费为42 000元，增值税税额为1 019 460元。款项以银行存款支付。假定设备A、B、C均满足固定资产的定义及确认条件，公允价值分别为2 926 000元、3 594 800元和1 839 200元，不考虑其他相关税费。

甲公司的账务处理如下。

（1）确定应计入固定资产成本的金额。

7 800 000+42 000=7 842 000（元）

（2）确定设备 A、B、C 的价值分配比例。

A 设备应分配的固定资产价值比例＝2 926 000÷（2 926 000＋3 594 800＋
1 839 200）×100％＝35％

B 设备应分配的固定资产价值比例＝3 594 800÷（2 926 000＋3 594 800＋
1 839 200）×100％＝43％

C 设备应分配的固定资产价值比例＝1 839 200÷（2 926 000＋3 594 800＋
1 839 200）×100％＝22％

（3）确定 A、B、C 设备各自的成本。

A 设备的成本＝7 842 000×35％＝2 744 700（元）

B 设备的成本＝7 842 000×43％＝3 372 060（元）

C 设备的成本＝7 842 000×22％＝1 725 240（元）

（4）编制如下会计分录。

借：固定资产——A 设备　　　　　　　　　　　　　　2 744 700
　　　　　　——B 设备　　　　　　　　　　　　　　3 372 060
　　　　　　——C 设备　　　　　　　　　　　　　　1 725 240
　　应交税费——应交增值税（进项税额）　　　　　　1 019 460
　　贷：银行存款　　　　　　　　　　　　　　　　　8 861 460

（三）建造固定资产

企业自行建造固定资产的成本，由建造该项资产达到预定可使用状态前所发生的必要支出构成。发生工程支出时，应先通过"在建工程"科目核算，工程达到预定可使用状态时，再从"在建工程"科目转入"固定资产"科目。

提示 3-6

企业为建造固定资产通过出让方式取得的土地使用权而支付的土地出让金不计入在建工程成本，应确认为无形资产（土地使用权）。

企业自行建造固定资产包括自营建造和出包建造两种方式。

1. 自营方式建造固定资产

企业以自营方式建造固定资产，是指企业自行组织工程物资采购和组织施工人员从事工程施工完成固定资产建造。购入工程物资时，借记"工程物资""应交税费"科目，贷记"银行存款"等科目；领用工程物资时，借记"在建工程"科目，贷记"工程物资"科目；在建工程领用本企业原材料时，借记"在建工程"等科目，贷记"原材料"等科目；在建工程领用本企业生产的商品时，借记"在建工程"等科目，贷记"库存商品"等科目；自营工程发生的其他费用和分配工程人员工资等，借记"在建工程"等科目，贷记"银行存款""应付职工薪酬"等科目。自营工程达到预定可使用状态时，按其成本，借记"固定资产"科目，贷记"在建工程"科目。

例 3-21 甲企业自建厂房一幢，以银行存款购入工程物资一批，价款为 500 000 元，增值税税额为 65 000 元，全部被工程领用；工程领用本企业生产的产品一批，实际成本 80 000 元；工程领用生产用原材料一批，实际成本 50 000 元，增值税进项税额 6 500 元；分配工程人员薪酬 100 000 元，以银行存款支付其他费用并取得增值税专用发票，注明安装费 50 000 元，增值税税额 4 500 元。工程完工并达到预定可使用状态。

甲企业应编制如下会计分录。

（1）购入工程物资时（进项税额尚未认证）

借：工程物资	500 000
应交税费——待认证进项税额	65 000
贷：银行存款	565 000

（2）工程领用工程物资时（进项税额已经认证）

借：在建工程	500 000
贷：工程物资	500 000
借：应交税费——应交增值税（进项税额）	65 000
贷：应交税费——待认证进项税额	65 000

（3）工程领用本企业生产的产品时

借：在建工程	80 000
贷：库存商品	80 000

（4）工程领用生产用原材料时

借：在建工程	50 000
贷：原材料	50 000

（5）分配工程人员薪酬时

借：在建工程	100 000
贷：应付职工薪酬	100 000

（6）支付工程其他费用时

借：在建工程	50 000
应交税费——应交增值税（进项税额）	4 500
贷：银行存款	54 500

（7）工程完工并达到预定可使用状态时

固定资产的成本＝500 000＋80 000＋50 000＋100 000＋50 000＝780 000（元）

借：固定资产	780 000
贷：在建工程	780 000

【思考 3-2】 如例 3-21，工程领用生产用原材料（或外购商品），其增值税进项税额是否需要转出？工程领用本企业生产的产品是否需要计算销项税额？为什么？

第三章　非流动资产的确认和计量

2. 出包方式建造固定资产

以出包方式建造固定资产，是指企业通过招标方式将工程项目发包给建造承包商，由建造承包商组织施工完成固定资产建造。采用出包方式的固定资产建造工程，其工程的具体支出主要由建造承包商核算。此时，企业的"在建工程"科目主要是企业与建造承包商办理工程价款的结算科目。企业支付给建造承包商的工程价款作为工程成本，通过"在建工程"科目核算。向建造承包商结算的进度款，以及工程完成时按合同规定补付的工程款，借记"在建工程""应交税费"科目，贷记"银行存款"等科目；工程达到预定可使用状态时，按其成本，借记"固定资产"科目，贷记"在建工程"科目。

例 3-22 甲公司将一座仓库的建造工程出包给乙建筑安装工程公司承建，按合理估计的发包工程进度和合同规定向乙公司结算进度款 700 000 元，增值税税额为 63 000 元。工程完工后，收到乙公司有关工程结算单据，补付工程款 500 000 元，增值税税额为 45 000 元。工程完工并达到预定可使用状态。

甲公司应编制如下会计分录。

（1）向乙公司结算进度款时

借：在建工程　　　　　　　　　　　　　　　　　　　　　　700 000
　　应交税费——应交增值税（进项税额）　　　　　　　　　 63 000
　　　贷：银行存款　　　　　　　　　　　　　　　　　　　763 000

（2）补付工程款时

借：在建工程　　　　　　　　　　　　　　　　　　　　　　500 000
　　应交税费——应交增值税（进项税额）　　　　　　　　　 45 000
　　　贷：银行存款　　　　　　　　　　　　　　　　　　　545 000

（3）工程完工并达到预定可使用状态时

借：固定资产　　　　　　　　　　　　　　　　　　　　　1 200 000
　　　贷：在建工程　　　　　　　　　　　　　　　　　　1 200 000

三、固定资产的后续计量

（一）固定资产折旧

固定资产折旧是指在固定资产使用寿命内，按照确定的方法对应计折旧额进行系统分摊。其中，应计折旧额是指应当计提折旧的固定资产的原价扣除其预计净残值后的金额。已计提减值准备的固定资产，还应当扣除已计提的固定资产减值准备累计金额。

1. 影响固定资产折旧的因素

影响折旧的因素主要有以下几个方面。

① 固定资产原价。这是指固定资产的成本。

② 预计净残值。这是指假定固定资产预计使用寿命已满并处于使用寿命终了时的预期状态，企业目前从该项资产处置中获得的扣除预计处置费用后的金额。

③ 固定资产减值准。这是指固定资产已计提的固定资产减值准备累计金额。

④ 固定资产的使用寿命。这是指企业使用固定资产的预计期间，或者该固定资产所能生产产品或提供劳务的数量。企业确定固定资产使用寿命时，应当考虑下列因素：该项资产预计生产能力或实物产量；该项资产预计有形损耗，如设备使用中发生磨损、房屋建筑物受到自然侵蚀等；该项资产预计无形损耗，如因新技术的出现而使现有的资产技术水平相对陈旧、市场需求变化使产品过时等；法律或类似规定对该项资产使用的限制。

企业应当根据固定资产的性质和使用情况，合理确定固定资产的使用寿命和预计净残值。固定资产的使用寿命、预计净残值一经确定，不得随意变更。但企业至少应当于每年年度终了，对固定资产的使用寿命、预计净残值和折旧方法进行复核。使用寿命预计数和预计净残值预计数与原先估计数有差异的，应当调整固定资产使用寿命和预计净残值；与固定资产有关的经济利益预期实现方式有重大改变的，应当改变固定资产折旧方法。固定资产使用寿命、预计净残值和折旧方法的改变应当作为会计估计变更。

2. 计提固定资产折旧的范围

除以下情况外，企业应当对所有固定资产计提折旧：①已提足折旧仍继续使用的固定资产；②单独计价入账的土地。

在确定计提折旧范围时，应注意以下几点。

① 固定资产应当按月计提折旧，当月增加的固定资产，当月不计提折旧，从下月起计提折旧；当月减少的固定资产，当月仍计提折旧，从下月起不计提折旧。

② 固定资产提足折旧后，不论能否继续使用，均不再计提折旧；提前报废的固定资产，也不再补提折旧。所谓提足折旧，是指已经提足该项固定资产的应计折旧额。

③ 已达到预定可使用状态但尚未办理竣工决算的固定资产，应按估计价值确定其成本，并计提折旧。待办理竣工决算后，再按实际成本调整原来的暂估价值，但不需要调整原已计提的折旧额。

检测 3-6　多项选择题

下列关于固定资产计提折旧的表述，正确的有（　　　　）。

A．提前报废的固定资产不再补提折旧

B．固定资产折旧方法一经确定不得改变

C．已提足折旧但仍继续使用的固定资产不再计提折旧

D．自行建造的固定资产应自办理竣工决算时开始计提折旧

3. 计提固定资产折旧的方法

企业应当根据与固定资产有关的经济利益的预期消耗方式，合理选择固定资产折旧方法。可选用的折旧方法包括年限平均法、工作量法、双倍余额递减法和年数总和法等。

由于收入可能受到投入、生产过程、销售等因素的影响，这些因素与固定资产有关经济利益的预期消耗方式无关，因此企业不应以包括使用固定资产在内的经济活动所产生的收入为基础进行折旧。

（1）年限平均法

年限平均法，又称直线法，是指将固定资产的应计折旧额均衡地分摊到固定资产预计使用寿命内的一种方法。采用这种方法计算的每期折旧额均相等。其计算公式为：

第三章 非流动资产的确认和计量

$$年折旧率=(1-预计净残值率)\div预计使用寿命(年)\times100\%$$

其中，

$$预计净残值率=预计净残值\div固定资产原价\times100\%$$

$$月折旧率=年折旧率\div12$$

$$月折旧额=固定资产原价\times月折旧率$$

例 3-23 甲公司的一台机器设备的原价为 200 000 元，预计可使用 5 年，预计报废时的净残值率为 4%。

该设备的折旧率和折旧额计算如下。

年折旧率＝（1－4%）÷5＝19.2%

月折旧率＝19.2%÷12＝1.6%

月折旧额＝200 000×1.6%＝3 200（元）

（2）工作量法

工作量法是根据实际工作量计算每期应提折旧额的一种方法。其计算公式为：

$$单位工作量折旧额=固定资产原价\times(1-预计净残值率)\div预计总工作量$$

$$某项固定资产月折旧额=该项固定资产当月工作量\times单位工作量折旧额$$

例 3-24 甲公司的一辆运货卡车的原价为 600 000 元，预计总行驶里程为 500 000 千米，预计报废时的净残值率为 5%，本月行驶 4 000 千米。

该辆汽车的月折旧额计算如下。

单位里程折旧额＝600 000×（1－5%）÷500 000＝1.14（元/千米）

本月折旧额＝4 000×1.14＝4 560（元）

（3）双倍余额递减法

双倍余额递减法是指在不考虑固定资产预计净残值的情况下，根据每期期初固定资产原价减去累计折旧后的余额和双倍的直线法折旧率计算固定资产折旧的一种方法。采用双倍余额递减法计提固定资产折旧，一般应在固定资产使用寿命到期前两年内，将固定资产账面净值扣除预计净残值后的净值平均摊销。其计算公式为：

$$年折旧率=2\div预计使用寿命(年)\times100\%$$

$$月折旧率=年折旧率\div12$$

$$月折旧额=每月月初固定资产账面净值\times月折旧率$$

例 3-25 沿用例 3-23，如果甲公司对该设备采用双倍余额递减法计提折旧，年折旧率 40%（2÷5×100%），则各年的折旧额计算如表 3-4 所示。

表 3-4 固定资产折旧计算（双倍余额递减法） 元

年 份	固定资产年初净值	年折旧率	年折旧额	累计折旧	固定资产年末净值
1	200 000	40%	80 000	80 000	120 000
2	120 000	40%	48 000	128 000	72 000
3	72 000	40%	28 800	156 800	43 200
4	43 200		17 600	174 400	25 600
5	25 600		17 600	192 000	8 000

表 3-4 中，从第 4 年起改用年限平均法（直线法）计提折旧。

第 4 年、第 5 年的年折旧额 =（43 200－8 000）÷2＝17 600（元）

每年各月折旧额根据年折旧额除以 12 来计算。

（4）年数总和法

年数总和法，又称年限合计法，是指将固定资产的原价减去预计净残值后的余额，乘以一个以固定资产尚可使用寿命为分子，以预计使用寿命逐年数字之和为分母的逐年递减的分数计算每年的折旧额。其计算公式为：

年折旧率＝尚可使用年÷限预计使用寿命的年数总和×100%

月折旧率＝年折旧率÷12

月折旧额＝（固定资产原价－预计净残值）×月折旧率

例 3-26 沿用例 3-23，如果甲公司对该设备采用年数总和法计提折旧，则各年的折旧额计算如表 3-5 所示。

表 3-5　固定资产折旧计算（年数总和法）　　　　　　　　　　　　　元

年份	尚可使用年限	原价-净残值	变动折旧率	年折旧额	累计折旧
1	5	192 000	5/15	64 000	64 000
2	4	192 000	4/15	51 200	115 200
3	3	192 000	3/15	38 400	153 600
4	2	192 000	2/15	25 600	179 200
5	1	192 000	1/15	12 800	192 000

4. 固定资产折旧的账务处理

固定资产应当按月计提折旧，计提的折旧应当记入"累计折旧"科目，并根据用途计入相关资产的成本或当期损益。例如，企业自行建造固定资产过程中使用的固定资产，计提的折旧应计入在建工程成本；基本生产车间所使用的固定资产，计提的折旧应计入制造费用；管理部门所使用的固定资产，计提的折旧应计入管理费用；销售部门所使用的固定资产，计提的折旧应计入销售费用；经营租出的固定资产，计提的折旧应计入其他业务成本。企业计提固定资产折旧时，借记"制造费用""销售费用""管理费用"等科目，贷记"累计折旧"科目。

例 3-27 甲企业采用年限平均法对固定资产计提折旧。2018 年 10 月份，根据固定资产折旧计算表确定的各车间及部门应分配的折旧额为：一车间 500 000 元，二车间 400 000 元，企业管理部门 60 000 元，销售部门 20 000 元。一车间当月新购置机器设备一台，原价为 250 000 元；销售部门当月新购置机器设备一台，原价为 150 000 元。这两项设备的预计使用寿命均为 10 年，预计净残值率均为 2%，企业同类设备计提折旧采用年限平均法。

甲企业应编制如下会计分录。

借：制造费用——一车间　　　　　　　　　　　　　　　　500 000
　　　　　　　——二车间　　　　　　　　　　　　　　　　400 000
　　管理费用　　　　　　　　　　　　　　　　　　　　　　 60 000
　　销售费用　　　　　　　　　　　　　　　　　　　　　　 20 000
　　贷：累计折旧　　　　　　　　　　　　　　　　　　　　980 000

本例中，新购置的机器设备当月不计提折旧，应当从 2018 年 11 月份开始计提折旧。

检测 3-7 单项选择题

甲公司为增值税一般纳税人，2019 年 12 月 31 日购入不需要安装的生产设备一台，当日投入使用。该设备价款为 360 万元，增值税税额为 46.8 万元，预计使用寿命为 5 年，预计净残值为 0，采用年数总和法计提折旧。由此，该设备 2020 年应计提的折旧为（　　）万元。

A.72　　　B.120　　　C.135.6　　　D.162.72

（二）固定资产的后续支出

固定资产的后续支出是指固定资产在使用过程中发生的更新改造支出、修理费用等。企业的固定资产投入使用后，为了维护或提高固定资产的使用效能，或者适应新技术发展的需要，往往会发生对现有固定资产进行维护、改建、扩建或改良等后续支出。

后续支出的处理原则为：符合固定资产确认条件的应当资本化，计入固定资产成本，如果有被替换的部分，应同时将被替换部分的账面价值从该固定资产原账面价值中扣除；不符合固定资产确认条件的应当费用化，计入当期损益。

1. 资本化的后续支出

固定资产发生可资本化的后续支出时，企业应将该固定资产的原价、已计提的累计折旧和减值准备转销，将其账面价值转入在建工程，并停止计提折旧。发生可资本化的后续支出，通过"在建工程"科目核算。在固定资产发生的后续支出完工并达到预定可使用状态时，从"在建工程"科目转入"固定资产"科目，并按重新确定的使用寿命、预计净残值和折旧方法计提折旧。

例 3-28 甲航空公司 2011 年 6 月购入一架飞机，总计花费 8 000 万元（含发动机），发动机当时的购价为 500 万元。公司未将发动机作为一项单独的固定资产进行核算。2019 年 7 月初，公司开辟新航线，航程增加，为延长飞机的空中飞行时间，公司决定更换一台性能更为先进的发动机。新发动机（已在库的工程物资）购价为 700 万元，替换下的老发动机报废且无残值收入。另支付安装费用 5.1 万元，专用发票上注明的增值税税额为 0.459 万元。假定飞机的年折旧率为 4%，不考虑预计净残值的影响。

甲航空公司应编制如下会计分录。

（1）2019 年 7 月初，飞机的累计折旧金额为 25 600 000（80 000 000×4%×8）元，将固定资产转入在建工程。

　　借：在建工程　　　　　　　　　　　　　　　　　　　　54 400 000
　　　　累计折旧　　　　　　　　　　　　　　　　　　　　25 600 000
　　　　贷：固定资产　　　　　　　　　　　　　　　　　　　　80 000 000

（2）安装新发动机。

　　借：在建工程　　　　　　　　　　　　　　　　　　　　 7 051 000
　　　　应交税费——应交增值税（进项税额）　　　　　　　　　 4 590
　　　　贷：工程物资　　　　　　　　　　　　　　　　　　　　 7 000 000
　　　　　　银行存款　　　　　　　　　　　　　　　　　　　　　 55 590

(3) 2019年7月初，原发动机的账面价值为3 400 000（5 000 000－5 000 000×4%×8）元，终止确认原发动机的账面价值。

借：营业外支出——非流动资产毁损报废损失　　　　　　3 400 000
　　　贷：在建工程　　　　　　　　　　　　　　　　　　　　3 400 000

(4) 发动机安装完毕投入使用，将固定资产价值58 051 000（54 400 000＋7 051 000－3 400 000）元予以入账。

借：固定资产　　　　　　　　　　　　　　　　　　　　　58 051 000
　　　贷：在建工程　　　　　　　　　　　　　　　　　　　　58 051 000

2. 费用化的后续支出

企业生产车间（部门）和行政管理部门等发生的固定资产日常修理费用等后续支出，借记"管理费用"等科目，贷记"银行存款"等科目；企业发生的与专设销售机构相关的固定资产修理费用等后续支出，借记"销售费用"科目，贷记"银行存款"等科目。

例3-29 2019年11月1日，甲公司对生产车间用一项固定资产进行日常修理，以银行存款支付修理费用1 000元，取得增值税专用发票上注明的增值税税额为130元；应支付维修人员薪酬5 000元，领用维修用材料2 000元。

甲公司应编制如下会计分录。

借：管理费用　　　　　　　　　　　　　　　　　　　　　8 000
　　应交税费——应交增值税（进项税额）　　　　　　　　　　130
　　　贷：银行存款　　　　　　　　　　　　　　　　　　　　1 130
　　　　　应付职工薪酬　　　　　　　　　　　　　　　　　　5 000
　　　　　原材料　　　　　　　　　　　　　　　　　　　　　2 000

（三）固定资产的期末计量

固定资产的初始入账价值是历史成本，由于固定资产使用年限较长，市场条件和经营环境的变化、科学技术的进步及企业经营管理不善等原因都可能导致固定资产创造未来经济利益的能力大大下降，因此固定资产的真实价值有可能低于账面价值而发生减值损失。

在资产负债表日，应当对存在减值迹象的固定资产进行减值测试，如果其可收回金额低于账面价值，应当将该固定资产的账面价值减记至可收回金额，减记的金额确认为资产减值损失，计入当期损益。同时，计提相应的资产减值准备，借记"资产减值损失——计提的固定资产减值准备"科目，贷记"固定资产减值准备"科目。固定资产减值损失一经确认，在以后会计期间不得转回。

例3-30 2018年12月31日，甲公司的一条生产线存在可能发生减值的迹象。经测算，该生产线的可收回金额合计为300 000元。该生产线的原价为1 000 000元，已提累计折旧450 000元，以前年度未对该生产线计提减值准备。

由于该生产线的可收回金额为300 000元，账面价值为550 000（1 000 000－450 000）元，可收回金额低于账面价值，应按两者之间的差额250 000（550 000－300 000）元计提固定资产减值准备。甲公司应编制如下会计分录。

借：资产减值损失——计提的固定资产减值准备　　　　　　　　250 000
　　贷：固定资产减值准备　　　　　　　　　　　　　　　　　　　　250 000

提示 3-7

固定资产减值损失确认后，减值资产的折旧费用应当在未来期间做相应调整，以使该资产在剩余使用寿命内，系统地分摊调整后的资产账面价值（扣除预计净残值）。

四、固定资产的处置

固定资产处置包括固定资产的出售、报废、毁损、对外投资、非货币性资产交换、债务重组等。处置固定资产应按规定程序办理有关手续，结转固定资产的账面价值，计算有关的清理收入、清理费用和残料价值等，处置收入扣除账面价值和相关税费后的金额计入当期损益。固定资产处置应通过"固定资产清理"科目核算，具体包括以下几个环节。

① 固定资产转入清理。固定资产转入清理时，按该项固定资产的账面价值，借记"固定资产清理"科目，按已计提的累计折旧，借记"累计折旧"科目，按已计提的减值准备，借记"固定资产减值准备"科目；按固定资产原价，贷记"固定资产"科目。

② 发生的清理费用等。固定资产清理过程中发生的相关税费和其他费用，借记"固定资产清理""应交税费——应交增值税（进项税额）"科目，贷记"银行存款"等科目。

③ 出售收入和残料等的处理。收回出售固定资产的价款、残料价值和变价收入等，借记"银行存款"、"原材料"等科目，贷记"固定资产清理""应交税费——应交增值税（销项税额）"科目。

④ 保险赔偿等的处理。应由保险公司或过失人赔偿的损失，借记"其他应收款"等科目，贷记"固定资产清理"科目。

⑤ 清理净损益的处理。固定资产清理完成后，属于生产经营期间正常的处理损失，借记"资产处置损益"或"营业外支出——非流动资产毁损报废损失"科目，贷记"固定资产清理"科目；属于生产经营期间由于自然灾害等非正常原因造成的损失，借记"营业外支出——非常损失"科目，贷记"固定资产清理"科目。固定资产清理完成后的净收益，借记"固定资产清理"科目，贷记"资产处置损益"或"营业外收入——非流动资产毁损报废收益"科目。

链接 3-1

例 3-31　甲公司为增值税一般纳税人，出售其 2016 年 4 月 30 日前自建的一幢房屋，原价为 4 000 000 元，已计提折旧 2 000 000 元，未计提减值准备。实际出售价格为 2 400 000 元（不含税），增值税选择适用简易计税方法，按照 5%的征收率计算纳税。假定不考虑其他相关税费因素。款项已通过银行收回。

甲公司应编制如下会计分录。

（1）将出售固定资产转入清理时

借：固定资产清理　　　　　　　　　　　　　　　　　　　　　　2 000 000
　　累计折旧　　　　　　　　　　　　　　　　　　　　　　　　2 000 000
　　贷：固定资产　　　　　　　　　　　　　　　　　　　　　　　　4 000 000

(2) 收回出售固定资产的价款时

借：银行存款	2 400 000
贷：固定资产清理	2 400 000

(3) 计算销售该固定资产应交增值税时

应纳税额＝2 400 000×5%＝120 000（元）

借：固定资产清理	120 000
贷：应交税费——简易计税	120 000

(4) 结转出售固定资产实现的利得时

借：固定资产清理	280 000
贷：资产处置损益	280 000

需要注意的是：一般纳税人销售其2016年4月30日前自建的不动产，可以选择适用简易计税方法，以取得的全部价款和价外费用为销售额，按照5%的征收率计算应纳税额；一般纳税人销售其2016年5月1日后自建的不动产，应适用一般计税方法，以取得的全部价款和价外费用为销售额计算应纳税额。

例3-32 甲公司有一台设备批准报废，原价为800 000元，已计提折旧760 000元，未计提减值准备。报废时的残料变价收入为36 000元，报废清理过程中发生清理费用2 000元。有关收入、支出均通过银行办理结算。假定不考虑相关税费。

甲公司应编制如下会计分录。

(1) 将报废固定资产转入清理时

借：固定资产清理	40 000
累计折旧	760 000
贷：固定资产	800 000

(2) 收回残料变价收入时

借：银行存款	36 000
贷：固定资产清理	36 000

(3) 支付清理费用时

借：固定资产清理	2 000
贷：银行存款	2 000

(4) 结转报废固定资产发生的净损失时

借：营业外支出——非流动资产毁损报废损失	6 000
贷：固定资产清理	6 000

例3-33 甲公司因遭受水灾而毁损一座仓库。该仓库原价2 000 000元，已计提折旧500 000元，未计提减值准备。其残料估计价值25 000元，残料已办理入库。发生的清理费用10 000元，以银行存款支付。经保险公司核定应赔偿损失750 000元，尚未收到赔款。假定不考虑相关税费。

甲公司应编制如下会计分录。

(1) 将毁损的仓库转入清理时

借：固定资产清理　　　　　　　　　　　　　　　　　　　　　1 500 000
　　累计折旧　　　　　　　　　　　　　　　　　　　　　　　　　500 000
　　　贷：固定资产　　　　　　　　　　　　　　　　　　　　　2 000 000

(2) 残料入库时

借：原材料　　　　　　　　　　　　　　　　　　　　　　　　　　25 000
　　　贷：固定资产清理　　　　　　　　　　　　　　　　　　　　　25 000

(3) 支付清理费用时

借：固定资产清理　　　　　　　　　　　　　　　　　　　　　　　10 000
　　　贷：银行存款　　　　　　　　　　　　　　　　　　　　　　　10 000

(4) 确定应由保险公司理赔的损失时

借：其他应收款　　　　　　　　　　　　　　　　　　　　　　　750 000
　　　贷：固定资产清理　　　　　　　　　　　　　　　　　　　　750 000

(5) 结转毁损固定资产发生的损失时

借：营业外支出——非常损失　　　　　　　　　　　　　　　　　735 000
　　　贷：固定资产清理　　　　　　　　　　　　　　　　　　　　735 000

检测 3-8 单项选择题

某企业转让一台旧设备，取得价款 56 万元，发生清理费用 2 万元。该设备原值为 60 万元，已提折旧 10 万元。假定不考虑其他因素，出售该设备影响当期损益的金额为（　　）万元。

A. 4　　　　　B. 6　　　　　C. 54　　　　　D. 56

五、固定资产的清查

为了保证固定资产核算的真实性，企业应定期或至少于每年年末对固定资产进行清查盘点。清查中发现的固定资产盘盈或盘亏，应及时查明原因，并按照规定程序报经批准处理。

(一) 固定资产盘盈

企业在财产清查中盘盈的固定资产，应作为前期差错处理。盘盈的固定资产，在按管理权限报经批准处理前应先通过"以前年度损益调整"科目核算。盘盈的固定资产，应按重置成本确定其入账价值，借记"固定资产"科目，贷记"以前年度损益调整"科目。

例 3-34 2019 年 1 月 10 日甲公司在财产清查过程中，发现 2017 年 12 月购入的一台设备尚未入账，重置成本为 50 000 元（与其计税基础不存在差异）。假定甲公司按净利润的 10% 计提法定盈余公积，不考虑相关税费及其他因素的影响。

甲公司应编制如下会计分录。

(1) 盘盈固定资产时

借：固定资产　　　　　　　　　　　　　　　　　　　　　　　　50 000
　　　贷：以前年度损益调整　　　　　　　　　　　　　　　　　　50 000

(2) 结转为留存收益时

借：以前年度损益调整　　　　　　　　　　　　　　50 000
　　贷：盈余公积——法定盈余公积　　　　　　　　　　5 000
　　　　利润分配——未分配利润　　　　　　　　　　　45 000

（二）固定资产盘亏

企业在财产清查中盘亏的固定资产，按盘亏固定资产的账面价值，借记"待处理财产损溢"科目；按已计提的累计折旧，借记"累计折旧"科目；按已计提的减值准备，借记"固定资产减值准备"科目；按固定资产的原价，贷记"固定资产"科目。按管理权限报经批准后处理时，按可收回的保险赔偿或过失人赔偿，借记"其他应收款"科目；按应计入营业外支出的金额，借记"营业外支出——盘亏损失"科目，贷记"待处理财产损溢"科目。

例3-35　2019年1月10日，甲公司进行财产清查时发现短缺一台笔记本电脑，原价为9 000元，已计提折旧5 000元。假定不考虑相关税费。

甲公司应编制如下会计分录。

(1) 盘亏固定资产时

借：待处理财产损溢　　　　　　　　　　　　　　　4 000
　　累计折旧　　　　　　　　　　　　　　　　　　5 000
　　贷：固定资产　　　　　　　　　　　　　　　　　9 000

(2) 报经批准转销时

借：营业外支出——盘亏损失　　　　　　　　　　　4 000
　　贷：待处理财产损溢　　　　　　　　　　　　　　4 000

检测3-9　判断题

固定资产盘盈先通过"待处理财产损溢"科目核算，批准后再转入"营业外收入"科目。（　　）

第四节　无形资产

一、无形资产的确认

（一）无形资产的定义和特征

无形资产是指企业拥有或控制的没有实物形态的可辨认非货币性资产。从无形资产定义看，具有以下特征。

1. 不具有实物形态

无形资产区别于固定资产、存货等有形资产的重要标志是不具有实物形态，通常表现为法律或合同关系所赋予的各项权利、技术。它尽管没有物资实体，但能够为企业带来未来经济利益。

2. 具有可辨认性

资产满足下列条件之一的，符合无形资产定义中的可辨认性标准。

① 能够从企业中分离或划分出来，并能单独或与相关合同、资产或负债一起，用于出售、转让、授予许可、租赁或交换。

② 源自合同性权利或其他法定权利，无论这些权利是否可以从企业或者其他权利和义务中转移或分离。

商誉通常是与企业整体价值联系在一起的，其存在无法与企业自身相分离，不具有可辨认性，会计上不确认为无形资产。

3. 属于非货币性长期资产

无形资产在持有过程中为企业带来未来经济利益的情况不确定，不属于以固定或可确定的金额收取的资产，属于非货币性资产；无形资产的使用年限在一年以上，能够在多个会计期间为企业带来经济利益，属于长期资产。

（二）无形资产的确认条件

无形资产应当在符合定义的前提下，同时满足以下两个确认条件时才能予以确认：一是与该无形资产有关的经济利益很可能流入企业；二是该无形资产的成本能够可靠地计量。

（三）无形资产的内容

无形资产主要包括专利权、非专利技术、商标权、著作权、土地使用权和特许权等。

① 专利权。专利权是指国家专利主管机关依法授予发明创造专利申请人对其发明创造在法定期限内所享有的专有权利，包括发明专利权、实用新型专利权和外观设计专利权。它给予持有者独家使用或控制某项发明的特殊权利。《中华人民共和国专利法》明确规定，专利人拥有的专利权受到国家法律保护。

专利权是允许其持有者独家使用或控制的特权，但并不保证一定能给持有者带来经济效益。例如，有的专利可能会被另外更有经济价值的专利所淘汰等。因此，企业不应将其所拥有的一切专利权都确认为无形资产。一般而言，只有外购的专利或自行开发并按法律程序申请取得的专利，才能作为无形资产确认。这种专利可以降低成本或提高产品质量，或者将其转让获得转让收入。

② 非专利技术。非专利技术即专有技术，或者技术秘密、技术诀窍，是指先进的、未公开的、未申请专利、可以带来经济效益的技术和诀窍。专利技术一般包括工业专有技术、商业贸易专有技术、管理专有技术等。非专利技术并不是专利法的保护对象，专有技术所有人依靠自我保密的方式来维持其独占权，可以用于转让和投资。

企业的非专利技术，如果是企业自己开发研究的，应将符合无形资产准则规定的开发支出资本化条件的，确认为无形资产；如果是从外部购入的非专利技术，应将实际发生的支出予以资本化，确认为无形资产。

③ 商标权。商标是用来辨认特定的商品或劳务的标记。商标权是指专门在某类指定的商品或者产品上使用特定的名称或图案的权利。商标经过注册登记，就获得了法律上的保护。《中华人民共和国商标法》明确规定，经商标局核准注册的商标为注册商标，商标注册人享有商标专用权，受法律的保护；商标可以转让，但受让人应保证使用该注册商标的产品质量。

企业自创的商标并将其注册登记，所花费用一般不大，因而是否将其资本化并不重要。能够给拥有者带来获利能力的商标，往往是通过多年的广告宣传和其他传播商标名称的手段，以及客户的信赖等树立起来的。广告费一般不作为商标权的成本，而是在发生时直接计入当期损益。如果企业购买他人的商标一次性支出的费用较大，那么可以将其资本化，确认为无形资产。

④ 著作权。著作权又称版权，是指作者对其创作的文学、科学和艺术作品依法享有的某些特殊权利。著作权包括两方面的权利，即精神权利（人身权利）和经济权利（财产权利）。前者指作品署名、发表作品、确认作者身份、保护作品的完整性、修改已经发表的作品等各项权利，包括作品署名权、发表权、修改权和保护作品完整权；后者指以出版、表演、广播、展览、录制唱片、摄制影片等方式使用作品及因授权他人使用作品而获得经济利益的权利。

⑤ 土地使用权。土地使用权是指国家准许某一企业或单位在一定期间内对国有土地享有开发、利用、经营的权利。根据我国《土地管理法》的规定，我国土地实行公有制，任何单位和个人不得侵占、买卖或以其他形式非法转让。企业取得土地使用权，应将取得时发生的支出资本化，确认为无形资产。

⑥ 特许权。特许权又称经营特许权、专营权，是指企业在某一地区经营或者销售某种特定商品的权利或是一家企业接受另一家企业使用其商标、商号、技术秘密等的权利。它通常有两种方式：一种是由政府机构授权，准许企业使用或在一定地区享有经营某种业务的特权，如水、电、邮电通信等专营权、烟草专卖权等；另一种是指企业间依照签订的合同，有限期或无限期使用另一家企业的某些权利，如连锁店分店使用总店的名称等。特许权资本化仅限于一次性支付的总费用或开始时所支付的一大笔特许费用。按期每年支付的费用，直接计入当期损益。

提示 3-8

企业取得的土地使用权，通常应确认为无形资产，但下列情况除外。

① 房地产开发企业取得的土地使用权用于建造对外出售的房屋建筑物，相关的土地使用权应当计入所建造的房屋建筑物成本。

② 企业外购房屋建筑物所支付的价款中包括土地使用权和建筑物的价值的，应当对实际支付的价款按照合理的方法（如公允价值相对比例）在土地使用权和地上建筑物之间进行分配。如果确实无法进行合理分配，则应当全部确认为固定资产。

③ 企业改变土地使用权的用途，停止自用土地使用权而用于赚取租金或资本增值时，应将其转为投资性房地产。

二、无形资产的初始计量

无形资产应当按照成本进行初始计量。为了核算无形资产的取得、摊销和处置等情况，企业应当设置"无形资产""累计摊销"等科目。

① "无形资产"科目核算企业持有的无形资产成本，借方登记取得无形资产的成本，贷方登记处置无形资产转出的账面余额；期末借方余额，反映企业无形资产的成本。本科目可按无形资产项目进行明细核算。

② "累计摊销"科目是"无形资产"的调整科目，核算企业对使用寿命有限的无形资产计提的累计摊销，借方登记处置无形资产转出的累计摊销，贷方登记企业计提的无形资产摊销；期末贷方余额，反映企业无形资产的累计摊销额。本科目可按无形资产项目进行明细核算。

此外，企业无形资产发生减值的，还应当设置"无形资产减值准备"科目进行核算。

第三章 非流动资产的确认和计量

企业取得无形资产的主要方式有外购、自行研究开发等。取得的方式不同，其会计处理也有所差别。

（一）外购无形资产

外购无形资产的成本包括购买价款、相关税费及直接归属于使该项资产达到预定用途所发生的其他支出。

例3-36 甲公司购入一项专利技术，支付的买价及相关费用合计700 000元。以银行存款支付，不考虑相关税费。

甲公司应编制如下会计分录。

借：无形资产——专利技术　　　　　　　　　　　　　700 000
　　贷：银行存款　　　　　　　　　　　　　　　　　　　　700 000

需要说明的是，按现行增值税制度规定，提供技术转让、技术开发和与之相关的技术咨询、技术服务免征增值税。

（二）自行研究开发无形资产

企业内部研究开发项目所发生的支出应当区分研究阶段支出和开发阶段支出。研究阶段支出应当全部费用化，计入当期损益。开发阶段支出同时满足下列条件的才能资本化，计入无形资产成本，否则应当费用化，计入当期损益。

① 完成该无形资产以使其能够使用或出售在技术上具有可行性。

② 具有完成该无形资产并使用或出售的意图。

③ 无形资产产生经济利益的方式，包括能够证明运用该无形资产生产的产品存在市场或无形资产自身存在市场。无形资产将在内部使用的，应当证明其有用性。

④ 有足够的技术、财务资源和其他资源支持，以完成该无形资产的开发，并有能力使用或出售该无形资产。

⑤ 归属于该无形资产开发阶段的支出能够可靠地计量。如果无法可靠区分研究阶段和开发阶段的支出，应当全部费用化，计入当期损益。

为核算企业进行研究与开发无形资产过程中发生的各项支出，应当设置"研发支出"科目，并分别"费用化支出"科目和"资本化支出"科目进行明细核算。发生的研发支出不满足资本化条件的，借记"研发支出——费用化支出"科目，满足资本化条件的，借记"研发支出——资本化支出"科目；贷记"原材料""银行存款""应付职工薪酬"等科目。研究开发项目达到预定用途形成无形资产的，应按"研发支出——资本化支出"科目的余额，借记"无形资产"科目，贷记"研发支出——资本化支出"科目。期（月）末，应将"研发支出——费用化支出"科目的余额，借记"管理费用"科目，贷记"研发支出——费用化支出"科目。

例3-37 甲公司自行研究开发一项技术，在研究开发过程中发生材料费4 000 000元、人工薪酬1 000 000元，以及用银行存款支付的其他费用3 000 000元，总计8 000 000元。其中，符合资本化条件的支出为5 000 000元。该项研发活动完成，最终开发出一项非专利技术并达到预定用途。不考虑相关税费。

甲公司应编制如下会计分录。

（1）发生研究开发支出时

借：研发支出——费用化支出　　　　　　　　　　　　3 000 000
　　　　　　——资本化支出　　　　　　　　　　　　5 000 000
　　贷：银行存款　　　　　　　　　　　　　　　　　3 000 000
　　　　原材料　　　　　　　　　　　　　　　　　　4 000 000
　　　　应付职工薪酬　　　　　　　　　　　　　　　1 000 000

（2）期末，将费用化支出转入当期损益时

借：管理费用　　　　　　　　　　　　　　　　　　　3 000 000
　　贷：研发支出——费用化支出　　　　　　　　　　3 000 000

（3）研发项目达到预定用途形成无形资产时

借：无形资产　　　　　　　　　　　　　　　　　　　5 000 000
　　贷：研发支出——资本化支出　　　　　　　　　　5 000 000

检测3-10　判断题

企业无法可靠区分研究阶段和开发阶段支出的，应将其所发生的研发支出全部资本化计入无形资产成本。（　　）

三、无形资产的后续计量

（一）无形资产的摊销

企业应当于取得无形资产时分析判断其使用寿命。使用寿命有限的无形资产应进行摊销；使用寿命不确定的无形资产不应摊销。使用寿命有限的无形资产，通常其残值视为0。对于使用寿命有限的无形资产应当自可供使用（即其达到预定用途）当月起开始摊销，处置当月不再摊销。

企业至少应当于每年年度终了，对使用寿命有限的无形资产的使用寿命进行复核，如果有证据表明无形资产的使用寿命与以前估计的不同，应当改变其摊销期限，并按照会计估计变更进行处理。企业应当在每个会计期间对使用寿命不确定的无形资产的使用寿命进行复核，如果有证据表明无形资产的使用寿命是有限的，应当按照会计估计变更处理，并按照使用寿命进行摊销。

无形资产摊销方法包括直线法、生产总量法等。企业选择的无形资产摊销方法，应当反映与该项无形资产有关的经济利益的预期消耗方式。无法可靠确定其预期消耗方式的，应当采用直线法进行摊销。

由于收入可能受到投入、生产过程和销售等因素的影响，这些因素与无形资产有关经济利益的预期消耗方式无关，因此企业通常不应以包括使用无形资产在内的经济活动所产生的收入为基础进行摊销。但是，下列极其有限的情况除外。

① 企业根据合同约定确定无形资产固有的根本性限制条款（如无形资产的使用时间、使用无形资产生产产品的数量或因使用无形资产而应取得固定的收入总额）的，当该条款为因使用

第三章 非流动资产的确认和计量

无形资产而应取得的固定的收入总额时,取得的收入可以成为摊销的合理基础。例如,企业获得勘探开采黄金的特许权,且合同明确规定该特许权在销售黄金的收入总额达到某固定的金额时失效。

② 有确凿的证据表明收入的金额和无形资产经济利益的消耗是高度相关的。例如,企业采用车流量法对高速公路经营权进行摊销的,不属于以包括使用无形资产在内的经济活动产生的收入为基础的摊销方法。

企业应当按月对无形资产进行摊销。无形资产的摊销额一般应当计入当期损益。企业自用的无形资产,其摊销金额计入管理费用;出租的无形资产,其摊销金额计入其他业务成本;如果某项无形资产专门用于生产某种产品或其他资产的,其所包含的经济利益是通过所生产的产品或其他资产中实现的,则其摊销金额应当计入相关资产的成本。

例 3-38 甲公司购买了一项特许权,成本为 3 600 000 元。合同规定受益年限为 10 年,甲公司每月应摊销 30 000(3 600 000÷10÷12)元。

每月摊销时,甲公司应编制如下会计分录。

借:管理费用　　　　　　　　　　　　　　　　　　　　　　　　30 000
　贷:累计摊销　　　　　　　　　　　　　　　　　　　　　　　　　　30 000

例 3-39 甲公司将其自行开发完成的专利技术出租给丙公司。该专利技术成本为 2 400 000 元,双方约定的租赁期限为 10 年,甲公司每月应摊销 20 000(2 400 000÷10÷12)元。

每月摊销时,甲公司应编制如下会计分录。

借:其他业务成本　　　　　　　　　　　　　　　　　　　　　　20 000
　贷:累计摊销　　　　　　　　　　　　　　　　　　　　　　　　　　20 000

例 3-40 甲公司从外单位购得一项专利技术用于产品生产,成本为 7 200 000 元。该专利技术法律保护期为 15 年,公司预计运用该专利技术生产的产品在未来 10 年内会为公司带来经济利益。甲公司每月应摊销 60 000(7 200 000÷10÷12)元。

每月摊销时,甲公司应编制如下会计分录。

借:制造费用　　　　　　　　　　　　　　　　　　　　　　　　60 000
　贷:累计摊销　　　　　　　　　　　　　　　　　　　　　　　　　　60 000

检测 3-11　单项选择题

甲公司为增值税一般纳税人,2018 年 1 月 5 日以 2 820 万元购入一项专利权。为推广由该专利权生产的产品,甲公司发生广告宣传费 60 万元。该专利权预计使用 5 年,预计净残值为 0,采用直线法摊销。假设不考虑相关税费和其他因素,2018 年 12 月 31 日该专利权的账面价值为(　　)万元。

A. 2 160　　B. 2 256　　C. 2 304　　D. 2 700

(二) 无形资产的期末计量

在资产负债表日,应当对存在减值迹象的无形资产进行减值测试,如果其可收回金额低于账面价值,应当将该无形资产的账面价值减记至可收回金额。减记的金额确认为资产减值损失,计入当期损益,同时计提相应的资产减值准备,借记"资产减值损失——计提的无形资产减值准备"科目，贷记"无形资产减值准备"科目。无形资产减值损失一经确认，在以后会计期间不得转回。

例 3-41 承例 3-40，2018 年 12 月 31 日，市场上与该专利技术类似的某项新技术生产的产品销售势头较好，已对甲公司产品的销售产生重大不利影响。甲公司持有的该专利技术的账面价值为 3 600 000 元，剩余摊销年限为 5 年。经减值测试，该专利技术的可收回金额为 3 200 000 元。

由于该专利技术在资产负债表日的账面价值为 3 600 000 元，可收回金额为 3 200 000 元，可收回金额低于其账面价值，应按其差额 400 000（3 600 000－3 200 000）元计提无形资产减值准备。甲公司应编制如下会计分录。

借：资产减值损失——计提的无形资产减值准备　　　　　　　　　400 000
　　贷：无形资产减值准备　　　　　　　　　　　　　　　　　　　　400 000

检测 3-12 多项选择题

下列关于无形资产会计处理的表述中，正确的有（　　　　）。

A．无形资产均应确定预计使用年限并分期摊销
B．有偿取得的自用土地使用权应确认为无形资产
C．内部研发项目开发阶段支出应全部确认为无形资产
D．无形资产减值损失一经确认，在以后会计期间不得转回

四、无形资产的处置

企业处置无形资产，应当将取得的价款扣除该无形资产账面价值及出售相关税费后的差额计入资产处置损益。

企业处置无形资产，应当按照实际收到的金额等，借记"银行存款"等科目；按照已计提的累计摊销，借记"累计摊销"科目；按照应支付的相关税费和其他费用，贷记"应交税费——应交增值税（销项税额）""银行存款"等科目；按其账面余额，贷记"无形资产"科目；按照其差额，贷记或借记"资产处置损益"科目。已计提减值准备的，还应同时结转减值准备，借记"无形资产减值准备"科目。

例 3-42 甲公司将一项商标权出售给乙公司，取得出售价款 400 000 元，增值税税额为 24 000 元。该无形资产的成本为 500 000 元，已摊销 200 000 元，未计提减值准备。出售价款已存入银行。

链接 3-3

甲公司应编制如下会计分录。

借：银行存款　　　　　　　　　　　　　　　　　　　　　　　　400 000
　　累计摊销　　　　　　　　　　　　　　　　　　　　　　　　200 000
　　贷：无形资产　　　　　　　　　　　　　　　　　　　　　　　500 000
　　　　应交税费——应交增值税（销项税额）　　　　　　　　　　 24 000
　　　　资产处置损益　　　　　　　　　　　　　　　　　　　　　 76 000

第五节　投资性房地产

一、投资性房地产的确认

（一）投资性房地产的定义和特征

投资性房地产是指为赚取租金或资本增值，或者两者兼有而持有的房地产。投资性房地产应当能够单独计量和出售。投资性房地产具有以下特征。

1. 投资性房地产是一种经营活动

投资性房地产的主要形式是出租建筑物、出租土地使用权，实质上属于一种让渡资产使用权行为。房地产租金就是让渡资产使用权取得的使用费收入，是企业为完成其经营目标所从事的经营性活动及与之相关的其他活动形成的经济利益总流入。投资性房地产的另一种形式是持有并准备增值后转让的土地使用权，尽管其增值收益通常与市场供求、经济发展等因素相关，但目的是增值后转让以赚取增值收益，也是企业为完成其经营目标所从事的经营性活动及与之相关的其他活动形成的经济利益总流入。在我国实务中，持有并准备增值后转让土地使用权这种情况较少。

2. 持有投资性房地产的目的是赚取租金或资本增值

投资性房地产在用途、状态、目的等方面与企业自用的房地产和房地产开发企业用于销售的房地产是不同的。持有投资性房地产的目的是赚取租金或资本增值，或者两者兼有。

（二）投资性房地产的范围

投资性房地产主要包括已出租的土地使用权、持有并准备增值后转让的土地使用权和已出租的建筑物。

1. 属于投资性房地产的项目

① 已出租的土地使用权。已出租的土地使用权是指企业通过出让或转让方式取得并以经营租赁方式出租的土地使用权。企业计划用于出租但尚未出租的土地使用权，或者以经营租赁方式租入土地使用权再转租给其他单位的，不能确认为投资性房地产。

② 持有并准备增值后转让的土地使用权。持有并准备增值后转让的土地使用权是指企业通过出让或转让方式取得并准备增值后转让的土地使用权。这类土地使用权很可能给企业带来资本增值收益，符合投资性房地产的定义。按照国家有关规定认定的闲置土地，不属于持有并准备增值后转让的土地使用权，也就不属于投资性房地产。

③ 已出租的建筑物。已出租的建筑物是指企业拥有产权并以经营租赁方式出租的建筑物，包括自行建造或开发活动完成后用于出租的建筑物。企业在判断和确认已出租的建筑物时，应当把握以下几点。

第一，用于出租的建筑物是指企业拥有产权的建筑物，企业以经营租赁方式租入再转租的建筑物不属于投资性房地产。

第二，已出租的建筑物是企业已经与其他方签订了租赁协议，约定以经营租赁方式出租的建筑物。一般应自租赁协议规定的租赁期开始日起，经营租出的建筑物才属于已出租的建筑物。通常情况下，对企业持有以备经营出租的空置建筑物，如果董事会或类似机构做出书面决议，明确表明将其用于经营出租且持有意图短期内不再发生变化的，即使尚未签订租赁协议，也应视为投资性房地产。这里的空置建筑物，是指企业新购入、自行建造或开发完成但尚未使用的建筑物，以及不再用于日常生产经营活动且经整理后达到可经营出租状态的建筑物。

第三，企业将建筑物出租，按租赁协议向承租人提供的相关辅助服务在整个协议中不重大的，应当将该建筑物确认为投资性房地产。例如，企业将其办公楼出租，同时向承租人提供维护、保安等日常辅助服务，企业应当将其确认为投资性房地产。

【思考3-3】企业持有以备经营出租的空置建筑物，或者投资性房地产租赁期满，因暂时空置但继续用于经营出租的目的短期内不变，应视为投资性房地产吗？

2. 不属于投资性房地产的项目

① 自用房地产。自用房地产是指为生产商品、提供劳务或经营管理而持有的房地产。例如，企业生产经营用的厂房和办公楼属于固定资产；企业生产经营用的土地使用权属于无形资产。

② 作为存货的房地产。作为存货的房地产通常是指房地产开发企业在正常经营过程中销售的或为销售而正在开发的商品房和土地。这部分房地产属于房地产开发企业的存货，其生产、销售构成企业的主营业务活动，产生的现金流量也与企业的其他资产密切相关。因此，具有存货性质的房地产不属于投资性房地产。

在实务中，存在某项房地产部分自用或作为存货出售、部分用于赚取租金或资本增值的情形。如果某项投资性房地产不同用途的部分能够单独计量和出售的，应当分别确认为固定资产（或无形资产、存货）和投资性房地产。例如，甲房地产开发商建造了一栋商住两用楼盘，一层出租给一家大型超市，已签订经营租赁合同；其余楼层为普通住宅正在公开销售中。这种情况下，如果一层商铺能够单独计量和出售，应确认为甲企业的投资性房地产，其余楼层为甲企业的存货，即开发产品。

检测3-13 单项选择题

下列各项中，属于投资性房地产的是（ ）。

A. 房地产企业开发的准备出售的房屋　　B. 房地产企业开发的已出租的房屋
C. 企业持有的准备建造房屋的土地使用权　　D. 企业以经营租赁方式租入的建筑物

二、投资性房地产的初始计量

为了反映和监督投资性房地产的增减变动情况，企业应当设置"投资性房地产""投资性房地产累计折旧"或"投资性房地产累计摊销""公允价值变动损益""其他业务收入（或主营业务收入）""其他业务成本（或主营业务成本）"等科目进行核算。

①"投资性房地产"科目核算企业采用成本模式计量投资性房地产的成本或采用公允价值模式计量投资性房地产的公允价值。该科目的借方登记企业投资性房地产的取得成本、资产负债表日其公允价值高于账面余额的差额等，贷方登记资产负债表日其公允价值低于账面余额的差额、处置投资性房地产时结转的成本和公允价值变动等。本科目可以按投资性房地产类别和

项目进行明细核算。采用公允价值模式计量的投资性房地产，还应当分别设置"成本"和"公允价值变动"明细科目进行核算。

② 采用成本模式计量的投资性房地产计折旧或进行摊销、发生减值，可以单独设置"投资性房地产累计折旧"或"投资性房地产累计摊销""投资性房地产减值准备"科目，比照"累计折旧"或"累计摊销""固定资产减值准备"或"无形资产减值准备"科目进行账务处理。

③ "其他业务收入"和"其他业务成本"科目分别核算企业投资性房地产取得租金收入、处置投资性房地产实现的收入和投资性房地产计提折旧或进行摊销、处置投资性房地产结转的成本等。

投资性房地产应当按照其取得时的成本进行初始计量。

（一）外购投资性房地产

企业外购投资性房地产，应当按照取得时的实际成本进行初始计量。取得时的实际成本包括购买价款、相关税费和可直接归属于该资产的其他支出。购入投资性房地产时，借记"投资性房地产"科目，贷记"银行存款"等科目。

（二）自行建造投资性房地产

企业自行建造投资性房地产，其成本由建造该项房地产达到预定可使用状态前发生的必要支出构成，包括土地开发费、建筑成本、安装成本、应予以资本化的借款费用、支付的其他费用和分摊的间接费用等。建造过程中发生的非正常性损失，直接计入当期损益，不计入建造成本。建造完工后，应按照确定的成本，借记"投资性房地产"科目，贷记"在建工程"等科目。

（三）内部转换形成的投资性房地产

这是指企业将自用的建筑物等转换为投资性房地产，或者将作为存货的房地产转换为投资性房地产。内部转换形成的投资性房地产，可以采用成本模式计量，也可以采用公允价值模式计量。

三、投资性房地产的后续计量

投资性房地产的后续计量有成本和公允价值两种模式。通常采用成本模式计量，满足特定条件时也可以采用公允价值模式计量。但是，同一企业只能采用一种模式对所有投资性房地产进行后续计量，不得同时采用两种计量模式。

（一）采用成本模式计量的投资性房地产

采用成本模式进行后续计量的投资性房地产，应当按照固定资产或无形资产的有关规定，按期（月）计提折旧或摊销，借记"其他业务成本"等科目，贷记"投资性房地产累计折旧（摊销）"科目；取得的租金收入，借记"银行存款"等科目，贷记"其他业务收入"等科目；投资性房地产存在减值迹象的，经减值测试后确定发生减值的，应当计提减值准备，借记"资产减值损失"科目，贷记"投资性房地产减值准备"科目。已经计提减值准备的投资性房地产，其减值损失在以后的会计期间不得转回。

例3-43 甲公司将其2016年4月30日前取得的一栋办公楼出租给乙企业使用，已确认为投资性房地产，采用成本模式进行后续计量。假设这栋办公楼的成本为600万元，按照直线法计提折旧，使用寿命为20年，预计净残值为0。按照经营租赁合同，甲公司每月向乙企业收取租金3万元，增值税税额为0.15万元。当年12月，这栋办公楼发生减值迹象，经减值测试，其可收回金额为450万元。此时，办公楼的账面价值为500万元，以前未计提减值准备。

甲公司应编制如下会计分录。

（1）计提折旧时

每月计提的折旧＝600÷20÷12＝2.5（万元）

借：其他业务成本	25 000	
贷：投资性房地产累计折旧		25 000

（2）确认租金时

借：银行存款（或其他应收款）	31 500	
贷：其他业务收入		30 000
应交税费——简易计税		1 500

（3）计提减值准备时

借：资产减值损失——计提的投资性房地产减值准备	500 000	
贷：投资性房地产减值准备		500 000

需要注意的是，一般纳税人出租其2016年4月30日前取得的不动产，可以选择适用简易计税方法，按照5%的征收率计算应纳税额。

检测3-14　判断题

采用成本模式进行后续计量的投资性房地产，其后续计量原则与固定资产或无形资产相同。

（　　）

（二）采用公允价值模式计量的投资性房地产

企业有确凿证据表明其投资性房地产的公允价值能够持续可靠取得的，可以对投资性房地产采用公允价值模式进行后续计量。采用公允价值模式进行后续计量的，不对投资性房地产计提折旧或摊销，企业应当以资产负债表日的公允价值为基础，调整其账面价值；公允价值与原账面价值之间的差额计入当期损益。

采用公允价值模式进行后续计量的，企业应当在"投资性房地产"科目下设置"成本"和"公允价值变动"两个明细科目，按其取得的成本进行初始计量时，记入"投资性房地产——成本"科目。在资产负债表日，投资性房地产的公允价值高于其账面价值的差额，借记"投资性房地产——公允价值变动"科目，贷记"公允价值变动损益"科目；公允价值低于其账面价值的差额，做相反的账务处理。取得的租金收入，借记"银行存款"等科目，贷记"其他业务收入"等科目。

例3-44　甲公司是从事房地产经营开发的企业。2018年9月，甲公司和乙公司签订租赁协议，约定将甲公司新开发的一栋写字楼租赁给乙公司使用，租赁期为10年。2018年11月1日，该写字楼开发完成并开始起租，写字楼的造价为1 500万元。2018年12月31日，该写字楼的公允价值为1 600万元。甲公司采用公允价值计量模式。

甲公司应编制如下会计分录。

（1）2018年11月1日，甲公司开发完成写字楼并出租时

借：投资性房地产——成本　　　　　　　　　　　　15 000 000
　　贷：开发成本　　　　　　　　　　　　　　　　　　　　　15 000 000

（2）2018年12月31日，按照公允价值调整其账面价值，公允价值与原账面价值之间的差额计入当期损益时

借：投资性房地产——公允价值变动　　　　　　　　1 000 000
　　贷：公允价值变动损益　　　　　　　　　　　　　　　　　1 000 000

（三）投资性房地产后续计量模式的变更

为保证会计信息的可比性，企业对投资性房地产的计量模式一经确定，就不得随意变更。只有在房地产市场比较成熟、有确凿证据表明投资性房地产的公允价值能够持续可靠取得且能够满足采用公允价值模式条件的情况下，才允许企业对投资性房地产从成本模式计量变更为公允价值模式计量。成本模式转为公允价值模式的，应当作为会计政策变更处理，将计量模式变更时公允价值与账面价值的差额，调整期初留存收益。企业变更其计量模式时，应当按照变更日投资性房地产的公允价值，借记"投资性房地产——成本"科目；按照已计提的折旧或摊销，借记"投资性房地产累计折旧（摊销）"科目；原已计提减值准备的，借记"投资性房地产减值准备"科目；按照原账面余额，贷记"投资性房地产"科目；按照公允价值与其账面价值之间的差额，贷记或借记"利润分配——未分配利润""盈余公积"等科目。

已采用公允价值模式计量的投资性房地产，不得从公允价值模式转为成本模式。

四、投资性房地产的转换

（一）房地产的转换形式及转换日

房地产的转换是指房地产用途的变更。企业不得随意对自用或作为存货的房地产进行重新分类。企业有确凿证据表明房地产用途发生改变，满足下列条件之一的，才应当将投资性房地产转换为其他资产或将其他资产转换为投资性房地产。

① 投资性房地产开始自用，即将投资性房地产转换为自用房地产。转换日为房地产达到自用状态，即企业开始将其用于生产商品、提供劳务或经营管理的日期。

② 作为存货的房地产改为出租。这通常是指房地产开发企业将其持有的开发产品以经营租赁的方式出租，存货转换为投资性房地产。转换日为房地产的租赁期开始日，是指承租人有权行使其使用租赁资产权利的日期。

③ 自用建筑物停止自用，改为出租，即企业将原本用于生产商品、提供劳务或经营管理的房地产改用于出租，固定资产转换为投资性房地产。转换日为租赁期开始日。

④ 自用土地使用权停止自用，改用于赚取租金或资本增值，即企业将原本用于生产商品、提供劳务或者经营管理的土地使用权改用于赚取租金或资本增值，土地使用权转换为投资性房地产。转换日为自用土地使用权停止自用后，确定用于赚取租金或资本增值的日期。

⑤ 房地产开发企业将用于经营出租的房地产重新开发用于对外销售，投资性房地产转换为存货。转换日为租赁期满，即企业董事会或类似机构做出书面决议明确表明将其重新开发用于

对外销售的日期。

以上所指确凿证据包括两个方面：一是企业董事会或类似机构应当就改变房地产用途形成正式的书面决议；二是房地产因用途改变而发生实际状态上的改变，如从自用状态改为出租状态。

（二）投资性房地产转换的账务处理

1. 采用成本模式计量的转换

① 投资性房地产转换为自用房地产。企业将采用成本模式计量的投资性房地产转换为自用房地产时，应当按该项投资性房地产在转换日的账面余额、累计折旧、减值准备等，分别转入"固定资产""累计折旧""固定资产减值准备"等科目。按其账面余额，借记"固定资产"或"无形资产"科目，贷记"投资性房地产"科目；按已计提的折旧或摊销，借记"投资性房地产累计折旧（摊销）"科目，贷记"累计折旧"或"累计摊销"科目；原已计提减值准备的，借记"投资性房地产减值准备"科目，贷记"固定资产减值准备"或"无形资产减值准备"科目。

例3-45 2018年5月10日，甲公司董事会做出书面决议，计划于2018年5月31日将某出租在外的厂房在租赁期满时收回，用于本公司生产产品。随后，甲公司做好了厂房重新用于生产的各项准备工作。2018年5月31日，甲公司将该出租的厂房收回，2018年6月1日开始用于本公司生产产品。该项投资性房地产在转换前采用成本模式计量。截至2018年5月31日，该厂房的账面余额为4 000 000元，累计已提折旧1 000 000元。假定不考虑其他因素。

转换日2018年6月1日，甲公司应编制如下会计分录。

借：固定资产　　　　　　　　　　　　　　　　　　　4 000 000
　　投资性房地产累计折旧　　　　　　　　　　　　　1 000 000
　　贷：投资性房地产　　　　　　　　　　　　　　　4 000 000
　　　　累计折旧　　　　　　　　　　　　　　　　　1 000 000

② 投资性房地产转换为存货。企业将采用成本模式计量的投资性房地产转换为存货时，应当按照该项投资性房地产在转换日的账面价值，借记"开发产品"科目；按已计提的折旧或摊销，借记"投资性房地产累计折旧（摊销）"科目；原已计提减值准备的，借记"投资性房地产减值准备"科目；按其账面余额，贷记"投资性房地产"科目。

③ 自用房地产转换为投资性房地产。企业将自用土地使用权或建筑物转换为采用成本模式计量的投资性房地产时，应当按该项建筑物或土地使用权在转换日的原价、累计折旧、减值准备等，分别转入"投资性房地产""投资性房地产累计折旧（摊销）""投资性房地产减值准备"科目。按其账面余额，借记"投资性房地产"科目，贷记"固定资产"或"无形资产"科目；按已计提的折旧或摊销，借记"累计折旧"或"累计摊销"科目，贷记"投资性房地累计折旧（摊销）"科目；原已计提减值准备的，借记"固定资产减值准备"或"无形资产减值准备"科目，贷记"投资性房地产减值准备"科目。

例3-46 甲公司拥有一栋本公司总部办公使用的办公楼，公司董事会就该栋办公楼将用于出租形成了书面决议。2018年4月10日，甲公司和乙公司签订了经营租赁协议，将这栋办公楼整体出租给乙公司使用，租赁期开始日为2018年5月1日，租期为5年。2018年5月1日，该栋办公楼的账面余额为8 000 000元，已计提折旧750 000元。假设甲公司所在地不存在活跃的房地产交易市场，该投资性房地产采用成本模式计量。

2018年5月1日，甲公司应编制如下会计分录。

借：投资性房地产	8 000 000
累计折旧	750 000
贷：固定资产	8 000 000
投资性房地产累计折旧	750 000

④ 作为存货的房地产转换为投资性房地产。企业将作为存货的房地产转换为采用成本模式计量的投资性房地产时，应当按该项存货在转换日的账面价值，借记"投资性房地产"科目；原已计提跌价准备的，借记"存货跌价准备"科目；按其账面余额，贷记"开发产品"等科目。

2. 采用公允价值模式计量的转换

① 投资性房地产转换为自用房地产。企业将采用公允价值模式计量的投资性房地产转换为自用房地产时，应当以其转换当日的公允价值作为自用房地产的账面价值，公允价值与原账面价值之间的差额计入当期损益。转换日，按该项投资性房地产的公允价值，借记"固定资产"或"无形资产"科目；按该项投资性房地产的成本，贷记"投资性房地产——成本"科目；按该项投资性房地产的累计公允价值变动，贷记或借记"投资性房地产——公允价值变动"科目；按其差额，贷记或借记"公允价值变动损益"科目。

例3-47 2018年11月1日，租赁期满，甲公司将出租的写字楼收回，公司董事会就该写字楼用于本公司行政管理办公楼形成了书面决议。2018年11月1日，该写字楼正式开始转换为自用房地产，当日的公允价值为36 000 000元。该项房地产在转换前采用公允价值模式计量，原账面价值为35 000 000元。其中，成本为33 500 000元，公允价值变动为增值1 500 000元。

2018年11月1日，甲公司应编制如下会计分录。

借：固定资产	36 000 000
贷：投资性房地产——成本	33 500 000
——公允价值变动	1 500 000
公允价值变动损益	1 000 000

② 投资性房地产转换为存货。企业将采用公允价值模式计量的投资性房地产转换为存货时，应当以其转换当日的公允价值作为存货的账面价值，公允价值与原账面价值之间的差额计入当期损益。转换日，按该项投资性房地产的公允价值，借记"开发产品"等科目；按该项投资性房地产的成本，贷记"投资性房地产——成本"科目；按该项投资性房地产的累计公允价值变动，贷记或借记"投资性房地产——公允价值变动"科目；按其差额，贷记或借记"公允价值变动损益"科目。

③ 自用房地产转换为投资性房地产。企业将自用土地使用权或建筑物转换为采用公允价值模式计量的投资性房地产时，应当按该项土地使用权或建筑物在转换日的公允价值，借记"投资性房地产——成本"科目；按已计提的累计摊销或累计折旧，借记"累计摊销"或"累计折旧"科目；原已计提减值准备的，借记"无形资产减值准备""固定资产减值准备"科目；按其账面余额，贷记"固定资产"或"无形资产"科目。同时，转换日的公允价值小于账面价值的，按其差额，借记"公允价值变动损益"科目；转换日的公允价值大于账面价值的，按其差额，贷记"其他综合收益"科目。待该项投资性房地产处置时，因转换计入其他综合收益的部分应转入当期损益。

例3-48 甲公司拟搬迁至新建办公楼,由于原办公楼处于商业繁华地段,甲公司准备将其出租,以赚取租金收入,公司董事会已经批准并形成书面决议。2018年12月底,甲公司完成了搬迁工作,原办公楼停止自用,并与乙公司签订了租赁协议,将其原办公楼租赁给乙公司使用,约定租赁期开始日为2019年1月1日,租赁期为3年。该办公楼所在地房地产交易活跃,能够从市场上取得同类或类似房地产的市场价格和其他相关信息,甲公司对该出租的办公楼采用公允价值模式计量。假定2019年1月1日,该办公楼的公允价值为21 000 000元,其原价为27 500 000元,已计提折旧7 500 000元。

2019年1月1日,甲公司应编制如下会计分录。

借:投资性房地产——成本　　　　　　　　　　　　　　21 000 000
　　累计折旧　　　　　　　　　　　　　　　　　　　　 7 500 000
　　贷:固定资产　　　　　　　　　　　　　　　　　　　27 500 000
　　　　其他综合收益　　　　　　　　　　　　　　　　　 1 000 000

④ 作为存货的房地产转换为投资性房地产。企业将作为存货的房地产转换为采用公允价值模式计量的投资性房地产时,应当按该项房地产在转换日的公允价值,借记"投资性地产——成本"科目,原已计提跌价准备的,借记"存货跌价准备"科目;按其账面余额,贷记"开发产品"等科目。同时,转换日的公允价值小于账面价值的,按其差额,借记"公允价值变动损益"科目,转换日的公允价值大于账面价值的,按其差额,贷记"其他综合收益"科目。待该项投资性房地产处置时,因转换计入其他综合收益的部分应转入当期损益。

五、投资性房地产的处置

(一)采用成本模式计量的投资性房地产的处置

处置采用成本模式计量的投资性房地产时,应当按实际收到的处置收入金额,借记"银行存款"等科目,贷记"其他业务收入"等科目;按该项投资性房地产的账面价值,借记"其他业务成本"科目,按其账面余额,贷记"投资性房地产"科目;按照已计提的折旧或摊销,借记"投资性房地产累计折旧(摊销)"科目;原已计提减值准备的,借记"投资性房地产减值准备"科目。

例3-49 甲公司将其出租的一栋办公楼确认为投资性房地产,采用成本模式计量。租赁期届满后,甲公司将该栋办公楼出售给乙公司,合同价款为2 000万元,乙公司已用银行存款付清。出售时,该栋办公楼的成本为1 800万元,已计提折旧200万元。适用简易计税方法。

甲公司应编制如下会计分录。

(1)收到处置收入时

借:银行存款　　　　　　　　　　　　　　　　　　　　21 000 000
　　贷:其他业务收入　　　　　　　　　　　　　　　　　20 000 000
　　　　应交税费——简易计税　　　　　　　　　　　　　 1 000 000

(2)结转处置成本时

借:其他业务成本　　　　　　　　　　　　　　　　　　16 000 000
　　投资性房地产累计折旧　　　　　　　　　　　　　　　 2 000 000
　　贷:投资性房地产　　　　　　　　　　　　　　　　　18 000 000

（二）采用公允价值模式计量的投资性房地产的处置

处置采用公允价值模式计量的投资性房地产，应当按实际收到的金额，借记"银行存款"等科目，贷记"其他业务收入"等科目；按该项投资性房地产的账面余额，借记"其他业务成本"科目，按其成本，贷记"投资性房地产——成本"科目；按其累计公允价值变动，贷记或借记"投资性房地产——公允价值变动"科目。同时，按照原计入该项投资性房地产的公允价值变动，借记或贷记"公允价值变动损益"科目，贷记或借记"其他业务成本"科目。如果存在原转换日计入其他综合收益的金额，也一并结转。按照该项投资性房地产在转换日计入其他综合收益的金额，借记"其他综合收益"科目，贷记"其他业务成本"科目。

例3-50 甲公司将其出租的一栋写字楼确认为投资性房地产，采用公允价值模式计量。租赁期届满后，甲公司将该栋写字楼出售给丙公司，合同价款为7 500万元，乙公司已用银行存款付清。出售时，该栋写字楼的成本为6 000万元，公允价值变动为借方余额500万元。适用简易计税方法。

甲公司应编制如下会计分录。

（1）收到处置收入时

借：银行存款	78 750 000
贷：其他业务收入	75 000 000
应交税费——简易计税	3 750 000

（2）结转处置成本时

借：其他业务成本	65 000 000
贷：投资性房地产——成本	60 000 000
——公允价值变动	5 000 000

（3）结转投资性房地产累计公允价值变动

借：公允价值变动损益	5 000 000
贷：其他业务成本	5 000 000

检测3-15　多项选择题

下列事项中，影响企业当期损益的有（　　　　）。

A．采用公允价值模式计量的投资性房地产期末公允价值高于账面价值
B．采用公允价值模式计量的投资性房地产期末公允价值低于账面价值
C．采用成本模式计量的投资性房地产期末可收回金额高于账面价值
D．采用成本模式计量的投资性房地产期末可收回金额低于账面价值

第六节　其他资产

一、持有待售的非流动资产

企业主要通过出售（包括具有商业实质的非货币性资产交换）而非持续使用一项非流动资产或处置组收回其账面价值的，应当将其划分为持有待售类别。

（一）持有待售的非流动资产的确认

非流动资产或处置组划分为持有待售类别，应当同时满足下列条件：①根据类似交易中出售此类资产或处置组的惯例，在当前状况下即可立即出售；②出售极可能发生，即企业已经就一项出售计划做出决议且获得确定的购买承诺，预计出售将在一年内完成。有关规定要求企业相关权力机构或监管部门批准后方可出售的，应当已经获得批准。确定的购买承诺，是指企业与其他方签订的具有法律约束力的购买协议。该协议包含交易价格、时间和足够严厉的违约惩罚等重要条款，使协议出现重大调整或撤销的可能性极小。

企业专为转售而取得的非流动资产或处置组，在取得日满足"预计出售将在一年内完成"的规定条件，且短期（通常为 3 个月）内很可能满足持有待售类别的其他划分条件的，应当在取得日将其划分为持有待售类别。

因企业无法控制的下列原因之一，导致非关联方之间的交易未能在一年内完成，且有充分证据表明企业仍然承诺出售非流动资产或处置组的，应当继续将非流动资产或处置组划分为持有待售类别：①买方或其他方意外设定导致出售延期的条件，企业针对这些条件已经及时采取行动，且预计能够自设定导致出售延期的条件起一年内顺利化解延期因素；②因发生罕见情况，导致持有待售的非流动资产或处置组未能在一年内完成出售，企业在最初一年内已经针对这些新情况采取必要措施且重新满足了持有待售类别的划分条件。

持有待售的非流动资产或处置组不再满足持有待售类别划分条件的，企业不应当继续将其划分为持有待售类别。企业不应当将拟结束使用而非出售的非流动资产或处置组划分为持有待售类别。

企业应当在资产负债表中区别于其他资产单独列示持有待售的非流动资产或持有待售的处置组中的资产，区别于其他负债单独列示持有待售的处置组中的负债。持有待售的非流动资产或持有待售的处置组中的资产与持有待售的处置组中的负债不应当相互抵销，应当分别作为流动资产和流动负债列示。

划分和列报持有待售类别的规定适用于所有非流动资产或处置组。处置组是指在一项交易中作为整体，通过出售或其他方式一并处置的一组资产，以及在该交易中转让的与这些资产直接相关的负债。

提示 3-9

持有待售的长期股权投资，对子公司投资出售后丧失控制权的，应将其全部股权划分为持有待售类别，如不丧失控制权的不应划分为持有待售类别；对合营或联营企业投资，应将其出售部分股权划分为持有待售类别，剩余部分股权按长期股权投资准则规定处理。

（二）持有待售的非流动资产的计量

企业将非流动资产或处置组首次划分为持有待售类别前，应当按照相关会计准则规定计量非流动资产或处置组中各项资产和负债的账面价值。

企业初始计量或者在资产负债表日重新计量持有待售的非流动资产或处置组时，其账面价值高于公允价值减去出售费用后的净额的，应当将账面价值减记至公允价值减去出售费用后的净额。减记的金额确认为资产减值损失，计入当期损益，同时计提持有待售资产减值准备。

对于取得日划分为持有待售类别的非流动资产或处置组，企业应当在初始计量时比较假定其不划分为持有待售类别情况下的初始计量金额和公允价值减去出售费用后的净额，以两者孰

第三章 非流动资产的确认和计量

低计量。除企业合并中取得的非流动资产或处置组外,由非流动资产或处置组以公允价值减去出售费用后的净额作为初始计量金额而产生的差额,应当计入当期损益。

后续资产负债表日持有待售的非流动资产公允价值减去出售费用后的净额增加的,以前减记的金额应当予以恢复,并在划分为持有待售类别后确认的资产减值损失金额内转回,转回金额计入当期损益。划分为持有待售类别前确认的资产减值损失不得转回。

持有待售的非流动资产或处置组中的非流动资产不应计提折旧或摊销,持有待售的处置组中负债的利息和其他费用应当继续予以确认。

非流动资产或处置组因不再满足持有待售类别的划分条件而不再继续划分为持有待售类别时,应当按照以下两者孰低计量:①划分为持有待售类别前的账面价值,按照假定不划分为持有待售类别情况下本应确认的折旧、摊销或减值等进行调整后的金额;②可收回金额。企业终止确认持有待售的非流动资产或处置组时,应当将尚未确认的利得或损失计入当期损益。

划分为持有待售类别的计量规定适用于所有非流动资产或整个处置组,但采用公允价值模式计量的投资性房地产、递延所得税资产、金融资产等的计量适用其他相关会计准则,处置组中流动资产和负债的计量也适用其他相关会计准则。

为了反映和监督持有待售类别的增减变动情况,企业应当设置"持有待售资产""持有待售资产减值准备""持有待售负债"等科目进行核算。

例3-51 2018年7月1日,甲公司购入B公司全部股权,支付价款1 600万元。购入该股权之前,甲公司的管理层已经做出决议,一旦购入B公司,将在一年内将其出售给C公司。B公司当前状况下即可立即出售,预计甲公司将为出售该子公司支付10万元的出售费用。甲公司和C公司初步议定股权转让价格为1 620万元,计划于2018年7月31日签订股权转让合同。2018年7月31日,甲公司和C公司签订合同,转让所持有B公司的全部股权,转让价格为1 607万元,甲公司预计将支付8万元的出售费用。2018年10月25日,甲公司为转让其股权支付出售费用5万元。2018年10月29日,甲公司完成对C公司的股权转让,收到价款1 607万元。

甲公司应编制如下会计分录。

(1)2018年7月1日,购入B公司股权并划分为持有待售类别时

借:持有待售资产——长期股权投资　　　　　　　　　　　　　16 000 000
　　贷:银行存款　　　　　　　　　　　　　　　　　　　　　　16 000 000

(2)2018年7月31日,签订股权转让合同时

借:资产减值损失　　　　　　　　　　　　　　　　　　　　　　10 000
　　贷:持有待售资产减值准备——长期股权投资　　　　　　　　10 000

(3)2018年10月25日,支付股权出售费用时

借:投资收益　　　　　　　　　　　　　　　　　　　　　　　　50 000
　　贷:银行存款　　　　　　　　　　　　　　　　　　　　　　50 000

(4)2018年10月29日,完成股权转让并收到价款时

借:持有待售资产减值准备——长期股权投资　　　　　　　　　　10 000
　　银行存款　　　　　　　　　　　　　　　　　　　　　　　　16 070 000
　　贷:持有待售资产——长期股权投资　　　　　　　　　　　　16 000 000
　　　　投资收益　　　　　　　　　　　　　　　　　　　　　　80 000

二、长期待摊费用

长期待摊费用是指企业已经发生但应由本期和以后各期负担的分摊期限在一年以上的各项费用,如以经营租赁方式租入的固定资产发生的改良支出等。

长期待摊费用不同于一般资产:一是长期待摊费用本身不具有抵偿债务的价值,更不具有转让价值;二是长期待摊费用是一种预付费用或递延费用,只是由于支出数额较大,对企业生产经营影响时间较长或支出的效益要期待于未来,根据权责发生制基础和配比原则,将其暂时列为一项没有实体的过渡性资产,然后在合理的期间内分期摊入产品成本或期间费用。如果预计未来期间获得的收益不能抵补分摊的支出,按照谨慎性原则,可以将发生的支出全部计入当期损益。

长期待摊费用应当按实际发生额计量。企业发生的长期待摊费用,借记"长期待摊费用"科目,贷记"原材料""银行存款"等科目;摊销长期待摊费用,借记"管理费用""销售费用"等科目,贷记"长期待摊费用"科目;"长期待摊费用"科目期末借方余额,反映企业尚未摊销完毕的长期待摊费用。本科目可按费用项目进行明细核算。

例3-52 2018年6月1日,甲公司对其以经营租赁方式租入的办公楼进行装修,发生以下有关支出:领用生产用材料526 500元,辅助生产车间为该装修工程提供的劳务支出为150 000元,有关人员工资等职工薪酬403 500元。2018年11月30日,该办公楼装修完工,达到预定可使用状态并交付使用,按租赁期10年进行摊销。

假定不考虑其他因素,甲公司应编制如下会计分录。

(1)装修领用原材料时

借:长期待摊费用　　　　　　　　　　　　　　　526 500
　　贷:原材料　　　　　　　　　　　　　　　　　　526 500

(2)辅助生产车间为装修工程提供劳务时

借:长期待摊费用　　　　　　　　　　　　　　　150 000
　　贷:生产成本——辅助生产成本　　　　　　　　150 000

(3)确认有关人员职工薪酬时

借:长期待摊费用　　　　　　　　　　　　　　　403 500
　　贷:应付职工薪酬　　　　　　　　　　　　　　403 500

(4)2018年12月摊销装修支出时

(526 500+150 000+403 500)÷10÷12=9 000(元)

借:管理费用　　　　　　　　　　　　　　　　　9 000
　　贷:长期待摊费用　　　　　　　　　　　　　　9 000

检测3-16　判断题

企业以经营租赁方式租入的固定资产发生的改良支出,应直接计入当期损益。　　(　　)

第三章 非流动资产的确认和计量

同步训练

一、单项选择题

1. 甲公司2018年1月5日支付价款2 000万元购入乙公司30%的股份，准备长期持有，另支付相关税费20万元。购入时乙公司可辨认净资产公允价值为12 000万元。甲公司取得投资后对乙公司具有重大影响。假定不考虑其他因素，甲公司因确认投资而影响利润的金额为（　　）万元。
   A. －20 B. 0 C. 1 580 D. 1 600

2. 2018年3月5日，甲公司以银行存款1 200万元取得对乙公司的长期股权投资，所持有的股份占乙公司有表决权股份的51%，另支付相关税费5万元。甲公司采用成本法核算该长期股权投资。2018年5月10日，乙公司宣告发放2017年度现金股利共200万元。假设不考虑其他因素，甲公司2018年5月末该项长期股权投资的账面余额为（　　）万元。
   A. 1 000 B. 1 103 C. 1 200 D. 1 205

3. 某企业于2017年12月31日购入一项固定资产，其原价为200万元。预计使用年限为5年，预计净残值为0.8万元，采用双倍余额递减法计提折旧。2018年度该项固定资产应计提的年折旧额为（　　）万元。
   A. 39.84 B. 66.4 C. 79.68 D. 80

4. 某企业转让一项商标权，该商标权的账面余额50万元，已摊销20万元，计提资产减值准备5万元，取得转让价款28万元，应交相关税费1.68万元。假设不考虑其他因素，该企业应确认的转让无形资产净收益为（　　）万元。
   A. －2 B. 1.32 C. 3 D. 8

5. 2018年8月1日，某企业开始研究开发一项新技术，当月共发生研发支出800万元。其中，费用化的金额650万元，符合资本化条件的金额150万元。8月末，研发活动尚未完成。该企业2018年8月应计入当期利润总额的研发支出为（　　）万元。
   A. 0 B. 150 C. 650 D. 800

6. 甲公司2018年3月向乙公司购入设备一台，实际支付不含税买价50万元，支付运杂费和途中保险费7万元（不含税）。该设备预计可使用4年，无残值，采用年数总和法计提折旧。由于操作不当，该设备于2018年年末报废。责成有关人员赔偿2万元，收回不含税变价收入1万元，则该设备的报废净损失为（　　）万元。
   A. 36 B. 36.9 C. 39.9 D. 45.5

7. 企业对成本模式计量的投资性房地产进行折旧或摊销，应当借记（　　）科目。
   A. 其他业务成本 B. 管理费用 C. 投资收益 D. 营业外收入

8. 甲公司对投资性房地产采用公允价值模式计量，2018年1月取得用于经营性出租的房产，初始成本为6 000万元。2018年6月30日，该项投资性房地产公允价值为6 400万元，甲公司确认了该公允价值变动。2018年12月31日，该投资性房地产公允价值为6 300万元，不考虑其他因素，甲公司该项投资性房地产的公允价值变动对2018年损益的影响是（　　）万元。
   A. 400 B. 300 C. 100 D. －100

9. 2018年1月10日，甲公司自证券市场购入面值总额为1 000万元的乙公司分期付息、到期还本债券，期限为5年，票面年利率为5%。购入时实际支付价款1 050万元（含交易费用10万元）。该债券发行日为2018年1月1日，实际年利率为4%，每年12月31日支付当年利息。甲公司将该债券划分为以摊余成本计量的金融资产。假定不考虑其他因素，该金融资产2018年12月31日的账面价值为（　　）万元。

　　A. 1 000　　　　B. 1 042　　　　C. 1 050　　　　D. 1 010

10. 2018年1月15日，甲公司从证券市场上购入乙公司发行在外的股票200万股并划分为以公允价值计量且其变动计入其他综合收益的金融资产，支付价款1 000万元（含交易费用10万元）。2018年12月31日，该金融资产的每股公允价值为8元。假定不考虑其他因素，2018年12月31日该金融资产的公允价值为（　　）万元。

　　A. 1 000　　　　B. 1 010　　　　C. 1 600　　　　D. 2 010

二、多项选择题

1. 长期股权投资采用成本法核算时，不影响其账面价值发生增减变动的有（　　）。
   A. 长期股权投资发生减值损失
   B. 持有长期股权投资期间被投资企业实现净利润
   C. 被投资企业宣告分派属于投资企业投资前实现的净利润
   D. 被投资企业宣告分派属于投资企业投资后实现的净利润

2. 企业对使寿命有限的无形资产进行摊销时，其摊销额应根据不同情况分别计入（　　）。
   A. 管理费用　　　B. 制造费用　　　C. 财务费用　　　D. 其他业务成本

3. 下列各项中，影响固定资产清理净损益的有（　　）。
   A. 清理固定资产发生的税费　　　　B. 清理固定资产的变价收入
   C. 清理固定资产的账面价值　　　　D. 清理固定资产耗用的材料成本

4. 长期股权投资采用权益法核算时，影响长期股权投资账面价值发生变化的有（　　）。
   A. 被投资企业当年实现净利润　　　B. 被投资企业当年发生净亏损
   C. 被投资企业资本公积发生变动　　D. 持有期间被投资企业宣告分配现金股利

5. 下列各项中，会计上确认为无形资产的有（　　）。
   A. 商誉　　　　B. 土地使用权　　　C. 专利技术　　　D. 特许使用权

6. 下列有关投资性房地产后续计量的说法，正确的有（　　）。
   A. 企业通常应采用成本模式对投资性房地产进行后续计量
   B. 采用公允价值模式进行后续计量的投资性房地产不计提折旧或摊销
   C. 同一企业只能采用一种模式对所有投资性房地产进行后续计量
   D. 已采用成本模式计量的投资性房地产，不得转为公允价值模式计量

7. 下列各项中，应计提固定资产折旧的有（　　）。
   A. 经营租入的设备
   B. 融资租入的办公楼
   C. 已投入使用但未办理竣工决算的厂房
   D. 已达到预定可使用状态但未投产的生产线

8. 下列各项中，属于投资性房地产的有（　　）。
   A. 房地产企业持有的待售商品房　　　B. 以经营租赁方式出租的商用房
   C. 以经营租赁方式出租的土地使用权　D. 以经营租赁方式租入后再转租的建筑物

第三章 非流动资产的确认和计量

9．以摊余成本计量的金融资产，取得时支付的下列各项，应当计入其初始确认金额的有（　　）。

　　A．支付的不含应收利息的价款

　　B．支付的相关手续费

　　C．支付的相关税费

　　D．支付价款中所含的已到付息期尚未领取的利息

10．以公允价值计量且其变动计入其他综合收益的金融资产，其会计处理表述正确的有（　　）。

　　A．该金融资产持有期间按实际利率法计算的利息收入应当计入投资收益

　　B．该金融资产持有期间取得的现金股利应当冲减投资成本

　　C．该金融资产持有期间的公允价值变动额应当计入其他综合收益

　　D．该金融资产确认的损失准备不应减少该金融资产在资产负债表中列示的账面价值

试题自测

三、判断题

1．使用寿命有限的无形资产在取得的当月开始摊销，处置无形资产的当月不再摊销；使用寿命不确定的无形资产不予摊销。（　　）

2．采用权益法核算的长期股权投资，其初始投资成本大于投资时应享有被投资单位可辨认净资产公允价值份额的，应调整已确认的初始投资成本。（　　）

3．企业生产车间使用的固定资产修理费用应当计入制造费用。（　　）

4．企业划分为持有待售的固定资产或无形资产，应当计提折旧或摊销。（　　）

5．现金股利和股票股利都是被投资企业给投资企业的股利分配，因此，投资企业均应确认投资收益。（　　）

6．采用公允价值模式进行后续计量的投资性房地产，资产负债表日的公允价值变动应计入当期损益。（　　）

7．以摊余成本计量的金融资产，企业管理该金融资产的业务模式是以收取合同现金流量为目标的。（　　）

8．以公允价值计量且其变动计入其他综合收益的金融资产，取得时的相关交易费用应当计入初始确认金额。（　　）

四、不定项选择题

甲企业为增值税一般纳税人，2016年至2018年度发生与无形资产有关的业务如下。

（1）2016年1月10日，甲企业开始自行研发一项行政管理用非专利技术。截至2016年5月31日，用银行存款支付外单位协作费74万元（不考虑相关税费），领用原材料成本26万元。经测试，该项研发活动已完成研究阶段。

（2）2016年6月1日，研发活动进入开发阶段，该阶段发生研究人员的薪酬支出35万元，领用材料成本85万元，全部符合资本化条件。2016年12月1日，该项研发活动结束，最终开发形成一项非专利技术投入使用。该非专利技术预计可使用5年，预计净残值为0，采用直线法摊销。

123

（3）2017年1月1日，甲企业将该非专利技术出租给乙企业，双方约定租赁期限为2年，每月末以银行转账结算方式收取租金1.5万元（不考虑相关税费）。

（4）2018年12月31日，租赁期限届满，经减值测试，该非专利技术的可收回金额为52万元。

要求：根据上述资料，不考虑其他因素，分析回答下列第1至5题。

1．根据资料（1）和（2），甲企业自行研究开发的无形资产入账价值是（　　）万元。
  A．100 B．120 C．146 D．220

2．根据资料（1）至（3），下列各项中，关于该非专利技术摊销的会计处理表述正确的是（　　）。
  A．应当自可供使用的下月起开始摊销
  B．应当自可供使用的当月起开始摊销
  C．该非专利技术出租前的摊销额应计入管理费用
  D．摊销方法应当反映与该非专利技术有关的经济利益的预期消耗方式

3．根据资料（3），2017年1月出租无形资产摊销和收取租金的会计处理正确的是（　　）。
  A．借：其他业务成本   20 000
    贷：累计摊销   20 000
  B．借：管理费用   20 000
    贷：累计摊销   20 000
  C．借：银行存款   15 000
    贷：其他业务收入   15 000
  D．借：银行存款   15 000
    贷：营业外收入   15 000

4．根据资料（1）至（4），2018年12月31日该非专利技术的减值金额是（　　）万元。
  A．0 B．18 C．20 D．35.6

5．根据资料（1）至（4），2018年12月31日该无形资产的账面价值是（　　）万元。
  A．52 B．70 C．72 D．88

五、计算分析题

1．甲公司发生下列长期股权投资业务。

（1）2018年1月3日，购入乙公司股票580万股，占乙公司有表决权股份的25%，对乙公司的财务和经营决策具有重大影响，甲公司将其作为长期股权投资核算。每股购入价8元，包含已宣告但尚未发放的现金股利0.25元；另外支付相关税费7万元。款项均以银行存款支付。当日，乙公司所有者权益的账面价值（与其公允价值不存在差异）为18 000万元。

（2）2018年3月16日，收到乙公司宣告分派的现金股利。

（3）2018年度，乙公司实现净利润3 000万元。

（4）2018年度，乙公司以公允价值计量且其变动计入其他综合收益的金融资产，其公允价值变动增加其他综合收益100万元。

（5）2019年3月20日，乙公司宣告分派2018年度股利，每股分派现金股利0.20元。

（6）2019年4月25日，甲公司收到乙公司分派的2018年度的现金股利。

（7）2019年5月15日，甲公司出售所持有的全部乙公司的股票，共取得价款5 200万元

(不考虑长期股权投资减值和相关税费)。

要求：根据上述资料，编制甲公司长期股权投资的会计分录。(答案中的金额单位用万元表示)

2. 甲企业为增值税一般纳税人，适用的增值税税率为13%。该企业自行建造仓库一座，用银行存款购入为工程准备的各种物资1 000 000元，支付的增值税税额为130 000元；实际领用工程物资1 000 000元；另外还领用了企业生产用的原材料一批，实际成本为150 000元，增值税进项税额为19 500元；分配工程人员工资250 000元；企业辅助生产车间为工程提供有关劳务支出50 000元。工程完工并交付使用。

要求：

(1) 计算工程完工交付使用时固定资产的入账价值。

(2) 根据上述资料，编制甲企业的有关会计分录。

3. 2018年6月20日，甲公司购买一块土地使用权，购买价款为1 800万元，支付相关手续费30万元。款项全部以银行存款支付。企业购买后用于对外出租，甲公司对该投资性房地产采用公允价值模式进行后续计量。

该项投资性房地产2018年取得租金收入为80万元，已存入银行。该投资性房地产2018年12月31日的公允价值为1 900万元。2019年6月出售了该项投资性房地产，取得价款2 200万元。

假定不考虑相关税费。

要求：根据上述资料，编制甲公司的有关会计分录。(答案中的金额单位用万元表示)

4. 2018年1月1日，甲公司以968 233元(含交易费用)从活跃市场上购入丙公司发行的5年期债券，债券面值900 000元，票面利率12%。每年12月31日付息，2022年12月31日到期还本，实际利率为10%。甲公司将其划分为以摊余成本计量的金融资产。

要求：

(1) 编制甲公司购买日的会计分录。

(2) 编制该金融资产的利息收入及摊余成本计算表(表中的金额计算保留整数)。

(3) 编制2018年末和2022年末的会计分录(其余年度的会计分录略)。

第四章 流动负债的确认和计量

知识目标

掌握短期借款、应付票据、应付账款、预收账款、应付职工薪酬、应交税费的确认和计量原则;熟悉应付职工薪酬、应付利息、应付股利和其他应付款的核算内容。

技能目标

能对各项流动负债的确认进行职业判断;能正确运用确认和计量原则,对各项流动负债的确认和计量进行会计处理。

负债按其偿还速度或偿还时间的长短可分为流动负债和非流动负债。流动负债是指预计在一个正常营业周期中清偿,或者主要为交易目的而持有,或者自资产负债表日起一年内(含一年)到期应予以清偿,或者企业无权自主地将清偿推迟至资产负债表日后一年以上的负债。资产负债表中列示的流动负债项目通常包括短期借款、应付票据、应付账款、预收款项、应付职工薪酬、应交税费、应付利息、应付股利和其他应付款等。

第一节 短期借款及应付利息

短期借款是指企业为了满足正常生产经营的需要,向银行或其他金融机构借入的期限在一年以下(含一年)的各种借款。短期借款一般是为了满足正常生产经营所需的资金或是为了抵偿某项债务而借入的。

企业应当设置"短期借款"科目,核算短期借款的取得及偿还情况。该科目借方登记偿还借款的本金数额,贷方登记取得借款的本金数额;期末余额在贷方,表示尚未偿还的短期借款。本科目可按贷款人、借款种类和币种进行明细核算。

一、短期借款的取得

企业从银行或其他金融机构借入短期借款,应签署借款合同或协议,并注明借款金额、借款利率和还款时间等。当企业取得短期借款时,借记"银行存款"科目,贷记"短期借款"科目。

例 4-1 甲公司于 2019 年 4 月 1 日从银行借入一笔生产经营用短期借款,共计 100 000 元,期限为 6 个月,年利率为 6%。该项借款的本金到期后一次归还。

甲公司应编制如下会计分录。

借：银行存款　　　　　　　　　　　　　　　　　　　　　　　100 000
　　贷：短期借款　　　　　　　　　　　　　　　　　　　　　　　100 000

二、应付利息的计提

应付利息核算企业按照合同约定应支付的利息，包括短期借款、分期付息到期还本的长期借款、企业债券等应支付的利息。企业应当设置"应付利息"科目，实际支付利息时，借记"应付利息"科目，采用合同约定的名义利率计算确定的应付利息金额，贷记"应付利息"科目；本科目期末贷方余额反映企业应付未付的利息。本科目可按债权人进行明细核算。

短期借款利息属于筹资费用，一般应作为财务费用处理，计入当期损益。在实际工作中，银行或其他金融机构一般于每季度末结算借款利息，企业一般采用按月预提、按季支付的方式进行核算。

例 4-2 承例 4-1，甲公司 4 月 1 日取得的短期借款利息按月预提、按季支付。

甲公司应编制如下会计分录。

（1）4 月末计提 4 月份利息费用时

本月应计提的利息金额＝100 000×6%÷12＝500（元）

借：财务费用　　　　　　　　　　　　　　　　　　　　　　　　500
　　贷：应付利息　　　　　　　　　　　　　　　　　　　　　　　　500

（2）5 月末计提 5 月份利息费用的处理与 4 月份相同。

（3）6 月末支付本季度银行借款利息时

借：财务费用　　　　　　　　　　　　　　　　　　　　　　　　500
　　应付利息　　　　　　　　　　　　　　　　　　　　　　　　1 000
　　贷：银行存款　　　　　　　　　　　　　　　　　　　　　　　1 500

（4）第三季度（7 月、8 月、9 月）借款利息费用的会计处理同上。

三、短期借款的偿还

企业在短期借款到期偿还本金时，借记"短期借款"科目，贷记"银行存款"科目。

例 4-3 承例 4-1，2019 年 10 月 1 日，甲公司偿还短期借款 100 000 元。

甲公司应编制如下会计分录。

借：短期借款　　　　　　　　　　　　　　　　　　　　　　　100 000
　　贷：银行存款　　　　　　　　　　　　　　　　　　　　　　　100 000

例 4-4 沿用例 4-1，假设甲公司 2019 年 4 月 1 日借入的短期借款期限为 5 个月，其他条件不变。8 月末之前的会计处理与上述相同。甲公司 9 月 1 日偿还银行借款本金，同时支付 7 月和 8 月已提未付利息。

甲公司应编制如下会计分录。

借：短期借款　　　　　　　　　　　　　　　　　　　100 000
　　应付利息　　　　　　　　　　　　　　　　　　　　1 000
　贷：银行存款　　　　　　　　　　　　　　　　　　101 000

如果企业的短期借款利息是按月支付的，或者利息是在借款到期时连同本金一起归还，但是数额不大的，可以不采用预提的方法，而在实际支付或收到银行的计息通知时，直接计入当期损益，借记"财务费用"科目，贷记"银行存款"等科目。

检测 4-1　判断题

短期借款利息在预提或实际支付时均应通过"短期借款"科目核算。　　　　　（　）

第二节　应付及预收款项

一、应付票据

（一）应付票据的确认

应付票据是指企业购买材料、商品和接受劳务供应等而开出、承兑的商业汇票。商业汇票按承兑人不同，可分为商业承兑汇票和银行承兑汇票；按是否带息，可分为带息商业汇票和不带息商业汇票。为了加强对应付票据的管理，企业应当设置应付票据备查簿，详细登记商业汇票的种类、号数、出票日期、到期日、票面金额、交易合同号、收款人姓名或收款单位名称、付款日期和付款金额等资料。应付票据到期结清时，应在备查簿内逐笔注销。

商业汇票结算方式实质是一种延期付款的结算方式，企业可以在购入材料、商品时向供货单位签付已承兑的商业汇票，也可以签付已承兑的商业汇票抵偿应付账款。通常商业汇票的付款期限最长不超过6个月，因而在会计上应确认为流动负债进行管理和核算。

（二）应付票据的计量

由于应付票据的偿付时间较短，在会计实务中，一般均按照开出、承兑的应付票据的面值入账。企业应当设置"应付票据"科目，核算应付票据的发生、偿付等情况。该科目借方登记支付票据的金额，贷方登记开出、承兑汇票的面值和带息票据的预提利息；期末余额在贷方，表示企业尚未到期的商业汇票的票面金额和应计未付的利息。本科目可按债权人进行明细核算。

1. 不带息应付票据

① 开出、承兑商业汇票。企业因购买材料、商品或接受劳务供应等而开出、承兑商业汇票时，应当按其票面金额作为入账金额，借记"材料采购""原材料""库存商品""应交税费——应交增值税（进项税额）"等科目，贷记"应付票据"科目；支付银行承兑汇票的手续费时，应当作为财务费用处理，借记"财务费用"等科目，贷记"银行存款"科目；企业开出商业汇票抵付应付账款时，借记"应付账款"科目，贷记"应付票据"科目。

例 4-5　甲公司为增值税一般纳税人，材料按计划成本核算。于2019年6月2日开出并承兑一张面值为33 900元、期限为3个月的不带息商业承兑汇票，用以采购一批材料，增值税专用发票上注明的材料价款为 30 000 元，增值税税额为 3 900 元。

甲公司应编制如下会计分录。

借：材料采购	30 000
应交税费——应交增值税（进项税额）	3 900
贷：应付票据	33 900

例 4-6 承例 4-5，假设例 4-5 中甲公司开出的商业汇票为银行承兑汇票，甲公司用存款支付了承兑手续费 16.95 元，取得增值税普通发票。

甲公司应编制如下会计分录。

借：财务费用	16.95
贷：银行存款	16.95

② 到期偿还应付票据。应付票据到期支付票据款，应按账面余额，借记"应付票据"科目，贷记"银行存款"科目。

例 4-7 承例 4-5，2019 年 9 月 2 日，甲公司于 6 月 2 日开出的商业汇票到期。甲公司通知其开户银行以银行存款支付票款。

甲公司应编制如下会计分录。

借：应付票据	33 900
贷：银行存款	33 900

③ 到期转销应付票据。企业开出的商业汇票到期，如果企业无力支付票据款，应分别不同承兑的商业汇票进行处理。

对于商业承兑汇票不能如期付款的情况，银行将票据退回收款人由双方自行协商解决。由于商业汇票已经失效，企业应将应付票据转为应付账款，借记"应付票据"科目，贷记"应付账款"科目。如果企业又签发新的票据用以清偿原债务，就可由应付账款转回应付票据，借记"应付账款"科目，贷记"应付票据"科目。

对于银行承兑汇票不能如期付款，承兑银行将无条件代为支付票据款，同时对企业尚未支付的票款做逾期贷款处理，并按规定计收罚息。由于商业汇票已经失效，企业应将应付票据转为短期借款，借记"应付票据"科目，贷记"短期借款"科目。企业支付的罚息计入财务费用。

例 4-8 承例 4-5，假设 2019 年 9 月 2 日汇票到期时，甲公司无力支付票款。

甲公司应编制如下会计分录。

借：应付票据	33 900
贷：应付账款	33 900

假设例 4-5 中甲公司开出的商业汇票为银行承兑汇票。该汇票到期时甲公司无力支付票款，则甲公司应编制如下会计分录。

借：应付票据	33 900
贷：短期借款	33 900

2. 带息应付票据

带息应付票据的到期值为票面金额与应计利息之和，其票面金额只表示本金。票据到期时，企业除按票面金额支付外，还应支付应计利息。因此，与不带息应付票据的会计处理的不同之处是，企业开出、承兑的带息票据，应于期末计算应付利息，计入当期财务费用，借记"财务费用"科目，贷记"应付票据"科目。

【思考 4-1】带息应付票据计提利息与短期借款计提利息在会计处理上有何不同？

检测 4-2　单项选择题

下列有关应付票据账务处理的表述，不正确的是（　　）。

A. 无论是否带息，取得时均按其票面金额贷记"应付票据"科目

B. "应付票据"科目既核算票面金额，也核算带息票据计提的利息

C. 支付的银行承兑汇票手续费，计入当期财务费用

D. 到期无力支付的银行承兑汇票，将其账面余额转入"应付账款"科目

二、应付账款

（一）应付账款的确认

应付账款是指企业因购买材料、商品或接受劳务供应等经营活动应支付的款项。一般来说，应付账款应在取得所购买商品的控制权时，或者所购买的劳务已经接受时确认。在实际工作中，为了使所购入物资的金额、品种、数量和质量等与合同规定的条款相符，避免因验收时发现所购物资存在数量或者质量问题而对入账的物资或应付账款金额进行改动，在物资和发票账单同时到达的情况下，一般在所购物资验收入库后，再根据发票账单登记入账，确认应付账款。在所购物资已经验收入库，但是发票账单未能同时到达的情况下，企业应付物资供应单位的债务已经成立，在会计期末，为了反映企业的负债情况，需要将所购物资和相关的应付账款暂估入账，下月初再用红字予以冲回，待发票账单到达后，再按实际金额入账。

（二）应付账款的计量

企业购入材料、商品或接受劳务等所产生的应付账款，由于偿付期限较短，一般按到期应付金额入账，而不按到期应付金额的现值入账。应付账款附有现金折扣的，应按照扣除现金折扣前的应付账款总额入账，即按总价法核算。

企业应当设置"应付账款"科目，核算应付账款的发生、偿还、转销等情况。该科目借方登记偿还的应付账款，或者开出商业汇票抵付应付账款的款项，或者已冲销的无法支付的应付账款，贷方登记企业购买材料、商品和接受劳务等而发生的应付账款；期末余额一般在贷方，表示企业尚未支付的应付账款余额。本科目可按债权人进行明细核算。

1. 发生应付账款

企业因购入材料、商品等确认应付账款时，按有关凭证（发票账单、随货同行发票上记载的实际价款或暂估价值），借记"材料采购""在途物资""原材料""库存商品"等科目，按增值税专用发票上注明的可抵扣的增值税税额，借记"应交税费——应交增值税（进项税额）"科目；按应付未付的价款，贷记"应付账款"科目。企业因接受劳务而发生的应付未付款项，根据劳务供应单位提供的发票账单，借记"生产成本""管理费用"等科目，贷记"应付账款"科目。

第四章 流动负债的确认和计量

例 4-9 乙公司为增值税一般纳税人。2019 年 9 月 3 日，从 A 公司购入一批商品，取得的增值税专用发票上注明的价款为 12 000 元，增值税税额为 1 560 元。商品已运到并验收入库，款项尚未支付。商品按实际成本核算。

乙公司应编制如下会计分录。

借：库存商品	12 000
应交税费——应交增值税（进项税额）	1 560
贷：应付账款——A 公司	13 560

例 4-10 甲公司为增值税一般纳税人，2019 年 5 月 9 日，从 W 企业购进一批原材料，增值税专用发票上注明的价款为 200 000 元，增值税税率为 13%。货款未付，双方经协议，付款条件为"2/10,1/20,N/30"。假定计算现金折扣时不考虑增值税。该批材料已验收入库，按实际成本核算，发票账单也已收到。

甲公司应编制如下会计分录。

借：原材料	200 000
应交税费——应交增值税（进项税额）	26 000
贷：应付账款——W 企业	226 000

例 4-11 甲公司接到自来水公司通知，本月应支付水费总额 53 000 元。其中，生产车间水费 36 000 元，企业行政管理部门水费 12 000 元，专设销售部门水费 5 000 元。款项尚未支付。

甲公司应编制如下会计分录。

借：制造费用	36 000
管理费用	12 000
销售费用	5 000
贷：应付账款——××自来水公司	53 000

2. 偿还应付账款

企业偿还应付账款或开出商业汇票抵付应付账款时，借记"应付账款"科目，贷记"银行存款""应付票据"等科目。对于销售方提供的现金折扣，如果企业在折扣期内支付了货款，取得的现金折扣冲减财务费用，按应付账款的总价借记"应付账款"科目，按实际支付的价款贷记"银行存款"科目，按取得的现金折扣贷记"财务费用"科目；如果企业未取得现金折扣，按总价支付货款时，借记"应付账款"科目，贷记"银行存款"科目。

例 4-12 承例 4-9，2019 年 10 月 9 日，乙公司用银行存款支付上述应付账款。

乙公司应编制如下会计分录。

借：应付账款——A 公司	13 560
贷：银行存款	13 560

例 4-13 承例 4-9，假设 2019 年 9 月 12 日，乙公司根据资金情况，经同 A 公司协商，开出为期 3 个月，面值 13 560 元的商业承兑汇票一张，以抵付前欠货款。

乙公司应编制如下会计分录。

借：应付账款——A 公司	13 560
贷：应付票据	13 560

例 4-14 承例 4-10，如果甲公司于 2019 年 5 月 17 日用银行存款付清货款，甲公司可按货款总价 200 000 元的 2%享受现金折扣 4 000（200 000×2%）元，实际付款 222 000（226 000－4 000）元。

甲公司应编制如下会计分录。

借：应付账款——W 企业　　　　　　　　　　　　　　　226 000
　　贷：银行存款　　　　　　　　　　　　　　　　　　　　222 000
　　　　财务费用　　　　　　　　　　　　　　　　　　　　　4 000

例 4-15 承例 4-10，假设甲公司于 2019 年 5 月 31 日付款。

甲公司应编制如下会计分录。

借：应付账款——W 企业　　　　　　　　　　　　　　　226 000
　　贷：银行存款　　　　　　　　　　　　　　　　　　　　226 000

3. 转销应付账款

企业因债权人撤销等原因而产生确实无法支付的应付账款，应按其账面余额计入营业外收入，转销时，借记"应付账款"科目，贷记"营业外收入"科目。

例 4-16 2018 年末，甲公司确认一笔金额为 10 000 元的应付账款因债权人破产无法支付，经批准予以转销。

甲公司应编制如下会计分录。

借：应付账款　　　　　　　　　　　　　　　　　　　　　10 000
　　贷：营业外收入　　　　　　　　　　　　　　　　　　　10 000

检测 4-3　单项选择题

因债权人撤销而无法支付的应付账款转销时，应将其账面余额计入（　　）。

A. 资本公积　　B. 营业外收入　　C. 盈余公积　　D. 管理费用

三、预收账款

预收账款是指企业按照合同规定预先向购货单位收取的款项。预收账款与应付账款同为企业短期债务，但与应付账款不同的是，预收账款所形成的负债以货物或提供劳务偿付，而不是以货币偿付的。

企业发生的预收账款，一般可以设置"预收账款"科目核算。该科目，借方登记企业向购货方发货后冲销的预收账款数额和退回购货方多付账款的数额，贷方登记发生的预收账款数额和购货单位补付账款的数额；期末余额一般在贷方，表示企业向购货单位预收的款项，如果为借方余额，表示企业应收的款项。本科目可按照购货单位进行明细核算。

企业向购货单位预收款项时，借记"银行存款"科目，贷记"预收账款"科目；销售货物或提供劳务时，按实现的收入和增值税专用发票上注明的增值税税额，借记"预收账款"科目，按照实现的营业收入，贷记"主营业务收入"科目，按应交的增值税销项税额，贷记"应交税费——应交增值税（销项税额）"科目；企业收到购货单位补付的款项时，借记"银行存款"科

第四章 流动负债的确认和计量

目,贷记"预收账款"科目;向购货单位退回其多付的款项时,借记"预收账款"科目,贷记"银行存款"科目。

预收货款业务不多的企业,可以不单独设置"预收账款"科目,发生的预收货款可通过"应收账款"科目核算。采用这种方式,"应收账款"科目所属的明细科目可能会有贷方余额。

例 4-17 甲公司为增值税一般纳税人,2019 年 7 月 31 日按购货合同预收天航公司货款 30 000 元,存入银行。8 月 28 日,甲公司按合同规定向天航公司发出商品一批,不含税的价款为 60 000 元,增值税税额为 7 800 元,并用银行存款为对方代垫运杂费 300 元,共计 68 100 元。天航公司验收货物后补付了剩余货款。

甲公司应编制如下会计分录。

(1) 7 月 31 日收到天航公司预付的货款时

借:银行存款   30 000
　　贷:预收账款——天航公司   30 000

(2) 8 月 28 日向天航公司发出货物时

借:预收账款——天航公司   68 100
　　贷:主营业务收入   60 000
　　　　应交税费——应交增值税(销项税额)   7 800
　　　　银行存款   300

(3) 收到天航公司补付的货款时

借:银行存款   38 100
　　贷:预收账款——天航公司   38 100

例 4-18 沿用例 4-17,假设甲公司不设置"预收账款"科目,而是通过"应收账款"科目核算该项业务。

甲公司应编制如下会计分录。

(1) 7 月 31 日收到天航公司预付的货款时

借:银行存款   30 000
　　贷:应收账款——天航公司   30 000

(2) 8 月 28 日向天航公司发出货物时

借:应收账款——天航公司   68 100
　　贷:主营业务收入   60 000
　　　　应交税费——应交增值税(销项税额)   7 800
　　　　银行存款   300

(3) 收到天航公司补付的货款时

借:银行存款   38 100
　　贷:应收账款——天航公司   38 100

提示 4-1

期末编制资产负债表时,"预收账款"科目所属明细科目如有借方余额,应列入"应收账款"项目;"应收账款"科目所属明细科目如有贷方余额,应列入"预收款项"项目。

检测 4-4 单项选择题

如果企业不设置"预收账款"科目,应将预收的货款记入(   )。

A. 应收账款的借方　　　　B. 应收账款的贷方

C. 应付账款的借方　　　　D. 应付账款的贷方

第三节　应付职工薪酬

一、应付职工薪酬的内容

职工薪酬是指企业为获得职工提供的服务或者解除劳动关系而给予的各种形式的报酬或补偿。职工薪酬包括短期薪酬、离职后福利、辞退福利和其他长期职工福利。企业提供给职工配偶、子女、受赡养人、已故员工遗属及其他受益人等的福利,也属于职工薪酬。

在理解职工薪酬时,要注意把握以下两个关键词的含义。

一是"职工"。这里所称的"职工"比较宽泛,包括 3 类人员:①与企业订立劳动合同的所有人员,含全职、兼职和临时职工;②未与企业订立劳动合同,但由企业正式任命的企业治理层和管理层人员,如董事会成员、监事会成员等;③未与企业订立劳动合同或未由其正式任命,但向企业提供服务与职工所提供服务类似的人员,也属于职工范畴,包括通过企业与劳务中介公司签订用工合同而向企业提供服务的人员。二是"薪酬"。职工薪酬主要包括以下内容。

1. 短期薪酬

短期薪酬是指企业在职工提供相关服务的年度报告期间结束后 12 个月内需要全部予以支付的职工薪酬,因解除与职工的劳动关系给予的补偿除外。短期薪酬具体包括内容如下。

① 职工工资、奖金、津贴和补贴是指企业按照构成工资总额的计时工资、计件工资、支付给职工的超额劳动报酬等的劳动报酬,为了补偿职工特殊或额外的劳动消耗和因其他特殊原则支付给职工的津贴,以及为了保证职工工资水平不受物价影响支付给职工的物价补贴等。其中,企业按照短期奖金计划向职工发放的奖金属于短期薪酬;按照长期奖金计划向职工发放的奖金属于其他长期职工福利。

② 职工福利费是指企业向职工提供的生活困难补助、丧葬补助费、抚恤费、职工异地安家费、防暑降温费等职工福利支出。

③ 医疗保险费、生育保险费和工伤保险费等社会保险费是指企业按照国家规定的基准和比例计算,向社会保险经办机构缴纳的医疗保险费、生育保险费和工伤保险费。

④ 住房公积金是指企业按照国家规定的基准和比例计算,向住房公积金管理机构交存的住房公积金。

⑤ 工会经费和职工教育经费是指企业为了改善职工文化生活、为职工学习先进技术和提高文化水平和业务素质,用于开展工会活动和职工教育及职业技能培训等的相关支出。

第四章 流动负债的确认和计量

⑥ 短期带薪缺勤是指职工虽然缺勤但企业仍向其支付报酬的安排,包括年休假、病假、婚假、产假、丧假、探亲假等。长期带薪缺勤属于其他长期职工福利。

⑦ 短期利润分享计划是指因职工提供服务而与职工达成的基于利润或其他经营成果提供薪酬的协议。长期利润分享计划属于其他长期职工福利。

⑧ 非货币性福利是指企业以自己的产品或外购商品发放给职工作为福利,企业提供给职工无偿使用自己拥有的资产或租赁资产供职工无偿使用和为职工无偿提供服务等。例如,提供给企业高级管理人员使用的住房等,免费为职工提供诸如医疗保健的服务;或者向职工提供企业支付了一定补贴的商品或服务,如以低于成本的价格向职工出售住房等。

⑨ 其他短期薪酬是指除上述短期薪酬以外的其他为获得职工提供的服务而给予的短期薪酬。

2. 离职后福利

离职后福利是指企业为获得职工提供的服务而在职工退休或与企业解除劳动关系后,提供的各种形式的报酬和福利,属于短期薪酬和辞退福利的除外。例如,按照国家规定的基准和比例计算,向社会保险经办机构缴纳的养老保险费、失业保险费和企业年金等。

3. 辞退福利

辞退福利是指企业在职工劳动合同尚未到期之前解除与职工的劳动关系,或者为鼓励职工自愿接受裁减而给予职工的经济补偿。

4. 其他长期职工福利

其他长期职工福利是指除短期薪酬、离职后福利、辞退福利之外所有的职工薪酬,包括长期带薪缺勤、长期残疾福利、长期利润分享计划等。

总之,从薪酬的涵盖时间看,职工薪酬包括企业职工在职期间的薪酬和离职后的福利;从薪酬的支付形式看,职工薪酬包括货币性薪酬和非货币性薪酬;从薪酬的支付对象看,职工薪酬包括提供给职工本人和其配偶、子女或其他被赡养人的福利,如支付给因公伤亡职工的配偶、子女或其他被赡养人的抚恤金。

二、应付职工薪酬的确认和计量

企业应当设置"应付职工薪酬"科目,核算应付职工薪酬的提取、结算、使用等情况。该科目的借方登记实际发放职工薪酬的数额,包括扣还的款项等,贷方登记已分配计入有关成本费用项目的职工薪酬的数额;该科目期末贷方余额,反映企业应付未付的职工薪酬。本科目可按"工资""职工福利""社会保险费""住房公积金""工会经费""职工教育经费""非货币性福利""辞退福利""离职后福利"等应付职工薪酬项目进行明细核算。

(一)短期薪酬的确认和计量

企业应当在职工为其提供服务的会计期间,将实际发生的短期薪酬确认为负债,并计入当期损益或相关资产成本。

1. 工资、奖金、津贴和补贴

对于职工工资、奖金、津贴和补贴等货币性职工薪酬,企业应当在职工为其提供服务的会计期间,将其实际发生额根据职工提供服务的受益对象分别计入当期损益或相关资产成本。

企业每月向职工支付工资、奖金、津贴等,应按照劳动工资制度的规定,根据考勤记录、工时记录、产量记录、工资标准或等级等,由财会部门编制职工薪酬结算汇总表,并据以进行应付职工薪酬发放的账务处理。按职工薪酬结算汇总表中实发金额,借记"应付职工薪酬——工资"科目,贷记"银行存款""库存现金"等科目;企业从应付职工薪酬中扣还的各种款项(代垫的家属药费、代扣个人所得税、代扣社会保险费等),借记"应付职工薪酬——工资"科目,贷记"其他应付款""应交税费——应交个人所得税""其他应收款"等科目。

例4-19 甲公司2019年9月根据职工薪酬结算汇总表结算。本月应付职工工资总额为750 000元。其中,代扣职工水电气费20 000元,代扣职工个人承担的社会保险费54 000元,住房公积金53 000元,代扣个人所得税10 000元,代垫职工家属医疗费3 000元。实发工资为610 000元。

甲公司应编制如下会计分录。

(1)向银行提取现金时

借:库存现金	610 000
贷:银行存款	610 000

(2)用现金发放工资时

借:应付职工薪酬——工资	610 000
贷:库存现金	610 000

如果该公司通过银行转账发放工资,则其会计分录如下。

借:应付职工薪酬——工资	610 000
贷:银行存款	610 000

(3)代扣款项时

借:应付职工薪酬——工资	140 000
贷:其他应付款——水电气费	20 000
——社会保险费	54 000
——住房公积金	53 000
应交税费——应交个人所得税	10 000
其他应收款——代垫医药费	3 000

月末,企业财会部门编制职工薪酬费用分配表,将本月应付的工资等薪酬计入相关资产成本或当期损益。同时,确认应付职工薪酬,借记"生产成本""制造费用""管理费用"等科目,贷记"应付职工薪酬——工资"科目。

例4-20 承例4-19,甲公司本月应付工资总额750 000元。职工薪酬费用分配表中列示的产品生产人员工资为416 300元,车间管理人员工资为150 000元,企业行政管理人员工资为100 000元,销售人员工资为83 700元。

甲公司应编制如下会计分录。

借:生产成本——基本生产成本	416 300
制造费用	150 000
管理费用	100 000
销售费用	83 700
贷:应付职工薪酬——工资	750 000

2. 国家规定计提标准的职工薪酬

企业为职工缴纳的医疗保险费、生育保险费、工伤保险费等社会保险费和住房公积金,以及按规定提取的工会经费和职工教育经费,应当在职工为其提供服务的会计期间,根据规定的计提基础和计提比例计算确定相应的职工薪酬金额,并确认相应负债,计入当期损益或相关资产成本,借记"生产成本""制造费用""管理费用"等科目,贷记"应付职工薪酬"科目。

例 4-21 承例 4-20,甲公司本月按职工工资总额的 2%和 8%计提工会经费和职工教育经费,并根据当地政府规定,分别按职工工资总额的 5%、7%计提医疗保险费和住房公积金,连同例 4-19 个人工资代扣部分一并缴纳给当地社会保险经办机构和住房公积金管理机构。

甲公司应编制如下会计分录。

(1) 计提工会经费和职工教育经费、医疗保险费及住房公积金时

借:生产成本——基本生产成本	91 586
制造费用	33 000
管理费用	22 000
销售费用	18 414
贷:应付职工薪酬——工会经费	15 000
——职工教育经费	60 000
——社会保险费	37 500
——住房公积金	52 500

(2) 拨付工会经费、缴纳社会保险费和住房公积金时

借:应付职工薪酬——工会经费	15 000
——社会保险费	37 500
——住房公积金	52 500
其他应付款——社会保险费	54 000
——住房公积金	53 000
贷:银行存款	212 000

例 4-22 2019 年 10 月 9 日,李月等人报销会计人员继续教育费用 780 元。以现金支付。

甲公司应编制如下会计分录。

借:应付职工薪酬——职工教育经费	780
贷:库存现金	780

3. 职工福利费

对于职工福利费,企业应当在实际发生时根据实际发生额计入当期损益或相关资产成本,借记"生产成本""制造费用""管理费用"等科目,贷记"应付职工薪酬——职工福利费"科目。

例 4-23 甲公司下设一所职工食堂,每月根据在岗职工数量和确定的补贴标准补贴职工食堂的金额。2019 年 11 月,甲公司在岗职工共计 200 人,其中生产工人 170 人,车间管理 10 人,行政管理 20 人。每位职工每月需补贴食堂 100 元。

甲公司应编制如下会计分录。

(1) 确认本月职工福利费时

借：生产成本　　　　　　　　　　　　　　　　　　　　　　　17 000
　　制造费用　　　　　　　　　　　　　　　　　　　　　　　　1 000
　　管理费用　　　　　　　　　　　　　　　　　　　　　　　　2 000
　　贷：应付职工薪酬——职工福利　　　　　　　　　　　　　　　　20 000

(2) 支付本月职工福利费时

借：应付职工薪酬——职工福利　　　　　　　　　　　　　　　　20 000
　　贷：库存现金（或银行存款）　　　　　　　　　　　　　　　　　20 000

4. 短期带薪缺勤

带薪缺勤分为累积带薪缺勤和非累积带薪缺勤，企业应当对累积带薪缺勤和非累积带薪缺勤分别进行会计处理。如果带薪缺勤属于长期带薪缺勤，应当作为其他长期职工福利处理。

① 累积带薪缺勤是指带薪缺勤权利可以结转下期的带薪缺勤，本期尚未用完的带薪缺勤权利可以在未来期间使用。企业应当在职工提供服务从而增加了其未来享有的带薪缺勤权利时，确认与累积带薪缺勤相关的职工薪酬，并以累积未行使权利而增加的预期支付金额计量，借记"管理费用"等科目，贷记"应付职工薪酬——累积带薪缺勤"科目。

例 4-24　甲公司实行累积带薪缺勤制度，职工每年可按规定的天数享受年休假，当年未使用的年休假可向后结转一个公历年度，超过一年未使用的权利作废；职工离开公司时，对未使用的累积带薪年休假无权获得现金支付。2018 年 12 月 31 日，有 30 名总部管理人员未使用的带薪年休假计 100 天将结转至 2019 年使用，预期将支付的年休假工资金额为 30 000 元。

甲公司应编制如下会计分录。

借：管理费用　　　　　　　　　　　　　　　　　　　　　　　30 000
　　贷：应付职工薪酬——累积带薪缺勤　　　　　　　　　　　　　30 000

② 非累积带薪缺勤是指带薪缺勤权利不能结转下期的带薪缺勤，本期尚未用完的带薪缺勤权利将予以取消，并且职工离开企业时也无权获得现金支付。我国企业职工休婚假、产假、丧假、探亲假、病假期的工资通常属于非累积带薪缺勤。企业应当在职工实际发生缺勤的会计期间确认与非累积带薪缺勤相关的职工薪酬。

职工享有的与非累积带薪缺勤权利相关的薪酬，如果缺勤则视同职工出勤，其相关薪酬已经包括在企业每期向职工发放的工资等薪酬中；如果职工未缺勤而提供服务，则不能增加其能够享受的福利金额，也就不应当计提相关费用和负债。因此，与非累积带薪缺勤相关的职工薪酬不需要额外做相应的账务处理。

5. 短期利润分享计划

利润分享计划同时满足下列条件的，企业应当确认相关的应付职工薪酬：一是企业因过去事项导致现在具有支付职工薪酬的法定义务或推定义务；二是因利润分享计划所产生的应付职工薪酬义务金额能够可靠估计。属于下列 3 种情形之一的，视为义务金额能够可靠估计。

① 在财务报告批准报出之前企业已确定应支付的薪酬金额。

② 该短期利润分享计划的正式条款中包括确定薪酬金额的方式。

③ 过去的惯例为企业确定推定义务金额提供了明显证据。

职工只有在企业工作一段特定期间才能分享利润的，企业在计量利润分享计划产生的应付职工薪酬时，应当反映职工因离职而无法享受利润分享计划福利的可能性。企业确认利润分享计划薪酬时，应借记"生产成本""制造费用""管理费用"等科目，贷记"应付职工薪酬——利润分享计划"科目。如果企业在职工为其提供相关服务的年度报告期间结束后12个月内，不需要全部支付利润分享计划产生的应付职工薪酬，该利润分享计划应当适用其他长期职工福利的有关规定。

6. 非货币性福利

非货币性福利常见的形式有3种：一是企业将自产产品或外购商品作为福利发放给职工；二是企业拥有的固定资产无偿提供给职工使用；三是企业将经营租赁方式租入的资产无偿提供给职工使用。非货币性福利应当按照公允价值计量。

企业将自产产品作为福利发放给职工时，应当根据受益对象，按照该产品的公允价值计入相关资产成本或当期损益，同时确认应付职工薪酬，借记"生产成本""制造费用""管理费用"等科目，贷记"应付职工薪酬——非货币性福利"科目；当企业实际发放产品时，按产品的售价和相应的增值税销项税额之和，借记"应付职工薪酬——非货币性福利"科目，贷记"主营业务收入""应交税费——应交增值税（销项税额）"科目，同时结转产品成本，借记"主营业务成本"科目，贷记"库存商品"科目。

例 4-25 锦兴公司有职工300人。其中，生产工人200人，车间管理人员50人，行政管理人员50人。2019年5月10日，公司董事会决定将自产的床上用品作为职工福利，每人发放一套。床上用品市价每套650元，适用增值税税率为13%，每套床上用品成本为400元。于5月20日发放给职工。

锦兴公司应编制如下会计分录。

（1）5月10日董事会做出决定时

借：生产成本——基本生产成本	146 900
制造费用	36 725
管理费用	36 725
贷：应付职工薪酬——非货币性福利	220 350

（2）5月20日发放床上用品时

借：应付职工薪酬——非货币性福利	220 350
贷：主营业务收入	195 000
应交税费——应交增值税（销项税额）	25 350
借：主营业务成本	120 000
贷：库存商品	120 000

【思考4-2】 如果例4-25的床上用品是企业外购商品发放给职工作为福利的，应当如何进行会计处理？与企业以自产产品发放给职工作为福利的会计处理有何不同？

财务会计实务（第2版）

检测 4-5　单项选择题

彩虹玻璃制品厂决定把企业生产的某花型玻璃茶具发放给职工作为福利。每套玻璃茶具成本200元，每套售价360元。该厂共有职工60名，适用增值税税率为13%，则该厂应确认的应付职工薪酬为（　　）元。

A. 12 000　　B. 13 560　　C. 24 408　　D. 21 600

企业将拥有的房屋、汽车等固定资产无偿提供给职工使用的，应当根据受益对象，将该固定资产每期计提的折旧计入相关资产成本或当期损益，同时确认应付职工薪酬，借记"生产成本""制造费用""管理费用"等科目，贷记"应付职工薪酬——非货币性福利"科目，并且同时借记"应付职工薪酬——非货币性福利"科目，贷记"累计折旧"科目。

例 4-26　甲公司将拥有的3辆小汽车无偿提供给公司的3位部门经理使用。2019年3月份，3辆小汽车应计提折旧为9 000元。

甲公司应编制如下会计分录。

借：管理费用　　　　　　　　　　　　　　　　　　　　　　9 000
　　贷：应付职工薪酬——非货币性福利　　　　　　　　　　　9 000
借：应付职工薪酬——非货币性福利　　　　　　　　　　　　9 000
　　贷：累计折旧　　　　　　　　　　　　　　　　　　　　　9 000

企业将租入的房屋等资产无偿提供给职工使用的，应当根据受益对象，将每期应付的租金计入相关资产成本或当期损益，并确认应付职工薪酬，借记"生产成本""制造费用""管理费用"等科目，贷记"应付职工薪酬——非货币性福利"科目；支付租金时，借记"应付职工薪酬——非货币性福利"科目，贷记"银行存款"等科目。

例 4-27　甲公司租入两套住房无偿提供给技术工人使用，本月应付租金6 000元。支付时取得增值税普通发票。

甲公司应编制如下会计分录。

（1）按合同约定计提应付租金时

借：生产成本　　　　　　　　　　　　　　　　　　　　　　6 000
　　贷：应付职工薪酬——非货币性福利　　　　　　　　　　　6 000

（2）支付租金时

借：应付职工薪酬——非货币性福利　　　　　　　　　　　　6 000
　　贷：银行存款　　　　　　　　　　　　　　　　　　　　　6 000

需要注意的是，难以认定受益对象的非货币性福利，应直接计入当期损益和应付职工薪酬。

（二）离职后福利的确认和计量

离职后福利计划是指企业与职工就离职后福利达成的协议，或者企业为向职工提供离职后福利制定的规章或办法等。企业应当将离职后福利计划分类为设定提存计划和设定受益计划。设定提存计划是指向独立的基金交存固定费用后，企业不再承担进一步支付义务的离职后福利计划；设定受益计划是指除设定提存计划以外的离职后福利计划。

企业按照国家规定的基准和比例计算，向社会保险经办机构缴纳的养老保险费、失业保险

第四章 流动负债的确认和计量

费及企业年金等属于离职后福利中的设定提存计划范畴。企业应当在职工为其提供服务的会计期间，将根据设定提存计划计算的应交存金额确认为负债，并计入当期损益或相关资产成本。

根据设定提存计划，预期不会在职工提供相关服务的年度报告期结束后 12 个月内支付全部应交存金额的，企业应当参照根据资产负债表日与设定受益计划义务期限和币种相匹配的国债或活跃市场上的高质量公司债券的市场收益率确定的折现率，将全部应交存金额以折现后的金额计量应付职工薪酬。

例 4-28 承例 4-20，甲公司分别按职工工资总额的 16%和 1%计提养老保险费和失业保险费，并缴纳给当地社会保险经办机构。

甲公司应编制如下会计分录。

（1）计提养老保险费和失业保险费时

借：生产成本——基本生产成本　　　　　　　　　　　　　70 771
　　制造费用　　　　　　　　　　　　　　　　　　　　　25 500
　　管理费用　　　　　　　　　　　　　　　　　　　　　17 000
　　销售费用　　　　　　　　　　　　　　　　　　　　　14 229
　　　贷：应付职工薪酬——离职后福利　　　　　　　　　　127 500

（2）缴纳养老保险费和失业保险费时

借：应付职工薪酬——离职后福利　　　　　　　　　　　127 500
　　　贷：银行存款　　　　　　　　　　　　　　　　　　127 500

（三）辞退福利的确认和计量

企业向职工提供辞退福利的，应当在下列两者孰早日确认辞退福利产生的职工薪酬负债，并计入当期损益：①企业不能单方面撤回因解除劳动关系计划或裁减建议所提供的辞退福利时；②企业确认与涉及支付辞退福利的重组相关的成本或费用时。

企业应当按照辞退计划条款的规定，合理预计并确认辞退福利产生的应付职工薪酬。辞退福利预期在其确认的年度报告期结束后 12 个月内完全支付的，应当适用短期薪酬的相关规定；辞退福利预期在年度报告期结束后 12 个月内不能完全支付的，应当适用其他长期职工福利的有关规定。

因解除与职工的劳动关系给予的补偿，由于辞退职工不能再给企业带来任何经济利益，应当将辞退福利直接计入当期损益，借记"管理费用"科目，贷记"应付职工薪酬——辞退福利"科目。

（四）其他长期职工福利的确认和计量

企业向职工提供的其他长期职工福利，符合设定提存计划条件的，应当适用设定提存计划的有关规定进行处理。除上述情形外，企业应当适用设定受益计划的有关规定，确认和计量其他长期职工福利净负债或净资产。在报告期末，企业应当将其他长期职工福利产生的职工薪酬成本确认为下列组成部分：①服务成本；②其他长期职工福利净负债或净资产的利息净额；③重新计量其他长期职工福利净负债或净资产所产生的变动。为简化相关会计处理，上述项目的总净额应计入当期损益或相关资产成本。

第四节 应交税费

应交税费是指企业根据税法等规定计算应交纳的各种税费，包括增值税、消费税、城市维护建设税、资源税、企业所得税、土地增值税、房产税、土地使用税、车船税、环境保护税、教育费附加、矿产资源补偿费及代扣代交的个人所得税等。

为了反映和监督各种税费的计算和交纳情况，企业应当设置"应交税费"科目，并按照应交税费的种类进行明细核算。该科目，借方登记实际交纳的税费贷方登记应交纳的各种税费等；期末余额一般在贷方，表示企业尚未交纳的税费，期末余额如在借方，表示企业多交或尚未抵扣的税费。

企业交纳的印花税、耕地占用税等不需要预计应交数的税金，不通过"应交税费"科目核算。

检测 4-6 多项选择题

企业缴纳的下列税金，不通过"应交税费"科目核算的有（　　　　）。
A．印花税　　B．耕地占用税　　C．契税　　D．车辆购置税

一、应交增值税的确认和计量

（一）增值税的纳税人和计税方法

增值税是以商品（含应税劳务或服务、应税行为）在流转过程中实现的增值额作为计税依据而征收的一种流转税。在我国境内销售货物、提供加工修理修配劳务（简称应税劳务）、销售应税服务（包括交通运输服务、邮政服务、电信服务、建筑服务、金融服务、现代服务、生活服务）、销售无形资产和不动产（简称应税行为）及进口货物的单位和个人为增值税的纳税人。我国现行的增值税制度，按照增值税纳税人的经营规模大小及会计核算的健全程度，分为一般纳税人和小规模纳税人。除国家税务总局另有规定外，一经登记为一般纳税人，就不得转为小规模纳税人。增值税的计税方法，包括一般计税方法和简易计税方法。

1．增值税的一般计税方法

一般纳税人适用一般计税方法，如果发生财政部和国家税务总局规定的特定应税行为，可以选择适用简易计税方法。但一经选择，36 个月内不得变更。一般计税方法的应纳税额计算公式为：

$$应纳税额＝当期销项税额－当期进项税额$$

当期销项税额小于当期进项税额不足抵扣时，其不足部分可以结转下期继续抵扣。

$$销项税额＝销售额×税率$$

一般计税方法的销售额不包括销项税额，纳税人采用销售额和销项税额合并定价方法的，计算销售额的公式为：

$$销售额＝含税销售额÷（1＋税率）$$

从 2019 年 4 月 1 日起，增值税税率调整为 13%、9%、6% 三档及零税率。各档税率适用范

围如下。

① 销售或进口货物（适用9%税率的货物除外）、提供加工修理修配劳务、提供有形动产租赁服务，税率为13%。

② 销售或进口农产品（含粮食）、自来水、暖气、石油液化气、天然气、食用植物油、冷气、热水、煤气、居民用煤炭制品、食用盐、农机、饲料、农药、农膜、化肥、沼气、二甲醚、图书、报纸、杂志、音像制品、电子出版物，提供交通运输、邮政、基础电信、建筑、不动产租赁服务，销售不动产，转让土地使用权，税率为9%。

③ 提供增值电信服务、金融服务、现代服务（租赁服务除外）、生活服务，转让无形资产（土地使用权除外），税率为6%。

④ 境内单位和个人发生的跨境应税行为（具体范围由财政部和国家税务总局规定），税率为0。

2. 增值税的简易计税方法

小规模纳税人适用简易计税方法。简易计税方法的应纳税额计算公式为：

$$应纳税额＝销售额\times征收率$$

简易计税方法的销售额不包括其应纳税额，纳税人采用销售额和应纳税额合并定价方法的，计算销售额的公式为：

$$销售额＝含税销售额\div（1＋征收率）$$

增值税征收率分为3%、5%两档。按照简易计税方法计税的销售不动产、不动产经营租赁服务的征收率为5%，其他情况征收率为3%。

（二）增值税一般纳税人的账务处理

为了核算企业应交增值税的发生、抵扣、交纳、退税和转出等情况，应在"应交税费"科目下设置"应交增值税""未交增值税""预交增值税""待认证进项税额""待转销项税额""简易计税""转让金融商品应交增值税""代扣代交增值税"等明细科目。

1. "应交增值税"明细科目

"应交增值税"明细账内设有"进项税额""销项税额抵减""已交税金""转出未交增值税""减免税款""出口抵减内销产品应纳税额""销项税额""出口退税""进项税额转出""转出多交增值税"等专栏。

（1）"进项税额"专栏

"进项税额"专栏记录一般纳税人购进货物、加工修理修配劳务、服务、无形资产或不动产而支付或负担的准予从当期销项税额中抵扣的增值税税额。下列进项税额准予从销项税额中抵扣。

① 从销售方取得的增值税专用发票（含税控机动车销售统一发票）上注明的增值税税额。

② 从海关取得的海关进口增值税专用缴款书上注明的增值税税额。

③ 购进农产品，取得一般纳税人开具的增值税专用发票或海关进口增值税专用缴款书的，以增值税专用发票或海关进口增值税专用缴款书上注明的增值税税额为进项税额；从按照简易计税方法依照3%征收率计算缴纳增值税的小规模纳税人取得增值税专用发票的，以增值税专用发票上注明的金额和9%的扣除率计算进项税额；收购农业生产者（含农民专业合作社）自产农产品取得（开具）农产品销售发票或收购发票的，以农产品销售发票或收购发票上注明的农产

品买价（买价是指纳税人购进农产品在农产品收购发票或销售发票上注明的价款和按规定缴纳的烟叶税）和9%的扣除率计算进项税额。所谓销售发票，是指农业生产者销售自产农产品适用免征增值税政策而开具的普通发票。

纳税人购进用于生产销售或委托加工13%税率货物的农产品，按其发票上注明的买价和10%的扣除率计算进项税额。纳税人购进农产品进项税额已实行核定扣除的，仍按照财政部和国家税务总局《关于农产品增值税进项税额核定扣除试点行业范围与实施办法》的有关规定执行。其中，扣除率调整也按上述规定执行。

纳税人从批发、零售环节购进适用免征增值税政策的蔬菜、部分鲜活肉蛋而取得的普通发票，不得作为计算抵扣进项税额的凭证。

纳税人购进农产品既用于生产销售或委托加工13%税率货物，又用于生产销售其他货物服务的，应当分别核算用于生产销售或委托加工13%税率货物和其他货物服务的农产品进项税额。未分别核算的，统一以增值税专用发票或海关进口增值税专用缴款书上注明的增值税税额为进项税额，或者以农产品收购发票或销售发票上注明的农产品买价和9%的扣除率计算进项税额。

④ 从境外单位或者个人购进服务、无形资产或不动产，自税务机关或扣缴义务人取得的解缴税款的完税凭证上注明的增值税税额。

⑤ 支付道路通行费，自2018年1月1日起，按照收费公路（高速公路、一级和二级公路）通行费增值税电子普通发票上注明的增值税额抵扣进项税额；支付的桥、闸通行费，暂凭取得的通行费发票上注明的收费金额按照下列公式计算可抵扣的进项税额。

桥、闸通行费可抵扣进项税额＝桥、闸通行费发票上注明的金额÷（1+5%）×5%

⑥ 购进国内旅客运输服务，其进项税额允许从销项税额中抵扣。纳税人未取得增值税专用发票的，暂按照以下规定确定进项税额：取得增值税电子普通发票的，为发票上注明的税额；取得注明旅客身份信息的航空运输电子客票行程单、铁路车票、公路和水路等其他客票的，分别按照下列公式计算进项税额。

航空旅客运输进项税额＝（票价+燃油附加费）÷（1+9%）×9%

铁路旅客运输进项税额＝票面金额÷（1+9%）×9%

公路、水路等其他旅客运输进项税额＝票面金额÷（1+3%）×3%

纳税人取得的增值税扣税凭证不符合法律、行政法规或国家税务总局有关规定的，其进项税额不得从销项税额中抵扣。增值税扣税凭证是指增值税专用发票、机动车销售统一发票、海关进口增值税专用缴款书、农产品收购发票或销售发票、完税凭证和通行费发票、旅客运输凭证。纳税人凭完税凭证抵扣进项税额的，应当具备书面合同、付款证明和境外单位的对账单或发票。资料不全的，其进项税额不得从销项税额中抵扣。

企业购进货物、加工修理修配劳务、服务、无形资产或不动产，按应计入相关成本费用或资产的金额，借记"在途物资"或"原材料""库存商品""生产成本""无形资产""固定资产""管理费用"等科目；按当月已认证的可抵扣增值税税额，借记"应交税费——应交增值税（进项税额）"科目；按当月未认证的可抵扣增值税税额，借记"应交税费——待认证进项税额"科目；按应付或实际支付的金额，贷记"应付账款""应付票据""银行存款"等科目。发生退货的，如果原增值税专用发票已做认证，应根据税务机关开具的红字增值税专用发票做相反的会计分录；如果原增值税专用发票未做认证，应将发票退回并做相反的会计分录。

例4-29 甲公司购入原材料一批，增值税专用发票上注明的价款为33 000元，增值税税额为4 290元。货物尚未到达，货款和增值税进项税额已用银行存款支付。该公司采用实际成本对原材料进行核算。

甲公司应编制如下会计分录。

借：在途物资 33 000
　　应交税费——应交增值税（进项税额） 4 290
　贷：银行存款 37 290

例 4-30　甲公司购入不需要安装的设备一台，增值税专用发票上注明的价款为 280 000 元，增值税税额为 36 400 元。款项尚未支付。

甲公司应编制如下会计分录。

借：固定资产 280 000
　　应交税费——应交增值税（进项税额） 36 400
　贷：应付账款 316 400

例 4-31　甲农产品加工企业购进免税农产品一批，买价为 100 000 元。取得合法的扣税凭证，增值税税率（扣除率）为 9%。货物已验收入库并作为原材料核算，价款尚未支付。

甲企业应编制如下会计分录。

购进免税农产品进项税额＝购买价款×扣除率＝100 000×9%＝9 000（元）

借：原材料 91 000
　　应交税费——应交增值税（进项税额） 9 000
　贷：应付账款 100 000

按照增值税有关政策的规定，纳税人购进用于生产销售或委托加工 13% 税率货物的农产品按 10% 的扣除率计算进项税额。因此，其农产品在生产领用当期，应计算当期可加计扣除的农产品进项税额。其计算公式为：

加计扣除农产品进项税额＝当期生产领用农产品已按 9% 税率（扣除率）抵扣税额÷9%×（10%－9%）

如例 4-31 甲农产品加工企业，当生产领用该批农产品时，应编制如下会计分录。

加计扣除农产品进项税额＝9 000÷9%×（10%－9%）＝1 000（元）

借：生产成本——基本生产成本 90 000
　　应交税费——应交增值税（进项税额） 1 000
　贷：原材料 91 000

例 4-32　乙企业生产车间委托外单位修理机器设备，增值税专用发票上注明修理费用为 10 000 元，增值税税额为 1 300 元。款项已用银行存款支付。

乙企业应编制如下会计分录。

借：管理费用 10 000
　　应交税费——应交增值税（进项税额） 1 300
　贷：银行存款 11 300

例4-33 2019年6月10日，甲公司购进一幢简易办公楼，并于当月投入使用。6月25日，甲公司取得该办公楼的增值税专用发票并认证相符。发票上注明的价款为800 000元，增值税税额为72 000元。款项已用银行存款支付。假定不考虑其他相关因素。

甲公司应编制如下会计分录。

借：固定资产　　　　　　　　　　　　　　　　　　　　800 000
　　应交税费——应交增值税（进项税额）　　　　　　　　72 000
　　贷：银行存款　　　　　　　　　　　　　　　　　　　　　872 000

如果企业购入货物等不能取得增值税专用发票，则发生的增值税应计入相关资产成本，借记"材料采购"或"在途物资""固定资产"等科目，贷记"银行存款"等科目。

（2）"进项税额转出"专栏

"进项税额转出"专栏记录一般纳税人购进货物、加工修理修配劳务、服务、无形资产或不动产等发生非正常损失及因其他原因而不得从销项税额中抵扣、按规定转出的进项税额。下列项目的进项税额不得从销项税额中抵扣。

① 用于简易计税方法计税项目、免征增值税项目、集体福利或个人消费（纳税人的交际应酬消费属于个人消费）的购进货物、加工修理修配劳务、服务、无形资产和不动产。其中，涉及的固定资产、无形资产、不动产，仅指专用于上述项目的固定资产、无形资产（不包括其他权益性无形资产）、不动产。

② 非正常损失的购进货物，以及相关的加工修理修配劳务和交通运输服务。

③ 非正常损失的在产品、产成品所耗用的购进货物（不包括固定资产）、加工修理修配劳务和交通运输服务。

④ 非正常损失的不动产，以及该不动产所耗用的购进货物、设计服务和建筑服务。

⑤ 非正常损失的不动产在建工程（纳税人新建、改建、扩建、修缮、装饰不动产，均属于不动产在建工程）所耗用的购进货物、设计服务和建筑服务。

⑥ 购进的贷款服务、餐饮服务、居民日常服务和娱乐服务。

⑦ 财政部和国家税务总局规定的其他情形。

提示4-2

现行增值税制度定义的固定资产，是指使用期限超过12个月的机器、机械、运输工具及其他同生产经营有关的设备、工具、器具等有形动产。

非正常损失是指因管理不善造成货物被盗、丢失、霉烂变质，以及因违反法律法规造成货物或不动产被依法没收、销毁、拆除的情形。

企业购进货物、加工修理修配劳务、服务、无形资产或不动产，用于简易计税方法计税项目、免征增值税项目、集体福利或个人消费等，其进项税额按照现行增值税制度规定不得从销项税额中抵扣的，取得增值税专用发票时，应借记相关成本费用或资产科目，借记"应交税费——待认证进项税额"科目，贷记"银行存款""应付账款"等科目；经税务机关认证后，先转入"进项税额"，借记"应交税费——应交增值税（进项税额）"科目，贷记"应交税费——待认证进项税额"科目；按现行增值税制度规定转出时，应借记相关成本费用或资产科目，贷记"应交税费——应交增值税（进项税额转出）"科目。

因发生非正常损失或改变用途等，原已计入进项税额，但按现行增值税制度规定不得从销项税额中抵扣的,借记"待处理财产损溢""应付职工薪酬""固定资产""无形资产"等科目,贷记"应交税费——应交增值税(进项税额转出)"科目;原不得抵扣且未抵扣进项税额的固定资产、无形资产等,因改变用途等用于允许抵扣进项税额的应税项目的,应按允许抵扣的进项税额,借记"应交税费——应交增值税(进项税额)"科目,贷记"固定资产""无形资产"等科目。固定资产、无形资产等经上述调整后,应按调整后的账面价值在剩余尚可使用寿命内计提折旧或摊销。

例 4-34 甲公司的成品仓库因意外火灾毁损产成品一批,实际成本为 40 000 元。经确认,其外购材料的增值税税额为 2 600 元。

甲公司应编制如下会计分录。

借:待处理财产损溢	42 600
贷:库存商品	40 000
应交税费——应交增值税(进项税额转出)	2 600

例 4-35 乙企业领用一批外购原材料用于职工福利消费。该批原材料成本为 5 000 元,购入时支付的增值税税额为 650 元。

乙企业应编制如下会计分录。

借:应付职工薪酬——职工福利	5 650
贷:原材料	5 000
应交税费——应交增值税(进项税额转出)	650

例 4-36 甲公司自建非生产经营用不动产领用原材料一批,实际成本为 60 000 元,购进该批原材料时已计入的进项税额为 7 800 元。

甲公司应编制如下会计分录。

借:在建工程	67 800
贷:原材料	60 000
应交税费——应交增值税(进项税额转出)	7 800

(3)"销项税额"专栏

"销项税额"专栏记录一般纳税人销售货物、加工修理修配劳务、服务、无形资产或不动产应收取的增值税税额。

企业销售货物、加工修理修配劳务、服务、无形资产或不动产,应当按应收或已收的金额,借记"应收账款""应收票据""银行存款"等科目;按取得的收入金额,贷记"主营业务收入""其他业务收入""固定资产清理"等科目,按现行增值税制度规定计算的销项税额(或采用简易计税方法计算的应纳增值税税额),贷记"应交税费——应交增值税(销项税额)"或"应交税费——简易计税"科目。发生销售退回的,应根据按规定开具的红字增值税专用发票做相反的会计分录。

按照国家统一的会计制度确认收入或利得的时点早于按照增值税制度确认增值税纳税义务发生时点的,应将相关销项税额计入"应交税费——待转销项税额"科目,待实际发生纳税义务时再转入"应交税费——应交增值税(销项税额)"或"应交税费——简易计税"科目。

按照增值税制度确认增值税纳税义务发生时点早于按照国家统一的会计制度确认收入或利得的时点的,应将应纳增值税额,借记"应收账款"科目,贷记"应交税费——应交增值税(销项税额)"或"应交税费——简易计税"科目。按照国家统一的会计制度确认收入或利得时,应按扣除增值税销项税额后的金额确认收入。

例 4-37 甲公司销售产品一批,不含税价款为 200 000 元,按规定应收取增值税税额 26 000 元。货款尚未收到。

甲公司应编制如下会计分录。

借:应收账款	226 000
贷:主营业务收入	200 000
应交税费——应交增值税(销项税额)	26 000

例 4-38 甲公司对外销售包装物一批,销售收入为 7 000 元,增值税税额为 910 元。款项已收到存入银行。

甲公司应编制如下会计分录。

借:银行存款	7 910
贷:其他业务收入	7 000
应交税费——应交增值税(销项税额)	910

例 4-39 乙企业为外单位代加工办公桌 600 个,每个收取加工费 300 元,适用的增值税税率为 13%。加工完成已交付,款项收到并存入银行。

乙企业应编制如下会计分录。

借:银行存款	203 400
贷:主营业务收入	180 000
应交税费——应交增值税(销项税额)	23 400

现行增值税制度规定,对于企业将自产、委托加工或购买的货物用于对外投资、分配给股东或投资者、无偿赠送他人,将自产、委托加工的货物用于不得抵扣进项税额的项目、集体福利或个人消费,应视同销售货物,计算应交增值税。

企业发生税法上视同销售的行为,应当按照企业会计准则制度相关规定进行相应的会计处理,并按照现行增值税制度规定计算的销项税额(或采用简易计税方法计算的应纳增值税税额),借记有关科目,贷记"应交税费——应交增值税(销项税额)"或"应交税费——简易计税"科目。视同销售行为在会计处理上,又分别有以下两种情况。

① 对于税法上视同销售行为,会计上不属于销售行为的,只计算应交增值税,不确认销售收入。如果将自产或委托加工的货物用于不得抵扣进项税额的项目或无偿赠送他人等,则按领用自产或委托加工货物的成本与按计税价格计算的增值税之和借记"在建工程""营业外支出"等科目;按领用自产或委托加工货物的成本贷记"库存商品"科目,按计税价格计算的增值税贷记"应交税费——应交增值税(销项税额)"科目。

例 4-40 甲企业将自己生产的产品用于自行建造职工俱乐部,该产品的实际成本为 300 000 元,计税价格为 450 000 元,适用增值税税率为 13%。

第四章 流动负债的确认和计量

甲企业应编制如下会计分录。

借：在建工程　　　　　　　　　　　　　　　　　　　　358 500
　　贷：库存商品　　　　　　　　　　　　　　　　　　　　300 000
　　　　应交税费——应交增值税（销项税额）　　　　　　 58 500

【思考4-3】如果将自产或委托加工的货物用于应税项目的动产在建工程或不动产在建工程，是否也需要计算销项税额？为什么？

例4-41　甲公司对外捐赠一批产品，实际成本为60 000元，计税价格为100 000元，适用增值税税率为13%。

甲公司应编制如下会计分录。

借：营业外支出　　　　　　　　　　　　　　　　　　　　73 000
　　贷：库存商品　　　　　　　　　　　　　　　　　　　　60 000
　　　　应交税费——应交增值税（销项税额）　　　　　　 13 000

② 对于税法上视同销售行为，会计上也属于销售行为的，除计算应交增值税外，应确认主营业务收入并同时结转成本。如果将自产或委托加工的货物用于职工福利、对外投资、分配给股东或投资者等，则按领用自产或委托加工货物的计税价格与增值税之和借记"应付职工薪酬""长期股权投资""应付股利"等科目；按领用自产或委托加工货物的计税价格贷记"主营业务收入"科目，按计税价格计算的增值税贷记"应交税费——应交增值税（销项税额）"科目。同时，按领用自产或委托加工货物的成本借记"主营业务成本"科目，贷记"库存商品"科目。

例4-42　乙企业下设的职工食堂享受企业提供的补贴，本月领用自产产品一批。该批产品的实际成本为40 000元，市场价格为60 000元（不含增值税），适用的增值税税率为13%。

乙企业应编制如下会计分录。

借：应付职工薪酬——职工福利　　　　　　　　　　　　 67 800
　　贷：主营业务收入　　　　　　　　　　　　　　　　　 60 000
　　　　应交税费——应交增值税（销项税额）　　　　　　 7 800
借：主营业务成本　　　　　　　　　　　　　　　　　　　 40 000
　　贷：库存商品　　　　　　　　　　　　　　　　　　　　40 000

企业将自产的产品发放给职工作为福利，会计上视同销售并确认销售收入，参见例4-25。

【思考4-4】对于税法上的视同销售行为，会计处理上有的应确认销售收入，有的则不确认销售收入，所依据的标准是什么？

（4）"销项税额抵减"专栏

"销项税额抵减"专栏记录一般纳税人按照现行增值税制度规定因扣减销售额而减少的销项税额。其会计处理参见例4-47。

（5）"已交税金"专栏

"已交税金"专栏记录一般纳税人当月已交纳的应交增值税税额。企业交纳当月应交的增值税，借记"应交税费——应交增值税（已交税金）"科目，贷记"银行存款"科目。

149

例 4-43 甲公司以银行存款交纳本月增值税 150 000 元。

甲公司应编制如下会计分录。

借：应交税费——应交增值税（已交税金） 150 000
　　贷：银行存款 150 000

（6）"转出未交增值税"或"转出多交增值税"专栏

"转出未交增值税"或"转出多交增值税"专栏分别记录一般纳税人月度终了转出当月应交未交或多交的增值税税额。月度终了，企业应当将当月应交未交或多交的增值税自"应交增值税"明细科目转入"未交增值税"明细科目。对于当月应交未交的增值税，借记"应交税费——应交增值税（转出未交增值税）"科目，贷记"应交税费——未交增值税"科目；对于当月多交的增值税，借记"应交税费——未交增值税"科目，贷记"应交税费——应交增值税（转出多交增值税）"科目。

例 4-44 甲公司 2019 年 3 月发生销项税额 96 670 元，进项税额转出 15 350 元，进项税额 33 270 元，已交增值税 50 000 元。假定不考虑其他因素，甲公司"应交税费——应交增值税"科目的月末余额为 28 750 [（96 670+15 350）－（33 270+50 000）] 元。

该月末余额在贷方，对于当月应交未交的增值税，甲公司应编制如下会计分录。

借：应交税费——应交增值税（转出未交增值税） 28 750
　　贷：应交税费——未交增值税 28 750

2．"未交增值税"明细科目

"未交增值税"明细科目核算一般纳税人月度终了从"应交增值税"或"预交增值税"明细科目转入当月应交未交、多交或预交的增值税税额，以及当月交纳以前期间未交的增值税税额。企业交纳以前期间未交的增值税，借记"应交税费——未交增值税"科目，贷记"银行存款"科目。

例 4-45 承例 4-44，2019 年 4 月 10 日，甲公司向主管税务机关申报缴纳 3 月份应交未交增值税 28 750 元。

甲公司应编制如下会计分录。

借：应交税费——未交增值税 28 750
　　贷：银行存款 28 750

按照深化增值税改革有关政策的规定，自 2019 年 4 月 1 日至 2021 年 12 月 31 日，允许生产、生活性服务业（邮政服务、电信服务、现代服务、生活服务）取得销售额占全部销售额的比重超过 50% 的纳税人按照当期可抵扣进项税额加计 10%，抵减应纳税额（称之为加计抵减政策），其计算公式为：

当期计提加计抵减额＝当期可抵扣进项税额×10%

当期可抵减加计抵减额＝上期末加计抵减额余额＋当期计提加计抵减额－当期调减加计抵减额

当期可抵减加计抵减额抵减应纳税额后，未抵减完的当期可抵减加计抵减额，结转下期继续抵减。纳税人确定适用加计抵减政策后，当年内不再调整，以后年度是否适用，根据上年度销售额计算确定。纳税人出口货物劳务、发生跨境应税行为不适用加计抵减政策，其对应的进项税额不得计提加计抵减额。

纳税人应单独核算加计抵减额的计提、抵减、调减、结余等变动情况。实际缴纳增值税时，按应纳税额借记"应交税费——未交增值税"等科目,按实际纳税金额贷记"银行存款"科目,按加计抵减的金额贷记"其他收益"科目。

按照深化增值税改革有关政策的规定,自 2019 年 4 月 1 日起,试行增值税期末留抵税额退税制度。同时符合以下条件的纳税人,可以向主管税务机关申请退还增量留抵税额:①自 2019 年 4 月税款所属期起,连续六个月(按季纳税人,连续两个季度)增量留抵税额均大于零,且第六个月增量留抵税额不低于 50 万元;②纳税信用等级为 A 级或者 B 级;③申请退税前 36 个月未发生骗取留抵退税、出口退税或虚开增值税专用发票情形的;④申请退税前 36 个月未因偷税被税务机关处罚两次及以上的;⑤自 2019 年 4 月 1 日起未享受即征即退、先征后返(退)政策的。

增量留抵税额,是指与 2019 年 3 月底相比新增加的期末留抵税额。纳税人当期允许退还的增量留抵税额,按照以下公式计算。

$$允许退还的增量留抵税额 = 增量留抵税额 \times 进项构成比例 \times 60\%$$

进项构成比例,为 2019 年 4 月至申请退还前一税款所属期内已抵扣的增值税专用发票(含税控机动车销售统一发票)、海关进口增值税专用缴款书、解缴税款完税凭证注明的增值税额占同期全部已抵扣进项税额的比重。

纳税人应在增值税申报期内,向主管税务机关申请退还留抵税额。按照规定再次满足退税条件的,可以继续向主管税务机关申请退还留抵税额,但上述条件①规定的连续期间,不得重复计算。纳税人取得退还的留抵税额后,应相应调减当期留抵税额,借记"银行存款"科目,贷记"应交税费——应交增值税(进项税额转出)"科目。

3. "预交增值税"明细科目

"预交增值税"明细科目核算一般纳税人转让不动产、提供不动产经营租赁服务、提供建筑服务、采用预收款方式销售自行开发的房地产项目等,以及其他按现行增值税制度规定应预交的增值税税额。

企业预交增值税时,借记"应交税费——预交增值税"科目,贷记"银行存款"科目。月末,企业应将"预交增值税"明细科目余额转入"未交增值税"明细科目,借记"应交税费——未交增值税"科目,贷记"应交税费——预交增值税"科目。房地产开发企业等在预交增值税后,应直至纳税义务发生时方可从"应交税费——预交增值税"科目结转至"应交税费——未交增值税"科目。

4. "待认证进项税额"明细科目

"待认证进项税额"明细科目核算一般纳税人由于未经税务机关认证而不得从当期销项税额中抵扣的进项税额。它包括:一般纳税人已取得增值税扣税凭证,按照现行增值税制度规定准予从销项税额中抵扣,但尚未经税务机关认证的进项税额;一般纳税人已申请稽核但尚未取得稽核相符结果的海关缴款书进项税额。可参见第三章的例 3-21。

5. "待转销项税额"明细科目

"待转销项税额"明细科目核算一般纳税人销售货物、加工修理修配劳务、服务、无形资产或不动产,已确认相关收入(或利得)但尚未发生增值税纳税义务而需在以后期间确认为销项税额的增值税税额。可参见第七章的例 7-19、例 7-22 和例 7-27。

6. "简易计税"明细科目

"简易计税"明细科目核算一般纳税人采用简易计税方法发生的增值税计提、扣减、预交、缴纳等业务。可参见第三章的例 3-31、例 3-43、例 3-49 和例 3-50。

7. "转让金融商品应交增值税"明细科目

"转让金融商品应交增值税"明细科目核算增值税纳税人转让金融商品发生的增值税税额。可参见第二章的例 2-75。

(三)增值税小规模纳税人的账务处理

小规模纳税人应交增值税的核算采用简易的方法,即购进货物、接受应税劳务或服务等支付的增值税进项税额不予抵扣,直接计入有关货物或劳务的成本;销售货物、提供应税劳务或服务等,按不含税销售额和规定的征收率计算应交增值税,但不得开具增值税专用发票。

小规模纳税人只需在"应交税费"科目下设置"应交增值税"明细科目,不需要设置上述专栏及除"转让金融商品应交增值税""代扣代交增值税"外的明细科目。"应交税费——应交增值税"科目借方登记已交纳的增值税,贷方登记应交纳的增值税;期末贷方余额为尚未交纳的增值税,借方余额为多交纳的增值税。

小规模纳税人购买物资、服务、无形资产或不动产,取得增值税专用发票上注明的增值税应计入相关成本费用或资产,不通过"应交税费——应交增值税"科目核算。

例 4-46 某企业为小规模纳税人,本月购入原材料一批,增值税专用发票上注明的材料成本为 60 000 元,增值税税额为 7 800 元。款项均已付清,材料到达并已验收入库。该企业本月销售产品,含税价格为 51 500 元。货款尚未收到。增值税税率为 3%,以银行存款交纳增值税 1 500 元。

该企业应编制如下会计分录。

(1)购进原材料时

借:原材料	67 800
贷:银行存款	67 800

(2)销售产品时

不含税销售额=51 500÷(1+3%)=50 000(元)

应交增值税=50 000×3%=1 500(元)

借:应收账款	51 500
贷:主营业务收入	50 000
应交税费——应交增值税	1 500

(3)交纳增值税时

借:应交税费——应交增值税	1 500
贷:银行存款	1 500

需要注意的是:2019 年 1 月 1 日至 2021 年 12 月 31 日,增值税小规模纳税人的月销售额不超过 10 万元(以 1 个季度为 1 个纳税期的,季度销售额未超过 30 万元)的,免征增值税。

第四章 流动负债的确认和计量

检测 4-7　多项选择题

下列业务所支付的增值税，按规定能作为进项税额予以抵扣的有（　　　　）。

A．一般纳税人购入生产用原材料，取得增值税专用发票注明的增值税税额

B．小规模纳税人购入生产用原材料，取得增值税专用发票注明的增值税税额

C．一般纳税人购入生产用设备，取得增值税专用发票注明的增值税税额

D．一般纳税人支付委托加工物资的加工费，取得增值税专用发票注明的增值税税额

（四）增值税差额征税的账务处理

增值税差额征税是指增值税纳税人提供应税服务，以取得的应税服务全部价款和价外费用扣除其支付给规定范围纳税人的规定项目价款后的不含税销售额计征增值税。现行增值税制度规定可以差额征税的有金融商品转让、经纪代理服务、融资租赁及融资性售后租回业务、航空运输企业、客运场站服务、劳务派遣服务、旅游服务和建筑服务等。

1. 发生相关成本费用允许扣减销售额的账务处理

按现行增值税制度规定企业发生相关成本费用允许扣减销售额的，发生成本费用时，按应付或实际支付的金额，借记"主营业务成本"等科目，贷记"应付账款""银行存款"等科目。待取得合规增值税扣税凭证且纳税义务发生时，按照允许抵扣的税额，借记"应交税费——应交增值税（销项税额抵减）"或"应交税费——简易计税"科目（小规模纳税人应借记"应交税费——应交增值税"科目），贷记"主营业务成本"等科目。

例 4-47　甲旅游企业为增值税一般纳税人，选择差额征税的方式，适用增值税税率为 6%。2019 年 5 月，向旅游服务购买方收取的含税价款为 530 000 元，款项已存入银行。本月支付给其他接团旅游企业的旅游费用和其他单位相关费用为 424 000 元。其中，允许扣减销售额而减少的销项税额为 24 000 元。已取得合规增值税扣税凭证，款项已通过银行支付。

甲旅游企业应编制如下会计分录。

（1）采用总额法确认提供旅游服务收入时

增值税销项税额＝530 000÷（1+6%）×6%＝30 000（元）

借：银行存款	530 000
贷：主营业务收入	500 000
应交税费——应交增值税（销项税额）	30 000

（2）支付给接团企业和其他单位相关费用时

借：主营业务成本	424 000
贷：银行存款	424 000

（3）按规定允许抵扣销项税额时

借：应交税费——应交增值税（销项税额抵减）	24 000
贷：主营业务成本	24 000

例 4-48　乙旅游企业为小规模纳税人，选择差额征税的方式，适用增值税税率为 3%。2019 年 6 月，向旅游服务购买方收取的含税价款为 515 000 元，款项已存入银行。本月支付给

其他接团旅游企业的旅游费用和其他单位相关费用为 412 000 元。其中，允许扣减销售额而减少的增值税税额为 12 000 元。已取得合规增值税扣税凭证，款项已通过银行支付。

乙旅游企业应编制如下会计分录。

（1）采用总额法确认提供旅游服务收入时

应交增值税＝515 000÷（1＋3%）×3%＝15 000（元）

借：银行存款	515 000
贷：主营业务收入	500 000
应交税费——应交增值税	15 000

（2）支付给接团企业和其他单位相关费用时

借：主营业务成本	412 000
贷：银行存款	412 000

（3）按规定允许抵扣增值税税额时

借：应交税费——应交增值税	12 000
贷：主营业务成本	12 000

2. 金融商品转让按以盈亏相抵后的余额作为销售额的账务处理

金融商品转让按照卖出价扣除买入价后的余额为销售额。转让金融商品出现的正负差，按盈亏相抵后的余额为销售额。如果相抵后出现负差，可结转至下一纳税期与下期转让金融商品销售额相抵，但年末时仍出现负差的，不得转入下一个会计年度。金融商品的买入价，可以选择按照加权平均法或移动加权平均法进行核算，选择后 36 个月内不得变更。

金融商品实际转让月末，如果产生转让收益，则按应纳税额借记"投资收益"等科目，贷记"应交税费——转让金融商品应交增值税"科目，参见第二章的例 2-75；如果产生转让损失，则按可结转下月抵扣税额，借记"应交税费——转让金融商品应交增值税"科目，贷记"投资收益"等科目。交纳增值税时，应借记"应交税费——转让金融商品应交增值税"科目，贷记"银行存款"科目。年末，本科目如果有借方余额，则借记"投资收益"等科目，贷记"应交税费——转让金融商品应交增值税"科目。金融商品转让，不得开具增值税专用发票。

二、应交消费税的确认和计量

消费税是指在我国境内生产、委托加工和进口应税消费品的单位和个人，按其流转额交纳的一种税。消费税与增值税不同，属于价内税，即销售收入中包含消费税。也就是说，消费税应由销售收入来补偿。消费税有从价定率和从量定额两种征收方法。采取从价定率计征的消费税，以不含增值税的销售额为税基，按照规定的税率计算；采取从量定额计征的消费税，按照税法确定的应税消费品的数量和单位税额计算确定。

企业应在"应交税费"科目下设置"应交消费税"明细科目，核算应交消费税的发生和交纳情况。该科目借方登记已交纳的消费税，贷方登记应交纳的消费税；期末贷方余额为尚未交纳的消费税，借方余额为多交纳的消费税。

1. 销售应税消费品

企业销售应税消费品应交的消费税，按应纳税额借记"税金及附加"科目，贷记"应交税费——应交消费税"科目。实际交纳消费税时，借记"应交税费——应交消费税"科目，贷记"银行存款"科目。

例4-49 某企业销售所生产的应税消费品一批，价款为 220 000 元（不含增值税），适用的消费税税率为40%。

该企业应编制如下会计分录。

应交消费税＝220 000×40%＝88 000（元）

借：税金及附加	88 000
贷：应交税费——应交消费税	88 000

2. 自产自用应税消费品

企业将自产的应税消费品用于在建工程、集体福利、对外投资、分配给股东或投资者，或者无偿捐赠给他人等，均应视同销售，按规定计算应交纳的消费税。企业自产自用应税消费品时，按规定计算应交纳的消费税，借记"在建工程""应付职工薪酬"等科目，贷记"应交税费——应交消费税"科目。

例4-50 某一般纳税人将其生产的一批应税消费品用于在建工程。该批产品的计税价格为 63 000 元，实际成本为 50 000 元，消费税税率为10%。不考虑其他相关税费。

该企业应编制如下会计分录。

借：在建工程	56 300
贷：库存商品	50 000
应交税费——应交消费税	6 300

例4-51 某企业将自产的一批应税消费品发放给职工作为福利。该批产品的实际成本为 20 000 元，市场价格为 30 000 元（不含增值税），适用的消费税税率为10%，增值税税率为13%。

该企业应编制如下会计分录。

借：应付职工薪酬——非货币性福利	33 900
税金及附加	3 000
贷：主营业务收入	30 000
应交税费——应交增值税（销项税额）	3 900
——应交消费税	3 000
借：主营业务成本	20 000
贷：库存商品	20 000

3. 委托加工应税消费品

企业委托外单位加工应税消费品，一般由应由受托方代收代缴消费税。

企业收回委托加工的应税消费品，如果用于连续生产应税消费品，受托方代收代缴的消费税按规定准予抵扣的，借记"应交税费——应交消费税"科目，贷记"银行存款"等科目。在企业最终销售应税消费品时，再根据其销售额计算应交的全部消费税，借记"税金及附加"科目，贷记"应交税费——应交消费税"科目。应交的全部消费税扣除收回委托加工应税消费品时受托方代收代缴的消费税，为应补交的消费税，缴纳消费税时，借记"应交税费——应交消费税"科目，贷记"银行存款"科目。

企业收回委托加工的应税消费品，如果直接用于销售，应将受托方代收代缴的消费税计入委托加工应税消费品的成本，借记"委托加工物资"等科目，贷记"银行存款"等科目。在应税消费品出售时，不必再计算缴纳消费税。

例 4-52 甲公司为一般纳税人，委托乙公司代为加工一批应交消费税的材料。甲公司发出材料的实际成本为 80 000 元，向乙公司支付加工费 5 000 元、增值税 650 元、由乙公司代收代缴的消费税 2 000 元。材料已经加工完成，并由甲公司验收入库，甲公司按实际成本进行材料的核算。

甲公司应编制如下会计分录。

（1）如果甲公司收回的委托加工物资用于继续生产应税消费品

① 甲公司发出材料时

| 借：委托加工物资 | 80 000 |
| 贷：原材料 | 80 000 |

② 支付加工费、增值税和消费税时

借：委托加工物资	5 000
应交税费——应交增值税（进项税额）	650
——应交消费税	2 000
贷：银行存款	7 650

③ 加工完成收回并验收入库时

| 借：原材料 | 85 000 |
| 贷：委托加工物资 | 85 000 |

（2）如果甲公司收回的委托加工物资直接用于对外销售

① 甲公司发出材料时

| 借：委托加工物资 | 80 000 |
| 贷：原材料 | 80 000 |

② 支付加工费、增值税和消费税时

借：委托加工物资	7 000
应交税费——应交增值税（进项税额）	650
贷：银行存款	7 650

③ 加工完成收回并验收入库时

| 借：原材料或库存商品 | 87 000 |
| 贷：委托加工物资 | 87 000 |

检测 4-8 单项选择题

A企业委托 B 企业加工材料一批。发出材料实际成本为 8 000 元，支付加工费 5 000 元、增值税 650 元、消费税 850 元。如果 A 公司收回的委托加工物资直接用于对外销售，则加工完成收回入库的材料成本应为（　　）元。

A. 13 000　　B. 13 650　　C. 13 850　　D. 14 500

第四章 流动负债的确认和计量

4. 进口应税消费品

企业进口应税消费品在进口环节应交纳的消费税,计入该项消费品的成本,借记"材料采购""固定资产"等科目,贷记"银行存款"等科目。

三、其他应交税费的确认和计量

(一)应交资源税

资源税是对在我国领土及管辖海域开采矿产品或生产盐的单位和个人征收的税。资源税应纳税额按照应税产品的销售额或者销售数量乘以适用的比例税率或定额税率计算。开采或生产应税产品,自用于连续生产应税产品的,不交纳资源税;自用于其他方面的,视同销售,应交纳资源税。

企业对外销售应税产品,按规定计算应交纳的资源税,借记"税金及附加"科目,贷记"应交税费——应交资源税"科目;企业自产自用应税产品应交纳的资源税,借记"生产成本""制造费用"等科目,贷记"应交税费——应交资源税"科目。实际交纳资源税时,借记"应交税费——应交资源税"科目,贷记"银行存款"科目。

例4-53 某企业对外销售某种应税矿产品5 000吨,每吨应交资源税5元。

在计算应交资源税时,该企业应编制如下会计分录。

借:税金及附加　　　　　　　　　　　　　　　　　　　　25 000
　　贷:应交税费——应交资源税　　　　　　　　　　　　　　25 000

例4-54 某企业将自产的应税矿产品300吨用于企业的产品生产,每吨应交资源税5元。

在计算应交资源税时,该企业应编制如下会计分录。

借:生产成本　　　　　　　　　　　　　　　　　　　　　1 500
　　贷:应交税费——应交资源税　　　　　　　　　　　　　　1 500

(二)应交城市维护建设税

城市维护建设税是以增值税、营业税为计税依据征收的一种税。其纳税人为交纳增值税、消费税的单位和个人,税率因纳税人所在地不同实现差别税率。其计算公式为:

$$应纳税额=(应交增值税+应交消费税)\times 适用税率$$

企业应交的城市维护建设税,借记"税金及附加"等科目,贷记"应交税费——应交城市维护建设税"科目。实际交纳时,借记"应交税费——应交城市维护建设税"科目,贷记"银行存款"科目。

例4-55 甲公司2019年5月实际应交增值税为120 000元,应交消费税50 000元。该公司适用的城市维护建设税税率为7%。

甲公司应编制如下会计分录。

(1)计算应交的城市维护建设税时

应交的城市维护建设税=(120 000+50 000)×7%=11 900(元)

借:税金及附加　　　　　　　　　　　　　　　　　　　　11 900
　　贷:应交税费——应交城市维护建设税　　　　　　　　　　11 900

（2）用银行存款交纳城市维护建设税时

借：应交税费——应交城市维护建设税　　　　　　　　　　　　　11 900

　　贷：银行存款　　　　　　　　　　　　　　　　　　　　　　　11 900

（三）应交教育费附加

教育费附加是为了发展教育事业而向企业征收的附加费用，企业按应交流转税的一定比例计算交纳。应交教育费附加的计算方法与应交城市维护建设税的计算方法相同。

企业应交的教育费附加，借记"税金及附加"等科目，贷记"应交税费——应交教育费附加"科目。实际交纳时，借记"应交税费——应交教育费附加"科目，贷记"银行存款"科目。

例4-56 承例4-55，计算并交纳甲公司当月应交的教育费附加。教育费附加征收率为3%，地方教育附加征收率为2%。

甲公司应编制如下会计分录。

（1）计算应交的教育费附加时

应交的教育费附加=（120 000+50 000）×5%=8 500（元）

借：税金及附加　　　　　　　　　　　　　　　　　　　　　　　8 500

　　贷：应交税费——应交教育费附加　　　　　　　　　　　　　　8 500

（2）用银行存款交纳教育费附加时

借：应交税费——应交教育费附加　　　　　　　　　　　　　　　8 500

　　贷：银行存款　　　　　　　　　　　　　　　　　　　　　　　8 500

（四）应交土地增值税

土地增值税是指对在我国境内有偿转让土地使用权及地上建筑物和其他附着物产权的单位与个人，就其土地增值额征收的一种税。

企业应交的土地增值税视情况记入不同科目：企业转让的土地使用权连同地上建筑物及其附着物一并在"固定资产"科目核算的，转让时应交的土地增值税，借记"固定资产清理"科目，贷记"应交税费——应交土地增值税"科目；土地使用权在"无形资产"科目核算的，按实际收到的金额，借记"银行存款"科目，按应交的土地增值税，贷记"应交税费——应交土地增值税"科目，同时冲销土地使用权的账面价值，借记"累计摊销"和"无形资产减值准备"科目，贷记"无形资产"等科目；按其差额，借记"营业外支出"科目或贷记"营业外收入"科目。房地产开发经营企业销售房地产应交纳的土地增值税，借记"税金及附加"科目，贷记"应交税费——应交土地增值税"科目。实际交纳土地增值税时，借记"应交税费——应交土地增值税"科目，贷记"银行存款"科目。

例4-57 某企业对外转让一栋办公楼，根据税法规定计算的应交土地增值税为66 000元。

该企业应编制如下会计分录。

（1）计算应交纳的土地增值税时

借：固定资产清理　　　　　　　　　　　　　　　　　　　　　　66 000

　　贷：应交税费——应交土地增值税　　　　　　　　　　　　　　66 000

（2）用银行存款交纳土地增值税时

借：应交税费——应交土地增值税 66 000
　　贷：银行存款 66 000

（五）应交房产税、土地使用税、车船税、环境保护税和矿产资源补偿费

① 房产税。房产税是国家对在城市、县城、建制镇和工矿区征收的由产权所有人交纳的一种税。房产税以房产为征税对象，以房产的计税余值或租金收入为计税依据，其计税方法有以下两种。

第一，按照房产计税余值征税的，称为从价计征。其计算公式为：

$$应纳税额＝房产原值\times（1-原值减除率）\times适用税率$$

第二，按照房产租金收入征税的，称为从租计征。其计算公式为：

$$应纳税额＝租金收入\times适用税率$$

② 土地使用税。土地使用税是国家为了合理利用城镇土地，调节土地级差收入，提高土地使用效益，加强土地管理而开征的一种税。它以纳税人实际占用的土地面积为计税依据，依据规定税额计算征收。土地使用税应纳税额的计算公式为：

$$应纳税额＝计税土地面积\times适用税率$$

③ 车船税。车船税是对行驶于我国境内公共道路的车辆，航行于国内河流、湖泊或领海的船舶，按其种类、吨位和规定税额计算征收的一种税。车船税根据不同类型的车船及其适用的计税标准分别计算应纳税额。

④ 环境保护税。环境保护税是国家为了保护和改善环境，减少污染物排放，推进生态文明建设，对我国领域和所管辖的其他海域，直接向环境排放应税污染物的企事业单位和其他生产经营者征收的一种税。应税大气污染物和水污染物的应纳税额为污染当量数乘以具体适用税额，应税固体废物的应纳税额为固体废物排放量乘以具体适用税额，应税噪声的应纳税额为超标的分贝数对应的具体适用税额。

⑤ 矿产资源补偿费。矿产资源补偿费是对在我国领土和管辖海域开采矿产资源而征收的费用。矿产资源补偿费按照矿产品销售收入的一定比例计征，由采矿人交纳。

企业应交的房产税、土地使用税、车船税、环境保护税和矿产资源补偿费，借记"税金及附加"科目，贷记"应交税费——应交房产税（或应交土地使用税、应交车船税、应交环境保护税、应交矿产资源补偿费）"科目。

需要注意的是：2019年1月1日至2021年12月31日，对增值税小规模纳税人，可以在50%的税额幅度内减征"六税两费"，即资源税、城市维护建设税、房产税、城镇土地使用税、印花税、耕地占用税和教育费附加、地方教育附加。

（六）应交个人所得税

企业按规定计算的代扣代交的职工个人所得税，借记"应付职工薪酬"科目，贷记"应交税费——应交个人所得税"科目。企业交纳个人所得税时，借记"应交税费——应交个人所得税"科目，贷记"银行存款"等科目。

例4-58 甲公司结算本月应付职工工资总额中代扣职工个人所得税共计50 000元。

甲公司应编制如下会计分录。

借：应付职工薪酬——工资 50 000
　　贷：应交税费——应交个人所得税 50 000

第五节　应付股利及其他应付款

一、应付股利

应付股利是指企业根据股东大会或者类似机构审议批准的利润分配方案确定分配给投资者的现金股利或利润。企业应当设置"应付股利"科目,核算企业确定或者宣告支付但尚未实际支付的现金股利或利润。该科目借方登记实际支付的现金股利或利润,贷方登记应支付的现金股利或利润;期末贷方余额反映企业应付未付的现金股利或利润。本科目可按投资者进行明细核算。

企业根据股东大会或类似机构审议批准的利润分配方案,确认应付给投资者的现金股利或利润时,借记"利润分配——应付现金股利或利润"科目,贷记"应付股利"科目;向投资者实际支付现金股利或利润时,借记"应付股利"科目,贷记"银行存款"等科目。

需要说明的是,企业董事会或者类似机构通过的利润分配方案中拟分配的现金股利或利润,不做账务处理,不作为应付股利核算,但应在附注中披露。企业分配的股票股利不通过"应付股利"科目核算。

例4-59　甲有限责任公司有A、B、C三个股东,分别占注册资本的30%、40%、30%。2018年度该公司实现净利润800 000元。经过股东会批准,决定2018年利润分配现金股利500 000元。股利已经用银行存款支付。

甲有限责任公司应编制如下会计分录。

借：利润分配——应付现金股利　　　　　　　　　　　　500 000
　　贷：应付股利——A股东　　　　　　　　　　　　　　150 000
　　　　　　　　——B股东　　　　　　　　　　　　　　200 000
　　　　　　　　——C股东　　　　　　　　　　　　　　150 000
借：应付股利——A股东　　　　　　　　　　　　　　　　150 000
　　　　　　——B股东　　　　　　　　　　　　　　　　200 000
　　　　　　——C股东　　　　　　　　　　　　　　　　150 000
　　贷：银行存款　　　　　　　　　　　　　　　　　　　500 000

二、其他应付款

其他应付款是指企业除应付票据、应付账款、预收账款、应付职工薪酬、应交税费、应付股利等经营活动以外的其他各项应付、暂收的款项。例如,应付经营租入固定资产和包装物租金、存入保证金、代扣职工个人承担的应交社会保险费和住房公积金、应付及暂收其他单位和个人的款项等。

企业应当设置"其他应付款"科目,核算其他应付款的增减变动及其结存情况。该科目借方登记偿还或转销的各种应付、暂收款项,贷方登记发生的各种应付、暂收款项;期末贷方余额反映企业应付未付的其他应付款项。本科目可按其他应付款的项目和对方单位或个人进行明细核算。

第四章 流动负债的确认和计量

企业发生各种其他应付、暂收款项时，借记"管理费用""制造费用""银行存款"等科目，贷记"其他应付款"科目；支付或退回各种其他应付、暂收款项时，借记"其他应付款"科目，贷记"银行存款"等科目。

例 4-60 甲公司从 2019 年 4 月 1 日起，以经营租赁方式租入管理用办公设备一批，每月支付租金 6 000 元。增值税税额为 780 元，按季支付。6 月 30 日，甲公司以银行存款支付本季度租金，并取得增值税专用发票。

甲公司应编制如下会计分录。

（1）4 月 30 日计提应付租入固定资产租金时

借：管理费用　　　　　　　　　　　　　　　　　　　　　　　6 000
　　贷：其他应付款　　　　　　　　　　　　　　　　　　　　　　　6 000

5 月末计提应付租入固定资产租金的会计处理同上。

（2）6 月 30 日支付租金时

借：其他应付款　　　　　　　　　　　　　　　　　　　　　　12 000
　　管理费用　　　　　　　　　　　　　　　　　　　　　　　　6 000
　　应交税费——应交增值税（进项税额）　　　　　　　　　　　2 340
　　贷：银行存款　　　　　　　　　　　　　　　　　　　　　　　20 340

检测 4-9 多项选择题

下列项目中，属于其他应付款内容的有（　　　　）。
A. 职工未按期领取的工资　　　　B. 应付经营租入固定资产租金
C. 存入保证金　　　　　　　　　D. 应付、暂收所属单位或个人的款项

同步训练

一、单项选择题

1. 某企业为增值税一般纳税人。2019 年 5 月 10 日，生产经营不动产在建工程领用生产用原材料 150 000 元，增值税进项税额 19 500 元。该企业领用时，按照现行增值税制度规定，应记入"在建工程"科目的金额为（　　　）元。
　　A. 169 500　　　　B. 161 700　　　　C. 157 800　　　　D. 150 000

2. 按照现行增值税制度的规定，有形动产租赁服务适用的增值税税率为（　　　）。
　　A. 9%　　　　　　B. 13%　　　　　　C. 6%　　　　　　D. 10%

3. 甲、乙公司均为增值税一般纳税人，甲公司委托乙公司加工一批应交消费税的半成品，收回后用于连续生产应税消费品。甲公司发出原材料实际成本 210 万元，支付加工费 6 万元、增值税 0.78 万元、消费税 24 万元。假定不考虑其他相关税费，甲公司收回该半成品的入账价值为（　　　）万元。
　　A. 216　　　　　　B. 216.78　　　　C. 240　　　　　　D. 240.78

4. 某公司 2019 年 7 月 1 日向银行借入资金 60 万元，期限为 6 个月，年利率为 6%，到期还本，按月计提利息，按季付息。该企业 7 月 31 日应计提的利息为（　　　）万元。

A. 0.3   B. 0.6   C. 0.9   D. 3.6

5. 某饮料生产企业为增值税一般纳税人，年末将本企业生产的一批饮料发放给职工作为福利。该饮料市场售价为 12 万元（不含增值税），增值税适用税率为 13%，实际成本为 10 万元。假定不考虑其他因素，该企业应确认的应付职工薪酬为（　　）万元。

  A. 10   B. 11.3   C. 13.56   D. 12

6. 甲公司为增值税一般纳税人，委托外单位加工一批应交消费税的商品，以银行存款支付加工费 200 万元、增值税 26 万元、消费税 30 万元。该加工商品收回后将直接用于销售。甲公司支付上述相关款项时，应编制的会计分录是（　　）。

  A. 借：委托加工物资   256
    贷：银行存款   256

  B. 借：委托加工物资   230
    应交税费   26
    贷：银行存款   256

  C. 借：委托加工物资   200
    应交税费   56
    贷：银行存款   256

  D. 借：委托加工物资   256
    贷：银行存款   200
      应交税费   56

7. 企业发生赊购商品业务，下列各项中不影响应付账款入账金额的是（　　）。

  A. 商品价款   B. 增值税进项税额
  C. 现金折扣   D. 销货方代垫运杂费

8. 某股份公司 2019 年 4 月 1 日开出面值 200 000 元、6 个月到期的商业汇票，票面利率 5%。该商业汇票 6 月 30 日的账面价值为（　　）元。

  A. 202 500   B. 200 000   C. 210 000   D. 205 000

9. 某增值税小规模纳税企业本期购入原材料并验收入库，其采购取得的增值税专用发票上注明的原材料价格为 20 000 元，增值税税额为 2 600 元。该企业当期产品销售价（含税）为 20 600 元，增值税税率为 3%，则该企业当期应该交纳的增值税为（　　）元。

  A. 2 000   B. 618   C. 1 982   D. 600

10. 2019 年 6 月 10 日，A 公司从 B 公司购进材料一批，增值税专用发票上注明的价款为 800 000 元，增值税税额为 104 000 元。B 公司开出的现金折扣条件为 "2/10,1/20,N/30"。假定计算折扣时不考虑增值税。A 公司于 2019 年 6 月 26 日付清所欠 B 公司的货款，其付款金额为（　　）元。

  A. 888 000   B. 896 000   C. 894 960   D. 904 000

二、多项选择题

1. 下列各项交易或事项，应通过"其他应付款"科目核算的有（　　）。

  A. 客户存入的保证金   B. 应付股东的股利
  C. 应付租入包装物的租金   D. 预收购货单位的货款

第四章　流动负债的确认和计量

2．一般纳税人购进货物、加工修理修配劳务或服务、无形资产或不动产，因发生非正常损失或改变用途等，其进项税额转出时，贷记"应交税费——应交增值税（进项税额转出）"科目的对应科目可能有（　　）。
　　A．待处理财产损溢　　　　　B．应付职工薪酬
　　C．固定资产　　　　　　　　D．无形资产

3．企业销售商品交纳的下列各项税费，记入"税金及附加"科目的有（　　）。
　　A．车船税　　B．增值税　　C．教育费附加　　D．环境保护税

4．企业交纳的下列税金，应通过"应交税费"科目核算的有（　　）。
　　A．印花税　　B．耕地占用税　　C．房产税　　D．土地增值税

5．下列各项中，不属于"其他应付款"科目核算内容的是（　　）。
　　A．租入包装物支付的押金　　B．应付经营租入固定资产的租金
　　C．存出的保证金　　　　　　D．应为职工交付的社会保险费

6．下列各项中，应作为应付职工薪酬核算的有（　　）。
　　A．支付的工会经费　　　　　B．支付的职工教育经费
　　C．为职工支付的住房公积金　D．为职工无偿提供的医疗保健服务

7．下列各项中，不应记入"税金及附加"科目的有（　　）。
　　A．进口原材料应交的关税　　　　B．购进生产设备应支付的增值税
　　C．出售房屋建筑物应交的增值税　D．销售自产化妆品应交的消费税

8．下列各项中，应确认为应付职工薪酬的有（　　）。
　　A．非货币性福利　　　　　　　B．社会保险费和辞退福利
　　C．职工工资、福利费　　　　　D．工会经费和职工教育经费

9．下列经济业务需要计算增值税销项税额的有（　　）。
　　A．将自产产品用于集体福利设施建设
　　B．以库存商品或原材料对外投资
　　C．将自产产品对外捐赠
　　D．将自产产品用于生产设备安装

10．根据现行增值税制度规定，下列"应交税费"的明细科目，一般纳税人和小规模纳税人都需设置的有（　　）。
　　A．简易计税　　　　　　　　　B．应交增值税
　　C．转让金融商品应交增值税　　D．代扣代交增值税

三、判断题

1．"短期借款"科目只核算借款本金，不核算计提的应付未付利息。（　）
2．在会计实务中，开出并承兑的带息应付票据按其面值加应计利息入账。（　）
3．企业董事会或者类似机构通过的利润分配方案中拟分配的现金股利或利润，应确认为应付股利。（　）
4．一般纳税企业购进货物取得普通发票，其价款中所含的增值税税额应计入货物成本。（　）
5．企业按税法等规定计算的各种应交税费，均应通过"应交税费"科目核算。（　）

163

四、不定项选择题

甲企业为增值税一般纳税人，适用的增值税税率为13%。2019年4月1日，"应付职工薪酬"科目贷方余额为516 000元（全部为工资），2019年4月份发生的有关职工薪酬业务如下。

（1）1日，企业租入房屋4套供管理人员免费使用。月租金共计12 000元，每月末支付租金，企业于当月31日以银行存款支付本月租金12 000元，取得增值税普通发票。

（2）5日，从月初应付职工薪酬中扣除企业代扣由职工承担的个人所得税8 900元（尚未缴纳），为职工代垫的家庭医药费5 000元，通过银行转账实际发放工资502 100元。

（3）24日，企业以其生产的毛巾被作为福利发放给直接从事生产活动的职工。该批毛巾被市场售价总额为45 000元（不含税价格），成本总额为30 000元。

（4）31日，本月份各部门应付工资汇总结果如下表所示。

元

部 门	车间生产部门	车间管理部门	行政管理部门	销售部门	施工部门	合 计
金 额	258 000	29 700	63 400	74 100	59 800	485 000

假定该企业社会保险费的计提比例为工资总额的20%，住房公积金的计提比例为工资总额的15%。

要求： 根据上述资料，不考虑其他因素，分析回答第1至5题。

1. 根据资料（1），下列各项中，该企业会计处理正确的是（　　）。
   A. 借：管理费用　　　　　　　　　　　　　　12 000
       　贷：银行存款　　　　　　　　　　　　　　　12 000
   B. 借：管理费用　　　　　　　　　　　　　　12 000
       　贷：应付职工薪酬——非货币性福利　　　　　12 000
   C. 借：应付职工薪酬——非货币性福利　　　　12 000
       　贷：银行存款　　　　　　　　　　　　　　　12 000
   D. 借：应付职工薪酬——非货币性福利　　　　12 000
       　贷：管理费用　　　　　　　　　　　　　　　12 000

2. 根据资料（3），下列各项中，该企业会计处理结果正确的是（　　）。
   A. 库存商品减少45 000元　　　　B. 生产成本增加50 850元
   C. 制造费用增加35 850元　　　　D. 主营业务成本增加30 000元

3. 根据资料（2）至（4），下列项目中，应通过"应付职工薪酬"科目核算的是（　　）。
   A. 企业为职工缴纳的社会保险费　　B. 企业为职工家属代垫的医药费
   C. 企业为职工缴纳的住房公积金　　D. 企业将自产毛巾被作为福利发放给职工

4. 根据资料（4），下列各项中，该企业分配职工薪酬会计处理结果正确的是（　　）。
   A. 制造费用增加40 095元　　　　B. 管理费用增加85 590元
   C. 销售费用增加100 035元　　　　D. 管理费用增加125 685元

5. 根据期初及（1）至（4）资料，下列各项中，该企业4月份的职工薪酬会计处理结果正确的是（　　）。
   A. 本月应付职工薪酬分配记入"生产成本"科目的金额是399 150元
   B. 本月应付职工薪酬分配记入"在建工程"科目的金额是80 730元
   C. 本月应付职工薪酬分配记入"管理费用"科目的金额是97 590元
   D. 本月末"应付职工薪酬"科目贷方余额为654 750元

第四章 流动负债的确认和计量

五、计算分析题

1. 乙企业为增值税一般纳税人，适用的增值税税率为13%。2019年至2020年发生以下有关交易或事项。

（1）2019年1月1日，从银行借入短期借款150 000元，存入银行，用于经营周转。

（2）2019年1月31日，预提本月短期借款利息750元。

（3）2019年3月31日，以银行存款支付本季度银行借款利息2 250元，已预提1 500元。

（4）2019年10月1日，从B公司购入原材料200 000元，增值税税额为26 000元。开出一张期限为6个月、面值226 000元的票据。材料已入库，该企业材料按实际成本核算。

（5）2019年12月25日，将50台自产的V型厨房清洁器作为福利分配给本公司行政管理人员。该厨房清洁器每台生产成本为12 000元，市场售价为15 000元（不含增值税）。

（6）2020年4月1日，开给B公司应付票据到期，通过银行支付票据款226 000元。

（7）2020年5月5日，收到C公司预订产品的预付款50 000元，存入银行。

（8）2020年6月10日，将C公司预订的产品发出，价款为120 000元，增值税税额为15 600元，共计135 600元。

（9）2020年6月20日，收到C公司补付的货款85 600元。

（10）2020年6月30日，企业为下属25位部门经理每人配备汽车一辆免费使用。本月开始计提折旧，假定每辆汽车每月折旧额为800元。

要求：根据上述经济业务编制会计分录。（"应交税费"科目要求写出明细科目和专栏名称）

2. 甲企业为增值税一般纳税人，适用的增值税税率为13%。2019年5月发生以下经济业务。

（1）购入材料一批，价款为10 000元，增值税税额为1 300元，共计11 300元。以银行存款支付。材料已入库，该企业材料按实际成本核算。

（2）销售应交消费税的产品一批，价款为50 000元，增值税税额为6 500元，共计56 500元。收到款项送存银行。消费税税率为10%。

（3）将自产的一批产品用于在建工程（生产经营用房屋建筑物）。该批产品的成本为15 000元。

（4）购入一台不需要安装的机器设备，价款为90 000元，增值税税额为11 700元。款项已经以银行存款支付。

（5）在建工程（生产经营用房屋建筑物）领用原材料一批。其成本为30 000元，进项税额为3 900元。

（6）企业以自产的一批产品对外捐赠。该批产品的成本为40 000元，计税价格为60 000元。

（7）以银行存款交纳本月份应交的增值税税额15 000元。

要求：根据上述经济业务编制会计分录。（"应交税费"科目要求写出明细科目和专栏名称）

3. 甲公司委托外单位加工材料一批。原材料价款为300 000元，以银行存款支付加工费80 000元，支付增值税10 400元，支付由受托方代收代缴的消费税5 000元，材料已经加工完毕并验收入库。假定该企业材料采用实际成本核算。

要求：编制以下两种情况下，从发出材料委托加工到加工完毕收回的全部会计分录。（"应交税费"科目要求写出明细科目和专栏名称）

（1）委托方收回加工材料后用于继续生产应税消费品。

（2）委托方收回加工后的材料直接用于销售。

第五章

非流动负债的确认和计量

知识目标

掌握长期借款的核算方法；熟悉应付债券的核算方法；了解长期应付款的内容及确认和计量原则。

技能目标

能对各项非流动负债的确认进行职业判断；能正确运用确认和计量原则，对各项非流动负债的确认和计量进行会计处理。

非流动负债是指流动负债以外的负债，通常是指偿还期限在一年以上的债务。资产负债表中列示的非流动负债项目通常包括长期借款、应付债券、长期应付款和其他非流动负债等。

第一节 长期借款

一、长期借款的确认

长期借款是指企业从银行或其他金融机构借入的，偿还期限在一年以上（不含一年）的各种借款。长期借款一般用于固定资产的购建、改扩建工程、大修理工程、对外投资及为了保持长期经营能力等。它是企业长期负债的重要组成部分，必须加强管理与核算。

企业取得长期借款，必须按照银行规定的程序办理，一般要经过申请、审批、签订合同和划拨款项等步骤。企业在长期借款的使用期间，应按期支付利息、到期偿还本金。企业应当设置"长期借款"科目，核算长期借款的取得、计息和归还等情况。该科目借方登记本息的减少额，贷方登记长期借款本息的增加额；期末余额在贷方，表示企业尚未偿还的长期借款。本科目可按贷款单位和贷款种类，分别"本金"和"利息调整"等科目进行明细核算。其中，"本金"科目核算借款本金的增减变动；"利息调整"科目核算因合同利率与实际利率不一致而产生的实际收到款项与借款本金之间的差额及其摊销额。

二、长期借款的计量

长期借款的账务处理主要包括取得长期借款、发生利息、归还长期借款等环节。

（一）取得长期借款

企业借入长期借款，应按借款本金扣除相关手续费等费用后的实际收到金额，借记"银行存款"科目，贷记"长期借款——本金"科目；两者如有差额，还应借记"长期借款——利息调整"科目。

例 5-1 甲公司为增值税一般纳税人，于 2019 年 7 月 1 日从银行借入资金 1 000 000 元。借款期限为 2 年，年利率为 10%，每半年计息一次，利息于每年 1 月 1 日和 7 月 1 日支付。借入款项已存入银行。甲公司于当月用该借款购入不需安装的设备一台，增值税专用发票注明的价款及包装费为 824 000 元，增值税税额为 107 120 元。设备已于当月投入使用。

甲公司应编制如下会计分录。

（1）取得借款时

借：银行存款　　　　　　　　　　　　　　　　　　　　　1 000 000

　　贷：长期借款——本金　　　　　　　　　　　　　　　　1 000 000

（2）购入设备时

借：固定资产　　　　　　　　　　　　　　　　　　　　　　824 000

　　应交税费——应交增值税（进项税额）　　　　　　　　　107 120

　　贷：银行存款　　　　　　　　　　　　　　　　　　　　931 120

（二）发生长期借款利息

长期借款一般是分期付息、到期一次还本。长期借款的利息费用应当在资产负债表日按照实际利率计算确定，实际利率与合同利率差异较小的，也可以采用合同利率计算确定利息费用。长期借款按合同利率计算确定的应付未付利息，应记入"应付利息"科目。长期借款的利息费用应当按以下原则处理。

① 属于筹建期间发生的不符合资本化条件的利息费用，应计入管理费用，借记"管理费用"科目，贷记"应付利息"科目。

② 属于生产经营期间发生的不符合资本化条件的利息费用，应计入财务费用，借记"财务费用"科目，贷记"应付利息"科目。

③ 如果长期借款用于购建固定资产等符合资本化条件的资产，在资产尚未达到预定可使用或可销售状态前发生的利息费用应予以资本化，计入相关资产成本，借记"在建工程""生产成本""制造费用""研发支出"等科目，贷记"应付利息"科目；资产达到预定可使用或可销售状态后发生的利息费用应予以费用化，计入财务费用，借记"财务费用"科目，贷记"应付利息"科目。

链接 5-1

例 5-2 承例 5-1，甲公司于 2019 年 12 月 31 日计提长期借款利息。

甲公司应编制如下会计分录。

2019 年 12 月 31 日，计提下半年的借款利息＝1 000 000×10%÷2＝50 000（元）

借：财务费用　　　　　　　　　　　　　　　　　　　　　　50 000

　　贷：应付利息　　　　　　　　　　　　　　　　　　　　50 000

2020 年 6 月 30 日、2020 年 12 月 31 日、2021 年 6 月 30 日计提利息分录同上。

例 5-3 承例 5-2，甲公司于 2020 年 1 月 1 日支付 2019 年下半年利息。

甲公司应编制如下会计分录。

借：应付利息　　　　　　　　　　　　　　　　　　　　50 000
　　贷：银行存款　　　　　　　　　　　　　　　　　　　　50 000

2020年7月1日和2021年1月1日支付利息分录同上。

（三）归还长期借款

企业到期归还长期借款本金时，应借记"长期借款——本金"科目，贷记"银行存款"科目；支付最后一期利息时，应借记"应付利息"科目，贷记"银行存款"科目。

例5-4　承例5-1，甲公司于2021年7月1日偿还该笔银行借款本金和最后半年利息。
甲公司应编制如下会计分录。

借：长期借款——本金　　　　　　　　　　　　　　　1 000 000
　　应付利息　　　　　　　　　　　　　　　　　　　　50 000
　　贷：银行存款　　　　　　　　　　　　　　　　　　　1 050 000

检测5-1　多项选择题
企业长期借款的利息费用，可能涉及的科目有（　　　　）。
A. 在建工程　　　B. 管理费用　　　C. 财务费用　　　D. 固定资产

第二节　应付债券

一、应付债券的确认和计量

企业可以依照法定程序，以对外发行债券的形式筹集资金。债券是依照法定程序发行的，约定在一定期限内还本付息的一种有价证券。应付债券是企业因发行超过一年期以上的债券筹措资金而形成的一项非流动负债。企业应当设置企业债券备查簿，详细登记每一企业债券的票面金额、债券票面利率、还本付息期限与方式、发行总额、发行日期和编号、委托代售单位、转换股份等资料。企业债券到期结清时，应当在备查簿内逐笔注销。

债券的发行价格是债券发行企业在发行债券时向债券投资者收取的全部现金或现金等价物。债券的发行价格受诸多因素的影响，就企业内部而言，除了债券的面值、期限、票面利率、利息支付方式之外，企业的信用状况、资本结构等也会影响债券的发行价格；就企业外部来说，资本市场的利率水平、供求关系等也是影响债券发行价格的重要因素。企业债券可以有3种发行价格。

1. 面值发行

面值发行就是按与债券面额相等的价格发行企业债券。债券采用面值价格发行，表明发行企业确定的债券票面利率与市场利率一致。

2. 溢价发行

溢价发行就是按高于债券面值的价格发行企业债券。其原因是债券的票面利率高于市场利率。由于债券的利息高于市场利息，以后发行企业要多付利息给债券投资者。因此，溢价是发行企业以后各期多付利息而事先得到的补偿。

3. 折价发行

折价发行就是按低于债券面值的价格发行企业债券。其原因是债券的票面利率低于市场利率。由于债券的利息低于市场利息，以后发行企业要少付利息给债券投资者。因此，折价是发行企业以后各期少付利息而预先给投资者的补偿。

因此，溢价或折价实质上是发行企业在债券存续期内对利息费用的一种调整。

应付债券的初始计量就是确定应付债券的入账金额，其关键在于债券发行相关的手续费、佣金等交易费用如何处理。我国会计准则规定，将交易费用计入应付债券的初始确认金额，即应付债券应按发行时实际收到的价款扣除相关的交易费用后的金额入账。应付债券的后续计量按实际利率确定的摊余成本计量。

二、一般公司债券的账务处理

企业应当设置"应付债券"科目，并在该科目下设置"面值""应计利息""利息调整"等明细科目，核算应付债券的发行、计提利息、还本付息等情况。

①"应付债券——面值"科目用于核算企业发行债券的面值（即本金）的增减变动情况。其借方登记债券面值的减少数，即本金的偿还或转销数，贷方登记债券面值的增加数，即发行债券的面值；期末余额在贷方，反映尚未归还的债券本金。

②"应付债券——应计利息"科目用于核算企业发行的到期一次还本付息债券在资产负债表日按票面利率计算确定的应付利息。其借方登记实际支付的利息，贷方登记计提的应付未付的利息；期末余额在贷方，反映尚未支付的利息金额。分期付息到期还本债券按期计提的利息则通过"应付利息"科目核算。

③"应付债券——利息调整"科目用于核算企业发行债券实际收到的金额与债券面值之间的差额，在资产负债表日按实际利率对差额进行摊销，从而调整利息费用。它是"应付债券——面值"科目的调整科目，其借方登记实际收到的金额小于债券面值的差额（即折价加上相关的发行费用），贷方登记实际收到的金额大于债券面值的差额（即溢价减去相关的发行费用）；期末余额在借方或贷方，反映尚未摊销的差额。

（一）公司债券的发行

无论是按面值发行，还是溢价发行或折价发行，企业均应按债券面值记入"应付债券——面值"科目，实际收到的款项与面值之间的差额记入"应付债券——利息调整"科目。企业发行债券时，按实际收到的款项，借记"银行存款"等科目，按债券票面价值，贷记"应付债券——面值"科目；按实际收到的款项与票面价值之间的差额，贷记或借记"应付债券——利息调整"科目。

例 5-5　2018 年 1 月 1 日，甲公司经批准发行 5 年期分期付息、到期一次还本的公司债券。债券面值为 60 000 000 元，债券利息在每年的 12 月 31 日支付，票面利率（假定与实际利率相同）为年利率 6%。债券按面值发行，不考虑相关的交易费用，实际收到的款项已存入银行。

甲公司应编制如下会计分录。

借：银行存款　　　　　　　　　　　　　　　　　　　　　　60 000 000

贷：应付债券——面值　　　　　　　　　　　　　　　　　　　　　　60 000 000

例 5-6　沿用例 5-5，假定债券发行时的市场利率为 5%，溢价发行债券。

甲公司该批债券的实际发行价格为：

60 000 000×(P/S, 5%, 5)+60 000 000×6%×(P/A, 5%, 5)=60 000 000×0.783 5+

60 000 000×6%×4.329 5

=62 596 200（元）

甲公司应编制如下会计分录。

借：银行存款　　　　　　　　　　　　　　　　　　　　　　　　　62 596 200
　　贷：应付债券——面值　　　　　　　　　　　　　　　　　　　　60 000 000
　　　　　　——利息调整　　　　　　　　　　　　　　　　　　　　 2 596 200

例 5-7　沿用例 5-5，假定债券发行时的市场利率为 7%，折价发行债券。

甲公司该批债券实际发行价格为：

60 000 000×(P/S, 7%, 5)+60 000 000×6%×(P/A, 7%, 5)=60 000 000×0.713 0+

60 000 000×6%×4.100 2

=57 540 720（元）

甲公司应编制如下会计分录。

借：银行存款　　　　　　　　　　　　　　　　　　　　　　　　　57 540 720
　　应付债券——利息调整　　　　　　　　　　　　　　　　　　　　 2 459 280
　　贷：应付债券——面值　　　　　　　　　　　　　　　　　　　　60 000 000

（二）利息费用的确认

在资产负债表日，企业应按应付债券的摊余成本和实际利率计算确定的债券利息费用，借记"在建工程""制造费用""财务费用"等科目，按票面利率计算确定的应付未付利息，贷记"应付利息"或"应付债券——应计利息"科目；按其差额，借记或贷记"应付债券——利息调整"科目。

例 5-8　承例 5-5，2018 年 12 月 31 日，甲公司计提债券利息并确认利息费用，应付利息为 3 600 000（60 000 000×6%）元。

甲公司应编制如下会计分录。

借：财务费用（或在建工程等）　　　　　　　　　　　　　　　　　 3 600 000
　　贷：应付利息　　　　　　　　　　　　　　　　　　　　　　　　 3 600 000
借：应付利息　　　　　　　　　　　　　　　　　　　　　　　　　 3 600 000
　　贷：银行存款　　　　　　　　　　　　　　　　　　　　　　　　 3 600 000

2019 年至 2022 年，甲公司计提利息费用的账务处理与 2018 年相同，此处不再讲述。

【思考 5-1】如果例 5-5 中，甲公司发行的债券为到期一次还本付息的，则例 5-8 甲公司计提利息时应当编制怎样的会计分录？

第五章 非流动负债的确认和计量

例 5-9 承例 5-6,甲公司按实际利率和摊余成本计算确定的利息费用如表 5-1 所示。

表 5-1　应付债券利息费用及摊余成本计算　　　　　　　　　　　　　　　元

日　期	现金流出 (a)	实际利息费用(b) =期初(d)×5%	已偿还的本金 (c)=(a)-(b)	摊余成本余额(d) =期初(d)-(c)
2018 年 1 月 1 日				62 596 200
2018 年 12 月 31 日	3 600 000	3 129 810	470 190	62 126 010
2019 年 12 月 31 日	3 600 000	3 106 300.50	493 699.50	61 632 310.50
2020 年 12 月 31 日	3 600 000	3 081 615.53	518 384.47	61 113 926.03
2021 年 12 月 31 日	3 600 000	3 055 696.30	544 303.70	60 569 622.33
2022 年 12 月 31 日	3 600 000	3 030 377.67*	569 622.33	60 000 000
小　计	18 000 000	15 403 800	2 596 200	60 000 000
2022 年 12 月 31 日	60 000 000	—	60 000 000	0
合　计	78 000 000	15 403 800	62 596 200	

*尾数调整 60 000 000+3 600 000-60 569 622.33=3 030 377.67(元)

2018 年 12 月 31 日,根据表 5-1 的资料,甲公司计提利息费用、支付利息时,应编制如下会计分录。

　　借:财务费用(或在建工程等)　　　　　　　　　　　　　3 129 810
　　　　应付债券——利息调整　　　　　　　　　　　　　　　　470 190
　　　　贷:应付利息　　　　　　　　　　　　　　　　　　　3 600 000
　　借:应付利息　　　　　　　　　　　　　　　　　　　　　3 600 000
　　　　贷:银行存款　　　　　　　　　　　　　　　　　　　3 600 000

2019 年至 2022 年,甲公司计提利息费用的账务处理与 2018 年基本相同,只是利息调整金额和利息费用金额不同,此处不再讲述。

例 5-10 承例 5-7,甲公司按实际利率和摊余成本计算确定的利息费用如表 5-2 所示。

表 5-2　应付债券利息费用及摊余成本计算　　　　　　　　　　　　　　　元

日　期	现金流出 (a)	实际利息费用(b) =期初(d)×7%	已偿还的本金 (c)=(a)-(b)	摊余成本余额(d) =期初(d)-(c)
2018 年 1 月 1 日				57 540 720
2018 年 12 月 31 日	3 600 000	4 027 850.40	-427 850.40	57 968 570.40
2019 年 12 月 31 日	3 600 000	4 057 799.93	-457 799.93	58 426 370.33
2020 年 12 月 31 日	3 600 000	4 089 845.92	-489 845.92	58 916 216.25
2021 年 12 月 31 日	3 600 000	4 124 135.14	-524 135.14	59 440 351.39
2022 年 12 月 31 日	3 600 000	4 159 648.61*	-559 648.61	60 000 000
小　计	18 000 000	20 459 280	-2 459 280	60 000 000
2022 年 12 月 31 日	60 000 000	—	60 000 000	0
合　计	78 000 000	20 459 280	62 459 280	—

*尾数调整 60 000 000+3 600 000-59 440 351.39=4 159 648.61(元)

2018 年 12 月 31 日,根据表 5-2 的资料,甲公司计提利息费用、支付利息时,应编制如下会计分录。

　　借:财务费用(或在建工程等)　　　　　　　　　　　　4 027 850.40
　　　　贷:应付债券——利息调整　　　　　　　　　　　　　427 850.40
　　　　　　应付利息　　　　　　　　　　　　　　　　　　3 600 000

借：应付利息　　　　　　　　　　　　　　　　　　　　　　　　3 600 000
　　贷：银行存款　　　　　　　　　　　　　　　　　　　　　　　　3 600 000

2019年至2022年，甲公司计提利息费用的账务处理与2018年基本相同，只是利息调整金额和利息费用金额不同，此处不再讲述。

（三）债券到期的偿还

债券到期的偿还，无论是按面值发行，还是溢价或折价发行，采用一次还本付息方式的，企业应于债券到期支付债券本息时，借记"应付债券——面值""应付债券——应计利息"科目，贷记"银行存款"科目；采用一次还本、分期付息方式的，债券到期偿还本金并支付最后一期利息时，借记"应付债券——面值""应付利息"科目，贷记"银行存款"科目。

例5-11 承例5-5，2022年12月31日，甲公司偿还债券本金和支付最后一年利息。

甲公司应编制如下会计分录。

借：应付债券——面值　　　　　　　　　　　　　　　　　　　60 000 000
　　应付利息　　　　　　　　　　　　　　　　　　　　　　　　3 600 000
　　贷：银行存款　　　　　　　　　　　　　　　　　　　　　　63 600 000

检测5-2　单项选择题

2018年7月1日，甲公司按面值发行3年期、到期一次还本付息、年利率6%、面值总额为2 500万元的债券。2019年12月31日，"应付债券"科目的账面余额为（　　）万元。
A. 2 575　　　　B. 2 800　　　　C. 2 500　　　　D. 2 725

三、可转换公司债券的账务处理

企业应对发行的非衍生工具进行评估，以确定所发行的工具是否为复合金融工具。可转换债券等可转换工具可能被分类为复合金融工具，同时包含金融负债成分和权益工具成分。企业发行可转换公司债券，应当在初始确认时将负债和权益成分进行分拆，首先确定负债成分的公允价值并以此作为其初始确认金额，确认为应付债券；然后按照该可转换公司债券总发行价款扣除负债成分初始确认金额后的金额确定权益成分的初始确认金额，确认为其他权益工具。负债成分的公允价值是合同规定的未来现金流量按一定利率折现的现值。发行可转换债券发生的交易费用，应当在负债成分和权益成分之间按照各自占总发行价款的比例进行分摊。

企业发行的可转换公司债券在"应付债券"科目下设置"可转换公司债券"明细科目核算。企业应按实际收到的金额，借记"银行存款"等科目；按可转换公司债券的面值，贷记"应付债券——可转换公司债券（面值）"科目；按负债成分的公允价值与可转换公司债券面值之间的差额，借记或贷记"应付债券——可转换公司债券（利息调整）"科目；按实际收到的金额扣除负债成分的公允价值后的金额，贷记"其他权益工具"科目。对于可转换公司债券的负债成分，在转换为股份前，其会计处理与一般公司债券相同，即按照实际利率和摊余成本确认利息费用，按照面值和票面利率确认应付利息或应计利息，差额作为利息调整。

可转换公司债券持有人行使转换权利，将其持有的债券转换为股票的，按可转换公司债券的余额，借记"应付债券——可转换公司债券（面值）"科目，借记或贷记"应付债券——可转

第五章 非流动负债的确认和计量

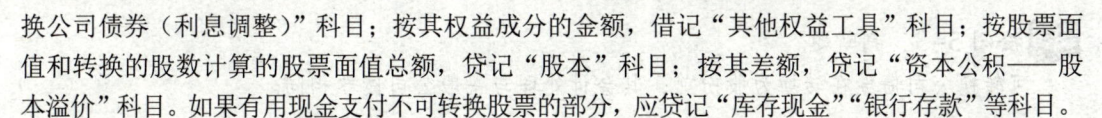

换公司债券(利息调整)"科目;按其权益成分的金额,借记"其他权益工具"科目;按股票面值和转换的股数计算的股票面值总额,贷记"股本"科目;按其差额,贷记"资本公积——股本溢价"科目。如果有用现金支付不可转换股票的部分,应贷记"库存现金""银行存款"等科目。

例 5-12 甲公司经批准于 2018 年 1 月 1 日按每份面值 100 元发行了 500 000 份 5 年期一次还本、分期付息的可转换公司债券,共计 50 000 000 元。款项收存银行,债券票面年利率为 6%。债券发行一年后可转换为甲公司普通股股票,转股时每份债券可转 10 股,股票面值 1 元。假定 2019 年 1 月 1 日债券持有人将持有的可转换公司债券全部转换为甲公司普通股股票。甲公司发行可转换公司债券时二级市场上与之类似的没有转换权的债券市场利率为 9%。不考虑相关的交易费用。

甲公司有关该可转换公司债券应编制如下会计分录。

(1) 2018 年 1 月 1 日,发行可转换公司债券时

可转换公司债券负债成分的公允价值 = 50 000 000 × (P/S,9%,5) + 50 000 000 ×
$$6\% × (P/A,9\%,5)$$
$$= 50\,000\,000 × 0.649\,9 + 50\,000\,000 × 6\% × 3.889\,7$$
$$= 44\,164\,100(元)$$

可转换公司债券权益成分的公允价值 = 50 000 000 − 44 164 100 = 5 835 900(元)

借:银行存款	50 000 000
应付债券——可转换公司债券(利息调整)	5 835 900
贷:应付债券——可转换公司债券(面值)	50 000 000
其他权益工具——可转换公司债券	5 835 900

(2) 2018 年 12 月 31 日,确认利息费用时

应确认的利息费用 = 44 164 100 × 9% = 3 974 769(元)

应确认的应付利息 = 50 000 000 × 6% = 3 000 000(元)

借:财务费用(或在建工程等)	3 974 769
贷:应付利息	3 000 000
应付债券——可转换公司债券(利息调整)	974 769

(3) 2019 年 1 月 1 日,债券持有人行使转换权时

转换的股份数 = 500 000 × 10 = 5 000 000(股)

借:应付债券——可转换公司债券(面值)	50 000 000
其他权益工具——可转换公司债券	5 835 900
贷:股本	5 000 000
应付债券——可转换公司债券(利息调整)	4 861 131
资本公积——股本溢价	45 974 769

检测 5-3 判断题

可转换公司债券在转换为股份前，其会计处理与一般公司债券相同。（　　）

第三节　长期应付款

长期应付款是指企业除长期借款和应付债券以外的其他各种长期应付款项，包括应付补偿贸易引进设备款、具有融资性质的延期付款购买资产发生的应付款项等。

企业应当设置"长期应付款"科目，用以核算企业应付补偿贸易引进设备款和以分期付款方式购入资产时应付的款项及偿还情况。该科目借方登记偿还的长期应付款项，贷方登记应付的长期应付款项；期末贷方余额，反映企业应付未付的长期应付款项。本科目可按长期应付款的种类和债权人进行明细核算。

一、具有融资性质的延期付款购买资产

企业购买资产有可能延期支付有关价款。如果延期支付的购买价款超过正常信用条件，实质上具有融资性质的，所购资产的成本应当以延期支付购买价款的现值（现销价格或购买价款折现值）为基础确定。实际支付的价款与购买价款的现值之间的差额，应当在信用期间内采用实际利率法进行摊销，计入相关资产成本或当期损益。具体来说，企业购入资产超过正常信用条件延期付款实质上具有融资性质时，应按购买价款的现值，借记"固定资产""在建工程""无形资产"等科目，按应支付的价款总额，贷记"长期应付款"科目；按其差额，借记"未确认融资费用"科目。

例 5-13　2019 年 1 月 1 日，甲公司从 B 公司购入一套大型生产设备作为固定资产使用，当月安装完毕并投入使用。采购合同约定该机器设备的总价款（不含增值税）为 900 万元，分三年于每年年末平均支付 300 万元。在甲公司支付款项当日，B 公司为其开具增值税专用发票，适用的增值税率为 13%。假定实际折现率为 6%。

甲公司的账务处理如下。

（1）2019 年 1 月 1 日购入时，确定其资产入账价值。

固定资产入账价值 = 3 000 000 × (P/A, 6%, 3) = 3 000 000 × 2.673 0 = 8 019 000（元）

甲公司应编制如下会计分录。

借：固定资产	8 019 000
未确认融资费用	981 000
贷：长期应付款	9 000 000

（2）每年末支付价款并分摊未确认融资费用。

在分摊未确认融资费用时，应当采用实际利率法。根据其资产入账价值基础不同，融资费用分摊率的选择也不同。如果以购买价款的折现值为基础确定资产入账价值，则应当以折现时

选择的利率（如增量借款利率等）；如果以资产的公允价值（现销价格）为基础确定入账价值，则应当重新计算分摊率，该分摊率是使购买价款的折现值等于其资产公允价值的折现率。

甲公司确定的资产入账价值为购买价款的折现值，因而该折现率就是其融资费用分摊率，即 6%。未确认融资费用分摊如表 5-3 所示。

表 5-3 未确认融资费用分摊 元

日 期	分期付款额 (a)	确认的融资费用 (b)=期初(d)×6%	应付本金减少额 (c)=(a)-(b)	应付本金余额 (d)=期初(d)-(c)
2019 年 1 月 1 日				8 019 000
2019 年 12 月 31 日	3 000 000	481 140	2 518 860	5 500 140
2020 年 12 月 31 日	3 000 000	330 008.40	2 669 991.60	2 830 148.40
2021 年 12 月 31 日	3 000 000	169 851.60*	2 830 148.40	0
合 计	9 000 000	981 000	8 019 000	—

*尾数调整 3 000 000－2 830 148.40＝169 851.60（元）

2019 年 12 月 31 日，支付价款并分摊未确认融资费用时，甲公司应编制如下会计分录。

借：长期应付款　　　　　　　　　　　　　　　　3 000 000
　　应交税费——应交增值税（进项税额）　　　　　390 000
　　　贷：银行存款　　　　　　　　　　　　　　　　　3 390 000
借：财务费用　　　　　　　　　　　　　　　　　　481 140
　　贷：未确认融资费用　　　　　　　　　　　　　　　481 140

2020 年和 2021 年，甲公司支付价款并分摊未确认融资费用时的会计分录与 2019 年基本相同，只是确认融资费用的金额不同，此处不再讲述。

检测 5-4　单项选择题

2019 年 4 月 1 日，甲公司采用分期付款方式购入一套大型设备，当日投入使用。合同约定的价款为 1 350 万元，分 3 年等额支付。该套大型设备的现销价格为 1 215 万元。假定不考虑其他因素，甲公司该设备的入账价值为（　　　）万元。

A．405　　　　B．450　　　　C．1 215　　　　D．1 350

二、应付补偿贸易引进设备款

补偿贸易是从国外引进设备，再用该设备所生产的产品归还设备价款。应付补偿贸易引进设备款是企业依据与外商签订的补偿贸易合同而引进国外设备所发生的长期应付款项。它包括从国外引进的设备价款、随同设备一起进口的工具和零配件的价款、国外的运杂费等外币金额按规定折合率折合为人民币的金额，以及相应的利息支出和外币折算差额。企业在引进的设备安装完成投产后，按合同规定的还款方式，用出口产品所得收入归还。

例 5-14　甲企业以补偿贸易方式从国外引进设备、专用工具及零配件的有关业务如下。

（1）引进的设备价款折合人民币为 900 000 元，工具及零配件价款折合人民币为 80 000 元。设备已交付安装，工具及零配件已验收入库。

甲公司应编制如下会计分录。

借：在建工程　　　　　　　　　　　　　　　　　900 000
　　周转材料——低值易耗品　　　　　　　　　　80 000
　　　贷：长期应付款　　　　　　　　　　　　　　　　980 000

（2）用银行存款支付进口关税 50 000 元，其中，设备负担关税 48 500 元，工具及零配件负担关税 1 500 元；支付设备安装费 30 000 元，假定不考虑相关税费。

甲公司应编制如下会计分录。

借：在建工程　　　　　　　　　　　　　　　　　78 500
　　周转材料——低值易耗品　　　　　　　　　　1 500
　　　贷：银行存款　　　　　　　　　　　　　　　　　80 000

（3）设备安装完毕并交付使用，总成本为 978 500 元（900 000+78 500）。

甲公司应编制如下会计分录。

借：固定资产　　　　　　　　　　　　　　　　　978 500
　　　贷：在建工程　　　　　　　　　　　　　　　　　978 500

（4）应付补偿贸易引进设备款的应计利息 54 000 元。

甲公司应编制如下会计分录。

借：财务费用　　　　　　　　　　　　　　　　　54 000
　　　贷：长期应付款　　　　　　　　　　　　　　　　54 000

（5）按补偿贸易合同规定，企业出口一批产品，价款为 200 000 元。

甲公司应编制如下会计分录。

借：应收账款　　　　　　　　　　　　　　　　　200 000
　　　贷：主营业务收入　　　　　　　　　　　　　　　200 000

（6）按合同规定，第一批出口产品的价款全部用于归还引进设备款。

甲公司应编制如下会计分录。

借：长期应付款　　　　　　　　　　　　　　　　200 000
　　　贷：应收账款　　　　　　　　　　　　　　　　　200 000

此外，需要说明的是，按照老的租赁会计准则，企业以融资租赁方式租入固定资产而形成的应付融资租赁款也在"长期应付款"科目核算。根据 2018 年 12 月新修订的《企业会计准则第 21 号——租赁》，企业尚未支付的租赁付款额在"租赁负债"科目核算，租入的资产在"使用权资产"科目核算。

同步训练

一、单项选择题

1. 某公司按面值发行可转换公司债券 10 000 万元，年利率为 4%，一年后有 80%转换为股本，按账面余额 100 元债券转换为普通股 5 股，股票面值 1 元，转换应计入资本公积的金额为（　　）

第五章　非流动负债的确认和计量

万元。

  A. 7 200   B. 7 600   C. 7 904   D. 9 880

 2. 企业每期期末计提一次还本付息的长期借款利息，对其中应当予以资本化的部分，下列会计处理正确的是（　　）。

  A. 借记"财务费用"科目，贷记"长期借款"科目

  B. 借记"财务费用"科目，贷记"应付利息"科目

  C. 借记"在建工程"科目，贷记"应付利息"科目

  D. 借记"在建工程"科目，贷记"长期借款"科目

 3. 2019年1月1日，甲企业从银行借入分年付息、到期还本的长期借款1 000万元，期限为2年，年利率为5%。2019年12月31日，该长期借款的账面价值为（　　）万元。

  A. 1 025   B. 1 000   C. 1 050   D. 1 100

 4. 2018年7月1日，甲公司按面值发行到期一次还本付息的5年期债券1 000万元，票面年利率为5%。2019年12月31日，甲公司该应付债券的账面余额为（　　）万元。

  A. 1 075   B. 1 025   C. 1 005   D. 1 000

 5. 在具有融资性质的延期付款购买资产业务中，企业对未确认融资费用的分摊，应采用的方法是（　　）。

  A. 年数总和法 B. 直线法 C. 工作量法 D. 实际利率法

 6. 2019年1月1日，甲公司采用分期付款方式购入大型设备一套，当日投入使用。合同约定的价款为2 700万元，分3年等额支付。该分期支付购买价款的现值为2 430万元。假定不考虑其他因素，甲公司该设备的入账价值为（　　）万元。

  A. 810   B. 2 430   C. 900   D. 2 700

二、多项选择题

 1. 下列对长期借款利息的会计处理中，不正确的有（　　）。

  A. 到期一次还本付息的利息计入长期借款——应计利息

  B. 筹建期间的借款利息全部计入管理费用

  C. 日常生产经营活动的借款利息计入财务费用

  D. 符合资本化条件的借款利息计入相关资产成本

 2. "应付债券"科目的贷方反映的内容有（　　）。

  A. 债券溢价的摊销   B. 债券折价的摊销

  C. 期末计提应付债券利息 D. 归还债券本金

 3. 企业在生产经营期间按面值发行债券，按期计提利息时，可能涉及的会计科目有（　　）。

  A. 营业外支出 B. 在建工程 C. 应付债券 D. 长期待摊费用

 4. 企业发行可转换公司债券初始确认时，下列会计处理的表述正确的有（　　）。

  A. 将负债成分确认为应付债券

  B. 将权益成分确认为其他权益工具

  C. 按债券面值计量负债成分初始确认金额

  D. 按公允价值计量负债成分初始确认金额

5．下列属于长期应付款核算内容的有（　　　　）。
　　A．具有融资性质的延期付款购买资产发生的应付款项
　　B．应付补偿贸易从国外引进的设备价款
　　C．应付补偿贸易引进设备款的应计利息和外币折算差额
　　D．补偿贸易引进设备所支付的关税和国内运杂费

三、判断题

1．可转换公司债券被分类为复合金融工具，同时包含金融负债成分和权益工具成分，应当在初始确认时将负债和权益成分进行分拆。　　　　　　　　　　　　　　　　（　　）
2．长期借款利息费用应当在资产负债表日按合同利率计算确定。　　　　　　（　　）
3．未确认融资费用应作为非流动资产项目在资产负债表中列示。　　　　　　（　　）
4．应付债券的后续计量按实际利率确定的摊余成本计量。　　　　　　　　　（　　）
5．溢价和折价的摊销是发行债券企业在债券存续期间对利息费用的一种调整。（　　）

四、不定项选择题

乙企业 2019 年至 2020 年发生的长期借款和仓库建造业务如下。

（1）2019 年 7 月 1 日，为建造一幢仓库从银行取得长期借款 800 万元。期限 3 年，合同年利率 6%（合同利率等于实际利率），不计复利，半年计提并支付利息一次，到期一次还本。

（2）2019 年 7 月 1 日，开始建造仓库，当日用该借款购买工程物资一批，价款为 400 万元，增值税税额为 52 万元，全部用于工程建设。同时，支付工程款 300 万元（不考虑相关税费）。

（3）2019 年 12 月 31 日，计提并支付下半年的借款利息 240 000 元。

（4）2020 年 6 月 30 日，计提并支付上半年的借款利息 240 000 元。

（5）2020 年 6 月 30 日，仓库工程完工并验收合格，达到预定可使用状态。仓库达到预定可使用状态前发生的借款利息全部予以资本化。该仓库预计使用年限为 20 年，预计净残值为 8 万元，采用年限平均法计算折旧。

假定未发生其他建造支出。

要求：根据上述资料，不考虑其他因素，分析回答第 1 至 5 小题。

1．2019 年 7 月 1 日，乙企业购买工程物资并使用、支付工程款。其会计处理正确的是（　　　　）。

　　A．借：工程物资　　　　　　　　　　　　　　　　4 520 000
　　　　　贷：银行存款　　　　　　　　　　　　　　　　　4 520 000
　　B．借：工程物资　　　　　　　　　　　　　　　　4 000 000
　　　　　应交税费——应交增值税（进项税额）　　　　520 000
　　　　　贷：银行存款　　　　　　　　　　　　　　　　　4 520 000
　　C．借：在建工程　　　　　　　　　　　　　　　　7 520 000
　　　　　贷：工程物资　　　　　　　　　　　　　　　　　4 520 000
　　　　　　　银行存款　　　　　　　　　　　　　　　　　3 000 000
　　D．借：在建工程　　　　　　　　　　　　　　　　7 000 000
　　　　　贷：工程物资　　　　　　　　　　　　　　　　　4 000 000
　　　　　　　银行存款　　　　　　　　　　　　　　　　　3 000 000

2．2019 年 12 月 31 日，乙企业计提借款利息时，其会计分录正确的是（　　　　）。

　　A．借：财务费用　　　　　　　　　　　　　　　　240 000
　　　　　贷：应付利息　　　　　　　　　　　　　　　　　240 000

B. 借：财务费用　　　　　　　　　　　　240 000
　　贷：银行存款　　　　　　　　　　　　　　240 000
C. 借：在建工程　　　　　　　　　　　　240 000
　　贷：银行存款　　　　　　　　　　　　　　240 000
D. 借：在建工程　　　　　　　　　　　　240 000
　　贷：应付利息　　　　　　　　　　　　　　240 000

3. 2020年6月30日，仓库达到预定可使用状态交付使用时的入账价值为（　　）万元。
   A. 748　　　　B. 768　　　　C. 792　　　　D. 724

4. 根据资料（1）至（5），该仓库每年应计提的折旧额是（　　）万元。
   A. 38　　　　　B. 35.8　　　　C. 37　　　　　D. 39.2

5. 2020年12月31日，乙企业计提长期借款利息时，其会计分录正确的是（　　）。
   A. 借：财务费用　　　　　　　　　　　　240 000
   　　贷：应付利息　　　　　　　　　　　　　　240 000
   B. 借：财务费用　　　　　　　　　　　　240 000
   　　贷：银行存款　　　　　　　　　　　　　　240 000
   C. 借：在建工程　　　　　　　　　　　　240 000
   　　贷：银行存款　　　　　　　　　　　　　　240 000
   D. 借：在建工程　　　　　　　　　　　　240 000
   　　贷：应付利息　　　　　　　　　　　　　　240 000

五、计算分析题

1. 2018年7月1日，乙公司经批准按面值发行2年期、面值为100元的债券100 000张，债券年利率为6%（实际利率与合同利率一致）。该债券每年6月30日和12月31日计提一次利息，每年1月1日和7月1日为付息日。该债券所筹资金全部用于新生产线的建设，该生产线于2019年12月31日完工并达到预定可使用状态。2020年7月1日，归还债券本金并支付最后一期利息。假定不考虑其他因素。

   要求：根据乙公司上述资料，编制债券发行、每期计提并支付利息、债券到期归还本金并支付最后一期利息的会计分录。

2. 2019年1月1日，甲公司从乙公司购入一套全新的B生产设备作为固定资产，购货合同约定，B设备的总价款（不含增值税）为1 500万元，分三年于每年年末平均支付500万元。设备交付安装，支付安装费用50万元，该设备于当年3月31日安装完毕并交付使用。在甲公司支付款项当日，乙公司为其开具增值税专用发票，适用的增值税率为13%。

   假定同期银行借款年利率为6%。[注：$(P/A,3,6\%)=2.6730$]

   要求：
   （1）计算甲公司B生产设备的入账价值及未确认融资费用。
   （2）根据上述资料，编制甲公司购入设备交付安装、支付安装费用、安装完毕交付使用、第一年年末支付价款并分摊未确认融资费用的会计分录（金额单位用万元表示）。

第六章 所有者权益的确认和计量

知识目标

掌握实收资本、资本公积和留存收益的核算；熟悉资本公积的来源、其他综合收益和利润分配的内容、留存收益的概念及内容。

技能目标

能对所有者权益各项目的确认进行职业判断，并正确运用计量方法，对所有者权益各项目的确认和计量进行会计处理。

所有者权益是指企业资产扣除负债后由所有者享有的剩余权益。在公司制企业，所有者权益又称为股东权益。所有者权益由投资人对企业投入的资本及企业非日常活动所形成的、直接计入所有者权益的利得和损失及企业生产经营活动中形成的留存收益构成。资产负债表中列示的所有者权益项目通常包括实收资本（股本）、资本公积、其他权益工具、其他综合收益、盈余公积和未分配利润等。

所有者权益体现的是所有者在企业中的剩余权益，是企业的资产减去负债后的净资产。因此，所有者权益的确认主要依赖于其他会计要素，尤其是资产和负债的确认。所有者权益金额的确定也主要取决于资产和负债的计量。

【思考6-1】企业非日常活动所形成的利得和损失是否都直接计入所有者权益？为什么？

第一节 实收资本

一、实收资本的概念

实收资本是指企业按照章程的规定或合同、协议约定，接受投资者在注册资本的范围内实际投入企业的资本。实收资本是企业注册成立的基本条件之一，也是企业正常运行所必需的资金和承担各项责任的财力保证。实收资本的构成比例即投资者的出资比例或股东的股份比例，通常既是确定所有者在企业所有者权益中所占的份额和参与企业财务经营决策的基础，也是企业进行利润分配或股利分配的主要依据，同时还是企业清算时确定所有者对净资产的要求权的依据。实收资本在股份有限公司称为股本。

我国《公司法》规定，股东可以用货币出资，也可以用实物、知识产权、土地使用权等可以用货币估价并可以依法转让的非货币财产作价出资。但是，法律、行政法规规定不得作为出资的财产除外。对作为出资的非货币财产应当评估作价，核实财产，不得高估或低估作价。法

第六章 所有者权益的确认和计量

律、行政法规对评估作价有规定的,从其规定。

二、实收资本的账务处理

企业的组织形式不同,实收资本的表现形式不同,所有者投入资本的核算方法也有所不同。股份有限公司对投资者(股东)投入的资本应设置"股本"科目核算;除股份有限公司以外的一般企业对投资者投入的资本应设置"实收资本"科目核算。该科目借方登记减少的资本,贷方登记接受投资增加的资本;期末贷方余额表示企业实收资本或股本总额。该科目可按投资者进行明细核算。

投资者投入的资本,从其形态上看,可以分为现金投资、实物投资和无形资产投资。当企业收到所有者投入企业的资本时,应根据有关原始凭证(如投资清单、银行通知单等)分别按不同的出资方式进行账务处理。

(一)接受现金资产投资

1. 一般企业接受现金资产投资

企业接受现金资产投资时,应以实际收到的金额或存入企业开户银行的金额,借记"银行存款"等科目;按投资合同或协议约定的投资者在企业注册资本中所占份额的部分,贷记"实收资本"科目;企业实际收到或存入开户银行的金额超过投资者在企业注册资本中所占份额的部分,贷记"资本公积——资本溢价"科目。

例 6-1 某有限责任公司由甲、乙、丙共同投资设立,注册资本为 5 000 000 元,甲、乙、丙持股比例分别为 50%、30%和 20%。按照公司章程规定,甲、乙、丙投入资本分别为 2 500 000 元、1 500 000 元和 1 000 000 元。公司已如期收到各投资者一次交足的款项。

该公司应编制如下会计分录。

借:银行存款 5 000 000
    贷:实收资本——甲 2 500 000
           ——乙 1 500 000
           ——丙 1 000 000

2. 股份有限公司接受现金资产投资

股份有限公司的全部资本由等额股份构成,并通过发行股票筹集资本。股票是指股份有限公司发行的,证明股东按其股份享有权利和承担义务的凭证。股份有限公司应在核定的股本总额和核定的股份总额范围内发行股票。股份有限公司发行股票时,既可以按面值价格发行,也可以按高于面值价格,即溢价发行。按照《公司法》规定,股票发行价格不得低于面值,即我国目前不允许折价发行股票。

股份有限公司发行股票时,应按实际收到的金额,借记"银行存款"等科目;无论是按面值发行还是溢价发行,按每股股票面值和发行股份总额的乘积计算的金额,贷记"股本"科目,实际收到的金额与该股本之间的差额,贷记"资本公积——股本溢价"科目。

例 6-2 某股份有限公司经批准,委托某证券公司发行普通股股票 20 000 000 股,每股面值 1 元,每股发行价格 3.50 元。股票发行成功,股款已全部收到,存入银行。假定不考虑发行税费等因素。

该公司应编制如下会计分录。

收到证券公司的发行款＝20 000 000×3.50＝70 000 000（元）

应记入"股本"科目的金额＝20 000 000×1＝20 000 000（元）

应记入"资本公积"科目的金额＝20 000 000×（3.50－1）＝50 000 000（元）

  借：银行存款   70 000 000

    贷：股本   20 000 000

      资本公积——股本溢价   50 000 000

如果是溢价发行股票的，发行股票相关的手续费、佣金等交易费用，应从溢价中抵扣，冲减资本公积（股本溢价）；无溢价发行股票或溢价金额不足以抵扣的，应将不足抵扣的部分冲减盈余公积和未分配利润。

例6-3 承例6-2，假定该股份有限公司发行股票时，发生手续费、佣金等交易费用350 000元。用银行存款支付。

该公司应编制如下会计分录。

  借：资本公积——股本溢价   350 000

    贷：银行存款   350 000

检测6-1 单项选择题

甲公司发行普通股1 000万股，每股面值1元，每股发行价格5元，支付手续费20万元。该公司发行普通股计入股本的金额为（ ）万元。

  A．1 000   B．3 980   C．4 980   D．5 000

（二）接受非现金资产投资

企业接受非现金资产投资时，应按投资合同或协议约定的价值（不公允的除外）作为非现金资产的入账价值，按投资合同或者协议约定的投资者在企业注册资本或股本中所占份额的部分作为实收资本或者股本入账，投资合同或者协议约定的价值（不公允的除外）超过投资者在企业注册资本或股本中所占份额的部分，计入资本公积。

1．接受投入固定资产

企业接受投资者作价投入的房屋、建筑物、机器设备等固定资产，应按投资合同或协议约定价值确定固定资产价值（投资合同或协议约定价值不公允的除外）和在注册资本中应享有的份额。

例6-4 甲有限责任公司于设立时收到A公司作为资本投入的不需要安装的机器设备一台。投资合同或协议约定该机器设备的价值（不含可抵扣的增值税进项税额）为800 000元，增值税进项税额为104 000元（由投资方支付税款，并提供或开具增值税专用发票）。假设合同约定的价值与公允价值相符，该进项税额允许抵扣，不考虑其他因素。

甲公司应编制如下会计分录。

  借：固定资产   800 000

    应交税费——应交增值税（进项税额）   104 000

    贷：实收资本——A公司   904 000

本例中，固定资产的合同约定价值与公允价值相符，甲有限责任公司接受A公司投入的固定资产按合同约定金额与增值税进项税额之和904 000元作为实收资本。

2. 接受投入材料物资

企业接受投资者作价投入的材料物资，应按投资合同或协议约定价值确定材料物资价值（投资合同或协议约定价值不公允的除外）和在注册资本中应享有的份额。

例 6-5 乙有限责任公司于设立时收到 B 公司作为资本投入的原材料一批。该批原材料投资合同或协议约定价值（不含可抵扣的增值税进项税额）为 560 000 元，增值税进项税额为 72 800 元（由投资方支付税款，并提供或开具增值税专用发票）。假设合同约定的价值与公允价值相符，该进项税额允许抵扣，不考虑其他因素。原材料按实际成本核算。

乙公司应编制如下会计分录。

借：原材料　　　　　　　　　　　　　　　　　　　　　560 000
　　应交税费——应交增值税（进项税额）　　　　　　　 72 800
　　贷：实收资本——B 公司　　　　　　　　　　　　　　　　　632 800

本例中，原材料的合同约定价值与公允价值相符，乙有限责任公司接受 B 公司投入的原材料按合同约定金额与增值税进项税额之和 632 800 元作为实收资本。

3. 接受投入无形资产

企业接受投资者作价投入的专利权、土地使用权、非专利技术等无形资产，应按投资合同或协议约定价值确定无形资产价值（投资合同或协议约定价值不公允的除外）和在注册资本中应享有的份额。

例 6-6 丙有限责任公司于设立时收到 C 公司作为资本投入的一项专利权。该专利权投资合同或协议约定价值为 90 000 元。假设合同约定的价值与公允价值相符，不考虑其他因素。

丙公司应编制如下会计分录。

借：无形资产——专利权　　　　　　　　　　　　　　　90 000
　　贷：实收资本——C 公司　　　　　　　　　　　　　　　　　90 000

（三）实收资本（或股本）的增减变动

一般情况下，企业的实收资本应相对固定不变，但在某些特定情况下，实收资本也可能发生增减变化。我国企业法人登记管理条例中规定，除国家另有规定外，企业的注册资金应当与实收资本相一致，当实收资本比原注册资金增加或减少的幅度超过 20%时，应持资金使用证明或验资证明，向原登记注册的主管机关申请变更登记。

1. 实收资本（或股本）的增加

一般企业增加资本主要有 3 个途径：接受投资者追加投资、资本公积转增资本和盈余公积转增资本。

企业按规定接受投资者追加投资时，其核算原则与投资者初次投入时相同。由于资本公积和盈余公积均属于所有者权益，用其转增资本时，如果是独资企业，则比较简单，直接结转即可；如果是有限责任公司或股份有限公司，则应该按照原投资者各自出资比例或股份比例相应增加各投资者的出资额。

例 6-7 甲、乙、丙 3 人共同投资设立了甲有限责任公司，原注册资本为 6 000 000 元，甲、乙、丙分别出资 3 000 000 元、1 800 000 元和 1 200 000 元。为扩大经营规模需要，经批准，甲公司注册资本扩大为 8 000 000 元，甲、乙、丙按照原出资比例分别追加投资 1 000 000 元、

600 000元和400 000元。甲公司如期收到甲、乙、丙追加的现金投资。

甲公司应编制如下会计分录。

借：银行存款 2 000 000
　　贷：实收资本——甲 1 000 000
　　　　　　　　——乙 600 000
　　　　　　　　——丙 400 000

例6-8 沿用例6-7，假设甲公司因扩大经营规模需要，经批准，按照原出资比例以资本公积2 000 000元转增资本。

甲公司应编制如下会计分录。

借：资本公积 2 000 000
　　贷：实收资本——甲 1 000 000
　　　　　　　　——乙 600 000
　　　　　　　　——丙 400 000

例6-9 沿用例6-7，假设甲公司因扩大经营规模需要，经批准，按照原出资比例以盈余公积2 000 000元转增资本。

甲公司应编制如下会计分录。

借：盈余公积 2 000 000
　　贷：实收资本——甲 1 000 000
　　　　　　　　——乙 600 000
　　　　　　　　——丙 400 000

股份有限公司经股东大会决议，用资本公积或盈余公积转增资本，通常称为转增，应借记"资本公积"或"盈余公积"科目，贷记"股本"科目。

【思考6-2】股份有限公司在经营期间为了进一步筹集资金，可以经董事会和股东大会同意，并经有关方面批准后发行新股。如果发行新股的对象仅仅是股份有限公司原有股东，通常称为配股。其"配股"应做怎样的账务处理？

提示6-1

股份有限公司可以通过发放股票股利的方式增加股本，通常称为送股。股份有限公司经股东大会批准的利润分配方案中分配的股票股利，应在办理增资手续后，借记"利润分配——转作股本的股利"科目，贷记"股本"等科目。

2. 实收资本（或股本）的减少

企业减少注册资本应按法定程序报经批准，按减少的注册资本金额减少实收资本。股份有限公司采用收购本公司股票方式减资的，收购本公司股票时，应按实际支付的金额借记"库存股"科目，贷记"银行存款"科目。根据法定程序报经批准注销股本时，按股票面值和注销股数计算的股票面值总额，借记"股本"科目，按注销库存股的账面余额，贷记"库存股"科目，按其差额，借记"资本公积——股本溢价"科目。股本溢价不足冲减的，应依次冲减盈余公积和未分配利润，借记"盈余公积""利润分配——未分配利润"科目。如果购回股票支付的价款低于面值总额的，应按股票面值总额，借记"股本"科目，按所注销的库存股账面余额，贷记

"库存股"科目；按其差额，贷记"资本公积——股本溢价"科目。

例 6-10　甲股份有限公司 2019 年 1 月 1 日的股本为 200 000 000 股，面值为 1 元，资本公积（股本溢价）为 60 000 000 元，盈余公积为 80 000 000 元。经股东大会批准，甲公司以现金回购本公司股票 40 000 000 股并注销。假定甲公司按每股 2 元回购股票，不考虑其他因素。

甲公司应编制如下会计分录。

（1）回购本公司股份时

库存股成本 = 40 000 000 × 2 = 80 000 000（元）

借：库存股	80 000 000
贷：银行存款	80 000 000

（2）注销本公司股份时

应冲减的资本公积 = 40 000 000 × 2 − 40 000 000 × 1 = 40 000 000（元）

借：股本	40 000 000
资本公积	40 000 000
贷：库存股	80 000 000

例 6-11　沿用例 6-10，假定甲公司按每股 3 元回购股票，其他条件不变。

甲公司应编制如下会计分录。

（1）回购本公司股份时

库存股成本 = 40 000 000 × 3 = 120 000 000（元）

借：库存股	120 000 000
贷：银行存款	120 000 000

（2）注销本公司股份时

应冲减的资本公积 = 40 000 000 × 3 − 40 000 000 × 1 = 80 000 000（元）

借：股本	40 000 000
资本公积	60 000 000
盈余公积	20 000 000
贷：库存股	120 000 000

由于应冲减的资本公积大于公司现有的资本公积，所以只能冲减资本公积 60 000 000 元，剩余的 20 000 000 元应冲减盈余公积。

例 6-12　沿用例 6-10，假定甲公司按每股 0.9 元回购股票，其他条件不变。

甲公司应编制如下会计分录：

（1）回购本公司股份时

库存股成本 = 40 000 000 × 0.9 = 36 000 000（元）

借：库存股	36 000 000
贷：银行存款	36 000 000

（2）注销本公司股份时

应增加的资本公积 = 40 000 000 × 1 − 40 000 000 × 0.9 = 4 000 000（元）

借：股本	40 000 000
贷：库存股	36 000 000
资本公积——股本溢价	4 000 000

由于折价回购，股本与库存股成本之间的差额 4 000 000 元应作为增加资本公积处理。

提示 6-2

库存股票不能作为公司的资产，因为公司自己不能投资自己，成为自己的股东。公司应为投资者所有，公司购买自己的股票不能像购买资产一样确认利得或损失。因此，公司回购股票实际上减少股东权益，"库存股"是所有者权益类科目，在资产负债表中的所有者权益下以"减"项列示。

检测 6-2 多项选择题

乙股份有限公司以银行存款收购本企业股票方式减资，在注销股份的会计处理时，可能涉及的会计科目有（　　　　）。

A．股本　　　　B．资本公积　　　C．财务费用　　　D．盈余公积

第二节　资本公积

一、资本公积的概念

（一）资本公积的来源

资本公积是企业收到投资者出资额超出其在注册资本（或股本）中所占份额的部分，以及其他资本公积等。资本公积按其形成的来源不同可以分为两类：一是企业投资者出资时，投入金额超出其在企业注册资本或股本中所占份额的"资本（或股本）溢价"；二是其他资本公积，是指企业除净损益、其他综合收益和利润分配以外所有者权益的其他变动。

（二）资本公积与实收资本（或股本）的区别

1. 从来源和性质看

实收资本（或股本）是指投资者按照企业章程或合同、协议的约定，实际投入企业并依法进行注册的资本，体现了企业所有者对企业的基本产权关系；资本公积是投资者的出资中超出其在注册资本中所占份额的部分，以及直接计入所有者权益的利得和损失，不直接表明所有者对企业的基本产权关系。

2. 从用途看

实收资本（或股本）的构成比例既是确定所有者参与企业财务经营决策的基础，也是企业进行利润分配或股利分配的依据，同时还是企业清算时确定所有者对净资产的要求权的依据。资本公积的用途主要是用来转增资本（或股本）。资本公积不体现各所有者的占有比例，也不能作为所有者参与企业财务经营决策或进行利润分配（或股利分配）的依据。

（三）资本公积与留存收益的区别

资本公积与留存收益的区别主要是来源不同，且用途也不尽相同。留存收益是企业从历年实现的利润中提取或形成的留存于企业的内部积累，来源于企业生产经营活动实现的利润，可

用于转增资本、弥补亏损、发放现金股利或利润等。资本公积的来源不是企业实现的利润，而主要来自资本溢价（或股本溢价）等，且只能用于转增资本。

（四）资本公积与其他综合收益的区别

其他综合收益是指企业根据企业会计准则规定未在当期损益中确认的各利得和损失。资本公积和其他综合收益都会引起企业所有者权益发生增减变动，资本公积不会影响企业的损益，而部分其他综合收益项目则在满足企业会计准则规定的条件时，可以重分类进损益，从而成为企业利润的一部分。

二、资本公积的账务处理

企业应当设置"资本公积"科目，核算不同来源的资本公积的增减变动情况。该科目借方登记减少或转出的资本公积，贷方登记增加的资本公积；期末贷方余额反映企业的资本公积。本科目应当分别"资本溢价（或股本溢价）"和"其他资本公积"科目进行明细核算。

（一）资本溢价或股本溢价

1.一般企业的资本溢价

除股份有限公司外的其他一般企业，在企业创立时，投资者一般按照其在企业注册资本中所占的份额出资，不会产生资本溢价。但在有新的投资者加入时，新的投资者的出资额通常会大于其在企业注册资本中所占的份额，新的投资者多交的部分就形成了资本溢价。这是因为：一是在企业进行正常生产经营后，其资本利润率通常要高于企业初创阶段；二是企业有内部积累，新投资者加入企业后，对这些积累也要分享，所以新加入的投资者往往要付出大于原投资者的出资额，才能取得与原投资者相同的出资比例。

例6-13 某有限责任公司由甲、乙、丙3位各出资3 000 000元创立，注册资本9 000 000元。3年后，该公司留存收益已达2 000 000元。为扩大经营规模，该公司注册资本增加到12 000 000元，并同意投资者丁加入。按照投资协议，新投资者丁需交入资金3 500 000元，可享有该公司25%的份额。该公司已收到其出资额并办理增资手续。假定不考虑其他因素。

该有限责任公司应编制如下会计分录。

借：银行存款　　　　　　　　　　　　　　　　　　　　　3 500 000
　　贷：实收资本　　　　　　　　　　　　　　　　　　　　3 000 000
　　　　资本公积——资本溢价　　　　　　　　　　　　　　　500 000

检测6-3 单项选择题

ABC公司注册资本450万元，现有D投资者出资现金200万元，使注册资本增加到600万元。其中，D投资者占注册资本的比例为25%。ABC公司接受D投资者出资时，应计入资本公积的金额为（　　）万元。

A.0　　　　　B.50　　　　　C.150　　　　　D.200

2.股份有限公司的股本溢价

股份有限公司是以发行股票的方式筹集股本的，股票既可以按面值发行，也可以按溢价发行（我国目前不准折价发行）。按面值发行股票，企业发行股票取得的收入，应全部作为股本处理；按溢价发行股票，企业发行股票取得的收入，等于股票面值部分作为股本处理，超出股票面值的溢价收入应作为股本溢价处理。与其他一般企业不同，股份有限公司在成立时可能会溢价发行股票，因而在成立之初，就可能会产生股本溢价。

有关会计处理，参见本章例6-2和例6-3。

检测6-4 单项选择题

甲股份有限公司委托乙证券公司发行普通股。股票面值总额2 000万元，发行总额8 000万元，发行费按发行总额的2%计算，股票发行净收入全部收到。甲股份有限公司应计入资本公积的金额为（　　）万元。

A. 2 000 B. 5 840 C. 5 880 D. 6 000

（二）其他资本公积

其他资本公积主要包括企业以权益结算的股份支付，被投资单位除净损益、其他综合收益及利润分配以外的所有者权益的其他变动（接受其他股东的资本性投入、被投资单位发行可分离交易的可转债中包含的权益成分、以权益结算的股份支付、其他股东对被投资单位增资导致投资方持股比例变动等）。

例6-14 2017年3月20日，甲、乙、丙公司分别以现金200万元、400万元和400万元出资设立丁公司，分别持有丁公司20%、40%、40%的股权。甲公司对丁公司具有重大影响，对该项长期股权投资采用权益法核算。丁公司自设立日起至2018年12月31日实现净损益1 000万元，除此之外无其他影响净资产的事项。2019年1月1日，经甲、乙、丙公司协商，乙公司对丁公司增资800万元，增资后丁公司净资产为2 800万元，甲、乙、丙公司分别持有丁公司15%、50%、35%股权。相关手续当日完成。假定甲公司与丁公司适用的会计政策相同、会计期间相同，双方在当期及以前期间未发生其他内部交易。不考虑相关税费等其他因素影响。

甲公司应编制如下会计分录。

乙公司增资前甲公司应享有丁公司权益的份额＝2 000×20%＝400（万元）

乙公司增资后甲公司应享有丁公司权益的份额＝2 800×15%＝420（万元）

借：长期股权投资——其他权益变动（丁公司）　　　　　　　200 000
　　贷：资本公积——其他资本公积　　　　　　　　　　　　　　　200 000

【思考6-3】 如果例6-14中的乙公司、丙公司也对该项长期股权投资采用权益法核算，乙公司增资时应当如何进行会计处理？丙公司又应当做怎样的会计处理？

（三）资本公积转增资本

资本公积的主要用途是根据企业经营、发展的需要，通过履行一定的法定程序后转增资本。资本公积由全体投资者共同享有，在转增资本时，按投资者在公司实收资本或者股本中的各自出资比例或股份比例相应增加各投资者的份额。

资本公积（资本溢价或股本溢价）主要用于转增资本。经股东大会或类似机构决议，企业按规定的程序用资本公积转增资本时，借记"资本公积"科目，贷记"实收资本（或股本）"科目，并按照转增资本前的实收资本（或股本）的结构或比例，将转增的金额记入"实收资本（或股本）"科目下各所有者的明细账。

有关的会计处理参见本章例6-8。

第三节 其他综合收益

一、其他综合收益的分类

根据其他相关会计准则的规定,其他综合收益项目区分为两类。一是以后会计期间不能重分类进损益的其他综合收益项目,主要包括:①重新计量设定受益计划净负债或净资产导致的变动;②按照权益法核算的在被投资单位不能重分类进损益的其他综合收益变动中所享有的份额;③将非交易性权益工具投资指定为以公允价值计量且其变动计入其他综合收益的金融资产(其他权益工具投资)的公允价值变动形成的利得或损失;④企业自身信用风险变动引起的公允价值变动所产生的利得或损失。二是以后会计期间在满足规定条件时将重分类进损益的其他综合收益项目,主要包括:①按照权益法核算的在被投资单位可重分类进损益的其他综合收益变动中享有的份额;②以公允价值计量且其变动计入其他综合收益的金融资产(其他债权投资)的公允价值变动形成的利得或损失;③将债务工具投资分类为以摊余成本计量的金融资产重分类为以公允价值计量且其变动计入其他综合收益的金融资产形成的利得或损失;④其他债权投资信用减值准备;⑤现金流量套期工具产生的利得或损失中属于有效套期的部分;⑥外币财务报表折算差额;⑦根据相关会计准则规定的其他项目,如自用房地产或作为存货的房地产转换为公允价值模式计量的投资性房地产在转换日公允价值大于账面价值的部分。

二、其他综合收益的账务处理

有其他综合收益相关业务的企业,应当设置"其他综合收益"科目进行会计处理,该科目应当按照其他综合收益项目的具体内容设置明细科目。企业在对其他综合收益进行会计处理时,应当通过"其他综合收益"科目处理,并与"资本公积"科目相区分。

(一)不能重分类进损益的其他综合收益

1. 重新计量设定受益计划变动额

根据《企业会计准则第9号——职工薪酬》,设定有受益计划形式离职后福利的企业应当将重新计量设定受益计划净负债或净资产导致的变动计入其他综合收益,并且在后续会计期间不允许转回损益。

【例6-15】甲公司在2019年1月1日设立了一项设定受益计划,并于当日开始实施。假定甲公司在该计划开始后职工提供服务的第3年年末重新计量该设定受益计划的净负债时发现,由于预期寿命等精算假设和经验调整导致该设定受益计划义务的现值增加,形成精算损失15万元。

甲公司应编制如下会计分录。

借:其他综合收益　　　　　　　　　　　　　　　　　　　150 000
　　贷:应付职工薪酬——设定受益计划义务　　　　　　　　　　150 000

2. 权益法下不能转损益的其他综合收益

根据《企业会计准则第2号——长期股权投资》，投资方取得长期股权投资后，应当按照应享有或应分担的被投资单位其他综合收益的份额，确认其他综合收益，同时调整长期股权投资的账面价值。投资单位在确定应享有或应分担的被投资单位其他综合收益的份额时，该份额的性质取决于被投资单位的其他综合收益的性质，即如果被投资单位的其他综合收益属于"不能重分类进损益"类别，则投资方确认的份额也属于"不能重分类进损益"类别。

3. 其他权益工具投资公允价值变动

根据《企业会计准则第22号——金融工具确认和计量》，企业将非交易性权益工具投资指定为以公允价值计量且其变动计入其他综合收益的金融资产所产生的利得或损失，除股利收入之外，均计入其他综合收益，且在后续终止确认时不得转入当期损益。

有关会计处理，参见第三章例3-6和例3-7②。

4. 企业自身信用风险公允价值变动

根据《企业会计准则第22号——金融工具确认和计量》，企业指定为以公允价值计量且其变动计入当期损益的金融负债，由企业自身信用风险变动引起的公允价值变动所产生的利得或损失计入其他综合收益，且在后续终止确认时不得转入当期损益。

（二）将重分类进损益的其他综合收益

1. 权益法下可转损益的其他综合收益

根据《企业会计准则第2号——长期股权投资》，投资方取得长期股权投资后，应当按照应享有或应分担的被投资单位其他综合收益的份额，确认其他综合收益，同时调整长期股权投资的账面价值。如果被投资单位的其他综合收益属于"以后会计期间在满足规定条件时将重分类进损益"的类别，则投资方确认的份额也属于"以后会计期间在满足规定条件时将重分类进损益"类别。

有关会计处理，参见第三章例3-14和例3-17有关内容。

2. 其他债权投资公允价值变动

根据《企业会计准则第22号——金融工具确认和计量》，企业将债务工具投资分类为以公允价值计量且其变动计入其他综合收益的金融资产所产生的所有利得或损失，除减值损失或利得和汇兑损益之外，均应当计入其他综合收益。在该金融资产终止确认时，之前计入其他综合收益的累计利得或损失应当从其他综合收益中转出，计入当期损益。

有关会计处理，参见第三章例3-7①。

3. 金融资产重分类计入其他综合收益的金额

根据《企业会计准则第22号——金融工具确认和计量》，以摊余成本计量的金融资产重分类为以公允价值计量且其变动计入其他综合收益的金融资产的，在重分类日，原账面价值与公允价值之间的差额计入其他综合收益，在该金融资产终止确认时转出，计入当期损益。

4. 其他债权投资信用减值准备

根据《企业会计准则第22号——金融工具确认和计量》，企业将债务工具投资分类为以公允价值计量且其变动计入其他综合收益的金融资产，应当在其他综合收益中确认其信用减值准备，并将减值损失或利得计入当期损益。在金融资产终止确认时，应当将其信用减值准备从其他综合收益中转出，计入当期损益。

5. 现金流量套期储备

根据《企业会计准则第 24 号——套期会计》，现金流量套期工具产生的利得或损失中属于套期有效的部分，作为现金流量套期储备，应当计入其他综合收益；套期工具产生的利得或损失中属于套期无效的部分（即扣除计入其他综合收益后的其他利得或损失），应当计入当期损益。对于前者，套期会计准则规定在一定的条件下，将原在其他综合收益中确认的现金流量套期储备金额转出，计入当期损益。

6. 外币财务报表折算差额

根据《企业会计准则第 19 号——外币折算》，企业对境外经营的财务报表进行折算时，应当将外币财务报表折算差额在资产负债表中所有者权益项目下单独列示（其他综合收益）；企业在处置境外经营时，应当将资产负债表中所有者权益项目下列示的、与该境外经营相关的外币财务报表折算差额，自所有者权益项目转入处置当期损益，部分处置境外经营的，应当按处置的比例计算处置部分的外币财务报表折算差额，转入处置当期损益。

7. 根据相关会计准则规定的其他项目

例如，根据《企业会计准则第 3 号——投资性房地产》，自用房地产或作为存货的房地产转换为以公允价值模式计量的投资性房地产在转换日公允价值大于账面价值的部分计入其他综合收益，待该投资性房地产处置时，将该部分转入当期损益。

有关会计处理，见第三章例 3-48。

第四节 留存收益

一、留存收益的概念

留存收益是指企业从历年实现的利润中提取或形成的留存于企业的内部积累，包括盈余公积和未分配利润两部分。

① 盈余公积是指企业按照有关规定从净利润中提取的积累资金。公司制企业的盈余公积包括法定盈余公积和任意盈余公积：法定盈余公积是指企业按照法定比例从净利润中提取的盈余公积；任意盈余公积是指企业按照股东会或股东大会决议提取的盈余公积。

② 未分配利润是指企业实现的净利润经过弥补亏损、提取盈余公积和向投资者分配利润后留存在企业的、历年结存的利润。相对于所有者权益的其他部分来说，企业对于未分配利润的使用有较大的自主权。

检测 6-5　单项选择题

2019 年 1 月 1 日，某企业所有者权益为实收资本 200 万元、资本公积 17 万元、盈余公积 38 万元、未分配利润 32 万元，则该企业 2019 年 1 月 1 日留存收益为（　　）万元。

A. 32　　　　B. 38　　　　C. 70　　　　D. 87

二、留存收益的账务处理

（一）利润分配

利润分配是指企业根据国家有关规定和企业章程、投资者协议等，对企业当年可供分配的利润所进行的分配。可供分配利润的计算公式为：

可供分配的利润＝当年实现的净利润（或净亏损）＋年初未分配利润（或－年初未弥补亏损）＋其他转入

按照我国《公司法》的相关规定，利润分配的顺序依次是：1）提取法定盈余公积；2）提取任意盈余公积；3）向投资者分配利润。

企业应当设置"利润分配"科目，核算企业利润分配（或亏损的弥补）和历年分配（或弥补）后的未分配利润（或未弥补亏损）。该科目应分别设置"提取法定盈余公积""提取任意盈余公积""应付现金股利或利润""转作股本的股利""盈余公积补亏"和"未分配利润"等明细科目进行明细核算。企业未分配利润通过"利润分配——未分配利润"明细科目进行核算。年度终了，企业应将全年实现的净利润或净亏损，自"本年利润"科目转入"利润分配——未分配利润"科目，并将"利润分配"科目所属其他明细科目的余额转入"未分配利润"科目。结转后，如果"利润分配——未分配利润"科目为贷方余额，表示历年累积未分配的利润数额；如果为借方余额，则表示历年累积未弥补的亏损数额。年终结转后，除"利润分配——未分配利润"科目外，其他明细科目应无余额。

例 6-16 甲股份有限公司 2018 年年初未分配利润为 100 万元，本年实现净利润 500 万元，本年提取法定盈余公积 50 万元，提取任意盈余公积 25 万元，宣告发放现金股利 110 万元。假设不考虑其他因素。

甲公司应编制如下会计分录。

（1）结转本年实现的净利润时

借：本年利润　　　　　　　　　　　　　　　　　　　　　　　5 000 000
　　贷：利润分配——未分配利润　　　　　　　　　　　　　　　　　5 000 000

如果企业当年发生亏损，则应借记"利润分配——未分配利润"科目，贷记"本年利润"科目。

（2）分配当年实现的净利润时

借：利润分配——提取法定盈余公积　　　　　　　　　　　　　　500 000
　　　　　　——提取任意盈余公积　　　　　　　　　　　　　　250 000
　　　　　　——应付现金股利　　　　　　　　　　　　　　　1 100 000
　　贷：盈余公积——法定盈余公积　　　　　　　　　　　　　　　500 000
　　　　　　　——任意盈余公积　　　　　　　　　　　　　　　250 000
　　　　应付股利　　　　　　　　　　　　　　　　　　　　　1 100 000

（3）结转全年利润分配额时

借：利润分配——未分配利润　　　　　　　　　　　　　　　　1 850 000
　　贷：利润分配——提取法定盈余公积　　　　　　　　　　　　　500 000
　　　　　　　——提取任意盈余公积　　　　　　　　　　　　　250 000
　　　　　　　——应付现金股利　　　　　　　　　　　　　1 100 000

第六章 所有者权益的确认和计量

结转后，"利润分配——未分配利润"明细科目的余额为贷方余额 415（年初未分配利润 100 万元＋本年实现的净利润 500 万元－本年已分配的利润 185 万元）万元，表示甲公司本年年末的累计未分配利润。

【思考 6-4】 假设例 6-16 甲股份有限公司 2018 年发生净亏损 250 万元，不考虑其他因素，则年终结转后，甲公司年末"利润分配——未分配利润"科目的余额是多少？

检测 6-6 单项选择题

甲企业年初未分配利润 100 万元，本年实现净利润 200 万元，分别按 10%提取法定盈余公积和任意盈余公积，向投资者分配利润 150 万元，则该企业年末未分配利润为（　　）万元。

A.10　　　　B.90　　　　C.100　　　　D.110

（二）盈余公积

我国《公司法》规定，公司制企业应该按照净利润（减弥补以前年度亏损，下同）的 10%提取法定盈余公积。按照《企业所得税法》的规定，以前年度亏损（5 年内）可用税前利润弥补，从第 6 年起只能用税后利润弥补，非公司制企业法定盈余公积的提取比例可超过净利润的 10%；法定盈余公积累计额已达到注册资本的 50%时可以不再提取。公司制企业可根据股东大会的决议提取任意盈余公积。非公司制企业经类似权力机构批准，也可提取任意盈余公积。法定盈余公积和任意盈余公积的区别在于其各自计提的依据不同：前者以国家的法律法规为依据，后者由企业的权力机构自行决定。

值得注意的是，如果企业以前年度未分配利润有盈余（即年初未分配利润余额为贷方余额），在计算提取法定盈余公积的基数时，不应包括企业年初未分配利润；如果以前年度有亏损（即年初未分配利润余额为借方余额），应先弥补以前年度亏损再提取盈余公积。

企业提取的盈余公积经批准可用于弥补亏损、转增资本、发放现金股利或利润等。

企业应当设置"盈余公积"科目，核算盈余公积的提取、使用情况。该科目借方登记经批准用于弥补亏损、转增资本、发放现金股利或利润的盈余公积，贷方登记按规定从净利润中提取的盈余公积；期末贷方余额反映企业的盈余公积。本科目应当分别"法定盈余公积"、"任意盈余公积"进行明细核算。

1. 提取盈余公积

企业按规定提取盈余公积时，借记"利润分配——提取法定盈余公积（或提取任意盈余公积）"科目，贷记"盈余公积——法定盈余公积（或任意盈余公积）"科目。

有关会计处理，参见本章例 6-16。

2. 盈余公积转增资本

企业经股东大会或类似机构批准，用盈余公积转增资本时，应借记"盈余公积——法定盈余公积（或任意盈余公积）"科目，贷记"实收资本（或股本）"科目。

有关会计处理，参见本章例 6-9。

3. 盈余公积弥补亏损

企业经股东大会或类似机构批准，用盈余公积弥补亏损时，借记"盈余公积——法定盈余公积（或任意盈余公积）"科目，贷记"利润分配——盈余公积补亏"科目。年度终了，应将"利润分配——盈余公积补亏"科目的余额转入"利润分配——未分配利润"科目。

链接 6-2

例 6-17 乙公司经股东大会决议,当年亏损 50 万元用以前年度提取的盈余公积弥补。假定不考虑其他因素。

甲公司应编制如下会计分录。

借:盈余公积 500 000
　　贷:利润分配——盈余公积补亏 500 000

4. 用盈余公积发放现金股利或利润

企业经股东大会或类似机构批准,用盈余公积向股东或者投资者派发现金股利或利润时,借记"盈余公积"科目,贷记"应付股利"科目;实际支付现金股利或利润时,借记"应付股利"科目,贷记"银行存款"等科目。

例 6-18 丙股份有限公司 2018 年 12 月 31 日普通股股本为 25 000 000 股,每股面值 1 元,可供投资者分配的利润为 2 000 000 元,盈余公积为 9 000 000 元。2019 年 3 月 20 日,股东大会批准了 2018 年度利润分配方案,以 2019 年 4 月 10 日为股权登记日,按每股 0.2 元发放现金股利。丙股份有限公司共需要分派 5 000 000 元现金股利。其中,动用可供投资者分配的利润 2 000 000 元,盈余公积 3 000 000 元。假定不考虑其他因素。

丙股份有限公司应编制如下会计分录。

(1)批准派发现金股利时

借:利润分配——应付现金股利 2 000 000
　　盈余公积 3 000 000
　　贷:应付股利 5 000 000

(2)实际支付现金股利时

借:应付股利 5 000 000
　　贷:银行存款 5 000 000

本例中,丙公司经股东大会批准,以未分配利润和盈余公积发放现金股利,属于以未分配利润发放现金股利的部分 2 000 000 元应记入"利润分配——应付现金股利"科目,属于以盈余公积发放现金股利的部分 3 000 000 元应记入"盈余公积"科目。

检测 6-7 单项选择题

下列各项,会影响所有者权益总额发生增减变动的是(　　)。
A. 支付已宣告的现金股利　　B. 股东大会宣告派发现金股利
C. 实际发放股票股利　　D. 盈余公积补亏

同步训练

一、单项选择题

1. 某企业年初未分配利润为 100 万元,本年净利润为 1 000 万元,按 10% 计提法定盈余公积,按 5% 计提任意盈余公积,宣告发放现金股利为 80 万元。该企业期末未分配利润为(　　)万元。

第六章　所有者权益的确认和计量

　　A．855　　　　　B．867　　　　　C．870　　　　　D．874

2．某上市公司发行普通股 1 000 万股。每股面值 1 元，每股发行价格 5 元，支付手续费 20 万元，支付咨询费 60 万元。该公司发行普通股计入股本的金额为（　　）万元。

　　A．1 000　　　　B．4 920　　　　C．4 980　　　　D．5 000

3．甲股份有限公司委托乙证券公司发行普通股。股票面值总额 4 000 万元，发行总额 16 000 万元，发行费按发行总额的 2%计算（不考虑其他因素）。股票发行净收入全部收到。甲股份有限公司应记入"资本公积"科目的金额为（　　）万元。

　　A．4 000　　　　B．11 680　　　C．11 760　　　D．12 000

4．某企业年初所有者权益 160 万元，本年度实现净利润 300 万元，以资本公积转增资本 50 万元，提取盈余公积 30 万元，向投资者分配现金股利 20 万元。假设不考虑其他因素，该企业年末所有者权益为（　　）万元。

　　A．360　　　　　B．410　　　　　C．440　　　　　D．460

5．下列各项中，会导致留存收益总额发生增减变动的是（　　）。

　　A．资本公积转增资本　　　　　　　B．盈余公积补亏
　　C．盈余公积转增资本　　　　　　　D．以当年净利润弥补以前年度亏损

6．某企业 2018 年 1 月 1 日所有者权益构成情况为：实收资本 1 500 万元，资本公积 100 万元，盈余公积 300 万元，未分配利润 200 万元。2018 年度实现利润总额为 600 万元，企业所得税税率为 25%。假定不存在纳税调整事项及其他因素，该企业 2018 年 12 月 31 日可供分配利润为（　　）万元。

　　A．600　　　　　B．650　　　　　C．800　　　　　D．1 100

7．股份有限公司按法定程序报经批准后采用收购本公司股票方式减资，回购股票支付价款低于股票面值总额的，所注销库存股账面余额与冲减股本之间的差额应计入（　　）。

　　A．盈余公积　　　B．营业外收入　　C．资本公积　　　D．未分配利润

8．某企业盈余公积年初余额为 50 万元，本年利润总额为 600 万元，所得税费用为 150 万元，按净利润的 10%提取法定盈余公积，并将盈余公积 10 万元转增资本。该企业盈余公积年末余额为（　　）万元。

　　A．40　　　　　　B．85　　　　　　C．95　　　　　　D．110

9．下列各项中，不属于所有者权益的是（　　）。

　　A．资本溢价　　　　　　　　　　　B．计提的盈余公积
　　C．投资者投入的资本　　　　　　　D．应付高管人员基本薪酬

10．某公司 2018 年初所有者权益总额为 1 360 万元，当年实现净利润 450 万元，提取盈余公积 45 万元，向投资者分配现金股利 200 万元，本年内以资本公积转增资本 50 万元，投资者追加现金投资 30 万元。该公司年末所有者权益总额为（　　）万元。

　　A．1 565　　　　B．1 595　　　　C．1 640　　　　D．1 795

二、多项选择题

1．下列各项，构成企业留存收益的有（　　）。

　　A．资本溢价　　　B．未分配利润　　C．任意盈余公积　D．法定盈余公积

2．下列各项，不会引起所有者权益总额发生增减变动的有（　　）。

　　A．宣告发放股票股利　　　　　　　B．资本公积转增资本

C．盈余公积转增资本　　　　　　　　D．接受投资者追加投资

3．企业吸收投资者出资时，下列会计科目的余额不会发生变化的有（　　　）。
　　A．营业外收入　　B．实收资本　　C．坏账准备　　D．资本公积

4．下列各项中，年度终了需要转入"利润分配——未分配利润"科目的有（　　　）。
　　A．本年利润　　　　　　　　　　　B．利润分配——应付现金股利
　　C．利润分配——盈余公积补亏　　　D．利润分配——提取法定盈余公积

5．下列各项中，不会引起留存收益总额发生增减变动的有（　　　）。
　　A．资本公积转增资本　　　　　　　B．盈余公积转增资本
　　C．盈余公积弥补亏损　　　　　　　D．税后利润弥补亏损

6．下列各项中，不增加企业资本公积的有（　　　）。
　　A．结转无法支付的应付账款　　　　B．接受捐赠的固定资产
　　C．股本溢价　　　　　　　　　　　D．盘盈的固定资产

7．下列各项中，能够引起企业留存收益总额发生变动的有（　　　）。
　　A．本年度实现的净利润　　　　　　B．提取法定盈余公积
　　C．向投资者宣告分配现金股利　　　D．用盈余公积转增资本

8．关于企业所有者权益，下列说法中正确的有（　　　）。
　　A．资本公积可以弥补企业亏损　　　B．盈余公积可以按照规定转增资本
　　C．未分配利润可以弥补亏损　　　　D．资本公积可以按照规定转增资本

9．企业发生亏损时，下列各项中（　　　）是弥补亏损的渠道。
　　A．以盈余公积弥补亏损　　　　　　B．以资本公积弥补亏损
　　C．用以后5年税前利润弥补　　　　D．用5年后的税后利润弥补

10．股份有限公司按法定程序报经批准后采用收购本公司股票方式减资，回购股票支付价款高于股票面值总额的，在注销股份的会计处理时，可能涉及的会计科目有（　　　）。
　　A．盈余公积　　　　　　　　　　　B．库存股
　　C．资本公积　　　　　　　　　　　D．股本

三、判断题

1．企业溢价发行股票发生的手续费、佣金应从溢价中抵扣，溢价金额不足抵扣的调整留存收益。（　　　）

2．年度终了，除"未分配利润"明细科目外，"利润分配"科目下的其他明细科目应当无余额。（　　　）

3．企业接受投资者以非现金资产投资时，应按该资产的账面价值入账。（　　　）

4．企业计提盈余公积金的基数是当年实现的净利润和年初未分配利润之和。（　　　）

5．资本公积不得用于弥补企业发生的亏损。（　　　）

四、不定项选择题

A 有限责任公司（以下简称 A 公司）于 2018 年 5 月成立，为增值税一般纳税人，公司成立之初由甲、乙两位投资者投资。2019 年 1 月初，A 公司未分配利润为 300 万元。其他相关交易或事项如下：

第六章　所有者权益的确认和计量

（1）公司成立之初，注册资本为 1 000 万元，甲、乙投资者各出资一半。其中，甲投资者决定以现金 500 万元出资，乙投资者决定以一批原材料和一项土地使用权出资——原材料合同约定价值为 300 万元，增值税税额为 48 万元（投资时适用的增值税税率为 16%，由投资方支付税款，并提供或开具增值税专用发票），土地使用权合同约定价值为 180 万元（不考虑相关税费）。假设合同约定价值与公允价值相符。

（2）2019 年 4 月，A 公司决定扩大经营规模，吸收丙投资者投资，A 公司注册资本扩大为 1 500 万元。丙投资者以一项机器设备出资，合同约定价值为 600 万元，增值税税额为 78 万元（由投资方支付税款，并提供或开具增值税专用发票）。假设合同约定价值与公允价值相符。A 公司规定，甲、乙、丙每位投资者在注册资本中应享有的份额为 1/3。

（3）2019 年 5 月，A 公司向 B 公司投资 300 万元作为长期股权投资，拥有 B 公司 25%的股份，能够对 B 公司施加重大影响。2019 年末，B 公司所有者权益因以公允价值计量且其变动计入其他综合收益的金融资产的公允价值上升而增加了 100 万元。

（4）2019 年 A 公司实现净利润 1 000 万元，提取法定盈余公积 100 万元，提取任意盈余公积 150 万元，宣告发放现金股利 200 万元。

要求：根据上述资料，不考虑其他因素，分析回答第 1 至 6 题。

1. 根据资料（1），下列各项中，关于接受投资的会计处理表述正确的是（　　）。
    A. 接受非现金资产投资，应按其公允价值确定实收资本的金额
    B. 接受非现金资产投资，应按投资合同或协议约定价值确定非现金资产的入账价值
    C. 接受非现金资产投资涉及的增值税，可作为进项税额予以抵扣
    D. 甲、乙两位投资者的出资额计入实收资本的金额均为 500 万元

2. 根据资料（2），A 公司吸收丙投资者投资时，下列各项中会计处理正确的是（　　）。
    A. 确认固定资产的入账价值 600 万元　　B. 确认固定资产的入账价值 678 万元
    C. 确认实收资本 500 万元　　　　　　　D. 确认资本公积 178 万元

3. 根据资料（3），A 公司投资 B 公司的长期股权投资，下列各项中会计处理正确的是（　　）。
    A. 应采用成本法核算长期股权投资
    B. 应采用权益法核算长期股权投资
    C. 因 B 公司净损益之外的所有者权益增加，A 公司应该确认资本公积 25 万元
    D. 因 B 公司净损益之外的所有者权益增加，A 公司应该确认其他综合收益 25 万元

4. 根据期初和资料（4），A 公司 2019 年年末，可供分配利润为（　　）万元。
    A. 1 000　　　　B. 1 300　　　　C. 1 200　　　　D. 1 050

5. 根据期初和资料（4），A 公司 2019 年年末，未分配利润为（　　）万元。
    A. 1 200　　　　B. 1 100　　　　C. 950　　　　　D. 850

6. 根据资料（1）至（4），下列各项中，关于资本公积的说法正确的是（　　）。
    A. 乙投资者投资时应计入资本公积的金额为 28 万元
    B. 乙投资者投资时应计入资本公积的金额为 0 万元
    C. 2019 年应计入资本公积的金额为 178 万元
    D. 2019 年应计入资本公积的金额为 203 万元

五、计算分析题

1. 甲、乙两个投资者向某有限责任公司投资，甲投资者投入自产产品一批，投资合同约定价值为 180 万元（假定是公允的），增值税税额为 23.4 万元，并开具了增值税专用发票。乙投资者投入货币资金 9 万元和一项专利技术，货币资金已经存入开户银行。该专利技术原账面价值为 128 万元，预计使用寿命为 16 年，已摊销 40 万元，计提减值准备 10 万元，投资合同约定价值为 80 万元（假定是公允的）。假定甲、乙两位投资者出资额与其在注册资本中所享有的份额相等，投资时均不产生资本公积。两年后，丙投资者向该公司追加投资，其交付该公司的出资额为人民币 176 万元，投资合同约定丙投资者享有的注册资本金额为 130 万元。

要求：根据上述资料，分别编制某有限责任公司接受甲、乙、丙投资的有关会计分录。（答案中的金额单位用万元表示）

2. 甲上市公司 2018 年至 2019 年发生与其股票有关的业务如下。

（1）2018 年 1 月 4 日，经股东大会决议，并报有关部门核准，增发普通股 40 000 万股。每股面值 1 元，每股发行价格 5 元，股款已全部收到并存入银行。假定不考虑相关税费。

（2）2018 年 6 月 20 日，经股东大会决议，并报有关部门核准，以资本公积 4 000 万元转增股本。

（3）2019 年 6 月 20 日，经股东大会决议，并报有关部门核准，以银行存款回购本公司股票 100 万股，每股回购价格为 3 元。

（4）2019 年 6 月 26 日，经股东大会决议，并报有关部门核准，将回购的本公司股票 100 万股注销。

要求：逐笔编制甲上市公司上述业务的会计分录。（答案中的金额单位用万元表示）

3. 东方公司 2018 年和 2019 年有关资料如下。

（1）2018 年实现净利润为 250 万元。年末予以结转。

（2）2019 年 3 月，经股东大会批准，决定按 10%提取法定盈余公积，分派现金股利 80 万元（注：该公司尚有 2012 年发生的未弥补亏损 50 万元）。

（3）按公司股东大会决议，对 2012 年发生的未弥补亏损 50 万元以盈余公积补亏。

（4）2019 年 5 月，按公司股东大会决议，以盈余公积 100 万元转增资本，并已办妥转增手续。东方公司的股东情况为：A 公司占 25%，B 公司占 30%，C 公司占 10%，D 公司占 5%，其他占 30%。

要求：根据东方公司以上资料，编制有关会计分录。（答案中的金额单位用万元表示）

第七章 收入的确认和计量

知识目标

掌握各种销售方式下销售商品收入、提供劳务收入的确认和计量方法；熟悉收入的确认和计量原则；了解特定交易的会计处理方法、让渡资产使用权收入的确认和计量。

技能目标

能对收入的确认和计量进行职业判断，并正确运用收入的确认和计量原则，对销售商品收入、提供劳务收入、让渡资产使用权收入进行会计处理。

收入是指企业在日常活动中形成的、会导致所有者权益增加的、与所有者投入资本无关的经济利益的总流入。收入按企业经营业务的主次不同，分为主营业务收入和其他业务收入。主营业务收入是指企业为完成其经营目标所从事的经常性活动所实现的收入；其他业务收入是指企业为完成其经营目标所从事的与经常性活动相关的活动实现的收入。收入按企业从事日常活动的性质不同，分为销售商品收入、提供劳务收入、建造合同收入和让渡资产使用权收入。

第一节 收入的确认和计量原则

收入准则规定收入确认的核心原则为"企业应当在履行了合同中的履约义务，即在客户取得相关商品或服务控制权时确认收入"，以控制权转移替代风险报酬转移作为收入确认时点的判断标准。这里所称客户，是指与企业订立合同以向该企业购买其日常活动产出的商品或服务（以下简称"商品"）并支付对价的一方；取得相关商品控制权，是指能够主导该商品的使用并从中获得几乎全部的经济利益。企业在判断商品的控制权是否发生转移，应当从客户的角度进行分析，即客户是否取得了相关商品的控制权以及何时取得该控制权。取得商品控制权同时包括下列三项要素。

一是，能力。企业只有在客户拥有现时权利，能够主导该商品的使用并从中获得几乎全部经济利益时，才能确认收入。如果客户只能在未来的某一期间主导该商品的使用并从中获益，则表明其尚未取得该商品控制权。

二是，主导该商品的使用。客户有能力主导该商品的使用，是指客户在其活动中有权使用该商品，或者能够允许或阻止其他方使用该商品。

三是，能够获得几乎全部的经济利益。客户必须拥有获得商品几乎全部经济利益的能力，才能被视为获得了对该商品的控制。商品的经济利益，是指该商品的潜在现金流量，既包括现金流入的增加，也包括现金流出的减少。客户可以通过使用、消耗、出售、处置、交换、抵押或持有等多种方式直接或间接地获得商品的经济利益。

基于上述核心原则，收入准则设定了统一的收入确认和计量的五步法模型，即识别与客户订立的合同、识别合同中的单项履约义务、确定交易价格、将交易价格分摊至各单项履约义务、履行每一单项履约义务时确认收入。其中，第一步、第二步和第五步主要与收入的确认有关，第三步和第四步主要与收入的计量有关。

一、识别与客户订立的合同

这里所称合同，是指双方或多方之间设立有法律约束力的权利义务的协议。合同有书面形式、口头形式和其他形式。当企业与客户之间的合同同时满足下列条件时，企业应当在客户取得相关商品控制权时确认收入。

① 合同各方已批准该合同并承诺将履行各自义务。
② 该合同明确了合同各方与所转让商品或提供劳务（以下简称"转让商品"）相关的权利和义务。
③ 该合同有明确的与所转让商品相关的支付条款。
④ 该合同具有商业实质，即履行该合同将改变企业未来现金流量的风险、时间分布或金额。
⑤ 企业因向客户转让商品而有权取得的对价很可能收回。

在合同开始日即满足上述条件的合同，企业在后续期间无须对其进行重新评估，除非有迹象表明相关事实和情况发生重大变化。合同开始日通常是指合同生效日。

对于在合同开始日不符合上述规定的合同，企业应当对其进行持续评估，并在其满足上述规定时按照规定进行会计处理。对于不符合上述规定的合同，企业只有在不再负有向客户转让商品的剩余义务，且已向客户收取的对价无须退回时，才能将已收取的对价确认为收入，否则应当将已收取的对价作为负债进行会计处理。没有商业实质的非货币性资产交换，不确认收入。

例 7-1 甲公司为某品牌服装的代理商，其客户为众多的零售商，且甲公司与这些零售商签订的合同的主要条款都是类似的。在接受新客户之前，甲公司会对客户的信用状况进行审核，以确保该客户能够或很可能支付合同价款，如果没有通过审核，甲公司不会与其进行交易。

2019年1月，甲公司向不同的客户销售一批服装（服装的控制权已经转移，且甲公司无剩余履约义务），总对价金额为10万元。根据甲公司的评估，向每一客户应收的对价金额都是很可能收回的。但是历史数据表明，甲公司平均的收款率仅为95%，且该收款率与甲公司对于未来情况的估计相一致。甲公司未打算提供任何的价格折让，而是要求客户全额付款。

本例中，甲公司的收款率仅为95%，但符合"企业因向客户转让商品而有权取得的对价很可能收回"的条件，所以不影响甲公司对收入的确认。

提示 7-1

企业以存货换取客户的固定资产、无形资产等的，按照收入准则的规定进行会计处理；其他非货币性资产交换，按照《企业会计准则第7号——非货币性资产交换》的规定进行会计处理。

企业与同一客户（或该客户的关联方）同时订立或者在相近时间内先后订立的两份或多份合同，在满足下列条件之一时，应当合并为一份合同进行会计处理。

① 该两份或多份合同基于同一商业目的而订立并构成一揽子交易。
② 该两份或多份合同中的一份合同的对价金额取决于其他合同的定价或履行情况。
③ 该两份或多份合同中所承诺的商品（或每份合同中所承诺的部分商品）构成单项履约义务。

合同变更是指经合同各方批准对原合同范围或价格做出的变更。企业应当区分下列 3 种情形对合同变更分别进行会计处理。

① 合同变更部分作为单独合同。合同变更增加了可明确区分的商品及合同价款，且新增合同价款反映了新增商品单独售价的，应当将该合同变更部分作为一份单独的合同进行会计处理。
② 合同变更作为原合同终止及新合同订立。合同变更不属于上述①规定的情形，且在合同变更日已转让的商品或已提供的服务（以下简称"已转让的商品"）与未转让的商品或未提供的服务（以下简称"未转让的商品"）之间可明确区分的，应当视为原合同终止。同时，将原合同未履约部分与合同变更部分合并为新合同进行会计处理。
③ 合同变更部分作为原合同的组成部分。合同变更不属于上述①规定的情形，且在合同变更日已转让的商品与未转让的商品之间不可明确区分的，应当将该合同变更部分作为原合同的组成部分进行会计处理。由此产生的对已确认收入的影响，应当在合同变更日调整当期收入。

二、识别合同中的单项履约义务

在合同开始日，企业应当对合同进行评估，识别该合同所包含的各单项履约义务，并确定各单项履约义务是在某一时段内履行，还是在某一时点履行。然后，在履行了各单项履约义务时分别确认收入。

履约义务是指合同中企业向客户转让可明确区分商品的承诺。履约义务既包括合同中明确的承诺，也包括由于企业已公开宣布的政策、特定声明或以往的习惯做法等导致合同订立时客户合理预期企业将履行的承诺。企业为履行合同而应开展的初始活动，通常不构成履约义务，除非该活动向客户转让了承诺的商品。

企业向客户转让一系列实质相同且转让模式相同的、可明确区分的商品的承诺，也应当作为单项履约义务。转让模式相同是指每一项可明确区分商品均满足在某一时段内履行履约义务的条件，且采用相同方法确定其履约进度。企业向客户承诺的商品同时满足下列条件的，应当作为可明确区分商品。

① 客户能够从该商品本身或从该商品与其他易于获得资源一起使用中受益。
② 企业向客户转让该商品的承诺与合同中其他承诺可单独区分。

下列情形通常表明企业向客户转让该商品的承诺与合同中其他承诺不可单独区分。

① 企业需提供重大的服务以将该商品与合同中承诺的其他商品整合成合同约定的组合产出转让给客户。
② 该商品将对合同中承诺的其他商品予以重大修改或定制。
③ 该商品与合同中承诺的其他商品具有高度关联性。

满足下列条件之一的，属于在某一时段内履行履约义务，否则属于在某一时点履行履约义务。

① 客户在企业履约的同时即取得并消耗企业履约所带来的经济利益。
② 客户能够控制企业履约过程中在建的商品。

③ 企业履约过程中所产出的商品具有不可替代用途，且该企业在整个合同期间内有权就累计至今已完成的履约部分收取款项。

具有不可替代用途是指因合同限制或实际可行性限制，企业不能轻易地将商品用于其他用途；有权就累计至今已完成的履约部分收取款项是指在由于客户或其他方原因中止合同的情况下，企业有权就累计至今已完成的履约部分收取能够补偿其已发生成本和合理利润的款项，并且该权利具有法律约束力。

例 7-2 乙公司与客户签订合同，向客户出售其一台生产的设备并提供安装服务。该设备可以不经任何定制或改装而直接使用，不需要复杂安装。除乙公司外，市场上还有其他供应商也能提供此项安装服务。

本例中，客户可以使用该设备或将其以高于残值的价格出售，能够从该设备与市场上其他供应商提供的此项安装服务一起使用中获益，也可以安装服务与客户已经获得的其他资源（例如设备）一起使用中获益，表明该设备和安装服务能够明确区分。因此，该项合同包含两项履约义务，即销售设备和提供安装服务。

假定其他条件不变，但是按照合同规定只能由乙公司向客户提供安装服务。在这种情况下，合同限制并没有改变相关商品或服务本身的特征，也没有改变企业对客户的承诺。虽然根据合同约定，客户只能选择由乙公司提供安装服务，但是设备和安装服务本身仍然符合可明确区分的条件，仍然是两项履约义务。

此外，如果乙公司提供的安装服务很复杂，该安装服务可能对其销售的设备进行定制化的重大修改，即使市场上有其他的供应商也可以提供此项安装服务，乙公司也不能将该安装服务作为单项履约义务，而是应当将设备和安装服务合并作为单项履约义务。

三、确定交易价格

企业应当按照分摊至各单项履约义务的交易价格计量收入。交易价格是指企业因向客户转让商品而预期有权收取的对价金额。企业代第三方收取的款项和企业预期将退还给客户的款项，应当作为负债进行会计处理，不计入交易价格。

企业应当根据合同条款，并结合其以往的习惯做法确定交易价格。在确定交易价格时，企业应当考虑可变对价、合同中存在的重大融资成分、非现金对价、应付客户对价等因素的影响。

① 合同中存在可变对价的，企业应当按照期望值或最可能发生金额确定可变对价的最佳估计数。但包含可变对价的交易价格，应当不超过在相关不确定性消除时累计已确认收入极可能不会发生重大转回的金额。企业在评估累计已确认收入是否极可能不会发生重大转回时，应当同时考虑收入转回的可能性及比重。在每一资产负债表日，企业应当重新估计应计入交易价格的可变对价金额。可变对价金额发生变动的，按照可变对价的后续变动的规定进行会计处理。

例 7-3 2019 年 1 月 1 日，甲公司签订合同，为一只股票型基金提供资产管理服务。合同期限为 3 年，甲公司所能获得的报酬包括两部分：每季度按照季末该基金净值的 1%收取管理费，该管理费不会因基金净值的后续变化而调整或被要求退回；该基金在 3 年内的累计回报如果超过 10%，则甲公司可以获得超额回报部分的 20%作为业绩奖励。2019 年 3 月 31 日，该基金的净值为 5 亿元。

本例中，甲公司在合同开始日有两个影响收入的因素不确定：一是每季末该基金的净值不确定；二是该基金 3 年内的累计回报不确定，所以不能确认收入。2019 年 3 月 31 日，本季末该基金的净值确定,但3年内的累计回报不确定。因此,甲公司本季度应确认的收入为500万元(50 000万元×1%)。

② 合同中存在重大融资成分的,企业应当按照假定客户在取得商品控制权时即以现金支付的应付金额确定交易价格。该交易价格与合同对价之间的差额,应当在合同期间内采用实际利率法摊销。在合同开始日,企业预计客户取得商品控制权与客户支付价款间隔不超过一年的,可以不考虑合同中存在的重大融资成分,参见例7-16和例7-17。

③ 客户支付非现金对价的,企业应当按照非现金对价的公允价值确定交易价格。非现金对价的公允价值不能合理估计的,企业应当参照其承诺向客户转让商品的单独售价间接确定交易价格。单独售价是指企业向客户单独销售商品的价格。非现金对价的公允价值因对价形式以外的原因而发生变动的,应当作为可变对价,按照可变对价的规定进行会计处理。

④ 企业应付客户(或向客户购买本企业商品的第三方)对价的,应当将该应付对价冲减交易价格,并在确认相关收入与支付(或承诺支付)客户对价二者孰晚的时点冲减当期收入。但应付客户对价是为了向客户取得其他可明确区分商品的除外。

企业应付客户对价是为了向客户取得其他可明确区分商品的,应当采用与本企业其他采购相一致的方式确认所购买的商品;企业应付客户对价超过向客户取得可明确区分商品公允价值的,超过金额应当冲减交易价格;向客户取得的可明确区分商品公允价值不能合理估计的,企业应当将应付客户对价全额冲减交易价格。

例7-4 甲公司与乙公司签订合同,将其生产的日用品销售给乙公司。乙公司经营大型连锁超市,合同约定乙公司承诺的采购数量为20 000件。甲公司须在合同开始日向乙公司支付5 000元(不含增值税)。该款项不可退还,用于补偿乙公司为放置甲公司的产品而对货架和其他商品的陈设做出的调整。

本例中,甲公司向乙公司支付的5 000元是应付客户对价,与销售20 000件商品无关,不是销售费用,而是获得合同对价的减少,应当冲减其交易价格,并在确认相关收入与支付(或承诺支付)客户对价二者孰晚的时点冲减当期收入。

四、将交易价格分摊至各单项履约义务

合同中包含两项或多项履约义务的(即"捆绑销售""套餐"及类似安排),企业应当在合同开始日,按照各单项履约义务所承诺商品的单独售价的相对比例,将交易价格分摊至各单项履约义务。企业不得因合同开始日之后单独售价的变动而重新分摊交易价格。

企业在类似环境下向类似客户单独销售商品的价格,应作为确定该商品单独售价的最佳证据。单独售价无法直接观察的,企业应当综合考虑其能够合理取得的全部相关信息,采用市场调整法、成本加成法、余值法等方法合理估计单独售价。在估计单独售价时,企业应当最大限度地采用可观察的输入值,并对类似的情况采用一致的估计方法。

① 市场调整法是指企业根据某商品或类似商品的市场售价考虑本企业的成本和毛利等进行适当调整后,确定其单独售价的方法。

② 成本加成法是指企业根据某商品的预计成本加上其合理毛利后的价格,确定其单独售价的方法。

③ 余值法是指企业根据合同交易价格减去合同中其他商品可观察的单独售价后的余值,确定某商品单独售价的方法。

企业在商品近期售价波动幅度巨大,或者因未定价且未曾单独销售而使售价无法可靠确定时,可采用余值法估计其单独售价。

例 7-5 甲公司是一家电信公司,根据其推出的一项合约计划,与客户签订一份两年的合同并承诺每月支付话费 200 元,便可以免费从甲公司获得某款手机一部。该款手机的单独售价为 3 000 元,合约计划所包含的同等水平的通话服务的单独售价为每月 100 元。假定在合约计划下,手机和通信服务是两项单独的履约义务,合同中不存在重大融资成分。上述价格均不包含增值税。

本例中,甲公司在合同开始日确定的交易价格为 4 800(200×24)元,两年的通话服务的单独售价合计为 2 400(100×24)元,手机的单独售价为 3 000元。因此,分摊至手机和通信服务的交易价格分别为:

分摊至手机的交易价格=4 800×3 000÷(3 000+2 400)=2 667(元)
分摊至通信服务的交易价格=4 800×2 400÷(3 000+2 400)=2 133(元)

对于合同折扣,企业应当在各单项履约义务之间按比例分摊。有确凿证据表明合同折扣仅与合同中一项或多项(而非全部)履约义务相关的,企业应当将该合同折扣分摊至相关一项或多项履约义务;合同折扣仅与合同中一项或多项(而非全部)履约义务相关,且企业采用余值法估计单独售价的,应当首先按照上述规定在该一项或多项(而非全部)履约义务之间分摊合同折扣,然后采用余值法估计单独售价。合同折扣是指合同中各单项履约义务所承诺商品的单独售价之和高于合同交易价格的金额。

对于可变对价和可变对价的后续变动额,企业应当按照规定将其分摊至与之相关的一项或多项履约义务,或者分摊至构成单项履约义务的一系列可明确区分商品中的一项或多项商品。对于已履行的履约义务,其分摊的可变对价后续变动额应当调整变动当期的收入。

合同变更之后发生可变对价后续变动的,企业应当区分下列 3 种情形分别进行会计处理。

① 合同变更属于前述合同变更情形①的,企业应当判断可变对价后续变动与哪一项合同相关,并按照可变对价和可变对价的后续变动的规定进行会计处理。

② 合同变更属于前述合同变更情形②,且可变对价后续变动与合同变更前已承诺可变对价相关的,企业应当首先将该可变对价后续变动额以原合同开始日确定的基础进行分摊,然后将分摊至合同变更日尚未履行履约义务的该可变对价后续变动额以新合同开始日确定的基础进行二次分摊。

③ 合同变更之后发生除上述①、②规定情形以外的可变对价后续变动的,企业应当将该可变对价后续变动额分摊至合同变更日尚未履行的履约义务。

五、履行每一单项履约义务时确认收入

对于在某一时段内履行的履约义务,企业应当在该段时间内按照履约进度确认收入,但是,履约进度不能合理确定的除外。企业应当考虑商品的性质,采用产出法或投入法确定恰当的履约进度。其中,产出法是根据已转移给客户的商品对于客户的价值确定履约进度;投入法是根据企业为履行履约义务的投入确定履约进度。对于类似情况下的类似履约义务,企业应当采用相同的方法确定履约进度。

当履约进度不能合理确定时,企业已经发生的成本预计能够得到补偿的,应当按照已经发生的成本金额确认收入,直到履约进度能够合理确定为止。

对于在某一时点履行的履约义务，企业应当在客户取得相关商品控制权时点确认收入。在判断客户是否已取得商品控制权时，企业应当考虑下列迹象。

① 企业就该商品享有现时收款权利，即客户就该商品负有现时付款义务。

② 企业已将该商品的法定所有权转移给客户，即客户已拥有该商品的法定所有权。

③ 企业已将该商品实物转移给客户，即客户已实物占有该商品。

④ 企业已将该商品所有权上的主要风险和报酬转移给客户，即客户已取得该商品所有权上的主要风险和报酬。

⑤ 客户已接受该商品。

⑥ 其他表明客户已取得商品控制权的迹象。

企业在确认合同收入的同时，与合同成本有关的资产，应当采用与该资产相关的商品收入确认相同的基础进行摊销，计入当期损益。

例7-6 甲公司与客户签订合同，为客户生产一台大型定制设备，合同价款为3 000万元。该合同只包含一项单独的履约义务，且符合在某一时段内确认收入的条件。甲公司预计的合同总成本为2 500万元，不包括任何非正常消耗。截至2018年12月31日，甲公司实际发生成本2 100万元，其中包括浪费的人工和材料费用100万元。甲公司采用实际发生成本比例确定履约进度。

本例中，截至2018年12月31日，甲公司的履约进度为80%[（2 100−100）÷2 500×100%]，因此甲公司应当按照履约进度确认的收入和成本分别为2 400（3 000×80%）万元和2 100万元。

检测7-1 判断题

对于在某一时间段内履行的履约义务，当履约进度不能合理确定时，企业应当在客户取得相关商品控制权时点确认收入。（   ）

第二节　销售商品收入

销售商品一般属于在某一时点履行的履约义务，企业应当在客户取得相关商品控制权时点确认收入，确认的金额是向客户转让商品而已收或预期有权收取的对价金额，即为交易价格。企业代第三方收取的款项和企业预期将退还给客户的款项，应当作为负债处理，不计入交易价格。

一、一般销售商品业务收入的处理

企业在进行销售商品的会计处理时，首先要考虑是否符合收入确认条件。如果符合收入准则规定的确认条件，企业应当确认收入并结转相关销售成本。通常情况下，销售商品采用托收承付或委托收款方式的，在办妥托收手续时确认收入；交款提货销售商品的，在开出发票账单收到货款时确认收入。交款提货销售商品是指客户已根据企业开出的发票账单支付货款并取得提货单的销售方式。在这种方式下，虽然企业尚未交付商品，但客户支付货款取得提货单，即客户取得相关商品控制权,通常应在开出发票账单收到货款时确认收入。

企业确认销售商品收入时,应按实际收到或应收的金额,借记"应收账款""应收票据""银行存款"等科目;按确定的销售收入金额,贷记"主营业务收入"等科目;按增值税专用发票上注明的增值税税额,贷记"应交税费——应交增值税(销项税额)"科目。同时,按销售商品的实际成本,借记"主营业务成本"等科目,贷记"库存商品"等科目。企业也可在月末结转本月已销商品的实际成本。

例7-7 甲公司向乙公司销售一批商品,开出的增值税专用发票上注明售价为 100 000 元,增值税税额为 17 000 元。甲公司已收到乙公司开出的转账支票并送存银行,同时将提货单交付乙公司。该批商品成本为 60 000 元。

甲公司应编制如下会计分录。

借:银行存款	117 000
贷:主营业务收入	100 000
应交税费——应交增值税(销项税额)	17 000
借:主营业务成本	60 000
贷:库存商品	60 000

例7-8 2019年7月10日,甲公司采用委托收款结算方式向丙公司销售一批商品。开出的增值税专用发票上注明售价为 700 000 元,增值税税额为 91 000 元。商品已经发出,并已向银行办妥托收手续,甲公司以银行存款代垫运杂费 3 000 元。该批商品的成本为 490 000 元。

甲公司应编制如下会计分录。

借:应收账款	794 000
贷:主营业务收入	700 000
应交税费——应交增值税(销项税额)	91 000
银行存款	3 000
借:主营业务成本	490 000
贷:库存商品	490 000

例7-9 沿用例7-8,甲公司采用商业汇票结算方式向丙公司销售商品,收到丙公司寄来一张3个月期限的商业承兑汇票,票面金额为 791 000 元。

甲公司应编制如下会计分录。

借:应收票据	791 000
应收账款	3 000
贷:主营业务收入	700 000
应交税费——应交增值税(销项税额)	91 000
银行存款	3 000
借:主营业务成本	490 000
贷:库存商品	490 000

二、销售商品涉及折扣和折让的处理

销售商品涉及商业折扣、现金折扣、销售折让等时,企业应当按照合同中存在可变对价的规定确认收入。商业折扣、现金折扣和销售折让的区别及处理方法如下。

（一）商业折扣

商业折扣是指企业为促进商品销售而给予的价格扣除。例如，企业为鼓励客户多买商品可能规定，购买 10 件以上商品给予客户 10%的折扣，或者客户每买 10 件送 1 件。此外，企业为了尽快出售一些残次、陈旧、冷背的商品，也可能降价（即打折）销售。

商业折扣在销售时即已发生，并不构成最终交易价格的一部分，不需在买卖双方任何一方的账上反映。企业销售商品涉及商业折扣的，应当按照扣除商业折扣后的金额确定销售商品收入金额。

例 7-10 甲公司为增值税一般纳税企业，适用的增值税税率为 13%。2019 年 7 月 2 日，甲公司向乙公司销售产品一批，产品价目表标明的价格为 100 000 元。该批商品的实际成本为 60 000 元，由于是批量销售，甲公司给予乙公司 10%的商业折扣。产品已发出，但货款尚未收到。

7 月 2 日销售实现时，甲公司应确认的销售商品收入金额为 90 000（100 000－100 000×10%）元，增值税销项税额为 11 700（90 000×13%）元。甲公司应编制如下会计分录。

借：应收账款　　　　　　　　　　　　　　　　　　　　101 700
　　贷：主营业务收入　　　　　　　　　　　　　　　　　　90 000
　　　　应交税费——应交增值税（销项税额）　　　　　　　11 700
借：主营业务成本　　　　　　　　　　　　　　　　　　　60 000
　　贷：库存商品　　　　　　　　　　　　　　　　　　　　60 000

（二）现金折扣

现金折扣是指债权人为了鼓励债务人在规定的期限内早日付款，而向债务人提供的债务扣除。现金折扣通常发生在以赊销方式销售商品和提供劳务的交易中。企业为了鼓励客户提前偿付货款，通常与债务人达成协议，债务人在不同的期限内付款可享受不同比例的折扣优惠。现金折扣一般用符号"折扣率/付款期限"表示。例如，"2/10,1/20,N/30"表示销货方允许客户最长的付款期限为 30 天，如果客户在 10 天内付款，销货方可按商品售价给予客户 2%的折扣；如果客户在 20 天内付款，销货方可按商品售价给予客户 1%的折扣；如果客户在 21 天至 30 天内付款，将不能享受现金折扣。

企业销售商品涉及现金折扣的，应当按照扣除现金折扣前的金额确定销售商品收入金额，因为现金折扣发生在企业销售商品之后，现金折扣是否发生和发生多少要视客户的付款情况而定，企业在确认销售商品收入时不能确定现金折扣金额。现金折扣实际上是企业为了尽快回笼资金而发生的理财费用，只有在实际发生时才予以确认，计入发生当期财务费用。

在计算现金折扣时，还应注意合同约定的销售方式是按不包含增值税的价款提供现金折扣，还是按包含增值税的价款提供现金折扣，两种情况下购买方享有的折扣金额不同。例如，销售价格为 10 000 元的商品，增值税税额为 1 300 元，如果不包含增值税，按 2%折扣率计算，购买方享有的现金折扣金额为 200 元；如果计算现金折扣时一并考虑增值税，购买方享有的现金折扣金额为 226 元。

例 7-11 承例 7-10，甲公司为了及早收回货款而在合同中规定现金折扣条件为"2/10, 1/20,N/30"。假定计算现金折扣时考虑增值税。

(1) 如果乙公司于 7 月 10 日付款,则享有现金折扣 2 034（101 700×2%）元,实际付款金额为 99 666（101 700－2 034）元。甲公司应编制如下会计分录。

  借：银行存款   99 666
    财务费用   2 034
    贷：应收账款   101 700

(2) 如果乙公司于 7 月 20 日付款,则享有现金折扣 1 017（101 700×1%）元,实际付款金额为 100 683（101 700－1 017）元。甲公司应编制如下会计分录。

  借：银行存款   100 683
    财务费用   1 017
    贷：应收账款   101 700

(3) 如果乙公司于 7 月 30 日付款,则应按全额付款。甲公司应编制如下会计分录。

  借：银行存款   101 700
    贷：应收账款   101 700

（三）销售折让

销售折让是指企业因售出商品质量不符合要求等原因而在售价上给予的减让。企业将商品销售给客户后,如果客户发现商品的质量、规格等不符合要求,可能会要求企业在价格上给予一定的减让。

如果销售折让发生在确认销售收入之前,则应在确认销售收入时直接按扣除销售折让后的金额确认。已确认销售收入的售出商品发生销售折让,且不属于资产负债表日后事项的,按应冲减的销售商品收入金额,借记"主营业务收入"科目,按增值税专用发票上注明的应冲减的增值税销项税额,借记"应交税费——应交增值税（销项税额）"科目；按实际支付或应退还的价款,贷记"银行存款""应收账款"等科目。

例 7-12 甲公司销售一批商品给乙公司,开出的增值税专用发票上注明的售价为 200 000 元,增值税税额为 26 000 元。该批商品的成本为 130 000 元。货到后乙公司发现商品质量不符合合同要求,要求在价格上给予 10%的折让。甲公司同意折让并办妥了相关手续,开具了增值税专用发票（红字）。假定此前甲公司已确认该批商品的销售收入,销售款项尚未收到,发生的销售折让允许扣减当期增值税销项税额。

甲公司应编制如下会计分录。

(1) 销售实现时

  借：应收账款   226 000
    贷：主营业务收入   200 000
      应交税费——应交增值税（销项税额）   26 000
  借：主营业务成本   130 000
    贷：库存商品   130 000

(2) 发生销售折让时

  借：主营业务收入（200 000×10%）   20 000
    应交税费——应交增值税（销项税额）（26 000×10%） 2 600
    贷：应收账款   22 600

（3）实际收到款项时
借：银行存款 203 400
　　贷：应收账款 203 400

检测 7-2　单项选择题

甲企业某月销售商品发生商业折扣 15 万元、现金折扣 10 万元、销售折让 20 万元。该企业上述折扣和折让应计入当月财务费用的金额为（　　）万元。
A. 10　　　B. 25　　　C. 30　　　D. 35

三、销售商品不符合收入确认条件的处理

如果企业售出商品不符合收入确认条件，则不应确认收入。为了单独反映已经发出但尚未确认销售收入的商品成本，企业应增设"发出商品"科目。"发出商品"科目核算一般销售方式下，已经发出但尚未确认收入的商品成本。应按发出商品的实际成本，借记"发出商品"科目，贷记"库存商品"科目；发出商品满足收入确认条件时，应结转销售成本，借记"主营业务成本"科目，贷记"发出商品"科目。

这里应注意的是，尽管发出的商品不符合收入确认条件，但如果销售该商品的纳税义务已经发生，如已经开出增值税专用发票，即按照增值税制度确认增值税纳税义务发生时点早于按照国家统一的会计制度确认收入或利得的时点的，应将其增值税销项税额，借记"应收账款"科目，贷记"应交税费——应交增值税（销项税额）"或"应交税费——简易计税"科目。按照国家统一的会计制度确认收入时，应按扣除增值税销项税额后的金额确认收入。如果纳税义务没有发生，则不需要进行上述处理。

例 7-13　沿用例 7-12，假定发生销售折让前，因该商品质量不符合合同要求，乙公司不接受该批商品而只做代管，甲公司未确认该批商品的销售收入，但纳税义务已经发生。后经协商，甲公司同意折让并办妥相关手续，乙公司接受该批商品并承诺近期付款。

甲公司应编制如下会计分录。

（1）发出商品时
借：发出商品 130 000
　　贷：库存商品 130 000
借：应收账款 26 000
　　贷：应交税费——应交增值税（销项税额） 26 000

（2）乙公司承诺付款，甲公司确认销售时
借：应收账款 177 400
　　应交税费——应交增值税（销项税额）(26 000×10%) 2 600
　　贷：主营业务收入（200 000－200 000×10%） 180 000
借：主营业务成本 130 000
　　贷：发出商品 130 000

（3）实际收到款项时
借：银行存款 203 400
　　贷：应收账款 203 400

提示 7-2

按照国家统一的会计制度确认收入或利得的时点早于按照增值税制度确认增值税纳税义务发生时点的,应在确认收入或利得的同时,将相关增值税销项税额记入"应交税费——待转销项税额"科目,待实际发生纳税义务时再转入"应交税费——应交增值税(销项税额)"或"应交税费——简易计税"科目,参见例 7-28。

四、销售退回的处理

销售退回是指企业售出的商品由于质量、品种等不符合合同规定的要求等原因而发生的退货。销售退回应区分以下不同情况进行会计处理。

① 尚未确认销售商品收入的售出商品发生销售退回的,应将已记入"发出商品"科目的商品成本金额转入"库存商品"科目,借记"库存商品"科目,贷记"发出商品"科目。

② 已确认销售商品收入的售出商品发生销售退回的,除属于资产负债表日后事项外,一般应在发生时冲减当期销售商品收入,同时冲减当期销售商品成本。如果按规定允许扣减增值税税额,应同时冲减已确认的应交增值税销项税额;如果该项销售退回已发生现金折扣,应同时调整相关财务费用的金额。已确认收入的售出商品发生销售退回时,按应冲减的销售商品收入金额,借记"主营业务收入"科目,按增值税专用发票上注明的应冲减的增值税销项税额,借记"应交税费——应交增值税(销项税额)"科目;按实际支付或应退还的价款,贷记"银行存款""应收账款"等科目,如果已发生现金折扣,还应按相关财务费用的调整金额,贷记"财务费用"科目。同时,按退回的商品成本,借记"库存商品"科目,贷记"主营业务成本"科目。

例 7-14 甲公司 2019 年 6 月 15 日销售给乙公司商品一批,商品每件成本为 180 元,售价为 200 元,增值税税率为 13%。货款尚未收到,甲公司尚未确认销售商品收入。6 月 20 日,收到乙公司因商品质量问题而退回的商品 10 件。乙公司提出的退货要求符合销售合同约定,甲公司同意退货并已验收入库,按规定向乙公司开具了增值税专用发票(红字)。

甲公司应编制如下会计分录。

借:库存商品(180×10)　　　　　　　　　　　　　　　　　　　1 800
　　贷:发出商品　　　　　　　　　　　　　　　　　　　　　　　1 800

例 7-15 甲公司 2019 年 6 月 17 日向乙公司销售商品一批,增值税专用发票上注明的售价为 60 000 元,增值税税额为 7 800 元。该批商品成本为 40 000 元。合同规定现金折扣条件为"2/10,1/20,N/30"。假定计算现金折扣时不考虑增值税,乙公司于 6 月 26 日付款,享有现金折扣 1 200(60 000×2%)元。2019 年 7 月 15 日,该批商品因质量问题被乙公司退回,甲公司同意退货,于当日支付了退货款,并按规定向乙公司开具了增值税专用发票(红字)。

甲公司应编制如下会计分录。

(1) 2019 年 6 月 17 日销售实现时

借:应收账款　　　　　　　　　　　　　　　　　　　　　　　67 800
　　贷:主营业务收入　　　　　　　　　　　　　　　　　　　　60 000
　　　　应交税费——应交增值税(销项税额)　　　　　　　　　 7 800
借:主营业务成本　　　　　　　　　　　　　　　　　　　　　40 000
　　贷:库存商品　　　　　　　　　　　　　　　　　　　　　　40 000

（2）2019年6月26日收到货款时
借：银行存款　　　　　　　　　　　　　　　　　　66 600
　　财务费用　　　　　　　　　　　　　　　　　　 1 200
　　贷：应收账款　　　　　　　　　　　　　　　　　　　67 800
（3）2019年7月15日发生销售退回时
借：主营业务收入　　　　　　　　　　　　　　　　60 000
　　应交税费——应交增值税（销项税额）　　　　　 7 800
　　贷：银行存款　　　　　　　　　　　　　　　　　　　66 600
　　　　财务费用　　　　　　　　　　　　　　　　　　　 1 200
借：库存商品　　　　　　　　　　　　　　　　　　40 000
　　贷：主营业务成本　　　　　　　　　　　　　　　　　40 000

链接 7-1

【思考 7-1】如果例 7-15 中的乙公司没有享受现金折扣，当发生销售退回时，甲公司应编制的会计分录有何不同？

五、合同中存在重大融资成分的销售商品的处理

销售商品合同中存在重大融资成分的，企业应当按照假定客户在取得商品控制权时即以现金支付的应付金额确定的交易价格（商品现销价格或未来现金流量现值）确认收入。该交易价格与合同对价之间的差额，应当在合同期间内采用实际利率法摊销，即按照其摊余成本和实际利率计算确定的金额进行摊销，计入当期损益（财务费用）。其中，实际利率是指具有类似信用等级的企业发行类似工具的现时利率，或者将应收的合同对价折现为商品现销价格时的折现率等。

在合同开始日，企业预计客户取得商品控制权与客户支付价款间隔不超过一年的，可以不考虑合同中存在的重大融资成分。

（一）具有重大融资成分的预先收款方式销售商品

企业销售商品时，如采用预先收款的方式销售商品，即货款预先收取，商品延期交付。其实质是客户向企业提供信贷。在这种销售方式下，企业收取货款时，因相关商品控制权尚未转移给客户，不符合收入确认条件，其收到的价款应作为合同负债，在以后将商品交付给客户，相关商品控制权转移时才以现金支付的应付金额确定的交易价格确认收入。该交易价格与预先收取的合同对价之间的差额，应当在合同期间内采用实际利率法摊销，计入当期财务费用。

【例 7-16】2018 年 12 月 31 日，甲公司与乙公司签订合同，向其销售一批产品，合同约定这批产品将于两年之后交货。合同中包含两种可供选择的付款方式，即乙公司可以在两年后交付产品时支付价款 4 494 400 元，或者在合同签订时支付价款 4 000 000 元。乙公司选择在合同签订时支付价款，甲公司于 2018 年 12 月 31 日收到其支付的货款。按照上述两种付款方式计算的内含利率为 6%。该批产品的控制权在交货时转移。上述价格均不包含增值税，且假定不考虑相关税费影响。

甲公司应编制如下会计分录。
（1）2018年12月31日收到货款时
借：银行存款　　　　　　　　　　　　　　　　　 4 000 000
　　未确认融资费用　　　　　　　　　　　　　　　 494 400

         贷：合同负债   4 494 400
（2）2019年12月31日确认融资费用时
应确认融资费用＝4 000 000×6%＝240 000（元）
     借：财务费用   240 000
         贷：未确认融资费用   240 000
（3）2020年12月31日确认融资费用和收入时
应确认融资费用＝4 240 000×6%＝254 400（元）
     借：财务费用   254 400
         贷：未确认融资费用   254 400
     借：合同负债   4 494 400
         贷：主营业务收入   4 494 400

（二）具有重大融资成分的延期收款方式销售商品

企业销售商品时，如采用递延方式分期收款销售商品，即商品已经交付，货款分期收回。其实质是企业向客户提供信贷。在这种销售方式下，企业将商品交付给客户，通常表明相关商品控制权已经转移给客户，符合收入确认条件应当确认收入。按照合同约定的收款日期分期收回货款，强调的只是一个结算时点，与相关商品控制权的转移没有关系，因此企业不应当按照合同约定的收款日期确认收入。

具有重大融资成分的分期收款销售商品符合收入确认条件时，企业应按应收的合同对价，借记"长期应收款"科目；按现销交易价格或应收合同对价的折现值，贷记"主营业务收入"科目；按其差额，贷记"未实现融资收益"科目。摊销未实现融资收益时，按其摊销额，借记"未实现融资收益"科目，贷记"财务费用"科目。

例7-17 2019年1月1日，甲公司采用分期收款方式向乙公司销售一套大型设备，合同约定的销售价格为10 000 000元，分5次于每年12月31日等额收取。该大型设备成本为7 800 000元。在现销方式下，该大型设备的销售价格为8 000 000元。假定甲公司发出商品时，有关的增值税纳税义务尚未发生；在合同约定的收款日期，发生有关的增值税纳税义务的增值税税率为13%。

本例中，甲公司应当确认的销售商品收入为8 000 000元，每年收取的价款为2 000 000元。根据"未来五年收款额的现值＝现销方式下应收款项金额"公式计算，可以得出：
$2\,000\,000 \times (P/A, r, 5) = 8\,000\,000$（元）
可在多次测试的基础上，用插值法计算折现率。
当 $r=7\%$ 时，$2\,000\,000 \times 4.100\,2 = 8\,200\,400 > 8\,000\,000$
当 $r=8\%$ 时，$2\,000\,000 \times 3.992\,7 = 7\,985\,400 < 8\,000\,000$
因此，$7\% < r < 8\%$，用插值法计算如下：

现值	利率
8 200 400	7%
8 000 000	r
7 985 400	8%

$(8\,200\,400 - 8\,000\,000) \div (8\,200\,400 - 7\,985\,400) = (7\% - r) \div (7\% - 8\%)$
$r = 7.93\%$

每期未实现融资收益分摊表如表 7-1 所示。

表 7-1　未实现融资收益分摊　　　　　　　　　　　　　　　　　　　　　　元

日　　期	收现总额 (a)	财务费用（b） =期初(d）×7.93%	已收本金 (c)=(a)-(b)	未收本金（d） =期初（d）-（c）
2019 年 1 月 1 日				8 000 000
2019 年 12 月 31 日	2 000 000	634 400	1 365 600	6 634 400
2020 年 12 月 31 日	2 000 000	526 107.92	1 473 892.08	5 160 507.92
2021 年 12 月 31 日	2 000 000	409 228.28	1 590 771.72	3 569 736.20
2022 年 12 月 31 日	2 000 000	283 080.08	1 716 919.92	1 852 816.28
2023 年 12 月 31 日	2 000 000	147 183.72*	1 852 816.28	0
合　　计	10 000 000	2 000 000	8 000 000	—

*尾数调整：2 000 000－1 852 816.28＝147 183.72（元）

根据表 7-1 的计算结果，甲公司应编制如下会计分录。

（1）2019 年 1 月 1 日确认销售收入时

　　借：长期应收款　　　　　　　　　　　　　　　　　　　　　10 000 000
　　　　贷：主营业务收入　　　　　　　　　　　　　　　　　　　 8 000 000
　　　　　　未实现融资收益　　　　　　　　　　　　　　　　　　 2 000 000
　　借：主营业务成本　　　　　　　　　　　　　　　　　　　　　 7 800 000
　　　　贷：库存商品　　　　　　　　　　　　　　　　　　　　　 7 800 000

（2）2019 年 12 月 31 日收取货款和增值税税款时

　　借：银行存款　　　　　　　　　　　　　　　　　　　　　　　 2 260 000
　　　　贷：长期应收款　　　　　　　　　　　　　　　　　　　　 2 000 000
　　　　　　应交税费——应交增值税（销项税额）　　　　　　　　　 260 000
　　借：未实现融资收益　　　　　　　　　　　　　　　　　　　　　 634 400
　　　　贷：财务费用　　　　　　　　　　　　　　　　　　　　　　 634 400

2020 年至 2023 年，甲公司收取货款和增值税税额的会计分录与 2019 年基本相同，只是确认融资收益、冲减财务费用的金额不同，此处不再讲述。

【思考 7-2】在会计实务中除了分摊未实现融资收益外，还有哪些交易或事项的会计处理应用实际利率法？

六、特定交易的会计处理

（一）预收款销售商品

预收款销售商品是指客户在商品尚未收到前按合同约定分期付款，企业在收到最后一笔款项时才交货的销售方式。在预收款销售方式下，企业直到收到最后一笔款项时才将商品交付客户，表明相关商品控制权只有在收到最后一笔款项时才转移给客户。

销售商品预收款项时，按预收的金额，借记"银行存款"等科目，贷记"预收账款"科目。收到最后一笔款项发出商品时，按预收款项总额，借记"预收账款"科目，按收到的最后一笔款项金额，借记"银行存款"等科目；按确定的销售商品收入金额，贷记"主营业务收入"科目，按增值税专用发票上注明的增值税税额，贷记"应交税费——应交增值税（销项税额）"科目。同时，按销售商品的成本，借记"主营业务成本"科目，贷记"库存商品"科目。

例 7-18 甲公司采用预收款方式向乙公司销售商品一批,售价为 160 000 元,适用的增值税税率为 13%。该批商品的成本为 120 000 元。协议约定,乙公司应在协议签订时预付 60% 的货款(按销售价格计算),剩余款项于 2 个月后支付。

甲公司应编制如下会计分录。

(1)收到 60% 货款时

借:银行存款　　　　　　　　　　　　　　　　　　　　　　96 000
　　贷:预收账款　　　　　　　　　　　　　　　　　　　　　　　96 000

(2)收到剩余货款和增值税税款并交付商品时

借:预收账款　　　　　　　　　　　　　　　　　　　　　　96 000
　　银行存款　　　　　　　　　　　　　　　　　　　　　　84 800
　　贷:主营业务收入　　　　　　　　　　　　　　　　　　　　160 000
　　　　应交税费——应交增值税(销项税额)　　　　　　　　　20 800

借:主营业务成本　　　　　　　　　　　　　　　　　　　　120 000
　　贷:库存商品　　　　　　　　　　　　　　　　　　　　　　120 000

企业因销售商品向客户收取的预收款(如储值卡),赋予了客户一项在未来从企业取得商品的权利,并使企业承担了向客户转让商品的义务,因此,企业应当将预收的款项确认为合同负债,待未来履行了相关履约义务,即向客户转让相关商品时,再将该负债转为收入。当企业收取的预收款项无须退回,且客户可能会放弃其全部或部分合同权利时,企业预期将有权获得与客户所放弃的合同权利相关的金额的,应当按照客户行使合同权利的模式按比例将上述金额确认为收入;否则,企业只有在客户要求其履行剩余履约义务的可能性极低时,才能将上述负债的相关余额转为收入。

例 7-19 甲公司经营连锁面包店。2019 年,甲公司向客户销售了 5 000 张储值卡,每张卡的面值为 200 元,总额为 1 000 000 元。客户可在甲公司经营的任何一家门店使用该储值卡进行消费。根据历史经验,甲公司预期客户购买的储值卡中将有大约相当于储值卡面值金额的 5%,即 50 000 元的部分不会被消费。截至 2019 年 12 月 31 日,客户使用该储值卡消费的金额为 400 000 元。甲公司为增值税一般纳税人,适用的增值税税率为 13%,在客户使用该储值卡消费时发生增值税纳税义务。

甲公司应编制如下会计分分录。

(1)2019 年向客户销售储值卡并收到款项时

增值税销项税额 = 1 000 000 ÷ (1 + 13%) × 13% = 115 044(元)

借:库存现金　　　　　　　　　　　　　　　　　　　　　　1 000 000
　　贷:合同负债——储值卡　　　　　　　　　　　　　　　　　884 956
　　　　应交税费——待转销项税额　　　　　　　　　　　　　　115 044

(2)截至 2019 年 12 月 31 日,客户使用储值卡消费确认收入时

应确认的收入金额 = (400 000 + 50 000 × 400 000 ÷ 950 000) ÷ (1 + 13%)
　　　　　　　　 = 372 612(元)

应确认的销项税额 = 115 044 × 400 000 ÷ 950 000 = 46 018(元)

借:合同负债——储值卡　　　　　　　　　　　　　　　　　372 612
　　贷:主营业务收入　　　　　　　　　　　　　　　　　　　　372 612

借：应交税费——待转销项税额	46 018	
贷：应交税费——应交增值税（销项税额）		46 018

（二）委托代销商品

  企业应当根据其在向客户转让商品前是否拥有对该商品的控制权，来判断其从事交易时的身份是主要责任人还是代理人。企业在向客户转让商品前能够控制该商品的，该企业为主要责任人，应当按照已收或应收对价总额确认收入。否则，该企业为代理人，应当按照预期有权收取的佣金或手续费的金额确认收入。该金额应当按照已收或应收对价总额扣除应支付给其他相关方的价款后的净额，或者按照既定的佣金金额或比例等确定。

  企业向客户转让商品前能够控制该商品的情形包括：①企业自第三方取得商品或其他资产控制权后，再转让给客户；②企业能够主导第三方代表本企业向客户提供服务；③企业自第三方取得商品控制权后，通过提供重大的服务将该商品与其他商品整合成某组合产出转让给客户。

  在具体判断向客户转让商品前是否拥有对该商品的控制权时，企业不应仅局限于合同的法律形式，而应当综合考虑所有相关事实和情况。这些事实和情况包括：①企业承担向客户转让商品的主要责任；②企业在转让商品之前或之后承担了该商品的存货风险；③企业有权自主决定所交易商品的价格；④其他相关事实和情况。

  委托代销商品是指委托方和受托方签订代销合同或协议，委托受托方向终端客户销售商品。在这种安排下，企业应当评估受托方在企业向其转让商品时是否已获得对该商品的控制权，如果没有，企业不应在此时确认收入，通常应当在受托方售出商品并收到受托方开出的代销清单时确认销售商品收入；受托方应当在销售商品后，按合同或协议约定的方法计算确定的手续费确认收入。表明一项安排是委托代销安排的迹象包括但不限于：一是在特定事件发生之前（例如，向最终客户出售商品或指定期间到期之前），企业拥有对商品的控制权。二是企业能够要求将委托代销的商品退回或者将其销售给其他方（如其他经销商）。三是尽管受托方可能被要求向企业支付一定金额的押金，但是，其并没有承担对这些商品无条件付款的义务。

  例 7-20 甲公司委托乙公司销售某商品 1 000 件，商品已经发出，每件成本为 70 元。合同约定乙公司应按每件 100 元对外销售，甲公司按不含增值税的销售价格的 10%向乙公司支付手续费。除非这些商品在乙公司存放期间内由于乙公司的责任发生毁损或丢失，否则在商品对外销售之前，乙公司没有义务向甲公司支付货款。乙公司不承担包销责任，没有售出的商品须退回给甲公司，同时，甲公司也有权要求收回商品或将其销售给其他的客户。乙公司对外实际销售 1 000 件，开出的增值税专用发票上注明的售价为 100 000 元，增值税税额为 13 000 元，款项已收到，乙公司立即向甲公司开具代销清单并支付货款。甲公司收到乙公司开具的代销清单时，向乙公司开具一张相同金额的增值税专用发票。假定甲公司发出商品时纳税义务尚未发生，手续费增值税税率为 6%，不考虑其他因素。

  甲公司（委托方）应编制如下会计分录。

（1）发出商品时

借：委托代销商品（或发出商品）	70 000	
贷：库存商品		70 000

（2）收到乙公司的代销清单时

借：应收账款	113 000	
贷：主营业务收入		100 000
应交税费——应交增值税（销项税额）		13 000

借：主营业务成本		70 000
贷：委托代销商品（或发出商品）		70 000
借：销售费用（100 000×10%）		10 000
应交税费——应交增值税（进项税额）		600
贷：应收账款		10 600

（3）收到乙公司汇来的货款时

借：银行存款		102 400
贷：应收账款		102 400

乙公司（受托方）应编制如下会计分录。

（1）收到商品时

借：受托代销商品		100 000
贷：受托代销商品款		100 000

（2）对外实际销售商品时

借：银行存款		113 000
贷：受托代销商品		100 000
应交税费——应交增值税（销项税额）		13 000

（3）收到甲公司的增值税专用发票时

借：受托代销商品款		100 000
应交税费——应交增值税（进项税额）		13 000
贷：应付账款		113 000

（4）支付货款并计算代销手续费时

借：应付账款		113 000
贷：银行存款		102 400
其他业务收入		10 000
应交税费——应交增值税（销项税额）		600

检测 7-3 单项选择题

以支付手续费方式委托代销商品，委托方确认销售商品收入的时间是（　　）。

A. 签订代销协议时　　　B. 收到代销商品款时

C. 发出商品时　　　　　D. 收到代销清单时

（三）附有销售退回条款的销售

对于附有销售退回条款的销售，企业应当在客户取得相关商品控制权时，按照因向客户转让商品而预期有权收取的对价金额（即不包含预期因销售退回将退还的金额）确认收入，按照预期因销售退回将退还的金额确认负债。同时，按照预期将退回商品转让时的账面价值，扣除收回该商品预计发生的成本（包括退回商品的价值减损）后的余额，确认为一项资产；按照所转让商品转让时的账面价值，扣除上述资产成本的净额结转成本。在每一资产负债表日，企业应当重新估计未来销售退回情况，如果有变化，应当作为会计估计变更进行会计处理。

例 7-21　甲公司是一家健身器材销售公司。2019 年 9 月 25 日，以每件 500 元的价格向乙公司销售了 5 000 件健身器材，每件器材的成本为 400 元。增值税专用发票上列出的销售价格为 2 500 000 元,增值税税额为 325 000 元。健身器材于当日交货,其控制权已经转移给乙公司,但款项尚未收到。合同约定乙公司应于 2019 年 12 月 1 日之前支付货款,在 2020 年 3 月 31 日之前有权退回健身器材。甲公司为增值税一般纳税人,适用的增值税税率为 13%,健身器材发出时纳税义务已经产生。

甲公司根据以前经验估计,该批健身器材的退货率为 20%。2019 年 12 月 31 日,甲公司对退货率进行了重新估计,认为只有 10% 的健身器材会被退货。2020 年 3 月 31 日,实际发生销售退回 400 件,退回的器材已收到并取得税务机关开具的红字增值税专用发票。退货款项于当日支付。

甲公司应编制如下会计分录。

(1)2019 年 9 月 25 日发出货物并确认收入时

借:应收账款　　　　　　　　　　　　　　　　　　　　　　2 825 000
　　贷:主营业务收入　　　　　　　　　　　　　　　　　　　2 000 000
　　　　预计负债——应付退货款　　　　　　　　　　　　　　　500 000
　　　　应交税费——应交增值税(销项税额)　　　　　　　　　325 000
借:主营业务成本　　　　　　　　　　　　　　　　　　　　1 600 000
　　应收退货成本　　　　　　　　　　　　　　　　　　　　　400 000
　　贷:库存商品　　　　　　　　　　　　　　　　　　　　2 000 000

(2)2019 年 12 月 1 日前收到货款时

借:银行存款　　　　　　　　　　　　　　　　　　　　　　2 825 000
　　贷:应收账款　　　　　　　　　　　　　　　　　　　　2 825 000

(3)2019 年 12 月 31 日对退货率进行重新估计时

借:预计负债——应付退货款　　　　　　　　　　　　　　　　250 000
　　贷:主营业务收入　　　　　　　　　　　　　　　　　　　　250 000
借:主营业务成本　　　　　　　　　　　　　　　　　　　　　200 000
　　贷:应收退货成本　　　　　　　　　　　　　　　　　　　　200 000

(4)2020 年 3 月 31 日实际发生销售退回时

借:应交税费——应交增值税(销项税额)　　　　　　　　　　26 000
　　预计负债——应付退货款　　　　　　　　　　　　　　　　250 000
　　贷:主营业务收入　　　　　　　　　　　　　　　　　　　　50 000
　　　　银行存款　　　　　　　　　　　　　　　　　　　　　226 000
借:主营业务成本　　　　　　　　　　　　　　　　　　　　　40 000
　　库存商品　　　　　　　　　　　　　　　　　　　　　　160 000
　　贷:应收退货成本　　　　　　　　　　　　　　　　　　　200 000

(四)附有质量保证条款的销售

对于附有质量保证条款的销售,企业应当评估该质量保证是否在向客户保证所销售商品符合既定标准之外提供了一项单独的服务。企业提供额外服务的,应当作为单项履约义务,按照单项履约义务有关的规定进行会计处理,否则质量保证责任应当按照《企业会计准则第 13 号——或有事项》的规定进行会计处理。在评估质量保证是否在向客户保证所销售商品符合既定标准之外提供了一项单独的服务时,企业应当考虑该质量保证是否为法定要求、质量保证期限和企业承诺履行任务的性质等因素。客户能够选择单独购买质量保证的，该质量保证构成单项履约义务。

（五）附有客户额外购买选择权的销售

对于附有客户额外购买选择权的销售（如客户积分、红包、优惠券等），企业应当评估该选择权是否向客户提供了一项重大权利。企业提供重大权利的，应当作为单项履约义务，按照单项履约义务有关的规定将交易价格分摊至该履约义务，在客户未来行使购买选择权取得相关商品控制权时，或者该选择权失效时，确认相应的收入。客户额外购买选择权的单独售价无法直接观察的，企业应当综合考虑客户行使和不行使该选择权所能获得的折扣的差异、客户行使该选择权的可能性等全部相关信息后，予以合理估计。

客户虽然有额外购买商品选择权，但客户行使该选择权购买商品时的价格反映了这些商品单独售价的，不应被视为企业向该客户提供了一项重大权利。

例 7-22　2019 年 4 月 1 日，甲公司开始推行一项奖励积分计划。根据该计划，客户在甲公司每购物消费 10 元可获得 1 个积分，每个积分从次月开始在购物时可抵减 1 元。截至 2019 年 4 月 30 日，客户共购物消费 100 000 元，可获得 10 000 个积分。根据历史经验，甲公司估计该积分的兑换率为 95%。上述各项金额均包含增值税，适用的增值税税率为 13%，客户购物消费和积分兑换时发生增值税纳税义务。截至 2019 年 12 月 31 日，客户共兑换了 4 500 个积分，重新估计兑换率后，预计客户将兑换 9 500 个积分。

甲公司应编制如下会计分录。

（1）截至 2019 年 4 月 30 日，客户购物消费确认收入时

积分的单独售价 = 1×10 000×95% = 9 500（元）

商品分摊的交易价格 = 100 000×[100 000÷（100 000＋9 500）]÷（1＋13%）
　　　　　　　　　 = 80 818（元）

商品销售的销项税额 = 80 818×13% = 10 506（元）

积分分摊的交易价格 = 100 000×[9 500÷（100 000＋9 500）]÷（1＋13%）
　　　　　　　　　 = 7 678（元）

积分兑换的销项税额 = 7 678×13% = 998（元）

借：银行存款　　　　　　　　　　　　　　　　　　　　　　　100 000
　　贷：主营业务收入　　　　　　　　　　　　　　　　　　　　80 818
　　　　应交税费——应交增值税（销项税额）　　　　　　　　　10 506
　　　　合同负债　　　　　　　　　　　　　　　　　　　　　　7 678
　　　　应交税费——待转销项税额　　　　　　　　　　　　　　998

（2）截至 2019 年 12 月 31 日，客户兑换积分确认收入时

兑换积分应确认的收入 = 7 678×（4 500÷9 500）= 3 637（元）

兑换积分应转销项税额 = 998×（4 500÷9 500）= 473（元）

借：合同负债　　　　　　　　　　　　　　　　　　　　　　　3 637
　　贷：主营业务收入　　　　　　　　　　　　　　　　　　　　3 637
借：应交税费——待转销项税额　　　　　　　　　　　　　　　　473
　　贷：应交税费——应交增值税（销项税额）　　　　　　　　　473

截至2019年12月31日，剩余未兑换的积分，客户在次年仍可继续兑换。如果当年度终了时未兑换积分作废清零，则应将其未兑换的积分全部转为当年的收入。

（六）售后回购

售后回购是指企业销售商品的同时承诺或有权选择日后再将该商品（包括相同或几乎相同的商品，或者以该商品作为组成部分的商品）购回的销售方式。对于售后回购交易，企业应当区分下列两种情形分别进行会计处理。

① 企业因存在与客户的远期安排而负有回购义务或企业享有回购权利的，表明客户在销售时点并未取得相关商品控制权，企业应当作为租赁交易或融资交易进行相应的会计处理。其中，回购价格低于原售价的，应当视为租赁交易，按照《企业会计准则第21号——租赁》的相关规定进行会计处理；回购价格不低于原售价的，应当视为融资交易，在收到客户款项时确认金融负债，并将该款项和回购价格的差额在回购期间内确认为利息费用等。企业到期未行使回购权利的，应当在该回购权利到期时终止确认金融负债，同时确认收入。

② 企业负有应客户要求回购商品义务的，应当在合同开始日评估客户是否具有行使该要求权的重大经济动因。客户具有行使该要求权重大经济动因的，企业应当将售后回购作为租赁交易或融资交易，按照上述①的规定进行会计处理。否则，企业应当将其作为附有销售退回条款的销售交易，按照附有销售退回条款的规定进行会计处理。

例7-23 甲公司在2019年6月1日与乙公司签订一项销售合同。根据合同，向乙公司销售一批商品，开出的增值税专用发票上注明的销售价格为1 000 000元，增值税税额为130 000元。商品并未发出，款项已经收到。该批商品成本为800 000元。6月1日，签订的补充合同约定，甲公司应于2019年10月31日将所售商品回购，回购价格为1 100 000元（不含增值税）。

2019年10月31日回购商品时，收到的增值税专用发票上注明的商品价款为1 100 000元，增值税税额143 000元。款项当即支付。

甲公司应编制如下会计分录。

（1）2019年6月1日，签订销售合同，发生增值税纳税义务时

借：银行存款	1 130 000
贷：应交税费——应交增值税（销项税额）	130 000
其他应付款	1 000 000

（2）回购价格不低于原售价的，应当视为融资交易，其差额在回购期间内确认为利息费用。由于回购期间为5个月，货币时间价值影响不大，因此，采用直线法计提利息。每月计提利息费用时

借：财务费用	20 000
贷：其他应付款	20 000

（3）2019年10月31日，回购商品并支付款项时

借：应交税费——应交增值税（进项税额）	143 000
财务费用	20 000
其他应付款	1 080 000
贷：银行存款	1 243 000

（七）向客户收取无须退回的初始费

企业在合同开始（或接近合同开始）日向客户收取的无须退回的初始费（如初装费、入会费等）应当计入交易价格。企业应当评估该初始费是否与向客户转让已承诺的商品相关。该初始费与向客户转让已承诺的商品相关，并且该商品构成单项履约义务的，企业应当在转让该商品时，按照分摊至该商品的交易价格确认收入；该初始费与向客户转让已承诺的商品相关，但该商品不构成单项履约义务的，企业应当在包含该商品的单项履约义务履行时，按照分摊至该单项履约义务的交易价格确认收入；该初始费与向客户转让已承诺的商品不相关的，该初始费应当作为未来将转让商品的预收款，在未来转让该商品时确认为收入。

企业收取了无须退回的初始费且为履行合同应开展初始活动，但这些活动本身并没有向客户转让已承诺的商品的，该初始费与未来将转让的已承诺商品相关，应当在未来转让该商品时确认为收入，企业在确定履约进度时不应考虑这些初始活动。企业为该初始活动发生的支出应当按照有关规定确认为一项资产或计入当期损益。

七、销售材料等存货的处理

企业在日常活动中还可能发生对外销售不需用的原材料、随同商品对外销售单独计价的包装物等业务。企业销售原材料、包装物等存货也视同商品销售，其收入确认和计量原则比照商品销售处理。企业销售原材料、包装物等存货实现的收入及结转的相关成本，通过"其他业务收入""其他业务成本"科目核算。

①"其他业务收入"科目核算企业除主营业务活动以外的其他经营活动实现的收入，包括销售材料、出租包装物和商品、出租固定资产、出租无形资产等实现的收入。该科目借方登记期末转入"本年利润"科目的其他业务收入，贷方登记企业实现的各项其他业务收入；结转后该科目应无余额。本科目可按其他业务收入种类进行明细核算。

②"其他业务成本"科目核算除主营业务活动以外的其他经营活动所发生的成本，包括销售材料的成本、出租固定资产的折旧额、出租无形资产的摊销额、出租包装物的成本或摊销额。该科目借方登记企业结转或发生的其他业务成本，贷方登记期末转入"本年利润"科目的其他业务成本；结转后该科目应无余额。本科目可按其他业务成本种类进行明细核算。

例 7-24 甲公司销售一批原材料，开出的增值税专用发票上注明的售价为 15 000 元，增值税税额为 1 950 元。款项已收到并存入银行。该批原材料的实际成本为 10 000 元。

甲公司应编制如下会计分录。

借：银行存款　　　　　　　　　　　　　　　　　　　　　　　　16 950
　　贷：其他业务收入　　　　　　　　　　　　　　　　　　　　　15 000
　　　　应交税费——应交增值税（销项税额）　　　　　　　　　　 1 950
借：其他业务成本　　　　　　　　　　　　　　　　　　　　　　　10 000
　　贷：原材料　　　　　　　　　　　　　　　　　　　　　　　　10 000

第三节 提供劳务收入

企业提供劳务的种类很多，如旅游、运输、饮食、广告、咨询、代理、培训、产品安装等。有的劳务一次就能完成，且一般为现金交易，如饮食、理发、照相等；有的劳务需要花费一段较长的时间才能完成，如安装、旅游、培训、远洋运输等。

提供劳务大多属于某一时段内履行的履约义务，也有的是在某一时点履行的履约义务。因此，企业提供劳务收入的确认因劳务完成时间的不同而不同。

一、不跨会计期间提供劳务收入的确认和计量

不跨会计期间提供劳务是指在同一会计期间内开始并完成的劳务或某一时点履行的履约义务，企业应在提供劳务交易完成时（即完成合同法）确认收入或在客户取得相关服务控制权时点确认收入，确认的金额通常为从接受劳务方已收或应收的合同对价金额。

对于一次就能完成的劳务，企业应在提供劳务交易完成时确认收入和相关成本。对于持续一段时间但在同一会计期间内开始并完成的劳务，企业应在为提供劳务交易发生相关支出时确认劳务成本，待劳务完成时再确认劳务收入，并结转相关劳务成本。

企业对外提供劳务，如果属于企业的主营业务，所实现的收入应作为主营业务收入处理，结转的相关成本应作为主营业务成本处理；如果属于企业主营业务以外的其他经营活动，所实现的收入应作为其他业务收入处理，结转的相关成本应作为其他业务成本处理。企业对外提供劳务发生的支出一般通过"劳务成本"科目予以归集，待确认为费用时，再从"劳务成本"科目转入"主营业务成本"或"其他业务成本"科目。

例 7-25 甲公司于 2019 年 6 月 5 日接受一项设备安装任务，该安装任务可一次完成。合同价款为 10 000 元，增值税税率为 9%。实际发生安装成本 7 000 元（主要是安装工人薪酬）。假定安装业务属于甲公司的主营业务。

甲公司应在安装完成时编制如下会计分录。

借：银行存款（或应收账款） 10 900
  贷：主营业务收入 10 000
    应交税费——应交增值税（销项税额） 900
借：主营业务成本 7 000
  贷：应付职工薪酬等 7 000

例 7-26 承例 7-25，假设该设备安装任务需花费一段时间（不超过本会计期间）才能完成。

甲公司应编制如下会计分录。

（1）为提供劳务发生有关支出时
借：劳务成本 7 000
  贷：应付职工薪酬等 7 000

（注：以上分录金额 7 000 元是实际发生成本的总计数，而在实务中，是按每笔支出发生金额进行劳务成本归集的。）

（2）安装完成确认收入并结转相关成本时
借：应收账款（或银行存款） 10 900
　　贷：主营业务收入 10 000
　　　　应交税费——应交增值税（销项税额） 900
借：主营业务成本 7 000
　　贷：劳务成本 7 000

提示 7-3

一项销售行为如果既涉及货物又涉及服务，则为混合销售。从事货物的生产、批发或者零售的单位和个体工商户（包括以从事货物的生产、批发或零售为主，并兼营销售服务的单位和个体工商户）的混合销售行为，按照销售货物缴纳增值税；其他单位和个体工商户的混合销售行为，按照销售服务缴纳增值税。

二、跨会计期间提供劳务收入的确认和计量

跨会计期间提供劳务是指劳务的开始和完成分属不同的会计期间，即在某一时段内履行的履约义务。跨会计期间提供劳务收入的确认和计量，企业应区分资产负债表日提供劳务的履约进度能够合理确定和提供劳务的履约进度不能合理确定分别进行处理。

（一）提供劳务的履约进度能够合理确定

对于在某一时段内履行的履约义务，提供劳务的履约进度能够合理确定的，企业应当在该段时间内按照履约进度确认收入。

企业应当考虑劳务的性质，采用产出法或投入法确定恰当的履约进度。其中，产出法是根据已转移给客户的商品对于客户的价值确定履约进度；投入法是根据企业为履行履约义务的投入确定履约进度。对于类似情况下的类似履约义务，企业应当采用相同的方法确定履约进度。

企业应当在资产负债表日按照提供劳务收入总额乘以履约进度扣除以前会计期间累计已确认提供劳务收入后的金额，确认当期提供劳务收入。同时，按照提供劳务估计总成本乘以履约进度扣除以前会计期间累计已确认劳务成本后的金额，结转当期劳务成本。其公式表示为：

本期确认的提供劳务收入＝提供劳务收入总额×本期末止劳务的履约进度－
　　　　　　　　　　　以前会计期间累计已确认提供劳务收入
本期确认的提供劳务成本＝提供劳务预计总成本×本期末止劳务的履约进度－
　　　　　　　　　　　以前会计期间累计已确认提供劳务成本

企业按劳务的履约进度确认提供劳务收入时，应按确定的提供劳务收入金额，借记"应收账款""银行存款"等科目，贷记"主营业务收入"或"其他业务收入"等科目；结转提供劳务成本时，借记"主营业务成本"或"其他业务成本"科目，贷记"劳务成本"科目。

例 7-27 甲公司于 2019 年 11 月 30 日与乙公司签订一项为期 3 个月的劳务合同，合同总价款为 530 000 元（含增值税），增值税税率为 6%。当日，收到乙公司预付 50%的合同款 265 000 元，假定待完成劳务合同结算款项时，发生有关的增值税纳税义务。截至 2019 年 12 月 31 日，

第七章 收入的确认和计量

甲公司为完成该合同累计已归集劳务成本 120 000 元，估计还将发生劳务成本 280 000 元。该劳务的履约进度采用已发生成本占估计总成本的比例确定。假定该业务属于甲公司的主营业务。

甲公司应编制如下会计分录。

（1）2019 年 11 月 30 日收到乙公司预付合同款时

借：银行存款　　　　　　　　　　　　　　　265 000
　　贷：预收账款　　　　　　　　　　　　　　　　265 000

（2）2019 年 12 月 31 日按履约进度确认劳务收入时

不含税劳务收入总额＝530 000÷（1＋6%）＝500 000（元）
本期应确认的劳务收入＝500 000×30%＝150 000（元）
待转销项税额＝150 000×6%＝9 000（元）
本期应确认的劳务成本＝（120 000＋280 000）×30%＝120 000（元）

借：预收账款　　　　　　　　　　　　　　　159 000
　　贷：主营业务收入　　　　　　　　　　　　　　150 000
　　　　应交税费——待转销项税额　　　　　　　　9 000
借：主营业务成本　　　　　　　　　　　　　120 000
　　贷：劳务成本　　　　　　　　　　　　　　　　120 000

检测 7-4 单项选择题

甲企业 2018 年 10 月承接一项设备安装劳务，劳务合同总收入为 200 万元，预计合同总成本为 140 万元。合同价款在签订合同时已收取，按劳务的履约进度确认劳务收入。2018 年已确认劳务收入 40 万元。截至 2019 年 12 月 31 日，该劳务的累计履约进度为 60%。不考虑相关税费，2019 年该企业应确认的劳务收入为（　　）万元。

A．36　　　B．80　　　C．84　　　D．120

（二）提供劳务的履约进度不能合理确定

对于在某一时段内履行的履约义务，当履约进度不能合理确定时，企业已经发生的劳务成本预计能够得到补偿的，应当按照已经发生的劳务成本金额确认收入，直到履约进度能够合理确定为止。此时，企业应当预计已经发生的劳务成本能否得到补偿，并区分下列情况分别进行处理。

① 已经发生的劳务成本预计全部能够得到补偿的，应按已收或预计能够收回的金额确认提供劳务收入，并结转已经发生的劳务成本。

② 已经发生的劳务成本预计部分能够得到补偿的，应按能够得到部分补偿的劳务成本金额确认提供劳务收入，并结转已经发生的劳务成本。

③ 已经发生的劳务成本预计全部不能得到补偿的，不应确认提供劳务收入，但应将已经发生的劳务成本计入当期损益（主营业务成本或其他业务成本）。

例 7-28 甲公司于 2018 年 12 月 30 日接受乙公司委托的一项安装业务。安装期为 6 个月，安装工程 2019 年 1 月 1 日开始。合同约定，乙公司应向甲公司支付的安装费总额为 600 000 元，分 3 次等额支付：第 1 次在安装开始时预付；第 2 次在 2019 年 4 月 1 日支付；第 3 次在安装完成时支付。

2019 年 1 月 1 日，乙公司预付第 1 次安装费。至 2019 年 1 月 31 日，甲公司发生安装成本

250 000 元（主要为安装人员薪酬）。此时，甲公司得知乙公司经营发生困难，后两次安装费能否收到难以确定。假定提供劳务的履约进度不能合理确定，不考虑相关税费。

甲公司应编制如下会计分录。

（1）2019年1月1日收到乙公司预付的安装费时

借：银行存款　　　　　　　　　　　　　　　　　200 000
　　贷：预收账款　　　　　　　　　　　　　　　　　200 000

（2）实际发生安装成本250 000元时

借：劳务成本　　　　　　　　　　　　　　　　　250 000
　　贷：应付职工薪酬等　　　　　　　　　　　　　　250 000

（3）2019年1月31日确认提供劳务收入并结转劳务成本时

借：预收账款　　　　　　　　　　　　　　　　　200 000
　　贷：主营业务收入　　　　　　　　　　　　　　　200 000
借：主营业务成本　　　　　　　　　　　　　　　250 000
　　贷：劳务成本　　　　　　　　　　　　　　　　　250 000

本例中，甲公司已经发生的劳务成本250 000元预计只能部分得到补偿，即只能按预收款项得到补偿，应按预收账款200 000元确认劳务收入，并将已经发生的劳务成本250 000元结转当期损益。

检测 7-5　判断题

不跨会计期间提供劳务应按完成合同法确认劳务收入，跨会计期间提供劳务均应按履约进度确认劳务收入。　　　　　　　　　　　　　　　　　　　　　　　　（　　）

第四节　让渡资产使用权收入

让渡资产使用权收入是指企业通过让渡资产使用权实现的收入，包括利息收入、使用费收入等。企业对外出租资产收取的租金、进行债权投资收取的利息、进行股权投资取得的现金股利等，也构成让渡资产使用权收入，分别参照其相关章节的内容。这里主要介绍让渡无形资产使用权（向客户授予知识产权许可）的使用费收入的核算。常见的知识产权包括软件和技术、影视和音乐等的版权、特许经营权以及专利权、商标权和其他版权等。

一、让渡资产使用权收入的确认和计量

企业向客户授予知识产权许可的，应当按照规定评估该知识产权许可是否构成单项履约义务，构成单项履约义务的，应当进一步确定其是在某一时段内履行还是在某一时点履行。企业向客户授予知识产权许可，同时满足下列条件时，应当作为在某一时段内履行的履约义务确认相关收入，否则应当作为在某一时点履行的履约义务确认相关收入：①合同要求或客户能够合理预期企业将从事对该项知识产权有重大影响的活动；②该活动对客户将产生有利或不利影响；③该活动不会导致向客户转让某项商品。

第七章 收入的确认和计量

企业向客户授予知识产权许可，并约定按客户实际销售或使用情况收取特许权使用费的，应当在下列两项孰晚的时点确认收入：①客户后续销售或使用行为实际发生；②企业履行相关履约义务。

让渡资产使用权的使用费收入应当按照已收或应收的合同对价金额计量。

二、让渡资产使用权收入的账务处理

企业让渡资产使用权的使用费收入，一般通过"其他业务收入"科目核算；所让渡资产计提的摊销额等，一般通过"其他业务成本"科目核算。

企业确认让渡资产使用权的使用费收入时，按确定的收入金额，借记"银行存款""应收账款"等科目，贷记"其他业务收入"科目。企业对所让渡资产计提摊销和所发生的与让渡资产有关的支出等，借记"其他业务成本"科目，贷记"累计摊销"等科目。

例 7-29 甲公司向乙公司转让某软件的使用权，一次性收取使用费价款 40 000 元和增值税税额 2 400 元。不提供后续服务，款项已经收到并存入银行。

甲公司应编制如下会计分录。

借：银行存款　　　　　　　　　　　　　　　　　　　　　　　42 400
　　贷：其他业务收入　　　　　　　　　　　　　　　　　　　　40 000
　　　　应交税费——应交增值税（销项税额）　　　　　　　　　2 400

例 7-30 甲公司向丙公司转让某商品的商标使用权，协议约定丙公司每年年末按该商品销售收入的 10% 支付使用费（含增值税），使用期限为 5 年。丙公司该商品的销售收入第 1 年为 159 000 元，第 2 年为 212 000 元。甲公司于每年末收到使用费并开具增值税专用发票，增值税税率为 6%。

甲公司应编制如下会计分录。

（1）第 1 年年末确认使用费收入时
借：银行存款（159 000×10%）　　　　　　　　　　　　　　　15 900
　　贷：其他业务收入　　　　　　　　　　　　　　　　　　　　15 000
　　　　应交税费——应交增值税（销项税额）　　　　　　　　　900

（2）第 2 年年末确认使用费收入时
借：银行存款（212 000×10%）　　　　　　　　　　　　　　　21 200
　　贷：其他业务收入　　　　　　　　　　　　　　　　　　　　20 000
　　　　应交税费——应交增值税（销项税额）　　　　　　　　　1 200

例 7-31 甲公司于 2019 年 1 月 1 日向丁公司转让某专利技术的使用权，协议约定转让期为 5 年，每年末收取使用费 300 000 元（免增值税）。2019 年该专利权应摊销的金额为 180 000 元，每月摊销金额为 15 000 元。

甲公司应编制如下会计分录。

（1）2019 年末确认使用费收入时
借：应收账款（或银行存款）　　　　　　　　　　　　　　　　300 000
　　贷：其他业务收入　　　　　　　　　　　　　　　　　　　　300 000

(2) 2019年每月进行专利权摊销时
借：其他业务成本　　　　　　　　　　　　　　　　　　　　15 000
　　贷：累计摊销　　　　　　　　　　　　　　　　　　　　　　　　15 000

提示 7-4

按现行增值税制度规定，提供技术转让、技术开发和与之相关的技术咨询、技术服务免征增值税。

检测 7-6　多项选择题

下列各项中，属于让渡资产使用权收入的是（　　　　）。
A．转让无形资产所有权取得的收入　　B．以经营租赁方式出租固定资产收取的租金
C．进行债权投资收取的利息　　　　　　D．进行股权投资取得的现金股利

同步训练

一、单项选择题

1．企业对于已经发出但不符合收入确认条件的商品，其成本应借记的科目是（　　　）。
　　A．在途物资　　　B．发出商品　　　C．库存商品　　　D．主营业务成本
2．某企业销售商品一批，增值税专用发票上标明的价款为60万元，适用的增值税税率为13%，为购买方代垫运杂费为2万元。款项尚未收回。该企业确认的应收账款为（　　　）万元。
　　A．60　　　　　B．62　　　　　C．67.8　　　　　D．69.8
3．乙企业某月销售商品发生商业折扣20万元、现金折扣15万元、销售折让25万元。该企业上述折扣和折让应计入当月财务费用的金额为（　　　）万元。
　　A．15　　　　　B．20　　　　　C．35　　　　　D．45
4．企业采用支付手续费方式委托代销商品，委托方确认商品销售收入的时间是（　　　）。
　　A．签订代销协议时　B．发出商品时　C．收到代销清单时　D．收到代销款时
5．某企业2018年10月承接一项设备安装劳务，劳务合同总收入为200万元（不含增值税），预计合同总成本为140万元。合同价款在签订合同时已收取，按劳务的履约进度确认劳务收入。2018年已确认劳务收入80万元。截至2019年12月31日，该劳务的累计履约进度为60%。2019年该企业应确认的劳务收入为（　　　）万元。
　　A．36　　　　　B．40　　　　　C．72　　　　　D．120
6．某企业2019年7月1日赊销一批商品，售价为120 000元（不含增值税），适用的增值税税率为13%。规定的现金折扣条件为"2/10,1/20,N/30"，计算现金折扣时考虑增值税。客户于2019年7月15日付清货款，该企业收款金额为（　　　）元。
　　A．118 800　　　B．132 888　　　C．134 244　　　D．135 600
7．A公司销售一批商品给B公司，开出的增值税专用发票上注明的售价为10 000元，增值税税额为1 300元。该批商品的成本为8 000元。货到后B公司发现商品质量不合格，要求在价格上给予3%的折让。B公司提出的销售折让要求符合原合同的约定，A公司同意并办妥了相关手续。假定销售商品后还未确认收入，则A公司应确认销售商品收入的金额为（　　　）元。

A. 339　　　　　B. 9 700　　　　　C. 10 691　　　　　D. 11 300

8. 甲企业向乙企业提供某专利的使用权。合同规定使用期 5 年并要求提供后续服务，使用期内共计应收取使用费 180 000 元（免增值税）。甲企业当年应确认的使用费收入为（　　）元。

　　A. 0　　　　　B. 36 000　　　　　C. 90 000　　　　　D. 180 000

9. 甲企业委托 B 企业代销一批商品，共 6 000 件，代销价款为 100 元/件。该商品成本为 60 元/件，甲企业适用增值税税率为 13%。一个月后，甲企业收到 B 企业开来的代销清单上列明已销售代销商品的 50%，甲企业向 B 企业开具增值税专用发票。甲企业按售价的 3%支付给 B 企业手续费。甲企业当期应确认的销售收入为（　　）元。

　　A. 300 000　　　　B. 291 000　　　　C. 400 000　　　　D. 388 000

10. 2019 年 9 月 1 日，某公司与客户签订一项安装劳务合同，预计 2020 年 12 月 31 日完工。合同总收入为 2 400 万元（不含增值税），预计总成本为 2 000 万元。截至 2019 年 12 月 31 日，该公司实际发生成本 600 万元，预计将要发生成本为 1 400 万元。该合同的履约进度采用已经发生的成本占估计总成本的比例确定。2019 年度对该项合同确认的收入为（　　）万元。

　　A. 720　　　　　B. 640　　　　　C. 350　　　　　D. 600

二、多项选择题

1. 对于在某一时段内履行的履约义务，企业应当在该段时间内按照履约进度确认收入。下列各项中，可用于确定履约进度的方法有（　　）。

　　A. 投入法　　　　B. 产出法　　　　C. 完成合同法　　　　D. 完工百分比法

2. 下列各项中，工业企业应确认为其他业务收入的有（　　）。

　　A. 对外销售材料收入　　　　　　B. 出售专利所有权收入
　　C. 处置营业用房净收益　　　　　D. 转让商标使用权收入

3. 下列关于现金折扣会计处理的表述中，正确的有（　　）。

　　A. 销售企业在确认销售收入时将现金折扣抵减收入
　　B. 销售企业在取得价款时将实际发生的现金折扣计入财务费用
　　C. 购买企业在购入商品时将现金折扣直接抵减应确认的应付账款
　　D. 购买企业在偿付应付账款时将实际发生的现金折扣冲减财务费用

4. 下列各项中，属于让渡资产使用权收入的是（　　）。

　　A. 转让无形资产使用权取得的收入　　B. 以经营租赁方式出租固定资产取得的租金
　　C. 进行债权投资收取的利息　　　　　D. 进行股权投资取得的现金股利

5. 下列有关劳务收入确认的表述中，不正确的有（　　）。

　　A. 在同一会计期间内开始并完成的劳务，应按劳务的履约进度确认收入
　　B. 提供劳务的履约进度不能合理确定，已经发生的劳务成本预计部分能够得到补偿，资产负债表日应按已经发生的劳务成本确认收入
　　C. 劳务的开始和完成分属不同的会计期间，提供劳务的履约进度能够合理确定，资产负债表日应按劳务的履约进度确认收入
　　D. 资产负债表日，已发生的合同成本预计全部不能得到补偿，应将已发生的成本确认为当期费用，并按已经发生的劳务成本确认收入

6. 下列各项中，不应计入商品销售收入的有（　　）。

　　A. 已经发生的销售折让　　　　　B. 应收取增值税销项税额
　　C. 实际发生的商业折扣　　　　　D. 应收取的代垫运杂费

7. 下列各项中，不属于收入的有（　　　　）。
   A. 对外销售原材料的收入
   B. 出售固定资产的收入
   C. 收取手续费方式下代销方取得代销商品的收入
   D. 出租无形资产的收入
8. 下列有关收入确认的表述中，正确的有（　　　　）。
   A. 劳务的开始和完成分属不同的会计期间，均应按劳务的履约进度确认收入
   B. 支付手续费方式委托代销商品，委托方应在收到受托方开具的代销清单时确认收入
   C. 让渡资产使用权的使用费收入应当按照已收或应收的合同对价金额确认
   D. 在预收款销售方式下，应在收到货款时确认收入
9. 对于在某一时点履行的履约义务，企业应当在客户取得相关商品控制权时点确认收入。在判断客户是否已取得商品控制权时，企业应当考虑下列迹象（　　　　）。
   A. 企业就该商品享有现时收款权利，即客户就该商品负有现时付款义务
   B. 企业已将该商品的法定所有权转移给客户，即客户已拥有该商品的法定所有权
   C. 企业已将该商品实物转移给客户，即客户已实物占有该商品或客户已接受该商品
   D. 企业已将该商品所有权上的主要风险和报酬转移给客户，即客户已取得该商品所有权上的主要风险和报酬
10. 下列有关销售商品收入的处理中，不正确的有（　　　　）。
    A. 具有融资性质的分期收款销售商品，应当按照向客户应收的合同对价确认其收入
    B. 当期已确认收入的售出商品被退回时，冲减当期的收入、成本、税金等相关项目
    C. 当期已确认收入的售出商品发生销售折让时，将销售折让做当期的销售费用处理
    D. 当期已确认收入的售出商品发生销售折让时，将销售折让冲减当期的收入和税金

三、判断题

1. 合同开始日，企业预计客户取得商品（或服务）控制权与客户支付价款间隔不超过一年的，可以不考虑合同中存在的重大融资成分。（　　）
2. 企业向客户授予知识产权许可并构成单项履约义务的，如果合同规定一次性收取使用费，且不提供后续对该项知识产权有重大影响的活动或服务，应当作为在某一时点履行的履约义务确认相关收入。（　　）
3. 企业已确认销售收入的售出商品发生销售折让，且不属于资产负债表日后事项的，应在发生时冲减销售收入。（　　）
4. 对于在一段时间内履行的履约义务，企业应当在该段时间内按照完工百分比法确认收入。（　　）
5. 企业销售商品涉及现金折扣的，应以扣除现金折扣后的金额确认销售商品收入。（　　）

四、不定项选择题

甲公司为增值税一般纳税人，适用增值税率为13%。假定销售商品、原材料和提供劳务均符合收入确认条件，其成本在确认收入时逐笔结转，所列的商品、原材料的售价及租金收入均

不含增值税。2019年甲公司发生如下交易或事项。

（1）6月5日，向乙公司销售商品一批，售价为1 000万元，该批商品实际成本为700万元。由于乙公司购买量大，甲公司给予乙公司10%的商业折扣并开具了增值税专用发票，合同中规定的现金折扣为"2/10,1/20,N/30"。甲公司已于当日发出商品，乙公司于7月5日付款。假定计算现金折扣时不考虑增值税。

（2）7月20日，乙公司因商品不符合标准而要求全部退货，甲公司实施检测后证明事实并同意乙公司退货，并于当日办妥相关手续及支付了乙公司退货款。

（3）8月10日，销售自产商品一批，售价为200万元，增值税税额为26万元，成本为120万元。因同行业丙公司急需原材料，向丙公司出售原材料一批，售价为100万元，增值税税额为13万元，成本为70万元。

（4）9月15日，甲公司承接了一项安装劳务，合同规定期限为6个月。合同总收入为200万元（不含增值税），已经预收120万元，在安装完成时收回剩余款项。甲公司按劳务的履约进度确认收入，履约进度采用已发生成本占估计总成本的比例确定。至2019年12月31日已发生的成本为78万元，预计完成劳务还将发生成本42万元。

（5）11月份，甲公司发生了如下经济业务：销售产成品收入80万元，销售原材料售价20万元，出租固定资产取得租金收入3万元，出租包装物收入2万元，机器设备变价收入4万元。

要求： 根据上述资料，不考虑其他因素，分析回答第1至6题。

1. 根据资料（1），下列各项中，甲公司的会计处理结果正确的是（　　）。
   A．6月5日，确认销售商品收入1 000万元
   B．7月5日，确认财务费用0元
   C．6月5日，确认销售商品收入900万元
   D．7月5日，确认财务费用9万元
2. 根据资料（2），下列各项中，甲公司的会计处理结果正确的是（　　）。
   A．冲减主营业务收入900万元　　B．冲减增值税销项税额117万元
   C．增加库存商品700万元　　　　D．冲减主营业务成本700万元
3. 根据资料（3），下列各项中，甲公司确认收入的会计处理正确的是（　　）。
   A．确认主营业务收入300万元　　B．确认主营业务收入200万元
   C．确认其他业务收入113万元　　D．确认其他业务收入100万元
4. 根据资料（4），2019年12月31日甲公司应确认的劳务收入为（　　）万元。
   A．130　　　　B．120　　　　C．78　　　　D．200
5. 根据资料（5），11月份应计入其他业务收入的金额为（　　）万元。
   A．23　　　　B．25　　　　C．29　　　　D．109
6. 根据资料（1）至（5），甲公司2019年营业收入的金额为（　　）万元。
   A．455　　　　B．535　　　　C．539　　　　D．1 435

五、计算分析题

1. 甲公司为增值税一般纳税企业，适用的增值税税率为13%。甲公司销售商品和提供工业性劳务为主营业务。商品销售价格均不含增值税，销售实现时结转销售成本。2019年12月，甲公司销售商品和提供劳务的资料如下。

（1）12月1日，对A公司销售商品一批，增值税专用发票上销售价格为100万元，增值税

税额为13万元。提货单和增值税专用发票已交A公司，A公司已承诺付款。为及时收回货款，给予A公司的现金折扣条件为"2/10,1/20,N/30"（假设计算现金折扣时不考虑增值税因素）。该批商品的实际成本为80万元。12月19日，收到A公司支付的扣除所享受现金折扣金额后的款项，并存入银行。

（2）12月2日，收到B公司来函，要求对当年11月2日所购商品在价格上给予5%的折让（甲公司在该批商品售出时，已确认销售收入200万元，并收到款项）。经查核，该批商品外观存在质量问题，甲公司同意B公司提出的折让要求。当日，收到B公司交来的税务机关开具的索取折让证明单，并出具红字增值税专用发票和支付折让款项。

（3）12月14日，与D公司签订合同，以现销方式向D公司销售商品一批。该批商品的销售价格为120万元，实际成本为90万元，增值税专用发票和提货单已交D公司。款项已于当日收到，存入银行。

（4）12月15日，与E公司签订一项设备维修合同。该合同规定，该设备维修总价款为60万元（不含增值税），于维修完成并验收合格后一次结清。12月31日，甲公司实际已发生维修费用为20万元（均为维修人员工资），鉴于E公司发生重大财务困难，提供劳务的履约进度不能合理确定。甲公司预计很可能收到的维修款为16.95万元（含增值税），适用的增值税税率为13%，假定增值税纳税义务尚未发生。

（5）12月25日，与F公司签订一件特制商品的合同。该合同规定，商品总价款为80万元（不含增值税额），自合同签订日起2个月内交货。合同签订日，收到F公司预付的款项40万元，并存入银行。商品制造工作尚未开始。

（6）12月30日，收到A公司退回的当月1日所购全部商品。经查核，该批商品存在质量问题，甲公司同意A公司的退货要求。当日，收到A公司交来的税务机关开具的进货退出证明单，并开具红字增值税专用发票和支付退货款项。

（7）12月31日，向G公司销售材料一批，增值税专用发票上注明的价款为35万元，增值税税额为4.55万元。该批材料的成本为25万元。当日收到面值为39.55万元的商业承兑汇票一张。

（8）12月31日，向C公司转让某商品的商标使用权，合同约定C公司每年年末按该商品销售收入的10%支付甲公司使用费。甲公司收到本年度的使用费15.9万元（含增值税），适用的增值税率为6%。款项已存入银行。

要求：编制甲公司12月份发生上述经济业务的会计分录。（"应交税费"科目要求写出明细科目及专栏名称；答案中的金额单位用万元表示）

2. 甲企业为增值税一般纳税人，适用的增值税税率为13%。2019年7月1日，甲企业与乙企业签订了代销合同，委托乙企业销售甲商品200件，成本价为每件120元，约定对外销售价为每件200元，甲企业按不含增值税的销售价的10%向乙企业支付手续费。8月1日，乙企业已对外销售100件，开出的增值税专用发票上注明的销售价为20 000元，增值税税额为2 600元。款项已收到。甲企业收到乙企业开来的代销清单时，向乙企业开具一张相同金额的增值税专用发票。假定甲企业发出商品时纳税义务尚未发生，手续费增值税税率为6%，不考虑其他因素。8月5日，甲企业收到乙企业支付的货款。

要求：根据上述资料，分别编制委托方（甲企业）和受托方（乙企业）的有关会计分录。（"应交税费"科目要求写出明细科目及专栏名称）

第八章

费用的确认和计量

知识目标

掌握营业成本的组成内容和结转方式；掌握税金及附加、期间费用的内容与核算方法。

技能目标

能对营业成本、税金及附加、期间费用的内容进行职业判断；能正确对各项费用的确认和计量进行会计处理。

费用是指企业在日常活动中发生的、会导致所有者权益减少的、与向所有者分配利润无关的经济利益的总流出。

费用包括企业日常活动所产生的经济利益的总流出，主要是指企业为取得营业收入进行产品销售等营业活动所发生的企业货币资金的流出，具体包括成本费用和期间费用。这些费用的发生与企业日常经营活动关系密切，是与企业一定会计期间经营成果有直接关系的经济利益流出，最终会导致企业所有者权益减少。

企业为生产产品、提供劳务等发生的可归属于产品成本、劳务成本等的费用，应当在确认销售商品收入、提供劳务收入等时，将已销售商品、已提供劳务的成本等计入当期损益。成本费用包括主营业务成本、其他业务成本、税金及附加等。

期间费用是指企业日常活动发生的不能计入特定核算对象的成本，而应计入发生当期损益的费用。期间费用发生时直接计入当期损益。期间费用包括销售费用、管理费用和财务费用。

费用只有同时符合其定义和相关的经济利益很可能流出从而导致企业资产减少或负债增加，且经济利益的流出金额能够可靠计量等确认条件时，才能予以确认并列入利润表。费用是通过所使用或者所耗用的资产或劳务的价值来计量的。

检测 8-1　多项选择题

下列各项中，属于费用的有（　　　）。

A.税金及附加　　　　　　　B.销售费用
C.其他业务成本　　　　　　D.营业外支出

第一节　营业成本

营业成本是指企业为生产产品、提供劳务等发生的可归属于产品成本、劳务成本等的费用，应当在确认销售商品收入、提供劳务收入等时，将已销售商品、已提供劳务的成本等计入当期损益。营业成本包括主营业务成本和其他业务成本。

一、主营业务成本的确认和计量

主营业务成本是指企业销售商品、提供劳务等经常性活动所发生的成本。企业一般在确认销售商品、提供劳务等主营业务收入时,或者在月末,将已销售商品、已提供劳务的成本转入主营业务成本。

企业应当设置"主营业务成本"科目,核算企业因销售商品、提供劳务或让渡资产使用权等日常活动而发生的实际成本。企业结转主营业务成本时,借记"主营业务成本"科目,贷记"库存商品""劳务成本"等科目。期末,应将"主营业务成本"科目余额转入"本年利润"科目,借记"本年利润"科目,贷记"主营业务成本"科目;结转后"主营业务成本"科目无余额。主营业务成本可按主营业务的种类进行明细核算。

例 8-1 2019 年 5 月 10 日,甲公司向乙公司销售一批产品,开出的增值税专用发票上注明售价为 10 000 元,增值税税额为 1 300 元。甲公司已收到乙公司支付的货款 11 300 元,并将提货单送交乙公司。该批产品成本为 9 000 元。销售前,该产品已计提跌价准备 1 000 元。

甲公司应编制如下会计分录。

借:银行存款　　　　　　　　　　　　　　　　　　　　　　　11 300
　　贷:主营业务收入　　　　　　　　　　　　　　　　　　　　　10 000
　　　　应交税费——应交增值税(销项税额)　　　　　　　　　　　1 300
借:主营业务成本　　　　　　　　　　　　　　　　　　　　　　 8 000
　　存货跌价准备　　　　　　　　　　　　　　　　　　　　　　 1 000
　　贷:库存商品　　　　　　　　　　　　　　　　　　　　　　　 9 000

例 8-2 乙公司 2019 年 6 月 10 日销售甲产品 200 件,单价 500 元,单位成本 300 元。增值税专用发票上注明售价为 100 000 元,增值税税额为 13 000 元。购货方尚未付款,销售成立。当月 22 日,因产品质量问题购货方退货。

乙公司应编制如下会计分录。

(1) 销售产品时

借:应收账款　　　　　　　　　　　　　　　　　　　　　　　113 000
　　贷:主营业务收入　　　　　　　　　　　　　　　　　　　　100 000
　　　　应交税费——应交增值税(销项税额)　　　　　　　　　　13 000
借:主营业务成本　　　　　　　　　　　　　　　　　　　　　　60 000
　　贷:库存商品——甲产品　　　　　　　　　　　　　　　　　　60 000

(2) 销售退回时

借:主营业务收入　　　　　　　　　　　　　　　　　　　　　100 000
　　应交税费——应交增值税(销项税额)　　　　　　　　　　　　13 000
　　贷:应收账款　　　　　　　　　　　　　　　　　　　　　　113 000
借:库存商品——甲产品　　　　　　　　　　　　　　　　　　　60 000
　　贷:主营业务成本　　　　　　　　　　　　　　　　　　　　　60 000

例 8-3 2019 年 7 月 8 日,甲公司向乙公司销售一批商品,开出的增值税专用发票上注明的销售价格为 10 000 元,增值税税额为 1 300 元。款项尚未收到。这批商品的成本为 6 000 元。乙公司收到商品后,验收发现有少量残次品,经双方协商,甲公司同意折让率 5%。假定甲公司已经确认收入，与销售折让有关的增值税税额税务机关允许扣减。

甲公司应编制如下会计分录。

（1）销售收入实现时

借：应收账款	11 300
贷：主营业务收入	10 000
应交税费——应交增值税（销项税额）	1 300
借：主营业务成本	6 000
贷：库存商品	6 000

（2）发生销售折让时

折让的收入金额＝10 000×5％＝500（元）

折让的增值税税额＝500×13％＝65（元）

合计冲减应收账款额＝500+65＝565（元）

借：主营业务收入	500
应交税费——应交增值税（销项税额）	65
贷：应收账款	565

（3）收到款项时

收到金额＝11 300−565＝10 735（元）

借：银行存款	10 735
贷：应收账款	10 735

例 8-4 丙公司 2019 年 5 月末汇总计算本月已销售的甲、乙、丙 3 种产品的实际成本分别为 300 000 元、200 000 元和 500 000 元。丙公司月末结转本月已销甲、乙、丙产品成本时，应编制如下会计分录。

借：主营业务成本	1 000 000
贷：库存商品——甲产品	300 000
——乙产品	200 000
——丙产品	500 000

提示 8-1

在实务中，营业成本的结转方式可分为平时逐笔结转和月末集中结转。例 8-1、例 8-2 和例 8-3 为逐笔结转方式，例 8-4 为月末集中结转方式。

例 8-5 丙安装公司于 2019 年 6 月 15 日接受一项设备安装任务。该任务可一次完成，合同总价款为 13 080 元（含增值税），实际发生安装成本为 8 000 元。假定该安装劳务属于丙公司的主营业务，在安装完成时收到款项，并开出增值税专用发票。

丙公司应编制如下会计分录。

增值税销项税额＝13 080÷（1+9％）×9％＝1 080（元）

借：银行存款	13 080
贷：主营业务收入	12 000
应交税费——应交增值税（销项税额）	1 080

借：主营业务成本　　　　　　　　　　　　　　　　　　　　　　　8 000
　　贷：银行存款等　　　　　　　　　　　　　　　　　　　　　　　　8 000

如果上述安装任务需花费一段时间（不超过会计当期）才能完成，则应在发生劳务相关支出时，先记入"劳务成本"科目，安装任务完成后再转入"主营业务成本"科目。

> 【思考8-1】如果例8-5的安装劳务需要跨会计期间，即劳务的开始和完成分属不同的会计期间时，那么期末应当如何确认劳务收入并结转劳务成本？

检测8-2　多项选择题

下列各项中，应计入营业成本的有（　　　　）。
A．销售商品的成本　　　　　　　　　B．销售材料的成本
C．出租非专利技术的摊销额　　　　　D．以经营租赁方式出租设备计提的折旧额

二、其他业务成本的确认和计量

其他业务成本是指企业确认的除主营业务活动以外的其他经营活动所发生的支出。其他业务成本包括销售材料的成本、出租固定资产的折旧额、出租无形资产的摊销额、出租包装物的成本或摊销额等。采用成本模式计量投资性房地产的，其投资性房地产计提的折旧额或摊销额也构成其他业务成本。

企业应当设置"其他业务成本"科目，核算企业确认的除主营业务活动以外的其他经营活动所发生的成本。企业结转其他业务成本时，借记"其他业务成本"科目，贷记"原材料""周转材料""累计折旧""累计摊销""应付职工薪酬""银行存款"等科目。期末，应将"其他业务成本"科目余额转入"本年利润"科目，借记"本年利润"科目，贷记"其他业务成本"科目；结转后"其他业务成本"科目无余额。其他业务成本可按其他业务的种类进行明细核算。

例8-6　2019年6月5日，某公司销售一批原材料，开具的增值税专用发票上注明的售价为100 000元，增值税税额为13 000元。款项已由银行收妥。该批原材料的实际成本为70 000元。

该公司应编制如下会计分录。

借：银行存款　　　　　　　　　　　　　　　　　　　　　　　　113 000
　　贷：其他业务收入　　　　　　　　　　　　　　　　　　　　　100 000
　　　　应交税费——应交增值税（销项税额）　　　　　　　　　　 13 000
借：其他业务成本　　　　　　　　　　　　　　　　　　　　　　　70 000
　　贷：原材料　　　　　　　　　　　　　　　　　　　　　　　　 70 000

例8-7　2019年7月4日，某公司销售商品领用单独计价的包装物实际成本6 000元，增值税专用发票上注明销售收入10 000元，增值税税额为1 300元。款项已存入银行。

该公司应编制如下会计分录。

借：银行存款　　　　　　　　　　　　　　　　　　　　　　　　　11 300
　　贷：其他业务收入　　　　　　　　　　　　　　　　　　　　　 10 000
　　　　应交税费——应交增值税（销项税额）　　　　　　　　　　　1 300
借：其他业务成本　　　　　　　　　　　　　　　　　　　　　　　 6 000
　　贷：周转材料——包装物　　　　　　　　　　　　　　　　　　 6 000

例 8-8 甲公司将自行开发完成的非专利技术出租给另一家公司。该非专利技术成本为120 000元，双方约定的租赁期限为10年，甲公司每月应摊销1 000（120 000÷10÷12）元。

每月摊销时，甲公司应编制如下会计分录。

借：其他业务成本　　　　　　　　　　　　　　　　　1 000
　　贷：累计摊销　　　　　　　　　　　　　　　　　　　　1 000

例 8-9 甲公司出租一幢办公楼给乙公司使用。已确认为投资性房地产，采用成本模式进行后续计量。假设出租的办公楼成本为2 400万元，按直线法计提折旧，使用寿命为20年，预计净残值为0。按照合同规定，乙公司按月支付甲公司租金。甲公司每月应计提折旧10（2 400÷20÷12）万元。

每月计提折旧时，甲公司应编制如下会计分录。

链接8-1

借：其他业务成本　　　　　　　　　　　　　　　　　100 000
　　贷：投资性房地产累计折旧　　　　　　　　　　　　　　100 000

检测 8-3　单项选择题

下列各项中，应计入其他业务成本的是（　　）。
A．库存商品的盘亏净损失　　　　B．经营租出固定资产折旧
C．向灾区捐赠的商品成本　　　　D．火灾导致原材料毁损净损失

第二节　税金及附加

税金及附加是指企业经营活动应负担的相关税费，包括消费税、城市维护建设税、教育费附加、资源税、房产税、土地使用税、车船税、环境保护税、印花税及房地产开发企业的土地增值税等。

企业应通过"税金及附加"科目核算经营活动相关税费的发生和结转情况。企业按规定计算确定的应交消费税、城市维护建设税、资源税和教育费附加等税费，借记"税金及附加"科目，贷记"应交税费"等科目。期末，应将"税金及附加"科目余额转入"本年利润"科目，借记"本年利润"科目，贷记"税金及附加"科目；结转后，"税金及附加"科目无余额。

检测 8-4　判断题

投资性房地产是一种经营活动，企业交纳的与投资性房地产有关的房产税、土地使用税也在"税金及附加"科目核算。（　　）

检测 8-5　多项选择题

企业交纳的下列各种税金中，应通过"税金及附加"科目核算的有（　　）。
A．增值税销项税额　　B．消费税　　C．城市维护建设税　　D．印花税

例 8-10 某公司2019年5月1日取得应纳消费税的销售商品收入60 000元。该产品适用的消费税税率为10%。

该公司应编制如下会计分录。

(1) 计算应交消费税时
60 000×10%＝6 000（元）
借：税金及附加 6 000
　　贷：应交税费——应交消费税 6 000
(2) 实际交纳消费税时
借：应交税费——应交消费税 6 000
　　贷：银行存款 6 000

例 8-11 2019 年 5 月，某公司当月实际应交增值税税额 200 000 元，应交消费税 100 000 元。城建税税率 7%，教育费附加费率 3%，地方教育附加费率为 2%。

该公司应编制如下与城建税、教育费附加有关的会计分录。

(1) 计算应交城建税和教育费附加时
应交城建税＝（200 000＋100 000）×7%＝21 000（元）
应交教育费附加＝（200 000＋100 000）×5%＝15 000（元）
借：税金及附加 36 000
　　贷：应交税费——应交城建税 21 000
　　　　　　　　——应交教育费附加 15 000
(2) 实际缴纳城建税和教育费附加时
借：应交税费——应交城建税 21 000
　　　　　　——应交教育费附加 15 000
　　贷：银行存款 36 000

第三节　期间费用

一、期间费用的确认和计量

期间费用是指企业日常活动发生的不能计入特定核算对象的成本中，而应计入发生当期损益的费用。

期间费用是企业日常活动中所发生的经济利益的流出。由于期间费用是为组织和管理企业整个经营活动所发生的费用，与可以确定一定成本核算对象的材料或商品采购、产成品生产等支出没有直接关系，难以判定其所归属的核算对象，因此期间费用不能计入有关核算对象的成本，而是直接计入当期损益。期间费用包括销售费用、管理费用和财务费用。

期间费用的确认包含两种情况：一是企业发生的支出不产生经济利益，或者即使产生经济利益但不符合或不再符合资产确认条件的，应当在发生时确认为费用，计入当期损益；二是企业发生的交易或事项导致其承担了一项负债而又不确认为一项资产的，应当在发生时确认为费用，计入当期损益。

期间费用的计量包含 3 种情况：一是费用发生先于现金支出的，一般按预计金额计量；二是费用发生与现金支出同时发生的，按市场价格计量；三是费用发生后于现金支出的，按实际成本的分摊额计量。

二、期间费用的账务处理

（一）销售费用

销售费用是指企业销售商品和材料、提供劳务的过程中发生的各种费用，包括保险费、包装费、展览费和广告费、商品维修费、预计产品质量保证损失、运输费、装卸费等，以及为销售本企业商品同专设的销售机构（含销售网点、售后服务网点等）的职工薪酬、业务费、折旧费等经营费用。企业发生的与专设销售机构相关的固定资产修理费用等后续支出属于销售费用。

销售费用是与企业销售商品活动有关的费用，但不包括销售商品本身的成本和劳务成本。销售的商品的成本属于主营业务成本，提供劳务的成本属于劳务成本。

企业应通过"销售费用"科目核算销售费用的发生和结转情况。该科目借方登记企业所发生的各项销售费用，贷方登记期末转入"本年利润"科目的销售费用；结转后该科目应无余额。该科目可按销售费用项目进行明细核算。

例 8-12 某公司 2019 年 8 月份发生的销售费用包括以银行存款支付广告费 5 000 元、以现金支付由本公司负担的销售 A 产品的运输费 800 元。以上两项费用均取得增值税普通发票。本月应分配专设销售机构的职工工资 4 000 元，职工福利费 560 元。专设销售机构专用的办公设备折旧费 10 000 元。

以上各项销售费用发生时，该公司应编制如下会计分录。

（1）支付广告费时

借：销售费用——广告费　　　　　　　　　　　　　　　　5 000
　　贷：银行存款　　　　　　　　　　　　　　　　　　　　　　　5 000

（2）支付运输费时

借：销售费用——运输费　　　　　　　　　　　　　　　　　800
　　贷：库存现金　　　　　　　　　　　　　　　　　　　　　　　　800

（3）分配职工工资时

借：销售费用——工资　　　　　　　　　　　　　　　　　4 000
　　贷：应付职工薪酬　　　　　　　　　　　　　　　　　　　　4 000

（4）分配职工福利费时

借：销售费用——职工福利　　　　　　　　　　　　　　　　560
　　贷：应付职工薪酬　　　　　　　　　　　　　　　　　　　　　560

（5）计提办公设备折旧费时

借：销售费用——折旧费　　　　　　　　　　　　　　　　10 000
　　贷：累计折旧　　　　　　　　　　　　　　　　　　　　　　10 000

检测 8-6 多项选择题

下列各项中，应计入销售费用的是（　　　）。

A．随同商品出售不单独计价的包装物成本　　B．业务招待费
C．随同商品出售单独计价的包装物成本　　　D．售后服务网点业务费

（二）管理费用

管理费用是指企业为组织和管理企业生产经营发生的各种费用，包括企业在筹建期间内发生的开办费；董事会和行政管理部门在企业的经营管理中发生的，或者应由企业统一负担的公司经费（包括行政管理部门职工工资、修理费、物料消耗、低值易耗品摊销、办公费和差旅费等）、工会经费、待业保险费、劳动保险费、董事会会费（包括董事会成员津贴、会议费和差旅费等）、聘请中介机构费、咨询费（含顾问费）、诉讼费、业务招待费、技术转让费、矿产资源补偿费、研究费用等。企业生产车间（部门）和行政管理部门发生的固定资产修理费用，也作为管理费用核算。

企业应通过"管理费用"科目核算管理费用的发生和结转情况。该科目借方登记企业发生的各项管理费用，贷方登记期末转入"本年利润"科目的管理费用；结转后该科目应无余额。该科目可按管理费用项目进行明细核算。商品流通企业管理费用不多的，可不设本科目，相关核算内容可并入"销售费用"科目核算。

检测 8-7 判断题

企业生产车间（分厂）发生的固定资产修理费用应计入制造费用，与专设销售机构相关的固定资产修理费用应计入管理费用。　　　　　　　　　　　　　　　　　　　　（　　）

例 8-13

某公司 2019 年 8 月份发生以下管理费用：以银行存款支付拓展经营业务招待费 8 000 元，取得的增值税专用发票上注明的增值税税额为 480 元；计提管理部门使用的固定资产折旧费 18 000 元；分配行政管理人员薪酬 120 000 元；以现金向专家支付新产品设计咨询费 25 000 元，取得增值税普通发票。

以上各项管理费用发生时，该公司应编制如下会计分录。

（1）支付业务招待费时

借：管理费用——业务招待费	8 000
应交税费——应交增值税（进项税额）	480
贷：银行存款	8 480

（2）计提折旧费时

借：管理费用——折旧费	18 000
贷：累计折旧	18 000

（3）分配行政管理人员薪酬时

借：管理费用——工资	120 000
贷：应付职工薪酬	120 000

（4）支付专家咨询费时

借：管理费用——咨询费	25 000
贷：库存现金	25 000

（三）财务费用

财务费用是指企业为筹集生产经营所需资金等而发生的筹资费用，包括利息支出（减利息收入）、汇兑损益及相关的手续费、企业发生或收到的现金折扣等。

企业应通过"财务费用"科目核算财务费用的发生和结转情况。该科目借方登记企业发的各项财务费用，贷方登记期末转入"本年利润"科目的财务费用；结转后该科目应无余额。该科目可按财务费用项目进行明细核算。

例 8-14 某公司于 2019 年 1 月 1 日，从银行借入生产经营用短期借款 300 000 元，期限 6 个月，年利率 4%。该借款本金到期后一次归还，利息分月预提，按季支付。

对该公司有关利息支出应编制如下会计分录。

（1）每月末，预提当月应计利息时

月利息=300 000×4%÷12=1 000（元）

借：财务费用——利息支出	1 000	
贷：应付利息		1 000

（2）按季支付利息时

季利息=1 000×3=3 000（元）

借：应付利息	3 000	
贷：银行存款		3 000

例 8-15 某公司 2019 年 5 月 10 日用银行存款支付银行手续费 500 元，取得的增值税专用发票上注明的增值税税额为 30 元。

该公司应编制如下会计分录。

借：财务费用——手续费	500	
应交税费——应交增值税（进项税额）	30	
贷：银行存款		530

需要注意的是，纳税人接受贷款服务向贷款方支付的利息及与该笔贷款直接相关的投融资顾问费、手续费、咨询费等费用，其进项税额不得从销项税额中抵扣。但办理转账、汇款时发生的手续费可以抵扣，可向银行索取增值税专用发票。

例 8-16 2019 年 6 月 2 日，某公司在购买材料业务中，根据供货方规定的现金折扣条件提前付款，获得现金折扣 2 300 元。

该公司应编制如下会计分录。

借：应付账款	2 300	
贷：财务费用		2 300

例 8-17 2019 年 7 月 30 日，某公司在商品销售业务中，根据公司规定的现金折扣条件，购货方提前付款而享受现金折扣 4 500 元。

该公司应编制如下会计分录。

借：财务费用	4 500	
贷：应收账款		4 500

检测 8-8 单项选择题

甲企业 2019 年 1 月份销售商品发生现金折扣 15 万元、销售折让 25 万元，应付财务部门人员薪酬 5 万元。甲企业上述交易或事项应计入当月财务费用的金额为（ ）万元。

    A．15   B．20   C．30   D．40

检测 8-9 单项选择题

乙企业 2019 年 3 月份发生的费用有：计提车间用固定资产折旧 10 万元，发生车间管理人员工资40万元,支付广告费用50万元(不含税),预提短期借款利息20万元,支付矿产资源补偿费10万元。该企业3月份的期间费用总额为( )万元。
A. 80　　　　B. 70　　　　C. 170　　　　D. 60

同步训练

一、单项选择题

1. 下列各项中,应列入利润表"管理费用"项目的是( )。
   A. 计提的坏账准备　　　　B. 出租无形资产的摊销额
   C. 支付中介机构的咨询费　　D. 处置固定资产的净损失
2. 企业销售商品确认收入后,对于客户实际享受的现金折扣,应当( )。
   A. 确认当期财务费用　　　　B. 冲减当期主营业务收入
   C. 确认当期管理费用　　　　D. 确认当期主营业务成本
3. 下列各项中,应计入管理费用的是( )。
   A. 筹建期间的开办费　　　　B. 预计产品质量保证损失
   C. 生产车间管理人员工资　　D. 专设销售机构的固定资产修理费
4. 下列各项中,不应计入销售费用的是( )。
   A. 已售商品预计保修费用
   B. 为推广新产品而发生的广告费用
   C. 随同商品出售且单独计价的包装物成本
   D. 随同商品出售而不单独计价的包装物成本
5. 企业超支的业务招待费应计入( )。
   A. 销售费用　　B. 其他业务成本　　C. 营业外支出　　D. 管理费用
6. 下列项目中,销售企业应作为财务费用处理的是( )。
   A. 购货方获得的现金折扣　　B. 购货方获得的商业折扣
   C. 购货方获得的销售折让　　D. 购货方放弃的现金折扣
7. 下列费用中,不属于管理费用列支范围的是( )。
   A. 出租固定资产发生的服务费　　B. 董事会费
   C. 管理用无形资产摊销费用　　　D. 业务招待费
8. 企业为购买原材料所发生的银行承兑汇票手续费,应当计入( )。
   A. 管理费用　　B. 财务费用　　C. 销售费用　　D. 其他业务成本

二、多项选择题

1. 下列各项中,应计入财务费用的有( )。
   A. 企业发行股票支付的手续费　　B. 企业支付的银行承兑汇票手续费
   C. 企业购买商品时取得的现金折扣　D. 企业销售商品时发生的现金折扣

第八章 费用的确认和计量

2. 下列各项中，不应计入管理费用的有（　　　）。
   A. 总部办公楼折旧费　　　　　　B. 生产设备改良支出
   C. 经营租出专用设备的修理费　　D. 专设销售机构房屋的修理费

3. 下列各项中，不应确认为财务费用的有（　　　）。
   A. 企业筹建期间的借款费用　　　B. 资本化的借款利息支出
   C. 销售商品发生的商业折扣　　　D. 支付的银行承兑汇票手续费

4. 下列各项费用，应通过"管理费用"科目核算的有（　　　）。
   A. 诉讼费　　　　　　　　　　　B. 研究费用
   C. 业务招待费　　　　　　　　　D. 日常经营活动聘请中介机构费

5. 企业销售商品交纳的下列各项税费，记入"税金及附加"科目的有（　　　）。
   A. 消费税　　　B. 增值税　　　C. 教育费附加　　　D. 城市维护建设税

6. 下列各项中，属于其他业务成本核算内容的是（　　　）。
   A. 随同产品出售不单独计价的包装物成本
   B. 出租无形资产支付的服务费
   C. 销售材料结转的材料成本
   D. 出售无形资产结转的无形资产摊余价值

7. 下列税金中，应记入"税金及附加"科目的有（　　　）。
   A. 房产税　　　B. 土地使用税　　　C. 车船税　　　D. 耕地占用税

8. 下列各项中，应计入期间费用的有（　　　）。
   A. 销售商品发生的销售折让
   B. 销售商品发生的售后服务费
   C. 销售商品发生的商业折扣
   D. 委托代销商品支付的手续费

三、判断题

1. 商品流通企业管理费用不多的，可不设"管理费用"科目，相关核算内容可并入"销售费用"科目核算。（　　）

2. 企业应交的矿产资源补偿费，不应记入"税金及附加"科目。（　　）

3. 企业发生的与专设销售机构相关的固定资产修理费用等后续支出属于销售费用。（　　）

4. 库存商品盘亏净损失，属于一般经营损失的部分，计入管理费用，非正常损失的部分计入营业外支出。（　　）

5. 企业发生的车间使用的固定资产修理费用，应当计入制造费用。（　　）

四、不定项选择题

甲公司是一家工业企业，属于增值税一般纳税人，适用增值税税率为13%。2019年甲公司发生如下交易或事项。

（1）5月，销售商品一批并开出增值税专用发票，商品售价为100万元，增值税税额为13万元。该批商品的成本为70万元，当即收到货款并存入银行。

（2）6月，因资金周转不畅，急需资金一笔，故将购买成本为30万元的原材料出售，当月收到款项并存入银行。

（3）6月，销售商品一批，售价为120万元，增值税税额为15.6万元。该批商品成本为90万元。因客户没有相关商品的包装物，租用甲公司的包装物1个月，该包装物的月摊销额为0.5万元。

（4）9月，销售商品领用单独计价的包装物，增值税专用发票上注明的包装物售价为4万元，增值税税额为0.52万元。该包装物的成本为2万元。出售的款项已收到并存入银行。

（5）11月，甲公司实际应交增值税17万元，消费税15万元，城建税率为7%，教育费附加率为3%。

（6）12月，甲公司为了扩展市场发生业务招待费5万元，销售机构发生业务费6万元，生产车间发生固定资产修理费3万元，当月发生汇兑损益1万元，不考虑相关税费。

要求：根据上述资料，不考虑其他因素，分析回答第1至6题。

1. 根据资料（1），下列各项中，甲公司编制的会计分录正确的是（　　）。
    A. 借：应收账款　　　　　　　　　　　　　　　　　　1 130 000
         贷：其他业务收入　　　　　　　　　　　　　　　　1 000 000
             应交税费——应交增值税（销项税额）　　　　　 130 000
    B. 借：银行存款　　　　　　　　　　　　　　　　　　1 130 000
         贷：主营业务收入　　　　　　　　　　　　　　　　1 000 000
             应交税费——应交增值税（销项税额）　　　　　 130 000
    C. 借：主营业务成本　　　　　　　　　　　　　　　　　700 000
         贷：库存商品　　　　　　　　　　　　　　　　　　 700 000
    D. 借：其他业务成本　　　　　　　　　　　　　　　　　700 000
         贷：库存商品　　　　　　　　　　　　　　　　　　 700 000
2. 根据资料（2），甲公司出售原材料，应将其成本30万元计入（　　）。
    A. 主营业务成本　　　　　　　　B. 其他业务成本
    C. 营业外支出　　　　　　　　　D. 长期待摊费用
3. 根据资料（3），下列各项中，当月甲公司的会计处理错误的是（　　）。
    A. 应确认主营业务成本90.5万元　　B. 应确认主营业务成本90万元
    C. 应确认其他业务成本0.5万元　　 D. 应确认其他业务成本16.1万元
4. 根据资料（4），下列各项中，甲公司出售包装物的会计处理正确的是（　　）。
    A. 应确认其他业务收入4万元　　　B. 应确认营业外收入4万元
    C. 应确认应交增值税0.52万元　　 D. 应确认其他业务成本2万元
5. 根据资料（5），下列各项中，当月甲公司的会计处理结果正确的是（　　）。
    A. 应交城市维护建设税的金额为2.24万元
    B. 应交教育费附加的金额为0.96万元
    C. 确认税金及附加的金额为35.2万元
    D. 确认税金及附加的金额为18.2万元
6. 根据资料（6），当月甲公司应确认的期间费用为（　　）万元。
    A. 11　　　　　　B. 12　　　　　　C. 14　　　　　　D. 15

第九章 利润的确认和计量

知识目标

掌握利润的构成及其主要内容、营业外收入和营业外支出的核算内容、所得税的核算方法及本年利润的结转方法；熟悉政府补助的确认和计量原则。

技能目标

能对营业外收入和营业外支出、所得税费用的确认进行职业判断，并正确运用计量原则，对营业外收支各项目和所得税费用的确认与计量进行会计处理；能正确计算利润和应交所得税，并对本年利润结转进行会计处理。

利润是指企业在一定会计期间的经营成果。利润包括收入减去费用后的净额、直接计入当期利润的利得和损失等。其中，收入减去费用后的净额反映的是企业日常活动的业绩；直接计入当期利润的利得和损失，是指应当计入当期损益，最终会引起所有者权益发生增减变动的、与所有者投入资本或者向所有者分配利润无关的利得或损失。未计入当期利润的利得和损失扣除所得税影响后的净额为其他综合收益项目。净利润与其他综合收益的合计金额为综合收益总额。

利润的构成及相关的计算公式如下。

（一）营业利润

营业利润＝营业收入－营业成本－税金及附加－销售费用－管理费用－财务费用－资产减值损失－信用减值损失＋公允价值变动收益（－公允价值变动损失）＋投资收益（－投资损失）＋其他收益＋资产处置收益（－资产处置损失）

其中，营业收入是指企业经营业务所确认的收入总额，包括主营业务收入和其他业务收入；营业成本是指企业经营业务所发生的实际成本总额，包括主营业务成本和其他业务成本；资产减值损失是指企业计提各项资产减值准备所形成的损失；信用减值损失是指企业计提的各项金融工具减值准备所形成的预期信用损失；公允价值变动收益（或损失）是指企业交易性金融资产等公允价值变动形成的应计入当期损益的利得（或损失）；投资收益（或损失）是指企业以各种方式对外投资所取得的收益（或发生的损失）；其他收益是指企业取得与日常活动相关的政府补助；资产处置收益（或损失）是指企业出售划分为持有待售的非流动资产（金融工具、长期股权投资和投资性房地产除外）或处置组（子公司和业务除外）时确认的处置利得或损失，以及处置未划分为持有待售的固定资产、在建工程、生产性生物资产及无形资产而产生的处置利得或损失，还包括债务重组中因处置非流动资产产生的利得或损失和非货币性资产交换中换出非流动资产产生的利得或损失。

（二）利润总额

利润总额＝营业利润＋营业外收入－营业外支出

其中，营业外收入是指企业发生的与其日常活动无直接关系的各项利得；营业外支出是指企业发生的与其日常活动无直接关系的各项损失。

（三）净利润

净利润＝利润总额－所得税费用

其中，所得税费用是指企业确认的应从当期利润总额中扣除的所得税费用。

从以上利润的构成和计算可见，利润反映的是收入减去费用、利得减去损失后净额的概念。因此，利润的确认主要依赖于收入和费用及利得和损失的确认，其金额的确定也主要取决于收入、费用、利得和损失金额的计量。

检测 9-1　单项选择题

某企业本期营业收入为 1 000 万元，营业成本为 800 万元，管理费用为 20 万元，销售费用为 35 万元，资产减值损失为 40 万元，投资收益为 45 万元，营业外收入为 15 万元，营业外支出为 10 万元，所得税费用为 32 万元。假定不考虑其他因素，本期营业利润为（　　）万元。

A．123　　　　B．200　　　　C．150　　　　D．155

第一节　营业外收入

一、营业外收入的确认和计量

营业外收入是指企业发生的与其日常活动无直接关系的各项利得。营业外收入并不是企业经营资金耗费所产生的，实际上是经济利益的净流入，不需要与有关的费用进行配比。营业外收入主要包括政府补助利得和其他利得。

（一）政府补助利得

政府补助是指企业从政府无偿取得货币性资产或非货币性资产。政府补助主要包括财政拨款、税收返还、财政贴息、无偿划拨非货币性资产等形式。政府补助具有下列特征：①政府补助是来源于政府的经济资源；②政府补助是无偿的。此外，政府补助通常附有条件，包括政策条件和使用条件等。其中，"政府"包括各级政府及其所属机构，如财政、卫生、税务、环保部门等；联合国、世界银行等类似的国际组织，也视同为政府。

税收优惠中的直接减征、免征、增加计税抵扣额、抵免部分税额、出口退税等形式，并未直接向企业无偿提供资产，不作为政府补助处理。税收返还是采取先征后返（退）、即征即退、税收奖励等方式向企业返还的税款，属于以税收优惠形式给予的一种政府补助。政府与企业之间的互惠交易不属于政府补助，如政府以投资者身份向企业投入资本或拨入的投资补助专项拨款、政府购买商品或服务等属于互惠交易，不属于政府补助。

政府补助分为与资产相关的政府补助和与收益相关的政府补助。与资产相关的政府补助，是指企业取得的、用于购建或以其他方式形成长期资产的政府补助。与收益相关的政府补助，是指除与资产相关的政府补助之外的政府补助。

政府补助同时满足下列条件的,才能予以确认。

① 企业能够满足政府补助所附条件。

② 企业能够收到政府补助。

政府补助为货币性资产的,应当按照收到或应收的金额计量。如果企业已经实际收到补助资金,应当按照实际收到的金额计量;如果资产负债表日企业尚未收到补助资金,但企业在符合了相关政策规定后就相应获得收款权,且与之相关的经济利益很可能流入企业,企业应当在这项补助成为应收款时按照应收的金额计量。政府补助为非货币性资产的,应当按照公允价值计量;公允价值不能可靠取得的,按照名义金额(1元)计量。

(二)其他利得

其他利得主要包括非流动资产毁损报废利得、盘盈利得(除存货、固定资产盘盈外)、捐赠利得(企业接受股东或股东的子公司直接或间接的捐赠,经济实质属于股东对企业的资本性投入的除外)等。

其中,非流动资产毁损报废利得是指因自然灾害等发生毁损、已丧失使用功能而报废非流动资产所产生的清理收益。盘盈利得是指企业对现金等资产清查盘点时发生盘盈,报经批准后计入营业外收入的金额。捐赠利得是指企业接受捐赠产生的利得。

检测 9-2　单项选择题

下列各项中,不应确认为营业外收入的是(　　)。

A. 报废无形资产净收益　　　　　　B. 报废固定资产净收益
C. 确实无法支付的应付账款　　　　D. 收发计量差错造成存货盘盈

二、营业外收入的账务处理

企业应通过"营业外收入"科目,核算营业外收入的取得及结转情况。该科目借方登记期末转入"本年利润"科目的营业外收入,贷方登记企业所发生的各项营业外收入;结转后该科目应无余额。本科目可按营业外收入项目进行明细核算。

(一)政府补助利得

政府补助有两种会计处理方法:一是总额法,即在确认政府补助时将其全额一次或分次确认为收益,而不是作为相关资产账面价值或者成本费用等的扣减。二是净额法,即将政府补助确认为对相关资产账面价值或者所补偿成本费用等的扣减。企业应当根据经济业务的实质,判断某一类政府补助业务应当采用总额法还是净额法进行会计处理,通常情况下,对同类或类似政府补助业务只能选用一种方法,同时,企业对该业务应当一贯地运用该方法,不得随意变更。企业对某些补助只能采用一种方法,例如,对一般纳税人增值税即征即退只能采用总额法进行会计处理。

与企业日常活动相关的政府补助,应当计入其他收益或冲减相关成本费用。与企业日常活动无关的政府补助,计入营业外收入或冲减相关损失。通常情况下,若政府补助补偿的成本费用是营业利润之中的项目,或该补助与日常销售等经营行为密切相关(如增值税即征即退),则认为该政府补助与日常活动相关。

1. 与资产相关的政府补助

总额法下，取得与资产相关的政府补助应当确认为递延收益，借记"银行存款"等科目，贷记"递延收益"科目；然后在相关资产使用寿命或剩余使用寿命内按照合理、系统的方法分期计入损益，借记"递延收益"科目，贷记"其他收益"或"营业外收入"科目。这里需要说明的是：①如果对应的长期资产在持有期间发生减值损失，递延收益的摊销仍保持不变，不受减值因素的影响。②相关资产在使用寿命结束前被出售、转让、报废或发生毁损的，尚未分配的相关递延收益余额转入资产处置当期的损益。③对相关资产划分为持有待售类别的，先将尚未分配的递延收益余额冲减相关资产的账面价值，再按照持有待售的非流动资产的要求进行会计处理。

净额法下，如果企业先取得与资产相关的政府补助，再确认所购建的长期资产，应当将取得的政府补助先确认为递延收益，在相关资产达到预定可使用状态或预定用途时将递延收益冲减资产账面价值；如果相关长期资产投入使用后企业再取得与资产相关的政府补助，应当在取得补助时冲减相关资产的账面价值，并按照冲减后的账面价值和相关资产的剩余使用寿命计提折旧或进行摊销。

按照名义金额计量的政府补助，取得时计入当期损益。

例 9-1 2018 年 1 月 10 日，财政局拨付甲企业 750 000 元补助款（同日到账），用于购买科研设备。2018 年 2 月 25 日，甲企业购入科研设备一台并投入使用，不需要安装费用。购置该设备的实际成本为 1 200 000 元，使用寿命为 5 年。2021 年 2 月 25 日，甲企业出售了该设备。假定该设备预计净残值为 0，不考虑相关税费。甲企业采用直线法计提折旧。

甲企业应编制如下会计分录。

（1）总额法

① 2018 年 1 月 10 日收到财政拨款，确认政府补助时

借：银行存款　　　　　　　　　　　　　　　　　　　　　　　750 000
　　贷：递延收益　　　　　　　　　　　　　　　　　　　　　　　750 000

② 2018 年 2 月 25 日购入设备时

借：固定资产　　　　　　　　　　　　　　　　　　　　　　　1 200 000
　　贷：银行存款　　　　　　　　　　　　　　　　　　　　　　　1 200 000

③ 在该项固定资产使用期间（2018 年 3 月至 2021 年 2 月），每月计提折旧和分配递延收益时

每月应计提折旧 = 1 200 000÷5÷12 = 20 000（元）

每月应分配递延收益 = 750 000÷5÷12 = 12 500（元）

借：研发支出　　　　　　　　　　　　　　　　　　　　　　　20 000
　　贷：累计折旧　　　　　　　　　　　　　　　　　　　　　　　20 000
借：递延收益　　　　　　　　　　　　　　　　　　　　　　　12 500
　　贷：其他收益　　　　　　　　　　　　　　　　　　　　　　　12 500

④ 2021 年 2 月 25 日出售该设备转入清理时

已计提折旧数额 = 20 000×（10 + 12 + 12 + 2）= 720 000（元）

借：固定资产清理　　　　　　　　　　　　　　　　　　　　　480 000
　　累计折旧　　　　　　　　　　　　　　　　　　　　　　　　720 000
　　贷：固定资产　　　　　　　　　　　　　　　　　　　　　　　1 200 000

⑤ 将尚未分配的递延收益直接转入当期损益

已分配递延收益=12 500×(10+12+12+2)=450 000(元)

尚未分配的递延收益=750 000-450 000=300 000(元)

借：递延收益　　　　　　　　　　　　　　　　　　　300 000
　　贷：其他收益　　　　　　　　　　　　　　　　　　　　300 000

（2）净额法

① 2018年1月10日收到财政拨款，确认政府补助时

借：银行存款　　　　　　　　　　　　　　　　　　　750 000
　　贷：递延收益　　　　　　　　　　　　　　　　　　　　750 000

② 2018年2月25日购入设备时

借：固定资产　　　　　　　　　　　　　　　　　　 1 200 000
　　贷：银行存款　　　　　　　　　　　　　　　　　　　1 200 000

借：递延收益　　　　　　　　　　　　　　　　　　　750 000
　　贷：固定资产　　　　　　　　　　　　　　　　　　　　750 000

③ 在该项固定资产使用期间（2018年3月至2021年2月），每月计提折旧时

每月应计提折旧=(1 200 000-750 000)÷5÷12=7 500(元)

借：研发支出　　　　　　　　　　　　　　　　　　　　7 500
　　贷：累计折旧　　　　　　　　　　　　　　　　　　　　　7 500

④ 2021年2月25日出售该设备转入清理时

已计提折旧数额=7 500×(10+12+12+2)=270 000(元)

借：固定资产清理　　　　　　　　　　　　　　　　　180 000
　　累计折旧　　　　　　　　　　　　　　　　　　　270 000
　　贷：固定资产　　　　　　　　　　　　　　　　　　　　450 000

检测 9-3　判断题

企业取得与资产相关的政府补助确认为递延收益的，应当在相关资产使用寿命内按照合理、系统的方法分期计入损益。　　　　　　　　　　　　　　　　　　　　　　　　（　　）

2. 与收益相关的政府补助

与收益相关的政府补助，应当分情况按照以下规定进行会计处理：①用于补偿企业以后期间的相关成本费用或损失的，确认为递延收益，并在确认相关成本费用或损失的期间，计入当期损益或冲减相关成本；②用于补偿企业已发生的相关成本费用或损失的，直接计入当期损益或冲减相关成本。

企业确认与收益相关的政府补助，借记"银行存款"等科目，贷记"营业外收入""其他收益"科目，或者通过"递延收益"科目分期计入当期损益或冲减相关成本费用。

例 9-2　甲公司承担政府下达的技能培训任务，培训任务在本年度的6月、7月、8月分3期完成。2019年6月28日，收到财政补助资金150 000元，将补助培训发生的费用。

选择总额法进行会计处理，甲公司应编制如下会计分录。

（1）收到财政补助资金，确认政府补助时

借：银行存款　　　　　　　　　　　　　　　　　　　150 000
　　贷：递延收益　　　　　　　　　　　　　　　　　　　　100 000

　　　　营业外收入——政府补助　　　　　　　　　　　　　　　　　　　50 000
　（2）7月和8月，分别将补偿当月费用的补助计入当期收益时
　　借：递延收益　　　　　　　　　　　　　　　　　　　　　　　　50 000
　　　　贷：营业外收入——政府补助　　　　　　　　　　　　　　　　50 000

例9-3 乙企业为增值税一般纳税人，销售其自主开发生产的动漫软件。按照国家有关规定，该企业的这种产品按13%的税率征收增值税后，对其增值税实际税负超过3%的部分，实行即征即退政策。2019年7月，该企业实际收到退回的增值税为100 000元，已存入银行。

　乙企业应编制如下会计分录。
　　借：银行存款　　　　　　　　　　　　　　　　　　　　　　　　100 000
　　　　贷：其他收益　　　　　　　　　　　　　　　　　　　　　　　100 000

　　企业取得政策性优惠贷款贴息的，应当区分财政将贴息资金拨付给贷款银行和财政将贴息资金直接拨付给企业两种情况，分别按照下列规定进行会计处理。

　　财政将贴息资金拨付给贷款银行，由贷款银行以政策性优惠利率向企业提供贷款的，企业可以选择下列方法之一进行会计处理：①以实际收到的借款金额作为借款的入账价值，按照借款本金和该政策性优惠利率计算相关借款费用；②以借款的公允价值作为借款的入账价值并按照实际利率法计算借款费用，实际收到的金额与借款公允价值之间的差额确认为递延收益。递延收益在借款存续期内采用实际利率法摊销，冲减相关借款费用。企业选择了上述两种方法之一后，应当一致地运用，不得随意变更。

　　财政将贴息资金直接拨付给企业，企业应当将对应的贴息冲减相关借款费用。

例9-4 甲企业为一家农业产业化龙头企业，享受银行贷款月利率0.6%的地方财政贴息补助。2019年7月，从国家农业发展银行获半年期贷款1 000 000元，银行贷款月利率为0.6%。同时，收到财政部门拨付的三季度贴息款18 000元。10月初又收到四季度的贴息款18 000元。

　甲企业应编制如下会计分录。
　（1）2019年7月，实际收到财政贴息款时
　　借：银行存款　　　　　　　　　　　　　　　　　　　　　　　　18 000
　　　　贷：递延收益　　　　　　　　　　　　　　　　　　　　　　　18 000
　（2）2019年7月、8月、9月，分别将补贴计入当期收益时
　　借：递延收益　　　　　　　　　　　　　　　　　　　　　　　　6 000
　　　　贷：财务费用　　　　　　　　　　　　　　　　　　　　　　　6 000

　　甲企业2019年10月至12月的会计分录与7月至9月的相同，此处不再讲述。

　　对于同时包含与资产相关部分和与收益相关部分的政府补助，应当区分不同部分分别进行会计处理。难以区分的，应当整体归类为与收益相关的政府补助。

检测9-4　单项选择题

　　企业取得用于补偿已发生的相关成本费用或损失且与企业日常活动无关的政府补助（非财政贴息），应在收到时直接计入（　　）。

　　A.递延收益　　B.营业外收入　　C.其他收益　　D.财务费用

（二）其他利得

　　① 企业确认非流动资产毁损报废利得时，借记"固定资产清理"等科目，贷记"营业外收入"科目。

例9-5 甲公司将固定资产报废清理发生的净收益70 000元转为营业外收入。

甲公司应编制如下会计分录。

借：固定资产清理　　　　　　　　　　　　　　　　　　　　70 000
　　贷：营业外收入——非流动资产毁损报废利得　　　　　　　　70 000

② 企业确认盘盈利得、捐赠利得计入营业外收入时，借记"库存现金""待处理财产损溢"等科目，贷记"营业外收入"科目。

例9-6 甲公司在现金清查中盘盈300元，按管理权限报经批准后转为营业外收入。

甲公司应编制如下会计分录。

（1）发现盘盈时

借：库存现金　　　　　　　　　　　　　　　　　　　　　　　300
　　贷：待处理财产损溢——待处理流动资产损溢　　　　　　　　　300

（2）经批准转为营业外收入时

借：待处理财产损溢——待处理流动资产损溢　　　　　　　　　300
　　贷：营业外收入——盘盈利得　　　　　　　　　　　　　　　　300

例9-7 甲公司为一般纳税人，接受乙企业捐赠的生产用设备一台。收到的增值税专用发票上注明设备价款为100 000元，增值税税额为13 000元。

甲公司应编制如下会计分录。

借：固定资产　　　　　　　　　　　　　　　　　　　　　100 000
　　应交税费——应交增值税（进项税额）　　　　　　　　　13 000
　　贷：营业外收入——捐赠利得　　　　　　　　　　　　　　113 000

【思考9-1】企业的存货盘盈、固定资产盘盈，按管理权限报经批准后应当进行怎样的会计处理？

第二节　营业外支出

一、营业外支出的确认和计量

营业外支出指企业发生的与其日常活动无直接关系的各项损失，主要包括非流动资产毁损报废损失、盘亏损失、罚款支出、公益性捐赠支出、非常损失等。

其中，非流动资产毁损报废损失是指因丧失使用功能而报废非流动资产所产生的清理损失；公益性捐赠支出是指企业对外进行公益性捐赠发生的支出；盘亏损失主要是指对于财产清查盘点中盘亏的资产，查明原因并报经批准计入营业外支出的损失；非常损失是指企业对于因客观因素（如自然灾害等）造成的损失，扣除保险公司赔偿后应计入营业外支出的净损失；罚款支出是指企业支付的行政罚款、税务罚款，以及其他违反法律法规、合同协议等而支付的罚款、违约金、赔偿金等支出。

二、营业外支出的账务处理

企业应当设置"营业外支出"科目核算企业发生的营业外支出及其结转情况。该科目借方登记企业所发生的各项营业外支出，贷方登记期末转入"本年利润"科目的营业外支出；结转后该科目应无余额。本科目可按营业外支出项目进行明细核算。

① 企业确认非流动资产毁损报废损失时，借记"营业外支出"科目，贷记"固定资产清理""无形资产"等科目。

例 9-8 乙公司将固定资产报废清理的净损失 50 000 元转为营业外支出。

乙公司应编制如下会计分录。

借：营业外支出——非流动资产毁损报废损失	50 000
贷：固定资产清理	50 000

例 9-9 甲企业持有的一项非专利技术的无形资产账面余额 100 000 元，已摊销 80 000 元，未计提减值准备。由于该技术已被其他新技术所替代，已无使用价值，决定将其报废处理。

甲企业应编制如下会计分录。

借：累计摊销	80 000
营业外支出——非流动资产毁损报废损失	20 000
贷：无形资产	100 000

② 企业确认盘亏、罚款支出计入营业外支出时，借记"营业外支出"科目，贷记"待处理财产损溢""库存现金"等科目。

例 9-10 某企业原材料发生意外灾害损失 250 000 元，按管理权限报经批准后转作营业外支出。假定不考虑其他因素。

该企业应编制如下会计分录。

（1）发生灾害损失时

借：待处理财产损溢——待处理流动资产损溢	250 000
贷：原材料	250 000

（2）经批准处理时

借：营业外支出——非常损失	250 000
贷：待处理财产损溢——待处理流动资产损溢	250 000

例 9-11 某企业用银行存款支付税务罚款 5 000 元。

应编制如下会计分录。

借：营业外支出——罚款支出	5 000
贷：银行存款	5 000

【思考 9-2】企业的库存现金盘亏、存货盘亏属于一般经营损失、固定资产盘亏，按管理权限报经批准后应当进行怎样的会计处理？

检测 9-5 多项选择题

下列各项中，应计入营业外支出的有（　　　　）。

A．无形资产报废净损失　　　　B．存货因自然灾害造成的净损失
C．固定资产报废清理净损失　　D．长期股权投资处置净损失

第九章 利润的确认和计量

第三节 所得税费用

企业的所得税费用包括当期所得税和递延所得税两个部分。其中，当期所得税是指当期应交所得税。

一、应交所得税的计算

应交所得税是指企业按照税法规定计算确定的针对当期发生的交易和事项，应交纳给税务部门的所得税金额，即当期应交所得税。企业当期应交所得税的计算公式为：

$$应纳所得税额＝应纳税所得额×所得税税率$$

从上式可见，计算应纳所得税额的关键是确定应纳税所得额。由于按会计准则规定计算的税前会计利润（即利润总额）与按企业所得税法规定计算的应纳税所得额是两个不同的概念，因此实务中应纳税所得额通常是在企业税前会计利润的基础上调整确定的。其计算公式为：

$$应纳税所得额＝税前会计利润＋纳税调整增加额－纳税调整减少额$$

纳税调整增加额主要包括：税法规定允许扣除项目中，企业已计入当期费用但超过税法规定扣除标准的金额，如超过税法规定标准的职工福利费、工会经费、职工教育经费、业务招待费、公益性捐赠支出、广告费和业务宣传费等；企业已计入当期损失但税法规定不允许扣除项目的金额，如税收滞纳金、罚款、罚金、非公益性捐赠和赞助支出等。

纳税调整减少额主要包括税法规定允许弥补的亏损和准予免税的项目，如前5年内未弥补亏损和国债利息收入等。

例 9-12 甲公司 2018 年度按企业会计准则计算的税前会计利润为 9 900 000 元，适用所得税税率为 25%。甲公司全年实发工资、薪金为 2 000 000 元，职工福利费为 300 000 元，工会经费为 50 000 元，职工教育经费 210 000 元。经查，甲公司当年的营业外支出中有 120 000 元为税收滞纳罚金，投资收益中有 100 000 元为国债利息收入，除此无其他纳税调整因素。

税法规定，国债利息收入免税；企业发生的合理的工资、薪金支出准予据实扣除；企业发生的职工福利费支出，不超过工资、薪金总额14%的部分准予扣除；企业拨缴的工会经费，不超过工资、薪金总额2%的部分准予扣除；除国家另有规定外，企业发生的职工教育经费支出，不超过工资、薪金总额8%的部分准予扣除，超过部分准予结转以后纳税年度扣除。

本例中，按税法规定，企业在计算当期应纳税所得额时，可以扣除工资、薪金支出 2 000 000 元，职工福利费支出 280 000（2 000 000×14%）元，工会经费支出 40 000（2 000 000×2%）元，职工教育经费支出 160 000（2 000 000×8%）元。甲公司有两种因素应调整增加应纳税所得额：一是已计入当期费用但超过税法规定标准的费用支出；二是已计入当期营业外支出但按税法规定不允许扣除的税收滞纳金。应调整减少应纳税所得额的因素，即已计入当期投资收益但按税法规定予以免税的国债利息收入。甲公司当期所得税的计算如下。

纳税调整增加额＝（300 000－280 000）+（50 000-40 000）+
　　　　　　　（210 000－160 000）+120 000＝200 000（元）

纳税调整减少额＝100 000（元）

当期应纳税所得额＝9 900 000＋200 000－100 000＝10 000 000（元）
当期应交所得税额＝10 000 000×25%＝2 500 000（元）

需要注意的是：2019年1月1日至2021年12月31日，对小型微利企业年应纳税所得额不超过100万元的部分，减按25%计入应纳税所得额，按20%的税率缴纳企业所得税；对年应纳税所得额超过100万元但不超过300万元的部分，减按50%计入应纳税所得额，按20%的税率缴纳企业所得税。小型微利企业是指从事国家非限制和禁止行业，且同时符合年度应纳税所得额不超过300万元、从业人数不超过300人、资产总额不超过5 000万元等3个条件的企业。

检测9-6 单项选择题

甲企业2018年度利润总额为1 800万元。其中，本年度国债利息收入200万元，其他公司债券投资利息收入50万元，已计入营业外支出的税收滞纳金6万元；企业所得税税率为25%。假定不考虑其他因素，甲企业2018年度应交所得税为（　　）万元。
A．400　　　B．401.5　　　C．450　　　D．386

二、所得税费用的账务处理

企业根据会计准则的规定，计算确定的当期所得税和递延所得税之和，即为应从当期利润总额中扣除的所得税费用。其计算公式为：

所得税费用＝当期所得税＋递延所得税
当期所得税费用＝当期应交所得税
递延所得税费用＝（递延所得税负债期末余额－递延所得税负债期初余额）－
（递延所得税资产期末余额－递延所得税资产期初余额）

递延所得税是企业纳税调整中，因资产、负债的账面价值与其计税基础不同而产生的暂时性差异所确认的，按暂时性差异对未来期间应纳税所得额的影响，分为应纳税暂时性差异和可抵扣暂时性差异。按应纳税暂时性差异确认相应的递延所得税负债，可抵扣暂时性差异确认相应的递延所得税资产。递延所得税负债是企业确认的递延到未来期间应交的所得税，递延所得税资产是企业确认的递延到未来期间可抵扣的所得税。

企业应通过"所得税费用"科目核算企业所得税费用的确认及其结转情况。该科目借方登记企业按照税法规定计算确定的当期所得税费用，贷方登记期末转入"本年利润"科目的所得税费用；结转后该科目应无余额。本科目可按"当期所得税费用""递延所得税费用"进行明细核算。

例9-13 乙公司2018年度利润总额为1 980万元，应纳税所得额为2 000万元，适用所得税税率为25%。乙公司递延所得税负债年初数为400 000元，年末数为500 000元；递延所得税资产年初数为200 000元，年末数为250 000元。

乙公司所得税费用的计算如下：
应交所得税＝20 000 000×25%＝5 000 000（元）
递延所得税＝（500 000－400 000）－（250 000－200 000）＝50 000（元）
所得税费用＝当期所得税＋递延所得税＝5 000 000＋50 000＝5 050 000（元）
乙公司应编制如下会计分录。
借：所得税费用　　　　　　　　　　　　　　　　　　　5 050 000
　　递延所得税资产　　　　　　　　　　　　　　　　　　　50 000
　　贷：应交税费——应交所得税　　　　　　　　　　　　5 000 000
　　　　递延所得税负债　　　　　　　　　　　　　　　　　100 000

检测 9-7　单项选择题

甲公司 2018 年度利润总额为 300 万元，应纳税所得额为 310 万元，适用的企业所得税税率为 25%。递延所得税资产年初数为 10 万元，年末数为 25 万元；递延所得税负债年初数为 20 万元，年末数为 30 万元。甲公司 2018 年度所得税费用为（　　）万元。

A. 70　　　B. 72.5　　　C. 75　　　D. 77.5

第四节　本年利润

一、结转本年利润的方法

会计期末结转本年利润的方法有表结法和账结法两种。

（一）表结法

在表结法下，各损益类科目每月末只需结计出本月发生额和月末累计余额，不结转到"本年利润"科目，只有在年末时才编制转账凭证，将其全年累计余额结转到"本年利润"科目。但每月末要将损益类科目的本月发生额合计数填入利润表的本月数栏，同时将本月末累计余额填入利润表的本年累计数栏，通过利润表计算反映各期的利润（或亏损）。在表结法下，年中损益类科目无须转入"本年利润"科目，从而减少了转账环节和工作量，同时并不影响利润表的编制和有关损益指标的利用。但在年中不能通过"本年利润"科目提供当月及本年累计的利润（或亏损）额。

（二）账结法

在账结法下，每月末均需编制转账凭证，将在账上结计出的各损益类科目的余额结转到"本年利润"科目。结转后"本年利润"科目的本月余额反映当月实现的利润或发生的亏损，"本年利润"科目的本年余额反映本年累计实现的利润或发生的亏损。账结法在各月均可通过"本年利润"科目提供当月和本年累计的利润（或亏损）额，但增加了转账环节和工作量。

二、结转本年利润的账务处理

企业应设置"本年利润"科目，核算企业本年度实现的净利润（或发生的净亏损）。会计期末，企业应将"主营业务成本""其他业务成本""税金及附加""销售费用""管理费用""财务费用""资产减值损失""信用减值损失""营业外支出""所得税费用"等科目的余额分别转入"本年利润"科目的借方，将"主营业务收入""其他业务收入""其他收益""营业外收入"等科目的余额分别转入"本年利润"科目的贷方。企业还应将"公允价值变动损益""投资收益""资产处置损益"科目的净损失转入"本年利润"科目的借方，或者将"公允价值变动损益""投资收益""资产处置损益"科目的净收益转入"本年利润"科目的贷方。结转后"本年利润"科目如果为贷方余额，表示当年实现的净利润；如果为借方余额，表示当年发生的净亏损。

年度终了，企业应将"本年利润"科目的本年累计余额转入"利润分配——未分配利润"科目。如果"本年利润"为贷方余额，借记"本年利润"科目，贷记"利润分配——未分配利润"科目；如果为借方余额，做相反的会计分录。结转后"本年利润"科目应无余额。

例 9-14 丙公司 2018 年有关损益类科目的年末余额如表 9-1 所示（该企业采用表结法年末一次结转损益类科目，所得税税率为 25%）。

表 9-1 损益类科目年末余额　　　　　　　　　　元

科目名称	借或贷	结账前余额
主营业务收入	贷	9 500 000
其他业务收入	贷	170 000
公允价值变动损益	贷	300 000
投资收益	贷	350 000
营业外收入	贷	80 000
主营业务成本	借	7 190 000
其他业务成本	借	200 000
税金及附加	借	475 000
销售费用	借	365 000
管理费用	借	460 000
财务费用	借	90 000
资产减值损失	借	100 000
营业外支出	借	20 000

丙公司 2018 年年末结转本年利润时，应编制如下会计分录。

(1) 将各损益类科目年末余额转入"本年利润"科目。

① 结转各项收入、利得类科目时

借：主营业务收入　　　　　　　　　　　　　　　　　　9 500 000
　　其他业务收入　　　　　　　　　　　　　　　　　　　170 000
　　公允价值变动损益　　　　　　　　　　　　　　　　　300 000
　　投资收益　　　　　　　　　　　　　　　　　　　　　350 000
　　营业外收入　　　　　　　　　　　　　　　　　　　　80 000
　　贷：本年利润　　　　　　　　　　　　　　　　　　10 400 000

② 结转各项费用、损失类科目时

借：本年利润　　　　　　　　　　　　　　　　　　　　8 900 000
　　贷：主营业务成本　　　　　　　　　　　　　　　　7 190 000
　　　　其他业务成本　　　　　　　　　　　　　　　　　200 000
　　　　税金及附加　　　　　　　　　　　　　　　　　　475 000
　　　　销售费用　　　　　　　　　　　　　　　　　　　365 000
　　　　管理费用　　　　　　　　　　　　　　　　　　　460 000
　　　　财务费用　　　　　　　　　　　　　　　　　　　90 000
　　　　资产减值损失　　　　　　　　　　　　　　　　　100 000
　　　　营业外支出　　　　　　　　　　　　　　　　　　20 000

(2) 经过上述结转后，"本年利润"科目的贷方发生额合计 10 400 000 元，减去借方发生额合计 8 900 000 元，即为税前会计利润（即利润总额）1 500 000 元。假定丙公司 2018 年度不存在所得税纳税调整因素，当年应交所得税的计算如下。

当年应交所得税＝1 500 000×25%＝375 000（元）

① 确认所得税费用时

借：所得税费用　　　　　　　　　　　　　　　　　　　375 000

第九章 利润的确认和计量

　　贷：应交税费——应交所得税　　　　　　　　　　　　　　　 375 000
　② 将所得税费用转入"本年利润"科目时
　借：本年利润　　　　　　　　　　　　　　　　　　　　　　　 375 000
　　贷：所得税费用　　　　　　　　　　　　　　　　　　　　　　 375 000
　（3）年度终了，将"本年利润"科目年末余额（即净利润）1 125 000（1 500 000－375 000）元转入"利润分配——未分配利润"科目。
　借：本年利润　　　　　　　　　　　　　　　　　　　　　　 1 125 000
　　贷：利润分配——未分配利润　　　　　　　　　　　　　　 1 125 000

提示 9-1

　　企业对实现的净利润应当按照批准的利润分配方案进行分配，有关利润分配和年度终了结转利润分配的会计处理见第六章的相关内容。

检测 9-8　单项选择题

　　某公司 2018 年营业收入 2 000 万元，营业成本 1 500 万元，管理费用 150 万元，销售费用 500 万元，财务费用 100 万元，公允价值变动收益 500 万元，资产减值损失 20 万元，投资收益 300 万元，营业外支出 50 万元。适用所得税税率 25%。假定不考虑其他因素，该公司 2018 年的净利润为（　　）万元。
　　A．360　　　　B．300　　　　C．200　　　　D．160

同步训练

一、单项选择题

　1．企业取得与收益相关的政府补助，用于补偿企业以后期间相关费用或损失的，在取得时应确认为（　　）。
　　　A．递延收益　　B．其他收益　　C．营业外收入　　D．其他业务收入
　2．下列交易或事项，不应确认为营业外支出的是（　　）。
　　　A．公益性捐赠支出　　　　　　　B．无形资产报废损失
　　　C．固定资产盘亏损失　　　　　　D．固定资产减值损失
　3．2018 年 6 月，某企业发生以下交易或事项：支付诉讼费用 10 万元，固定资产报废清理净损失 8 万元，对外公益性捐赠支出 5 万元，支付税收滞纳金 1 万元。该企业 2018 年 6 月，应确认营业外支出的金额为（　　）万元。
　　　A．14　　　　B．16　　　　C．19　　　　D．24
　4．下列各项中，不应计入营业外收入的是（　　）。
　　　A．债务重组利得　　　　　　　　B．报废清理固定资产净收益
　　　C．收发差错造成存货盘盈　　　　D．确实无法支付的应付账款
　5．某企业 2018 年度税前会计利润为 2 000 万元。其中，本年国债利息收入 120 万元，税收滞纳金 20 万元，企业所得税税率为 25%。假定不考虑其他因素，该企业 2018 年度所得税费用为（　　）万元。

A. 465　　　　B. 470　　　　C. 475　　　　D. 500
　　6. 某企业2018年度利润总额为500万元，其中包括国债利息收入15万元。当年按税法核定的业务招待费为300万元，实际发生的业务招待费为310万元。假定该企业无其他纳税调整项目，适用的所得税税率为25%。该企业2018年应交所得税为（　　）万元。
　　　A. 125　　　　B. 121.25　　　C. 123.75　　　D. 126.25
　　7. 某企业2018年度的利润总额为2 000万元。其中，包括国库券利息收入30万元，发生税收滞纳金支出10万元。假定税法规定的计税工资是100万元，企业实际支付的工资150万元。此外，递延所得税资产的年初余额50万元，年末余额45万元；递延所得税负债的年初余额35万元，年末余额40万元。企业所得税税率为25%。假定不考虑其他因素，该企业2018年所得税费用为（　　）万元。
　　　A. 517.5　　　B. 507.5　　　C. 497.5　　　D. 505
　　8. 甲企业2018年取得了国库券投资的利息为60 000元，其他公司债券投资利息140 000元，全年税前会计利润为1 380 000元，所得税税率为25%。无其他纳税调整项目，则2018年甲企业的净利润为（　　）元。
　　　A. 1 070 000　　B. 1 035 000　　C. 1 050 000　　D. 1 085 000
　　9. 某企业2018年度主营业务收入8 000万元；主营业务成本6 300万元；其他业务收入40万元；其他业务成本20万元；管理费用100万元，全部为职工薪酬，税法规定的计税工资为80万元；财务费用20万元；营业外收入40万元；营业外支出10万元，其中5万元属于支付的税收滞纳金。所得税税率为25%。假定不考虑其他因素，该企业2018年度的净利润应为（　　）万元。
　　　A. 1 222.5　　　B. 1 237.5　　　C. 1 226.25　　　D. 1 216.25
　　10. 某企业本期营业收入1 000万元，营业成本650万元，税金及附加50万元，管理费用20万元，销售费用35万元，资产减值损失40万元，投资收益为45万元，营业外收入15万元，营业外支出10万元，所得税费用为64万元。假定不考虑其他因素，该企业本期营业利润为（　　）万元。
　　　A. 191　　　　B. 250　　　　C. 255　　　　D. 300

二、多项选择题

　　1. 下列各项中，不应计入营业外支出的有（　　）。
　　　A. 无法查明原因的现金短缺　　　B. 存货盘亏中的经营损失
　　　C. 固定资产盘亏损失　　　　　　D. 长期股权投资处置损失
　　2. 下列各项中，不应确认为营业外收入的有（　　）。
　　　A. 存货盘盈　　　　　　　　　　B. 固定资产出租收入
　　　C. 固定资产盘盈　　　　　　　　D. 无法查明原因的现金溢余
　　3. 下列各项中，应计入营业外收入的有（　　）。
　　　A. 债务重组利得　　　　　　　　B. 接受捐赠利得
　　　C. 固定资产盘盈利得　　　　　　D. 非货币性资产交换利得
　　4. 下列各项中，既影响营业利润也影响利润总额的有（　　）。
　　　A. 所得税费用　　B. 财务费用　　C. 营业外收入　　D. 投资收益

第九章 利润的确认和计量

5. 下列各科目，年末结转后应无余额的有（   ）。
   A．管理费用　　B．所得税费用　　C．本年利润　　D．利润分配
6. 关于政府补助的计量，下列说法正确的有（   ）。
   A．政府补助为货币性资产的，应当按照收到或应收的金额计量
   B．政府补助为非货币性资产的，应当按照公允价值计量
   C．政府补助为非货币性资产的，应当按照账面价值计量
   D．政府补助为非货币性资产的，公允价值不能可靠取得的，按照名义金额计量
7. 下列各项中，需调整增加企业应纳税所得额的项目有（   ）。
   A．已计入投资损益的国库券利息收入
   B．已超过税法规定扣除标准，但已计入当期费用的业务招待费
   C．支付并已计入当期损失的各种税收滞纳金
   D．未超标的业务招待费支出
8. 下列各项损益中，会计上和税法上核算不一致，需要进行纳税调整的项目有（   ）。
   A．超标的业务招待费　　　　　B．国债利息收入
   C．公司债券的利息收入　　　　D．公司债券转让净收益
9. 下列各项中，影响营业利润的项目有（   ）。
   A．营业外支出　　　　　　　B．投资收益
   C．资产减值损失　　　　　　D．财务费用
10. 下列各项，影响企业利润总额的有（   ）。
    A．资产减值损失　　　　　　B．公允价值变动损益
    C．所得税费用　　　　　　　D．营业外支出

试题自测

三、判断题

1. 企业取得与资产相关的政府补助确认为递延收益的，应当在相关资产使用寿命内按照合理、系统的方法分期计入损益；按照名义金额计量的政府补助，直接计入当期损益。（   ）
2. 与收益相关的政府补助，应当在其补偿的相关费用或损失发生的期间计入当期损益或冲减相关成本费用。（   ）
3. 政府补助是指企业从政府无偿取得的货币性资产或非货币性资产，包括政府的资本性投入。（   ）
4. 年度终了，只有在企业盈利的情况下，才将"本年利润"科目的本年累计余额转入"利润分配——未分配利润"科目。（   ）
5. 企业的所得税费用包括当期所得税和递延所得税两个部分。（   ）

四、不定项选择题

2019年度，丁公司发生的部分交易或事项如下：

（1）1月10日，丁公司收到与日常活动相关的即征即退的增值税税额60万元。

（2）6月15日，丁公司为研制新产品向银行申请贷款1 000万元，贷款年利率5.5%。该新产品研制可以享受政府季度利率0.6%的财政贴息。7月1日，丁公司收到银行贷款，7月10收到本季度财政贴息6万元。丁公司每月末按照贷款合同利率计算借款费用。

（3）10月30日，财政局拨付丁公司1 440万元补助款，用于购置一台生产用新型环保设备，并明确其余款可由企业自行支配。11月10日，丁公司购入设备，购买价款为1 200万元，增值

税税额为 156 万元。该设备不需要安装，当月投入使用，预计可使用 5 年，假定无残值。该政府补助按总额法核算。

（4）12 月 31 日，在资产盘点过程中，发现如下事项：盘盈库存现金 2 000 元，无法查明原因；盘亏原材料 10 000 元（属于一般经营性损失），增值税税额为 1 300 元。

要求：根据上述资料，不考虑其他因素，分析回答第 1 至 5 题。

1．企业在收到与收益相关的政府补助时，可能贷记的科目有（   ）。
   A．预收账款　　　　B．递延收益　　　C．其他收益　　　D．营业外收入

2．根据资料（1），丁公司收到的即征即退的增值税应计入（   ）科目。
   A．应交税费　　　　B．营业外收入　　C．其他业务收入　D．其他收益

3．根据资料（2），下列各项中，丁公司收到政府贴息的会计分录正确的是（   ）。
   A．借：银行存款　　　　　　　　　　　　　　　　　　　60 000
          贷：递延收益　　　　　　　　　　　　　　　　　　　　60 000
   B．借：银行存款　　　　　　　　　　　　　　　　　　　60 000
          贷：营业外收入　　　　　　　　　　　　　　　　　　　60 000
   C．借：递延收益　　　　　　　　　　　　　　　　　　　20 000
          贷：财务费用　　　　　　　　　　　　　　　　　　　　20 000
   D．借：递延收益　　　　　　　　　　　　　　　　　　　20 000
          贷：营业外收入　　　　　　　　　　　　　　　　　　　20 000

4．根据资料（3），收到政府补助并购入环保设备，2019 年的会计处理正确的是（   ）。
   A．借：银行存款　　　　　　　　　　　　　　　　　14 400 000
          贷：递延收益　　　　　　　　　　　　　　　　　　14 400 000
   B．借：固定资产　　　　　　　　　　　　　　　　　12 000 000
          应交税费——应交增值税（进项税额）　　　　　1 560 000
          贷：银行存款　　　　　　　　　　　　　　　　　　13 560 000
   C．借：制造费用　　　　　　　　　　　　　　　　　　　200 000
          贷：累计折旧　　　　　　　　　　　　　　　　　　　200 000
   D．借：递延收益　　　　　　　　　　　　　　　　　　　240 000
          贷：其他收益　　　　　　　　　　　　　　　　　　　240 000

5．根据资料（4），下列各项中，有关资产盘盈、盘亏的会计处理结果正确的是（   ）。
   A．借：待处理财产损溢　　　　　　　　　　　　　　　　9 300
          库存现金　　　　　　　　　　　　　　　　　　　　2 000
          贷：原材料　　　　　　　　　　　　　　　　　　　　10 000
              应交税费——应交增值税（进项税额转出）　　　　1 300
   B．借：待处理财产损溢　　　　　　　　　　　　　　　　9 300
          库存现金　　　　　　　　　　　　　　　　　　　　2 000
          贷：原材料　　　　　　　　　　　　　　　　　　　　10 000
              应交税费——应交增值税（销项税额）　　　　　　1 300
   C．借：待处理财产损溢　　　　　　　　　　　　　　　　2 000
          贷：营业外收入　　　　　　　　　　　　　　　　　　2 000
   D．借：管理费用　　　　　　　　　　　　　　　　　　　11 300
          贷：待处理财产损溢　　　　　　　　　　　　　　　　11 300

第九章 利润的确认和计量

五、计算分析题

1. 2013年1月10日，政府拨付甲公司450万元财政拨款（同日到账），要求用于购买大型科研设备1台，并规定如果有结余，留归企业自行支配。2013年3月1日，甲公司购入不需要安装的大型设备。实际成本为360万元，使用寿命为10年，假定预计净残值为0，不考虑相关税费。2020年3月1日，甲公司以120万元出售了这台设备。该政府补助按总额法核算。

要求：编制甲公司与政府补助相关的会计分录。（答案中的金额用万元表示）

2. 2018年，乙公司生产一种先进的模具产品。按照国家相关规定，该公司的这种产品适用增值税先征后返政策，即先按规定征收增值税，然后按实际缴纳增值税税额返还70%。2018年7月，乙公司实际缴纳增值税税额为800 000元。2018年8月，乙公司实际收到返还的增值税税额为560 000元。

要求：编制乙公司实际收到增值税返还时的会计分录。

3. 2018年甲公司年终结账前有关损益类科目的年末余额如下表所示。

元

收入科目	贷方余额	费用科目	借方余额
主营业务收入	6 250 000	主营业务成本	4 250 000
其他业务收入	1 000 000	其他业务成本	750 000
投资收益	75 000	税金及附加	180 000
营业外收入	200 000	销售费用	200 000
		管理费用	600 000
		财务费用	125 000
		营业外支出	350 000

其他资料如下。
（1）营业外支出中有5 000元为罚款支出。
（2）本年国债利息收入20 000元已入账。
（3）"递延所得税资产"科目：年初余额为20 000元；年末余额为30 000元。
（4）"递延所得税负债"科目：年初余额为25 000元；年末余额为40 000元。

要求：
（1）根据表中的资料，将其损益类科目余额结转"本年利润"科目（该公司平时采用表结法计算利润）。
（2）计算甲公司当年应交所得税并编制确认和结转所得税费用的会计分录（所得税税率为25%，除上述资料所列事项外，无其他纳税调整因素）。
（3）计算甲公司当年净利润，并将"本年利润"科目年末余额转入"利润分配——未分配利润"科目。
（4）甲公司经股东大会或类似机构批准，按净利润的10%提取法定盈余公积，决定向投资者分配利润183 625元。
（5）计算甲公司当年末的未分配利润（该公司年初未分配利润为600 000元），并将"利润分配"所属其他明细科目余额结转"未分配利润"明细科目。

第十章 会计确认和计量结果的报告

知识目标

掌握资产负债表、利润表、现金流量表和所有者权益变动表的内容、结构和填列方法；熟悉附注的概念及其主要披露内容；了解财务报告的目标和财务报表的分类，以及资产负债表、利润表、现金流量表和所有者权益变动表的作用。

技能目标

能够编制资产负债表、利润表、现金流量表和所有者权益变动表。

第一节 财务报告概述

一、财务报告的目标

财务报告是指企业对外提供的反映企业某一特定日期的财务状况和某一会计期间的经营成果、现金流量等会计信息的文件。财务报告包括财务报表和其他应当在财务报告中披露的相关信息和资料。

通常认为财务报告目标有受托责任观和决策有用观两种。在受托责任观下，会计信息更多地强调可靠性，会计计量主要采用历史成本；在决策有用观下，会计信息更多地强调相关性，如果采用其他计量属性能够提供更加相关信息的，会较多地采用除历史成本之外的其他计量属性。我国企业财务报告的目标是向财务报告使用者提供与企业财务状况、经营成果和现金流量等有关的会计信息，反映企业管理层受托责任履行情况，有助于财务报告使用者做出经济决策。

财务报告的目标定位十分重要，决定着财务报告应当向谁提供有用的会计信息，应当保护谁的经济利益，这是编制财务报告的出发点。财务报告的目标定位决定着财务报告所要求会计信息的质量特征，决定着会计要素的确认和计量原则，是财务会计系统的核心和灵魂。

财务报告外部使用者主要包括投资者、债权人、政府及其有关部门和社会公众等。满足投资者的信息需要是企业财务报告编制的首要出发点。将投资者作为企业财务报告的首要出发点，凸显了投资者的地位，体现了保护投资者利益的要求，是市场经济发展的必然。如果企业在财务报告中提供的会计信息与投资者的决策无关，那么财务报告就失去了其编制的意义。根据投资者决策有用目标，财务报告所提供的信息应当如实反映企业所拥有或控制的经济资源、对经济资源的要求权和经济资源及其要求权的变化情况；如实反映企业的各项收入、费用、利润的金额及其变动情况；如实反映企业各项经营活动、投资活动和筹资活动等所形成的现金流入和现金流出情况等，

第十章 会计确认和计量结果的报告

从而有助于现在的或潜在的投资者正确、合理地评价企业的资产质量、偿债能力、盈利能力和营运效率等；有助于投资者根据相关会计信息做出理性的投资决策；有助于投资者评估与投资有关的未来现金流量的金额、时间和风险等。除了投资者之外，企业财务报告的外部使用者还有债权人、政府及有关部门、社会公众等。由于投资者是企业资本的主要提供者，通常情况下，如果财务报告能够满足这一群体的会计信息需求，也可以满足其他使用者的大部分信息需求。

二、财务报表的组成

财务报表是财务报告的核心内容，是对企业财务状况、经营成果和现金流量的结构性描述，是会计要素确认和计量的结果。一套完整的财务报表至少应当包括"四表一注"，即资产负债表、利润表、现金流量表、所有者权益（或股东权益）变动表及附注，各组成部分具有同等的重要程度。

① 资产负债表、利润表和现金流量表分别从不同角度反映企业的财务状况、经营成果和现金流量。资产负债表反映企业一定日期所拥有的资产、需偿还的债务及股东（投资者）拥有的净资产情况；利润表反映企业一定期间的经营成果即利润或亏损的情况；现金流量表反映企业在一定会计期间现金和现金等价物流入与流出的情况。

② 所有者权益变动表反映构成所有者权益的各组成部分当期的增减变动情况，有助于使用者准确理解所有者权益增减变动的根源。企业的净利润及其分配情况是所有者权益变动的组成部分，相关信息已经在所有者权益变动表及其附注中反映，企业不需要再单独编制利润分配表。

③ 附注是财务报表的有机组成部分，是对在资产负债表、利润表、现金流量表和所有者权益变动表等报表中列示项目的文字描述或明细资料，以及对未能在这些报表中列示项目的说明等。

三、财务报表的分类

财务报表可以按照不同的标准进行分类。

① 按财务报表编报期间的不同，可以分为中期财务报表和年度财务报表。中期财务报表是以短于一个完整会计年度的报告期间为基础编制的财务报表，包括月报、季报和半年报。

② 按财务报表编报主体的不同，可以分为个别财务报表和合并财务报表。个别财务报表是由企业在自身会计核算基础上对账簿记录进行加工而编制的财务报表，主要用以反映企业自身的财务状况、经营成果和现金流量情况。合并财务报表是以母公司和子公司组成的企业集团为会计主体，根据母公司和所属子公司的财务报表，由母公司编制的综合反映企业集团财务状况、经营成果和现金流量的财务报表。

第二节 资产负债表

一、资产负债表的定义和结构

（一）资产负债表的定义

资产负债表是指反映企业在某一特定日期的财务状况的会计报表，即反映了某一特定日期关于企业资产、负债、所有者权益及其相互关系的信息。

通过资产负债表，可以反映企业在某一特定日期的资产、负债和所有者权益的总额及其结构，有助于财务报表使用者全面了解企业的财务状况，分析企业的偿债能力和资本保值增值程度及财务状况的变动趋势，从而为其做出经济决策提供依据。

（二）资产负债表的结构

资产负债表一般有账户式和报告式两种结构形式，我国企业的资产负债表采用账户式结构。账户式资产负债表分左右两方，左方为资产项目，大体按资产的流动性大小排列，流动性大的资产如"货币资金""交易性金融资产"等排在前面，流动性小的资产如"长期股权投资""固定资产"等排在后面；右方为负债及所有者权益项目，一般按要求清偿时间的先后顺序排列，"短期借款""应付票据""应付账款"等需要在一年以内或长于一年的一个正常营业周期内偿还的流动负债排在前面，"长期借款"等在一年以上才需偿还的非流动负债排在中间，在企业清算之前不需要偿还的所有者权益项目排在后面。

账户式资产负债表中的资产各项目的总计等于负债和所有者权益各项目的总计，即资产负债表左方和右方平衡。因此，通过账户式资产负债表，可以反映资产、负债、所有者权益之间的内在关系，即"资产＝负债＋所有者权益"。

我国一般企业的资产负债表格式如表 10-1 所示。

表 10-1 资产负债表

编制单位：甲股份有限公司　　　　　2018 年 12 月 31 日

会企 01 表
单位：元

资　产	期末余额	年初余额	负债和所有者权益	期末余额	年初余额
流动资产：			流动负债：		
货币资金	7 031 500	（略，下同）	短期借款	1 500 000	（略，下同）
交易性金融资产	75 000		交易性金融负债		
衍生金融资产			衍生金融负债		
应收票据	1 230 000		应付票据	1 000 000	
应收账款	1 990 000		应付账款	4 774 000	
应收款项融资			预收款项		
预付款项	500 000		合同负债		
其他应收款	1 525 000		应付职工薪酬	550 000	
存货	12 900 000		应交税费	183 000	
合同资产			其他应付款	250 000	
持有待售资产			持有待售负债		
一年内到期的非流动资产			一年内到期的非流动负债		
其他流动资产			其他流动负债	4 994 500	
流动资产合计	25 251 500		流动负债合计	13 251 500	
非流动资产：			非流动负债：		
债权投资			长期借款	3 000 000	
其他债权投资			应付债券		
长期应收款			其中：优先股		
长期股权投资	1 250 000		永续债		
其他权益工具投资			租赁负债		
其他非流动金融资产			长期应付款		
投资性房地产			预计负债		

第十章 会计确认和计量结果的报告

(续表)

资产	期末余额	年初余额	负债和所有者权益	期末余额	年初余额
固定资产	4 000 000		递延收益		
在建工程	7 500 000		递延所得税负债	2 500	
生产性生物资产			其他非流动负债		
油气资产			非流动负债合计	3 002 500	
使用权资产			负债合计	16 254 000	
无形资产	3 000 000		所有者权益(或股东权益):		
开发支出			实收资本(或股本)	25 000 000	
商誉			其他权益工具		
长期待摊费用			其中: 优先股		
递延所得税资产	2 500		永续债		
其他非流动资产	1 000 000		资本公积		
非流动资产合计	16 752 500		减: 库存股		
			其他综合收益		
			专项储备		
			盈余公积	500 000	
			未分配利润	250 000	
—			所有者权益合计	25 750 000	
资产总计	42 004 000		负债和所有者权益总计	42 004 000	

二、资产负债表的编制

(一)资产负债表项目的填列方法

资产负债表各项目均需填列"年初余额"和"期末余额"两栏。其中,"年初余额"栏内各项数字应根据上年末资产负债表的"期末余额"栏内所列数字填列;"期末余额"栏主要有以下几种填列方法。

1. 根据总账科目余额填列

例如,"其他权益工具投资""短期借款""资本公积"等项目,根据"其他权益工具投资""短期借款""资本公积"各总账科目的期末余额直接填列;有些项目需根据几个总账科目的期末余额计算填列,如"货币资金"项目,需要根据"库存现金""银行存款""其他货币资金"3个总账科目的期末余额的合计数填列。

2. 根据明细账科目余额计算填列

例如,"应付账款"项目,需要根据"应付账款"和"预付账款"两个科目所属的相关明细科目的期末贷方余额计算填列;"应收账款"项目,需要根据"应收账款"和"预收账款"两个科目所属的相关明细科目的期末借方余额计算填列。

3. 根据总账科目和明细账科目余额分析计算填列

例如,"长期借款"项目,需要根据"长期借款"总账科目的期末余额扣除"长期借款"科目所属的明细科目中将在一年内到期且企业不能自主地将清偿义务展期的长期借款后的金额计算填列。

4. 根据总账科目余额减去其备抵科目余额后的净额填列

例如，"应收票据""应收账款""长期股权投资"等项目，应当根据"应收票据""应收账款""长期股权投资"等科目的期末余额减去"坏账准备""长期股权投资减值准备"等备抵科目期末余额后的净额填列。"投资性房地产""无形资产""固定资产"项目，应当根据"投资性房地产""无形资产""固定资产"及"固定资产清理"科目的期末余额减去"投资性房地产累计折旧（摊销）""累计摊销""累计折旧""投资性房地产减值准备""无形资产减值准备""固定资产减值准备"科目期末余额后的净额填列。

5. 综合运用上述填列方法分析填列

例如，"存货"项目，需要根据"原材料""委托加工物资""周转材料""材料采购"或"在途物资""库存商品""发出商品""材料成本差异"等总账科目期末余额的分析汇总数，再减去"存货跌价准备"科目期末余额后的净额填列。

检测 10-1 多项选择题

资产负债表下列各项目中，应根据有关科目余额减去备抵科目余额后的净额填列的有（   ）。

A. 其他综合收益　　B. 无形资产　　C. 应收账款　　D. 长期股权投资

（二）资产负债表项目的填列说明

1. 资产项目的填列说明

① "货币资金"项目反映资产负债表日企业库存现金、银行存款和其他货币资金的总额。本项目应根据"库存现金""银行存款""其他货币资金"科目期末余额的合计数填列。

② "交易性金融资产"项目，反映资产负债表日企业分类为以公允价值计量且其变动计入当期损益的金融资产，以及企业持有的指定为以公允价值计量且其变动计入当期损益的金融资产的期末账面价值。本项目应根据"交易性金融资产"科目的相关明细科目的期末余额分析填列。自资产负债表日起超过一年到期且预期持有超过一年的以公允价值计量且其变动计入当期损益的非流动金融资产的期末账面价值，在"其他非流动金融资产"项目反映。

③ "应收票据"项目，反映资产负债表日以摊余成本计量的、企业因销售商品、提供服务等收到的商业汇票，包括银行承兑汇票和商业承兑汇票。本项目应根据"应收票据"科目的期末余额，减去"坏账准备"科目中相关坏账准备期末余额后的金额分析填列。

④ "应收账款"项目，反映资产负债表日以摊余成本计量的、企业因销售商品、提供服务等经营活动应收取的款项。本项目应根据"应收账款"和"预收账款"科目所属的相关明细科目的期末借方余额合计数，减去"坏账准备"科目中相关坏账准备期末余额后的金额分析填列。如果"应收账款"科目所属明细科目期末有贷方余额的，应在"预收款项"项目内填列。

⑤ "应收款项融资"项目，反映资产负债表日以公允价值计量且其变动计入其他综合收益的应收票据和应收账款等。

⑥ "预付款项"项目，反映资产负债表日企业按照合同规定预付给供应单位的款项。本项目应根据"预付账款"和"应付账款"科目所属的相关明细科目的期末借方余额合计数，减去"坏账准备"科目中相关坏账准备期末余额后的金额填列。如果"预付账款"科目所属明细科目期末有贷方余额的，应在"应付账款"项目内填列。

第十章 会计确认和计量结果的报告

⑦"其他应收款"项目,应根据"应收利息""应收股利"和"其他应收款"科目的期末余额合计数,减去"坏账准备"科目中相关坏账准备期末余额后的金额填列。其中的"应收利息"仅反映相关金融工具已到期可收取但于资产负债表日尚未收到的利息。基于实际利率法计提的金融工具的利息应包含在相应金融工具的账面余额中。

⑧"存货"项目反映资产负债表日企业持有的各种存货的期末账面价值。本项目应根据"材料采购"或"在途物资""原材料""周转材料""委托加工物资""库存商品""发出商品"或"委托代销商品""受托代销商品""生产成本"等科目的期末余额合计数,减去"受托代销商品款""存货跌价准备"科目期末余额后的金额填列。材料采用计划成本核算,以及库存商品采用计划成本核算或售价核算的企业,还应按加或减材料成本差异、商品进销差价后的金额填列。

检测 10-2 单项选择题

期末,甲企业"生产成本"科目余额 50 000元,"原材料"科目余额 30 000元,"材料成本差异"科目借方余额 500元,"发出商品"科目余额 40 000元,"工程物资"科目余额 10 000元,"存货跌价准备"科目余额 3 000元,则资产负债表"存货"项目应填列的金额为(　　)元。

A. 116 500　　　　B. 117 500　　　　C. 119 500　　　　D. 126 500

⑨"合同资产"和"合同负债"项目,反映企业按照收入准则的相关规定根据本企业履行履约义务与客户付款之间的关系所形成的合同资产或合同负债的金额。"合同资产"和"合同负债"项目,应分别根据"合同资产"和"合同负债"科目的相关明细科目的期末余额分析填列,同一合同下的合同资产和合同负债应当以净额列示,其中净额为借方余额的,应当根据其流动性在"合同资产"或"其他非流动资产"项目中填列,已计提减值准备的,还应减去"合同资产减值准备"科目中相关的期末余额后的金额填列;其中净额为贷方余额的,应当根据其流动性在"合同负债"或"其他非流动负债"项目中填列。

⑩"持有待售资产"项目,反映资产负债表日划分为持有待售类别的非流动资产及划分为持有待售类别的处置组中的流动资产和非流动资产的期末账面价值。本项目应根据"持有待售资产"科目的期末余额,减去"持有待售资产减值准备"科目的期末余额后的金额填列。

⑪"一年内到期的非流动资产"项目,通常反映预计自资产负债表日起一年内变现的非流动资产。对于按照相关会计准则采用折旧(或摊销、折耗)方法进行后续计量的固定资产、使用权资产、无形资产和长期待摊费用等非流动资产,折旧(或摊销、折耗)年限(或期限)只剩一年或不足一年的,或预计在一年内(含一年)进行折旧(或摊销、折耗)的部分,不得归类为流动资产,仍在各该非流动资产项目中填列,不转入"一年内到期的非流动资产"项目。

⑫"债权投资"项目,反映资产负债表日企业以摊余成本计量的长期债权投资的期末账面价值。本项目应根据"债权投资"科目的相关明细科目期末余额,减去"债权投资减值准备"科目中相关减值准备的期末余额后的金额分析填列。自资产负债表日起一年内到期的长期债权投资的期末账面价值,在"一年内到期的非流动资产"项目反映。企业购入的以摊余成本计量的一年内到期的债权投资的期末账面价值,在"其他流动资产"项目反映。

⑬"其他债权投资"项目,反映资产负债表日企业分类为以公允价值计量且其变动计入其他综合收益的长期债权投资的期末账面价值。本项目应根据"其他债权投资"科目的相关明细科目的期末余额分析填列。自资产负债表日起一年内到期的长期债权投资的期末账面价值,在"一年内到期的非流动资产"项目反映。企业购入的以公允价值计量且其变动计入其他综合收益的一年内到期的债权投资的期末账面价值,在"其他流动资产"项目反映。

⑭ "长期应收款"项目，反映企业采用具有融资性质的分期收款销售商品或提供劳务等产生的应收款项的期末账面价值。本项目应根据"长期应收款"科目的期末余额，减去"未实现融资收益"科目期末余额和"坏账准备"科目中相关坏账准备期末余额后的金额分析填列。自资产负债表日起一年内到期的长期应收款的期末账面价值，在"一年内到期的非流动资产"项目反映。

⑮ "长期股权投资"项目，反映资产负债表日企业持有的长期股权投资的期末账面价值。本项目应根据"长期股权投资"科目的期末余额，减去"长期股权投资减值准备"科目期末余额后的金额填列。

⑯ "其他权益工具投资"项目，反映资产负债表日企业指定为以公允价值计量且其变动计入其他综合收益的非交易性权益工具投资的期末账面价值。本项目应根据"其他权益工具投资"科目的期末余额填列。

⑰ "投资性房地产"项目，反映资产负债表日企业采用成本模式计量或者公允价值模式计量的投资性房地产的期末账面价值。本项目应根据"投资性房地产"科目的期末余额，减去"投资性房地产累计折旧（摊销）"和"投资性房地产减值准备"科目的期末余额后的金额填列，或者根据"投资性房地产"科目的期末余额填列。

⑱ "固定资产"项目，反映资产负债表日企业固定资产的期末账面价值和企业尚未清理完毕的固定资产清理净损益。本项目应根据"固定资产"科目的期末余额，减去"累计折旧"和"固定资产减值准备"科目的期末余额后的金额，以及"固定资产清理"科目的期末余额填列。

⑲ "在建工程"项目，反映资产负债表日企业尚未达到预定可使用状态的在建工程的期末账面价值和企业为在建工程准备的各种物资的期末账面价值。本项目应根据"在建工程"科目的期末余额，减去"在建工程减值准备"科目的期末余额后的金额，以及"工程物资"科目的期末余额，减去"工程物资减值准备"科目的期末余额后的金额填列。

⑳ "无形资产"项目，反映资产负债表日企业持有的无形资产的账面价值。本项目应根据"无形资产"科目的期末余额，减去"累计摊销"和"无形资产减值准备"科目的期末余额后的金额填列。

㉑ "开发支出"项目，反映企业正在进行无形资产研究开发项目满足资本化条件的支出。本项目应根据"研发支出"科目所属的"资本化支出"明细科目的期末余额填列。

㉒ "长期待摊费用"项目，反映资产负债表日企业已经发生但应由以后各期负担的分摊期限在一年以上的各项费用。本项目应根据"长期待摊费用"科目的期末余额填列。

㉓ "递延所得税资产"项目，反映资产负债表日企业确认的可抵扣暂时性差异产生的可递延到以后会计期间抵减的所得税。本项目应根据"递延所得税资产"科目的期末余额填列。

㉔ 企业按照收入准则的相关规定确认为资产的应收退货成本，应当根据"应收退货成本"科目是否在一年或一个正常营业周期内出售，在"其他流动资产"或"其他非流动资产"项目中填列。

2. 负债项目的填列说明

① "短期借款"项目，反映资产负债表日企业向银行或其他金融机构等借入的期限在一年以下（含一年）的尚未偿还的各种借款。本项目应根据"短期借款"科目的期末余额填列。

② "交易性金融负债"项目，反映资产负债表日企业承担的交易性金融负债，以及企业持有的指定为以公允价值计量且其变动计入当期损益的金融负债的期末账面价值。本项目应根据

第十章 会计确认和计量结果的报告

"交易性金融负债"科目的相关明细科目的期末余额填列。

③ "应付票据"项目，反映资产负债表日以摊余成本计量的、企业因购买材料、商品和接受服务等开出、承兑的商业汇票，包括银行承兑汇票和商业承兑汇票。本项目应根据"应付票据"科目的期末余额填列。

④ "应付账款"项目，反映资产负债表日以摊余成本计量的、企业因购买材料、商品和接受服务等经营活动应支付的款项。本项目应根据"应付账款"和"预付账款"科目所属的相关明细科目的期末贷方余额合计数填列。如"应付账款"科目所属明细科目期末有借方余额的，应在"预付款项"项目内填列。

检测 10-3 单项选择题

期末，某公司"应付账款"科目贷方余额 20 000 元。其中，"应付甲公司账款"明细科目贷方余额 30 000 元，"应付乙公司账款"明细科目借方余额 10 000 元。"预付账款"科目贷方余额 30 000 元。其中，"预付丙企业账款"明细科目贷方余额 40 000 元，"预付丁企业账款"明细科目借方余额 10 000 元。该公司期末资产负债表中"应付账款"项目应填列的金额为（　　）元。

A. 70 000　　B. 60 000　　C. 50 000　　D. 20 000

⑤ "预收款项"项目，反映资产负债表日企业按照合同规定预收购买单位的款项。本项目应根据"预收账款"和"应收账款"科目所属的相关明细科目的期末贷方余额合计数填列。如"预收账款"科目所属明细科目期末有借方余额的，应在"应收账款"项目内填列。

⑥ "应付职工薪酬"项目，反映资产负债表日企业按照规定应支付而尚未支付给职工的各种形式的薪酬或补偿。本项目应根据"应付职工薪酬"科目的期末余额填列。

⑦ "应交税费"项目，反映资产负债表日企业按照税法规定计算应交而尚未交纳的各种税费，以及企业代扣代交的个人所得税。企业所交纳的税金不需要预计应交数额的，如印花税、耕地占用税等，不在本项目列示。本项目应根据"应交税费"各明细科目的期末余额分析计算填列。除增值税外的其他各种税费明细科目的期末贷方余额应在"应交税费"项目填列；"应交税费"科目下的"未交增值税""简易计税""转让金融商品应交增值税""代扣代交增值税"等明细科目期末贷方余额应在"应交税费"项目填列；"应交税费——待转销项税额"等明细科目期末贷方余额应根据情况，在"其他流动负债"或"其他非流动负债"项目填列；"应交税费"科目下的"应交增值税""未交增值税""待认证进项税额"等明细科目期末借方余额应根据情况，在"其他流动资产"或"其他非流动资产"项目填列。

⑧ "其他应付款"项目，应根据"应付利息""应付股利"和"其他应付款"科目的期末余额合计数填列。其中的"应付利息"仅反映相关金融工具已到期应支付但于资产负债表日尚未支付的利息。基于实际利率法计提的金融工具的利息应包括在相应金融工具的账面余额中。

⑨ "持有待售负债"项目，反映资产负债表日处置组中与划分为持有待售类别的资产直接相关的负债的期末账面价值。本项目应根据"持有待售负债"科目的期末余额填列。

⑩ "一年内到期的非流动负债"项目，通常反映自资产负债表日起一年内到期部分的非流动负债。本项目应根据有关非流动负债科目的期末余额分析计算填列。

⑪ "长期借款"项目，反映资产负债表日企业从银行或其他金融机构借入的期限在一年以上（不含一年）的尚未偿还的各项借款。本项目应根据"长期借款"科目的期末余额，减去所属相关明细科目中将于一年内到期的部分后的金额填列。

⑫"应付债券"项目，反映资产负债表日企业为筹集长期资金而发行的尚未偿还的债券本金和利息。本项目应根据"应付债券"科目的期末余额，减去所属相关明细科目中将于一年内到期的部分后的金额填列。

⑬"长期应付款"项目，反映资产负债表日企业除长期借款和应付债券以外的其他各种长期应付款项的期末账面价值。本项目应根据"长期应付款"科目的期末余额，减去相关的"未确认融资费用"科目的期末余额后的金额，以及"专项应付"科目的期末余额，再减去所属相关明细科目中将于一年内到期的部分后的金额填列。

⑭"预计负债"项目，反映企业根据或有事项等相关准则确认的各项预计负债。本项目应根据"预计负债"科目的期末余额分析填列。企业按照金融工具确认和计量准则的相关规定对贷款承诺、财务担保等项目计提的损失准备，应当在"预计负债"项目中填列。企业按照收入准则的相关规定确认为预计负债的应付退货款，应当根据"预计负债"科目下的"应付退货款"明细科目是否在一年或一个正常营业周期内清偿，在"其他流动负债"或"预计负债"项目中填列。

⑮"递延收益"项目，反映企业收到的政府补助等应递延到以后会计期间确认的收益。本项目应根据"递延收益"科目的期末余额填列。"递延收益"项目中摊销期限只剩一年或不足一年的，或预计在一年内（含一年）进行摊销的部分，不得归类为流动负债，仍在本项目填列，不转入"一年内到期的非流动负债"项目。

⑯"递延所得税负债"项目，反映资产负债表日企业确认的应纳税暂时性差异产生的可递延到以后会计期间应纳的所得税。本项目应根据"递延所得税负债"科目的期末余额填列。

3. 所有者权益项目的填列说明

①"实收资本（或股本）"项目，反映资产负债表日企业各投资者实际投入的资本（或股本）总额。本项目应根据"实收资本（或股本）"科目的期末余额填列。

②"其他权益工具"项目，反映资产负债表日企业发行在外的除普通股以外分类为权益工具的金融工具的期末账面价值。对于资产负债表日企业发行的金融工具，分类为金融负债的，应在"应付债券"项目填列，对于优先股和永续债，还应在"应付债券"项目下的"优先股"项目和"永续债"项目分别填列；分类为权益工具的，应在"其他权益工具"项目填列，对于优先股和永续债，还应在"其他权益工具"项目下的"优先股"项目和"永续债"项目分别填列。

③"资本公积"项目，反映企业收到投资者出资超出其在注册资本或股本中所占的份额，以及直接计入所有者权益的利得或损失等。本项目应根据"资本公积"科目的期末余额填列。

④"库存股"项目，反映资产负债表日企业回购、待转让或注销的本公司股份金额。本项目应根据"库存股"科目的期末余额填列。

⑤"其他综合收益"项目，反映资产负债表日企业其他综合收益的期末余额。本项目应根据"其他综合收益"科目的期末余额填列。

⑥"专项储备"项目，反映高危行业企业按国家规定提取的安全生产费的期末账面价值。本项目应根据"专项储备"科目的期末余额填列。

⑦"盈余公积"项目，反映资产负债表日企业盈余公积的期末余额。本项目应根据"盈余公积"科目的期末余额填列。

⑧"未分配利润"项目，反映资产负债表日企业尚未分配的利润。本项目应根据"本年利润"和"利润分配"科目的期末余额计算填列。未弥补的亏损在本项目内以"—"号填列。

第十章 会计确认和计量结果的报告

【思考10—1】"利润分配"总账科目的年末余额与相应的资产负债表中"未分配利润"项目的数额一致吗？为什么？

例 10—1 甲股份有限公司为一般纳税人，适用的增值税税率为13%，所得税税率为25%；原材料采用计划成本进行核算，产品销售成本于月末一次结转。该公司2018年12月31日的资产负债表见表10—1。其中，"应收账款"科目的期末余额为2 000 000元，"坏账准备"科目的期末余额为10 000元。其他诸如存货、长期股权投资、固定资产、无形资产等资产都没有计提资产减值准备；"累计折旧"科目的期末余额为1 500 000元。

2019年，甲股份有限公司发生如下经济业务。

① 购入原材料一批，收到的增值税专用发票上注明的原材料价款为750 000元，增值税进项税额为97 500元。款项已通过银行转账支付，材料尚未验收入库。

② 收到原材料一批，实际成本500 000元，计划成本475 000元。材料已验收入库，货款已于上月支付。

③ 收到银行通知，用银行存款支付到期的商业承兑汇票500 000元。

④ 用银行汇票支付采购材料价款，公司收到开户银行转来银行汇票多余款收账通知。通知上填写的多余款为1 170元，购入材料价款为499 000元，支付的增值税进项税额为64 870元。原材料已验收入库，该批原材料计划成本500 000元。

⑤ 销售产品一批，开出的增值税专用发票上注明的销售价款为1 500 000元，增值税销项税额为195 000元。货款尚未收到。该批产品实际成本为900 000元，产品已发出。

⑥ 公司将以公允价值计量且其变动计入当期损益的金融资产（股票投资）兑现82 500元。该投资的成本为65 000元，公允价值变动为增值10 000元，处置收益为7 500元。均存入银行。

⑦ 购入不需安装的设备一台。收到的增值税专用发票上注明的设备价款为427 350元，增值税进项税额为55 556元，支付运费等5 000元（假定取得普通发票）。价款及运费等均以银行存款支付。设备已交付使用。

⑧ 购入工程物资一批用于建造厂房。取得的增值税专用发票上注明的价款为750 000元，增值税进项税额为97 500元。款项已通过银行转账支付。

⑨ 工程应付薪酬1 140 000元。

⑩ 一项工程完工，交付生产使用，已办理竣工手续。固定资产价值为7 000 000元。

⑪ 基本生产车间一台机床报废，原价1 000 000元，已提折旧900 000元，清理费用2 500元，残值收入4 000元，均通过银行存款收支。该项固定资产已清理完毕，不考虑相关税费。

⑫ 从银行借入3年期借款5 000 000元。借款已存入银行账户。

⑬ 销售产品一批。开出的增值税专用发票上注明的销售价款为3 500 000元，增值税销项税额为455 000元。款项已存入银行。销售产品的实际成本为2 100 000元。

⑭ 公司将要到期的一张面值为1 000 000元的无息银行承兑汇票（不含增值税），连同解讫通知和进账单交银行办理转账。收到银行盖章退回的进账单一联。款项银行已收妥。

⑮ 公司出售一台不需用设备，收到价款1 500 000元。该设备原价2 000 000元，已提折旧750 000元。不考虑相关税费。该项设备已由购入单位运走。

⑯ 取得划分为以公允价值计量且其变动计入当期损益的金融资产（股票投资），价款为515 000元，交易费用为10 000元（不考虑相关税费）。已用银行存款支付。

⑰ 支付工资2 500 000元，其中包括支付在建工程人员的工资1 000 000元。

⑱ 分配应支付的职工工资 1 500 000 元（不包括在建工程应负担的工资）。其中，生产人员薪酬 1 375 000 元，车间管理人员薪酬 50 000 元，行政管理部门人员薪酬 75 000 元。

⑲ 预计职工福利费 210 000 元（不包括在建工程应负担的福利费 140 000 元）。其中，生产工人福利费 192 500 元，车间管理人员福利费 7 000 元，行政管理部门福利费 10 500 元。

⑳ 基本生产车间领用原材料，计划成本为 3 500 000 元；领用低值易耗品，计划成本为 250 000 元。采用一次摊销法摊销。

㉑ 结转领用原材料应分摊的材料成本差异。材料成本差异率为 5%。

㉒ 无形资产摊销 300 000 元。

㉓ 以银行存款支付基本生产车间水电费 450 000 元。不考虑相关税费。

㉔ 计提固定资产折旧 500 000 元。其中，计入制造费用 400 000 元，管理费用 100 000 元。

㉕ 计提固定资产减值准备 150 000 元。

㉖ 收到应收账款 255 000 元。存入银行。

㉗ 计提应收账款坏账准备 7 500 元。

㉘ 用银行存款支付产品展览费。取得的增值税专用发票上注明的价款为 50 000 元，增值税进项税额为 3 000 元。

㉙ 制造费用 1 169 500 元分配计入产品成本。

㉚ 计算并结转本期完工产品成本 6 412 000 元。本期生产的产品全部完工入库，期末没有在产品。

㉛ 用银行存款支付产品广告费，取得的增值税专用发票上注明的价款为 50 000 元，增值税进项税额为 3 000 元。

㉜ 公司采用商业承兑汇票结算方式销售产品一批。开出的增值税专用发票上注明的销售价款为 1 250 000 元，增值税销项税额为 162 500 元。收到 1 412 500 元的商业承兑汇票一张。产品实际成本为 750 000 元。

㉝ 公司将上述承兑汇票到银行办理贴现，贴现息为 100 000 元。

㉞ 公司本期产品销售应交纳的教育费附加为 10 000 元。

㉟ 用银行存款交纳增值税 500 000 元，教育费附加 10 000 元。

㊱ 本期在建工程应负担的长期借款利息费用 1 000 000 元。长期借款为分期付息。

㊲ 提取应计入本期损益的长期借款利息费用 50 000 元。长期借款为分期付息。

㊳ 归还短期借款本金 1 250 000 元。

㊴ 支付长期借款利息 1 050 000 元。

㊵ 偿还长期借款本金 3 000 000 元。

㊶ 上年度销售产品一批，当即收到购货方开出的商业承兑汇票 58 500 元。本期由于购货方发生财务困难，无法按合同规定偿还债务，经双方协议，甲股份有限公司同意购货方用产品抵偿该应收票据。抵债的产品公允价值为 40 000 元，增值税税额为 5 200 元。

㊷ 持有的以公允价值计量且其变动计入当期损益的金融资产，期末计量确认的公允价值为 525 000 元。

㊸ 持有的以公允价值计量且其变动计入当期损益的金融资产分得现金股利 15 000 元。已存入银行。

㊹ 结转本期产品销售成本 3 750 000 元。

㊺ 本期计提固定资产减值准备 150 000 元和计提坏账准备 7 500 元导致固定资产和应收账

款的账面价值与其计税基础存在差异；本期以公允价值计量且其变动计入当期损益的金融资产的处置与公允价值变动对所得税影响刚好相互抵销。假定无其他项目的所得税影响。企业按照税法规定计算的应纳税所得额为 1 915 200（1 757 700＋150 000＋7 500）元，应交所得税为 478 800 元，确认递延所得税资产为 39 375（157 500×25%）元。

⑯ 将各收支科目结转本年利润。
⑰ 将"本年利润"科目余额转入"利润分配——未分配利润"科目。
⑱ 按照净利润的 10%提取法定盈余公积金；宣告分派现金股利 300 000 元。
⑲ 将利润分配各明细科目的余额转入"未分配利润"明细科目。
⑳ 用银行存款交纳本期应交所得税。

根据上述资料编制会计分录。

① 借：材料采购　　　　　　　　　　　　　　　　　750 000
　　　应交税费——应交增值税（进项税额）　　　　 97 500
　　　　贷：银行存款　　　　　　　　　　　　　　　　847 500
② 借：原材料　　　　　　　　　　　　　　　　　　475 000
　　　材料成本差异　　　　　　　　　　　　　　　 25 000
　　　　贷：材料采购　　　　　　　　　　　　　　　　500 000
③ 借：应付票据　　　　　　　　　　　　　　　　　500 000
　　　　贷：银行存款　　　　　　　　　　　　　　　　500 000
④ 借：材料采购　　　　　　　　　　　　　　　　　499 000
　　　银行存款　　　　　　　　　　　　　　　　　　1 170
　　　应交税费——应交增值税（进项税额）　　　　 64 870
　　　　贷：其他货币资金　　　　　　　　　　　　　　565 040
　　借：原材料　　　　　　　　　　　　　　　　　　500 000
　　　　贷：材料采购　　　　　　　　　　　　　　　　499 000
　　　　　　材料成本差异　　　　　　　　　　　　　　 1 000
⑤ 借：应收账款　　　　　　　　　　　　　　　　 1 695 000
　　　　贷：主营业务收入　　　　　　　　　　　　　1 500 000
　　　　　　应交税费——应交增值税（销项税额）　　 195 000
⑥ 借：银行存款　　　　　　　　　　　　　　　　　 82 500
　　　　贷：交易性金融资产——成本　　　　　　　　　 65 000
　　　　　　　　　　　　——公允价值变动　　　　　　 10 000
　　　　　　投资收益　　　　　　　　　　　　　　　　 7 500
⑦ 借：固定资产　　　　　　　　　　　　　　　　　432 350
　　　应交税费——应交增值税（进项税额）　　　　 55 556
　　　　贷：银行存款　　　　　　　　　　　　　　　　487 906
⑧ 借：工程物资　　　　　　　　　　　　　　　　　750 000
　　　应交税费——应交增值税（进项税额）　　　　 97 500
　　　　贷：银行存款　　　　　　　　　　　　　　　　847 500
⑨ 借：在建工程　　　　　　　　　　　　　　　　1 140 000
　　　　贷：应付职工薪酬　　　　　　　　　　　　　1 140 000

⑩ 借：固定资产　　　　　　　　　　　　　　　　　　7 000 000
　　　贷：在建工程　　　　　　　　　　　　　　　　　　7 000 000
⑪ 借：固定资产清理　　　　　　　　　　　　　　　　　100 000
　　　累计折旧　　　　　　　　　　　　　　　　　　　　900 000
　　　　贷：固定资产　　　　　　　　　　　　　　　　1 000 000
　　借：固定资产清理　　　　　　　　　　　　　　　　　　2 500
　　　　贷：银行存款　　　　　　　　　　　　　　　　　　2 500
　　借：银行存款　　　　　　　　　　　　　　　　　　　　4 000
　　　　贷：固定资产清理　　　　　　　　　　　　　　　　4 000
　　借：营业外支出——非流动资产毁损报废损失　　　　　98 500
　　　　贷：固定资产清理　　　　　　　　　　　　　　　98 500
⑫ 借：银行存款　　　　　　　　　　　　　　　　　　5 000 000
　　　贷：长期借款　　　　　　　　　　　　　　　　　5 000 000
⑬ 借：银行存款　　　　　　　　　　　　　　　　　　3 955 000
　　　贷：主营业务收入　　　　　　　　　　　　　　　3 500 000
　　　　　应交税费——应交增值税（销项税额）　　　　　455 000
⑭ 借：银行存款　　　　　　　　　　　　　　　　　　1 000 000
　　　贷：应收票据　　　　　　　　　　　　　　　　　1 000 000
⑮ 借：固定资产清理　　　　　　　　　　　　　　　　1 250 000
　　　累计折旧　　　　　　　　　　　　　　　　　　　750 000
　　　　贷：固定资产　　　　　　　　　　　　　　　　2 000 000
　　借：银行存款　　　　　　　　　　　　　　　　　　1 500 000
　　　　贷：固定资产清理　　　　　　　　　　　　　　1 500 000
　　借：固定资产清理　　　　　　　　　　　　　　　　　250 000
　　　　贷：资产处置损益　　　　　　　　　　　　　　　250 000
⑯ 借：交易性金融资产　　　　　　　　　　　　　　　　515 000
　　　投资收益　　　　　　　　　　　　　　　　　　　　10 000
　　　　贷：银行存款　　　　　　　　　　　　　　　　　525 000
⑰ 借：应付职工薪酬　　　　　　　　　　　　　　　　2 500 000
　　　贷：银行存款　　　　　　　　　　　　　　　　　2 500 000
⑱ 借：生产成本　　　　　　　　　　　　　　　　　　1 375 000
　　　制造费用　　　　　　　　　　　　　　　　　　　 50 000
　　　管理费用　　　　　　　　　　　　　　　　　　　 75 000
　　　　贷：应付职工薪酬——工资　　　　　　　　　　1 500 000
⑲ 借：生产成本　　　　　　　　　　　　　　　　　　　192 500
　　　制造费用　　　　　　　　　　　　　　　　　　　　7 000
　　　管理费用　　　　　　　　　　　　　　　　　　　 10 500
　　　　贷：应付职工薪酬——职工福利　　　　　　　　　210 000
⑳ 借：生产成本　　　　　　　　　　　　　　　　　　3 500 000
　　　贷：原材料　　　　　　　　　　　　　　　　　　3 500 000

借：制造费用		250 000	
贷：周转材料			250 000
㉑ 借：生产成本		175 000	
制造费用		12 500	
贷：材料成本差异			187 500
㉒ 借：管理费用		300 000	
贷：累计摊销			300 000
㉓ 借：制造费用——水电费		450 000	
贷：银行存款			450 000
㉔ 借：制造费用		400 000	
管理费用		100 000	
贷：累计折旧			500 000
㉕ 借：资产减值损失——计提的固定资产减值准备		150 000	
贷：固定资产减值准备			150 000
㉖ 借：银行存款		255 000	
贷：应收账款			255 000
㉗ 借：信用减值损失——计提的坏账准备		7 500	
贷：坏账准备			7 500
㉘ 借：销售费用——展览费		50 000	
应交税费——应交增值税（进项税额）		3 000	
贷：银行存款			53 000
㉙ 借：生产成本		1 169 500	
贷：制造费用			1 169 500
㉚ 借：库存商品		6 412 000	
贷：生产成本			6 412 000
㉛ 借：销售费用——广告费		50 000	
应交税费——应交增值税（进项税额）		3 000	
贷：银行存款			53 000
㉜ 借：应收票据		1 412 500	
贷：主营业务收入			1 250 000
应交税费——应交增值税（销项税额）			162 500
㉝ 借：财务费用		100 000	
银行存款		1 312 500	
贷：应收票据			1 412 500
㉞ 借：税金及附加		10 000	
贷：应交税费——应交教育费附加			10 000
㉟ 借：应交税费——应交增值税（已交税金）		500 000	
——应交教育费附加		10 000	
贷：银行存款			510 000

㊱ 借：在建工程 1 000 000
　　　贷：应付利息 1 000 000
㊲ 借：财务费用 50 000
　　　贷：应付利息 50 000
㊳ 借：短期借款 1 250 000
　　　贷：银行存款 1 250 000
㊴ 借：应付利息 1 050 000
　　　贷：银行存款 1 050 000
㊵ 借：长期借款 3 000 000
　　　贷：银行存款 3 000 000
㊶ 借：库存商品 40 000
　　　应交税费——应交增值税（进项税额） 5 200
　　　营业外支出——债务重组损失 13 300
　　　贷：应收票据 58 500
㊷ 借：交易性金融资产——公允价值变动 10 000
　　　贷：公允价值变动损益 10 000
㊸ 借：银行存款 15 000
　　　贷：投资收益 15 000
㊹ 借：主营业务成本 3 750 000
　　　贷：库存商品 3 750 000
㊺ 借：所得税费用——当期所得税费用 478 800
　　　贷：应交税费——应交所得税 478 800
　　借：递延所得税资产 39 375
　　　贷：所得税费用——递延所得税费用 39 375
㊻ 借：主营业务收入 6 250 000
　　　资产处置损益 250 000
　　　投资收益 12 500
　　　公允价值变动损益 10 000
　　　贷：本年利润 6 522 500
　　借：本年利润 4 764 800
　　　贷：主营业务成本 3 750 000
　　　　税金及附加 10 000
　　　　销售费用 100 000
　　　　管理费用 485 500
　　　　财务费用 150 000
　　　　信用减值损失 7 500
　　　　资产减值损失 150 000
　　　　营业外支出 111 800
　　借：本年利润 439 425
　　　贷：所得税费用 439 425

⑰ 借：本年利润　　　　　　　　　　　　　　　　　　　　1 318 275
　　　贷：利润分配——未分配利润　　　　　　　　　　　　　　1 318 275
⑱ 借：利润分配——提取法定盈余公积　　　　　　　　　131 828
　　　　　　　　——应付现金股利　　　　　　　　　　　　300 000
　　　贷：盈余公积——法定盈余公积　　　　　　　　　　　　131 828
　　　　　应付股利　　　　　　　　　　　　　　　　　　　　300 000
　　提取法定盈余公积数额＝（6 522 500－4 764 800－439 425）×10%＝131 828（元）
⑲ 借：利润分配——未分配利润　　　　　　　　　　　　431 828
　　　贷：利润分配——提取法定盈余公积　　　　　　　　　　131 828
　　　　　　　　　　——应付现金股利　　　　　　　　　　　300 000
㊿ 借：应交税费——应交所得税　　　　　　　　　　　　478 800
　　　贷：银行存款　　　　　　　　　　　　　　　　　　　　478 800

根据年初资产负债表（见表10-1）和上述会计分录登记入账后的资产、负债和所有者权益科目的期末余额编制年末资产负债表，如表10-2所示。

表10-2　资产负债表

会企01表

编制单位：甲股份有限公司　　　　2019 年 12 月 31 日　　　　　　　　　　　　元

资　产	期末余额	年初余额	负债和所有者权益	期末余额	年初余额
流动资产：			流动负债：		
货币资金	7 036 424	7 031 500	短期借款	250 000	1 500 000
交易性金融资产	525 000	75 000	交易性金融负债		
衍生金融资产			衍生金融负债		
应收票据	171 500	1 230 000	应付票据	500 000	1 000 000
应收账款	3 422 500	1 990 000	应付账款	4 774 000	4 774 000
应收款项融资			预收款项		
预付款项	500 000	500 000	合同负债		
其他应收款	1 525 000	1 525 000	应付职工薪酬	900 000	550 000
存货	12 913 500	12 900 000	应交税费	168 874	183 000
合同资产			其他应付款	550 000	250 000
持有待售资产			持有待售负债		
一年内到期的非流动资产			一年内到期的非流动负债		
其他流动资产			其他流动负债	4 994 500	4 994 500
流动资产合计	26 093 924	25 251 500	流动负债合计	12 137 374	13 251 500
非流动资产：			非流动负债：		
债权投资			长期借款	5 000 000	3 000 000
其他债权投资			应付债券		
长期应收款			其中：优先股		
长期股权投资	1 250 000	1 250 000	永续债		
其他权益工具投资			租赁负债		
其他非流动金融资产			长期应付款		
投资性房地产			预计负债		
固定资产	9 432 350	4 000 000	递延收益		
在建工程	3 390 000	7 500 000	递延所得税负债	2 500	2 500
生产性生物资产			其他非流动负债		
油气资产			非流动负债合计	5 002 500	3 002 500

(续表)

资产	期末余额	年初余额	负债和所有者权益	期末余额	年初余额
使用权资产			负债合计	17 139 874	16 254 000
无形资产	2 700 000	3 000 000	所有者权益（或股东权益）：		
开发支出			实收资本（或股本）	25 000 000	25 000 000
商誉			其他权益工具		
长期待摊费用			其中：优先股		
递延所得税资产	41 875	2 500	永续债		
其他非流动资产	1 000 000	1 000 000	资本公积		
非流动资产合计	17 814 225	16 752 500	减：库存股		
			其他综合收益		
			专项储备		
			盈余公积	631 828	500 000
			未分配利润	1 136 447	250 000
			所有者权益合计	26 768 275	25 750 000
资产总计	43 908 149	42 004 000	负债和所有者权益总计	43 908 149	42 004 000

第三节 利润表

一、利润表的定义和结构

（一）利润表的定义

利润表是指反映企业在一定会计期间的经营成果的会计报表，反映了企业经营业绩的主要来源和构成。

通过利润表，可以反映企业在一定会计期间收入、费用、利润（或亏损）的数额和构成情况，有助于财务报表使用者全面了解企业的经营成果，分析企业的获利能力和盈利增长趋势，从而为其做出经济决策提供依据。

（二）利润表的结构

利润表一般有单步式和多步式两种结构形式。我国企业的利润表采用多步式结构，主要分为如下 5 个步骤。

1）以营业收入为基础，减去营业成本、税金及附加、销售费用、管理费用、研发费用、财务费用、资产减值损失、信用减值损失，加上其他收益、公允价值变动收益（或减去公允价值变动损失）、投资收益（或减去投资损失）和资产处置收益（或减去资产处置损失），计算出营业利润。

2）以营业利润为基础，加上营业外收入，减去营业外支出，计算出利润总额。

3）以利润总额为基础，减去所得税费用，计算出净利润（或净亏损）。

4）以净利润（或净亏损）和其他综合收益为基础，计算出综合收益总额。

5）以净利润（或净亏损）为基础，计算出每股收益。

我国一般企业的利润表格式如表 10-3 所示。

二、利润表的编制

（一）利润表项目的填列方法

利润表各项目均需填列"上期金额"和"本期金额"两栏。其中，"上期金额"栏内各项数字，应根据上年该期利润表的"本期金额"栏内所列数字填列；"本期金额"栏内各项数字，除"基本每股收益"和"稀释每股收益"项目外，按以下方法填列。

1. 根据损益类科目的发生额分析填列

例如，"营业收入"项目根据"主营业务收入""其他业务收入"科目的发生额分析计算填列；"营业成本"项目根据"主营业务成本"、"其他业务成本"科目的发生额分析计算填列。

2. 根据本表中相关项目数字计算填列

例如，"营业利润""利润总额""净利润""综合收益总额"项目，应根据本表中有关项目数字计算填列。

（二）利润表项目的填列说明

① "营业收入"项目反映企业经营主要业务和其他业务所确认的收入总额。本项目应根据"主营业务收入"和"其他业务收入"科目的发生额分析填列。

② "营业成本"项目反映企业经营主要业务和其他业务所发生的成本总额。本项目应根据"主营业务成本"和"其他业务成本"科目的发生额分析填列。

③ "税金及附加"项目反映企业经营业务应负担的消费税、城市维护建设税、资源税、土地增值税和教育费附加等。本项目应根据"税金及附加"科目的发生额分析填列。

④ "销售费用"项目反映企业在销售商品过程中发生的包装费、广告费等费用和为销售本企业商品而专设的销售机构的职工薪酬、业务费等经营费用。本项目应根据"销售费用"科目的发生额分析填列。

⑤ "管理费用"项目反映企业为组织和管理生产经营发生的管理费用。本项目应根据"管理费用"科目的发生额分析填列。

⑥ "研发费用"项目，反映企业进行研究与开发过程中发生的费用化支出，以及计入管理费用的自行开发无形资产的摊销。本项目应根据"管理费用"科目下的"研究费用"明细科目的发生额，以及"管理费用"科目下的"无形资产摊销"明细科目的发生额分析填列。

⑦ "财务费用"项目，反映企业筹集生产经营所需资金等而发生的筹资费用。本项目应根据"财务费用"科目的发生额分析填列。"财务费用"项目下的其中项："利息费用"项目，反映企业为筹集生产经营所需资金等而发生的应予费用化的利息支出，该项目应根据"财务费用"科目的相关明细科目的发生额分析填列；"利息收入"项目，反映企业确认的利息收入，该项目应根据"财务费用"科目的相关明细科目的发生额分析填列。

⑧ "其他收益"项目，反映企业计入其他收益的政府补助，以及其他与日常活动相关且计入其他收益的项目。本项目应根据"其他收益"科目的发生额分析填列。企业作为个人所得税的扣缴义务人，根据个人所得税法收到的扣缴税款手续费，应作为其他与日常活动相关的收益在该项目中填列。

⑨ "投资收益"项目，反映企业以各种方式对外投资所取得的收益。本项目应根据"投资

收益"科目的发生额分析填列;如为投资损失,以"一"号填列。"投资收益"项目下的其中项:"对联营企业和合营企业的投资收益"项目,应根据"投资收益"科目所属的相关明细科目的发生额分析填列;"以摊余成本计量的金融资产终止确认收益"项目,反映企业因转让等情形导致终止确认以摊余成本计量的金融资产而产生的利得或损失,该项目应根据"投资收益"科目的相关明细科目的发生额分析填列,如为损失,以"一"号填列。

⑩"公允价值变动收益"项目,反映企业应当计入当期损益的资产或负债公允价值变动收益。本项目应根据"公允价值变动损益"科目的发生额分析填列;如为损失,以"一"号填列。

⑪"信用减值损失"项目,反映企业按照金融工具确认和计量准则的要求计提的各项金融工具信用减值准备所确认的信用损失。本项目应根据"信用减值损失"科目的发生额分析填列(损失以"一"号填列)。

⑫"资产减值损失"项目反映企业各项资产发生的减值损失。本项目应根据"资产减值损失"科目的发生额分析填列(损失以"一"号填列)。

⑬"资产处置收益"项目,反映企业出售划分为持有待售的非流动资产(金融工具、长期股权投资和投资性房地产除外)或处置组(子公司和业务除外)时确认的处置利得或损失,以及处置未划分为持有待售的固定资产、在建工程、生产性生物资产及无形资产而产生的处置利得或损失。债务重组中因处置非流动资产或非货币性资产交换中换出非流动资产(金融工具、长期股权投资和投资性房地产除外)产生的利得或损失也包括在本项目内。本项目应根据"资产处置损益"科目的发生额分析填列;如为处置损失,以"一"号填列。

⑭"营业利润"项目,反映企业实现的营业利润。如为亏损,本项目以"一"号填列。本项目应根据本表中相关项目计算填列。

⑮"营业外收入"项目,反映企业发生的除营业利润以外的收益。本项目应根据"营业外收入"科目的发生额分析填列。

⑯"营业外支出"项目,反映企业发生的除营业利润以外的支出。本项目应根据"营业外支出"科目的发生额分析填列。

⑰"利润总额"项目,反映企业实现的利润总额。如为亏损,本项目以"一"号填列。本项目应根据本表中相关项目计算填列。

⑱"所得税费用"项目,反映企业应从当期利润总额中扣除的所得税费用。本项目应根据"所得税费用"科目的发生额分析填列。

⑲"净利润"项目,反映企业实现的净利润。如为亏损,本项目以"一"号填列。本项目应根据本表中相关项目计算填列。

检测10-4 多项选择题

下列各项中,影响利润表"营业利润"项目金额的有( )。

A. 报废无形资产净收益　　　　B. 出租包装物取得的收入
C. 接受公益性捐赠利得　　　　D. 经营出租固定资产的折旧额

⑳"其他综合收益的税后净额"项目反映企业根据有关会计准则规定未在当期损益中确认的各项利得和损失扣除所得税影响后的净额。本项目及其各组成部分应根据"其他综合收益"科目及其所属明细科目的发生额分析填列。

㉑"综合收益总额"项目反映企业净利润和其他综合收益扣除所得税影响后的净额相加后的合计金额。

第十章 会计确认和计量结果的报告

㉒ "每股收益"项目包括基本每股收益和稀释每股收益两项指标,反映普通股或潜在普通股已公开交易的企业,以及正处在公开发行普通股或潜在普通股过程中的企业的每股收益信息。

提示 10-1

利润表中的"基本每股收益"项目,按照归属于普通股股东的当期净利润除以当期实际发行在外普通股的加权平均数计算确定;"稀释每股收益"项目,根据稀释性潜在普通股(如可转换公司债券、认股权证、股份期权等)的影响,对归属于普通股股东的当期净利润及发行在外普通股的加权平均数分别进行调整后计算确定。

例 10-2 承例 10-1,根据甲股份有限公司 2019 年度损益类科目发生额编制利润表,如表 10-3 所示。

表 10-3 利润表

会企02表

编制单位:甲股份有限公司　　　　　　2019 年度　　　　　　　　　　　　　　　　元

项　目	本期金额	上期金额
一、营业收入	6 250 000	(略,下同)
减:营业成本	3 750 000	
税金及附加	10 000	
销售费用	100 000	
管理费用	485 500	
研发费用		
财务费用	150 000	
其中:利息费用	150 000	
利息收入		
加:其他收益		
投资收益(损失以"-"号填列)	12 500	
其中:对联营企业和合营企业的投资收益		
以摊余成本计量的金融资产终止确认收益(损失以"-"号填列)		
净敞口套期收益(损失以"-"号填列)		
公允价值变动收益(损失以"-"号填列)	10 000	
信用减值损失(损失以"-"号填列)	-7 500	
资产减值损失(损失以"-"号填列)	-150 000	
资产处置收益(损失以"-"号填列)	250 000	
二、营业利润(亏损以"-"号填列)	1 869 500	
加:营业外收入		
减:营业外支出	111 800	
三、利润总额(亏损总额以"-"号填列)	1 757 700	
减:所得税费用	439 425	
四、净利润(净亏损以"-"号填列)	1 318 275	
(一)持续经营净利润(净亏损以"-"号填列)		
(二)终止经营净利润(净亏损以"-"号填列)		
五、其他综合收益的税后净额		
(一)不能重分类进损益的其他综合收益		
1.重新计量设定受益计划变动额		
2.权益法下不能转损益的其他综合收益		
3.其他权益工具投资公允价值变动		

(续表)

项　目	本期金额	上期金额
4. 企业自身信用风险公允价值变动		
……		
（二）将重分类进损益的其他综合收益		
1. 权益法下可转损益的其他综合收益		
2. 其他债权投资公允价值变动		
3. 金融资产重分类计入其他综合收益的金额		
4. 其他债权投资信用减值准备		
5. 现金流量套期储备		
6. 外币财务报表折算差额		
……		
六、综合收益总额	1 318 275	
七、每股收益		
（一）基本每股收益	0.052 731	
（二）稀释每股收益	0.052 731	

第四节　现金流量表

一、现金流量表的定义和结构

（一）现金流量表的定义

现金流量表是指反映企业在一定会计期间现金和现金等价物流入与流出的报表。

现金流量是指一定会计期间内企业现金和现金等价物的流入和流出。现金和现金等价物流入与流出之间的差额为现金净流量。企业从银行提取现金、用现金购买短期到期的国债等现金和现金等价物之间的转换不属于现金流量。

① 现金是指企业库存现金及可以随时用于支付的存款，包括库存现金、银行存款和其他货币资金（如外埠存款、银行汇票存款、银行本票存款等）等。不能随时用于支付的存款不属于现金。

② 现金等价物是指企业持有的期限短、流动性强、易于转换为已知金额现金，价值变动风险很小的投资。期限短，一般是指从购买日起 3 个月内到期。现金等价物通常包括 3 个月内到期的债券投资等。权益性投资变现的金额通常不确定，因而不属于现金等价物。企业应当根据具体情况，确定现金等价物的范围，一经确定不得随意变更。

现金流量表以现金和现金等价物为基础编制，将权责发生制下的盈利信息调整为收付实现制下的现金流量信息。通过现金流量表，可以反映企业一定会计期间内现金和现金等价物流入与流出的信息，有助于财务报表使用者了解企业收益质量和影响现金净流量的因素，分析和评价企业获取现金与现金等价物的能力（如支付能力、偿债能力和周转能力等），并据以预测企业未来现金流量。

第十章 会计确认和计量结果的报告

检测 10-5 多项选择题

下列各项中，属于现金流量表"现金及现金等价物"的有（　　　）。
A．库存现金　　　　　　　　B．银行本票
C．银行承兑汇票　　　　　　D．持有2个月内到期的国债

（二）现金流量表的结构

我国企业现金流量表采用报告式结构。企业产生的现金流量可分为经营活动产生的现金流量、投资活动产生的现金流量和筹资活动产生的现金流量3类，最后汇总反映企业某一期间现金和现金等价物的净增加额。

1. 经营活动产生的现金流量

经营活动是指企业投资活动和筹资活动以外的所有交易和事项。经营活动主要包括销售商品或提供劳务、购买商品或接受劳务、支付职工薪酬、支付各项税费或者收到税费返还等流入和流出现金与现金等价物的活动或事项。

2. 投资活动产生的现金流量

投资活动是指企业长期资产的购建和不包括在现金等价物范围内的投资及其处置活动。这里所指的"投资"，既包括对外投资，又包括长期资产的购建与处置。投资活动主要包括取得和收回投资、购建和处置固定资产、无形资产和其他长期资产、取得和处置子公司及其他营业单位等流入和流出现金与现金等价物的活动或事项。

3. 筹资活动产生的现金流量

筹资活动是指导致企业资本及债务规模和构成发生变化的活动。筹资活动主要包括发行股票或接受投入资本、发行和偿还公司债券、取得和偿还银行借款、分配现金股利或者利润等流入和流出现金与现金等价物的活动或事项。偿付应付账款、应付票据等商业应付款属于经营活动，不属于筹资活动。

我国一般企业的现金流量表格式参表10-5。

二、现金流量表的编制

（一）现金流量表的编制方法

企业一定期间的现金流量可分为经营活动现金流量、投资活动现金流量和筹资活动现金流量3部分。编制现金流量表中的经营活动现金流量的方法有两种：一是直接法，二是间接法。这两种方法通常也称为编制现金流量表的直接法和间接法。

在直接法下，一般是以利润表中的营业收入为起算点，调节与经营活动有关项目的增减变动，然后计算出经营活动产生的现金流量；在间接法下，则是以净利润为起算点，调整不涉及现金的收入、费用、营业外收支等有关项目，剔除投资活动和筹资活动对现金流量的影响，据以计算出经营活动产生的现金流量。

采用直接法编制的现金流量表，便于分析企业经营活动产生的现金流量的来源和用途，预测企业现金流量的未来前景。采用间接法编制的现金流量表，便于将净利润与经营活动产生的现金流量净额进行比较，了解净利润与经营活动产生的现金流量差异的原因，从现金流量的角

度分析净利润的质量。因此，我国企业会计准则规定企业应当采用直接法编制现金流量表，同时要求在附注中提供以净利润为基础调节到经营活动现金流量的信息。

现金流量表各项目均需填列"上期金额"和"本期金额"两栏。其中，"上期金额"栏内各项数字，应根据上一期间现金流量表的"本期金额"栏内所列数字填列；"本期金额"栏内各项数字，在具体编制现金流量表时，既可以采用工作底稿法或T形账户法，也可以采用台账法或根据有关科目记录分析填列。

（二）现金流量表项目的填列说明

1. 经营活动产生的现金流量

① "销售商品、提供劳务收到的现金"项目，反映企业本期销售商品、提供劳务收到的现金，以及前期销售商品、提供劳务本期收到的现金（包括应向购买者收取的增值税销项税额）和本期预收的款项，减去本期销售本期退回商品和前期销售本期退回商品支付的现金。企业销售材料和代购代销业务收到的现金，也在本项目反映。本项目可以根据"库存现金""银行存款""应收账款""应收票据""预收账款""主营业务收入""其他业务收入""应交税费——应交增值税（销项税额）"等科目的记录分析填列。

根据账户记录分析计算该项目的金额，通常可以采用的公式为：

销售商品、提供劳务收到的现金＝本期营业收入＋本期销售商品、提供劳务的增值税销项税额＋（应收票据期初余额－应收票据期末余额）＋（应收账款期初余额－应收账款期末余额）＋（预收账款期末余额－预收账款期初余额）

提示 10-2

在运用上述公式时，应注意扣除未增加现金流入的应收票据、应收账款的减少（如本期收到用于抵债的非现金资产、本期核销的坏账损失、票据贴现利息等），加上未减少应收票据、应收账款的现金流入（如本期收回前期核销的坏账损失）。

检测 10-6 单项选择题

某企业本期营业收入100万元，增值税销项税额17万元；应收账款期初余额20万元，期末余额14万元，本期核销的坏账损失1万元；应收票据期初余额15万元，期末余额5万元。该企业现金流量表中"销售商品、提供劳务收到的现金"项目的本期金额为（　　）万元。

　　A. 115　　　　B. 122　　　　C. 131　　　　D. 132

② "收到的税费返还"项目反映企业收到返还的所得税、增值税、消费税、关税和教育费附加等各种税费返还款。本项目可以根据"银行存款""所得税费用""税金及附加""其他应收款""营业外收入"等科目的记录分析填列。

③ "购买商品、接受劳务支付的现金"项目，反映企业本期购买商品、接受劳务实际支付的现金（包括增值税进项税额），以及本期支付前期购买商品、接受劳务的未付款项和本期预付款项，减去本期发生的购货退回收到的现金。企业购买材料和代购代销业务支付的现金，也在本项目反映。本项目可以根据"库存现金""银行存款""应付账款""应付票据""预付账款""主营业务成本""其他业务成本"等科目的记录分析填列。

根据账户记录分析计算该项目的金额，通常可以采用的公式为：

第十章 会计确认和计量结果的报告

购买商品、接受劳务支付的现金＝本期营业成本＋本期购买商品、接受劳务的增值税进项税额＋(存货类账户期末余额－存货类账户期初余额)＋(应付票据期初余额－应付票据期末余额)＋(应付账款期初余额－应付账款期末余额)＋(预付账款期末余额－预付账款期初余额)

提示 10-3

在运用上述公式时，应注意扣除未增加现金流出的应付票据、应付账款的减少(如本期用非现金资产抵偿债务等)、本期非购买存货成本的增加(如接受存货投资、计入产品成本的职工薪酬和折旧费等)及与购买商品、接受劳务无关的应付及预付款项(如购置固定资产发生的应付及预付款等)。

检测 10-7　单项选择题

某企业本期营业成本 80 万元，增值税进项税额 14 万元；存货期初余额 20 万元，期末余额 24 万元，存货变动中有 1 万元是期末盘亏损失；应付账款期初余额 8 万元，期末余额 5 万元。该企业现金流量表中"购买商品、接受劳务支付的现金"项目的本期金额为(　　　)万元。
A. 102　　　　B. 101　　　　C. 95　　　　D. 85

④"支付给职工以及为职工支付的现金"项目反映企业实际支付给职工的工资、奖金、各种津贴和补贴等职工薪酬(包括代扣代交的职工个人所得税)。支付给离退休人员的各项费用应在"支付其他与经营活动有关的现金"项目反映；支付给在建工程人员的薪酬属于投资活动现金流量，应在"购建固定资产、无形资产和其他长期资产支付的现金"项目反映。本项目可以根据"库存现金""银行存款""应付职工薪酬""管理费用"等科目的记录分析填列。

⑤"支付的各项税费"项目，反映企业本期发生并支付、前期发生本期支付及预交的各项税费，包括所得税、增值税、消费税、印花税、房产税、土地增值税、车船税、环境保护税、教育费附加、矿产资源补偿费等。本项目可以根据"银行存款""库存现金""应交税费"等科目的记录分析填列。

⑥"收到其他与经营活动有关的现金""支付其他与经营活动有关的现金"项目，反映企业除上述①至⑤项外收到或支付的其他与经营活动有关的现金，金额较大的应当单独列示。

2. 投资活动产生的现金流量

①"收回投资收到的现金"项目反映企业出售、转让或到期收回除现金等价物以外的对其他企业的权益性投资和债权性投资而收到的现金。债权性投资收回的本金在本项目反映，其收回的利息应在"取得投资收益收到的现金"项目反映；处置子公司及其他营业单位收到的现金净额单设项目反映。本项目可以根据"库存现金""银行存款""交易性金融资产""长期股权投资"等科目的记录分析填列。

②"取得投资收益收到的现金"项目反映企业除现金等价物以外的对其他企业的权益性投资和债权性投资分回的现金股利或利息等，不包括股票股利。本项目可以根据"库存现金""银行存款""投资收益""应收股利""应收利息"等科目的记录分析填列。

③"处置固定资产、无形资产和其他长期资产收回的现金净额"项目反映企业出售、报废固定资产、无形资产和其他长期资产所取得的现金(包括因资产毁损而收到的保险赔偿)，减去为处置这些资产而支付的有关费用后的净额。如果所收回的净额为负数，应在"支付其他与投

资活动有关的现金"项目反映。本项目可以根据"库存现金""银行存款""固定资产清理"等科目的记录分析填列。

④"处置子公司及其他营业单位收到的现金净额"项目反映企业处置子公司及其他营业单位所取得的现金,减去相关处置费用及子公司和其他营业单位持有的现金与现金等价物后的净额。本项目可以根据"长期股权投资""库存现金""银行存款"等科目的记录分析填列。

⑤"购建固定资产、无形资产和其他长期资产支付的现金"项目反映企业购买、建造固定资产、取得无形资产和其他长期资产所支付的现金(含增值税税款等),以及用现金支付的应由在建工程和无形资产负担的职工薪酬,不包括为购建固定资产、无形资产和其他长期资产而发生的借款利息资本化部分,以及融资租入固定资产的租赁费,支付的借款利息和融资租赁费在筹资活动产生的现金流量中反映。本项目可以根据"固定资产""在建工程""工程物资""无形资产""库存现金""银行存款"等科目的记录分析填列。

⑥"投资支付的现金"项目反映企业取得除现金等价物以外的对其他企业的权益性投资和债权性投资所支付的现金及支付的佣金、手续费等附加费用。取得子公司及其他营业单位支付的现金净额单设项目反映;所支付的价款中包含的已宣告但尚未领取的现金股利或已到付息期但尚未领取的债券利息,支付时应在"支付其他与投资活动有关的现金"项目反映,收回时应在"收到其他与投资活动有关的现金"项目反映。本项目可以根据"交易性金融资产""长期股权投资""库存现金""银行存款"等科目的记录分析填列。

⑦"取得子公司及其他营业单位支付的现金净额"项目反映企业购买子公司及其他营业单位购买出价中以现金支付的部分,减去子公司及其他营业单位持有的现金和现金等价物后的净额。本项目可以根据"长期股权投资""库存现金""银行存款"等科目的记录分析填列。

⑧"收到其他与投资活动有关的现金""支付其他与投资活动有关的现金"项目反映企业除上述①至⑦项目外收到或支付的其他与投资活动有关的现金,金额较大的应当单独列示。

检测10-8　多项选择题

下列交易或事项中,会引起现金流量表"投资活动产生的现金流量净额"发生变化的有(　　)。

A. 购买股票支付的现金　　　　B. 向投资者派发的现金股利
C. 购建固定资产支付的现金　　D. 收到被投资单位分配的现金股利

3. 筹资活动产生的现金流量

①"吸收投资收到的现金"项目反映企业以发行股票、债券等方式筹集资金实际收到的款项(发行收入减去支付的佣金等发行费用后的净额)。本项目可以根据"实收资本(或股本)""应付债券""库存现金""银行存款"等科目的记录分析填列。

②"取得借款收到的现金"项目反映企业举借各种短期、长期借款而收到的现金。本项目可以根据"短期借款""长期借款""银行存款"等科目的记录分析填列。

③"偿还债务支付的现金"项目反映企业为偿还债务本金而支付的现金,包括偿还金融企业的借款本金、偿还债券本金等。本项目可以根据"短期借款""长期借款""应付债券""银行存款"等科目的记录分析填列。

④"分配股利、利润和偿付利息支付的现金"项目反映企业实际支付的现金股利、支付给其他投资单位的利润或用现金支付的借款利息、债券利息。本项目可以根据"应付股利""应付利息""财务费用""在建工程""库存现金""银行存款"等科目的记录分析填列。

第十章 会计确认和计量结果的报告

⑤"收到其他与筹资活动有关的现金""支付其他与筹资活动有关的现金"项目,反映企业除上述①至④项目外收到或支付的其他与筹资活动有关的现金,金额较大的应当单独列示。

检测 10-9 多项选择题

下列各项中,属于现金流量表"筹资活动产生的现金流量"的有( )。
A. 分配股利支付的现金　　　　　　B. 清偿应付账款支付的现金
C. 偿还债券利息支付的现金　　　　D. 清偿长期借款支付的现金

4. 汇率变动对现金及现金等价物的影响

"汇率变动对现金及现金等价物的影响"项目反映企业外币现金流量折算为记账本位币时,采用现金流量发生日的即期汇率或按照系统合理的方法确定的、与现金流量发生日即期汇率近似的汇率折算的金额与"现金及现金等价物净增加额"中的外币现金及现金等价物净增加额按资产负债表日即期汇率折算的金额之间的差额。

5. 现金及现金等价物净增加额

经营活动产生的现金流量净额、投资活动产生的现金流量净额、筹资活动产生的现金流量净额和汇率变动对现金及现金等价物的影响的合计数即为"现金及现金等价物净增加额"项目的金额。本项目的金额应与资产负债表的现金及现金等价物的年初余额和期末余额的差额相符。

例 10-3 承例 10-1 和例 10-2,根据 2019 年度甲股份有限公司的有关资料及编制的资产负债表和利润表,采用工作底稿法编制现金流量表。

其具体步骤如下。

1) 将资产负债表的年初余额和期末余额过入工作底稿的期初数栏和期末数栏。

2) 对本期业务进行分析并编制调整分录。编制调整分录时,要以利润表项目为基础,从"营业收入"开始,结合资产负债表项目逐一进行分析。本例调整分录如下。

① 分析调整营业收入时

借:经营活动现金流量——销售商品收到的现金　　　　　　6 681 000
　　应收账款　　　　　　　　　　　　　　　　　　　　　1 440 000
　贷:营业收入　　　　　　　　　　　　　　　　　　　　6 250 000
　　　应收票据　　　　　　　　　　　　　　　　　　　　1 058 500
　　　应交税费　　　　　　　　　　　　　　　　　　　　　812 500

利润表中的营业收入是按权责发生制反映的,应转换为现金制。为此,应调整应收账款和应收票据的增减变动。本例应收账款增加 1 440 000 元,应减少经营活动产生的现金流量;增值税销项税额 812 500 元,应收票据减少 1 058 500 元均系货款,应增加经营活动产生的现金流量。

② 分析调整营业成本时

借:营业成本　　　　　　　　　　　　　　　　　　　　　3 750 000
　　应付票据　　　　　　　　　　　　　　　　　　　　　　500 000
　　应交税费　　　　　　　　　　　　　　　　　　　　　　167 570
　　存货　　　　　　　　　　　　　　　　　　　　　　　　 13 500
　贷:经营活动现金流量——购买商品支付的现金　　　　　　4 431 070

应付票据减少 500 000 元,表明本期用于购买存货的现金支出增加 500 000 元,增值税进项税额 167 570 元（不含购买固定资产和支付费用的进项税额）；存货增加 13 500 元，表明本期用于购买商品的现金支出增加 13 500 元。

③ 分析调整税金及附加时

借：税金及附加　　　　　　　　　　　　　　　　　　　　　　　10 000
　　贷：应交税费　　　　　　　　　　　　　　　　　　　　　　　　10 000

即本年支付的税金及附加。

④ 分析调整销售费用时

借：销售费用　　　　　　　　　　　　　　　　　　　　　　　　100 000
　　应交税费　　　　　　　　　　　　　　　　　　　　　　　　　　6 000
　　贷：经营活动现金流量——支付其他与经营活动有关的现金　　　106 000

本例中利润表所列销售费用及其增值税进项税额与按现金制确认数相同。

⑤ 分析调整管理费用时

借：管理费用　　　　　　　　　　　　　　　　　　　　　　　　485 500
　　贷：经营活动现金流量——支付其他与经营活动有关的现金　　　485 500

管理费用中包含着不涉及现金支出的项目，此笔分录先将管理费用全额转入"经营活动现金流量——支付其他与经营活动有关的现金"项目中。至于不涉及现金支出的项目，再分别进行调整。

⑥ 分析调整财务费用时

借：财务费用　　　　　　　　　　　　　　　　　　　　　　　　150 000
　　贷：经营活动现金流量——销售商品收到的现金　　　　　　　　100 000
　　　　筹资活动现金流量——偿付利息支付的现金　　　　　　　　 50 000

本期增加的财务费用中，有 100 000 元是票据贴现利息，由于在调整应收票据时已全额记入"经营活动现金流量——销售商品收到的现金"项目，所以要从"经营活动现金流量——销售商品收到的现金"项目内冲回，不能作为现金流出；支付长期借款利息 50 000 元，是作为偿付利息所支付的现金。

⑦ 分析调整资产减值损失时

借：资产减值损失　　　　　　　　　　　　　　　　　　　　　　150 000
　　信用减值损失　　　　　　　　　　　　　　　　　　　　　　　 7 500
　　贷：坏账准备　　　　　　　　　　　　　　　　　　　　　　　　7 500
　　　　固定资产减值准备　　　　　　　　　　　　　　　　　　　150 000

本期计提的坏账准备和固定资产减值准备影响净利润，但不影响现金流量。

⑧ 分析调整公允价值变动收益时

借：交易性金融资产　　　　　　　　　　　　　　　　　　　　　 10 000
　　贷：公允价值变动损益　　　　　　　　　　　　　　　　　　　 10 000

本期发生的公允价值变动收益影响净利润，但不影响现金流量。

⑨ 分析调整投资收益时

借：投资活动现金流量——收回投资收到的现金　　　　　　　　　 82 500
　　　　　　　　　　　——取得投资收益收到的现金　　　　　　　 15 000
　　交易性金融资产　　　　　　　　　　　　　　　　　　　　　　515 000
　　贷：交易性金融资产　　　　　　　　　　　　　　　　　　　　 75 000
　　　　投资收益　　　　　　　　　　　　　　　　　　　　　　　 12 500
　　　　投资活动现金流量——投资支付的现金　　　　　　　　　　525 000

投资收益应从利润表项目中调整出来，列入投资活动现金流量中。本例的投资收益包括3个部分：一是出售交易性金融资产获利7 500元；二是购买交易性金融资产发生了10 000元的交易费用；三是分得现金股利15 000元。

⑩ 分析调整资产处置损益时

借：投资活动现金流量——处置固定资产收回的现金　　　1 500 000
　　累计折旧　　　　　　　　　　　　　　　　　　　　　　750 000
　　贷：资产处置损益　　　　　　　　　　　　　　　　　　　　　250 000
　　　　固定资产　　　　　　　　　　　　　　　　　　　　　　2 000 000

资产处置损益250 000元是出售固定资产的利得，出售收到的现金应列入投资活动的现金流量。

⑪ 分析调整营业外支出时

借：营业外支出　　　　　　　　　　　　　　　　　　　　　　98 500
　　投资活动现金流量——处置固定资产收回的现金　　　　　　1 500
　　累计折旧　　　　　　　　　　　　　　　　　　　　　　　900 000
　　贷：固定资产　　　　　　　　　　　　　　　　　　　　　1 000 000
借：营业外支出　　　　　　　　　　　　　　　　　　　　　　13 300
　　经营活动现金流量——购买商品支付的现金　　　　　　　　45 200
　　贷：经营活动现金流量——销售商品收到的现金　　　　　　　　58 500

本期营业外支出111 800元由两个部分组成：一部分营业外支出98 500元是报废固定资产的损失，报废过程中收到的现金应列入投资活动现金流量中；一部分营业外支出是债务重组损失，债务重组中增加存货和增值税进项税额45 200元，已经记入了"经营活动现金流量——购买商品支付的现金"项目，债务重组中减少的应收票据58 500元也已经记入了"经营活动现金流量——销售商品收到的现金"项目，应做补充调整。

⑫ 分析调整所得税费用时

借：所得税费用　　　　　　　　　　　　　　　　　　　　　　439 425
　　递延所得税资产　　　　　　　　　　　　　　　　　　　　　39 375
　　贷：应交税费　　　　　　　　　　　　　　　　　　　　　　478 800

将利润表中的所得税费用调入应交税费。

⑬ 分析调整固定资产时

借：固定资产　　　　　　　　　　　　　　　　　　　　　　7 432 350
　　应交税费　　　　　　　　　　　　　　　　　　　　　　　55 556
　　贷：投资活动现金流量——购建固定资产支付的现金　　　　487 906
　　　　在建工程　　　　　　　　　　　　　　　　　　　　7 000 000

本期固定资产的增加包括两个部分：一是购入设备432 350元及其增值税进项税额55 556元；二是在建工程完工转入7 000 000元。本期处置固定资产已在会计分录⑩、⑪中调整。

⑭ 分析调整累计折旧时

借：经营活动现金流量——支付其他与经营活动有关的现金　　100 000
　　　　　　　　　　——购买商品支付的现金　　　　　　　400 000
　　贷：累计折旧　　　　　　　　　　　　　　　　　　　　　500 000

本期计提的折旧500 000元中，计入管理费用的100 000元，计入制造费用的400 000元，基于与第⑪笔会计分录同样的理由，应做补充调整。

⑮ 分析调整在建工程时
 借：在建工程　　　　　　　　　　　　　　　　　　　2 140 000
 　　工程物资　　　　　　　　　　　　　　　　　　　　750 000
 　　应交税费　　　　　　　　　　　　　　　　　　　　 97 500
　　贷：投资活动现金流量——购建固定资产支付的现金　1 847 500
　　　　筹资活动现金流量——偿付利息支付的现金　　　1 000 000
　　　　应付职工薪酬　　　　　　　　　　　　　　　　　140 000

本期在建工程的增加包括3个方面：一是以现金购买工程物资750 000元及其增值税进项税额97 500元、支付工资1 000 000元；二是支付的长期借款利息1 000 000元，资本化到在建工程成本中；三是为建造工人计提的福利费140 000元，资本化到在建工程成本中。

⑯ 分析调整累计摊销时
 借：经营活动现金流量——支付其他与经营活动有关的现金　300 000
　　贷：累计摊销　　　　　　　　　　　　　　　　　　　300 000

无形资产摊销时已计入管理费用，所以应做补充调整。理由同第⑪笔会计分录。

⑰ 分析调整短期借款时
 借：短期借款　　　　　　　　　　　　　　　　　　　1 250 000
　　贷：筹资活动现金流量——偿还债务支付的现金　　　1 250 000

偿还短期借款应列入筹资活动的现金流量。

⑱ 分析调整应付职工薪酬时
 借：经营活动现金流量——购买商品支付的现金　　　　1 624 500
　　　　　　　　　　　——支付其他与经营活动有关的现金　85 500
　　贷：经营活动现金流量——支付给职工以及为职工支付的现金　1 500 000
　　　　应付职工薪酬　　　　　　　　　　　　　　　　　210 000

本期应付职工薪酬的期末期初差额为350 000元，由计提的职工福利费构成，包括在建工程应负担的职工福利费140 000元，已在会计分录⑮中调整，以及为生产人员和管理人员计提的福利费210 000元。本例中并没有出现使用应付福利费的情况。如果本期使用了应付福利费，则应将这部分金额列入"经营活动现金流量——支付给职工以及为职工支付的现金"项目中。上述会计分录中，由于工资费用分配时已分别计入制造费用和管理费用，所以要补充调整。

⑲ 分析调整应交税费时
 借：应交税费　　　　　　　　　　　　　　　　　　　988 800
　　贷：经营活动现金流量——支付的各项税费　　　　　988 800

本期支付的各项税费包括税金及附加10 000元、已交增值税500 000元，以及已交所得税478 800元。为便于取得分析所需的数据，企业在日常核算中，应按应交税费的税种分设明细账。

⑳ 分析调整应付股利时
 借：未分配利润　　　　　　　　　　　　　　　　　　300 000
　　贷：应付股利　　　　　　　　　　　　　　　　　　300 000

本期宣告分派的现金股利。

㉑ 分析调整长期借款时
 借：长期借款　　　　　　　　　　　　　　　　　　3 000 000
　　贷：筹资活动现金流量——偿还债务支付的现金　　3 000 000

以现金偿还长期借款。

借：筹资活动现金流量——取得借款收到的现金　　5 000 000
　　贷：长期借款　　5 000 000

举借长期借款。

㉒ 结转净利润时

借：净利润　　1 318 275
　　贷：未分配利润　　1 318 275

㉓ 提取盈余公积时

借：未分配利润　　131 828
　　贷：盈余公积　　131 828

㉔ 调整现金净变化额时

借：现金　　4 924
　　贷：现金净增加额　　4 924

3）将调整分录过入工作底稿的相应部分，如表10-4所示。

表10-4　现金流量表工作底稿　　元

一、资产负债表项目					
项　目	期　初　数	调整分录		期　末　数	
^	^	借　方	贷　方	^	
借方项目：					
货币资金	7 031 500	㉔4 924		7 036 424	
交易性金融资产	75 000	⑧10 000 ⑨440 000		525 000	
应收票据	1 230 000		①1 058 500	171 500	
应收账款	2 000 000	①1 440 000		3 440 000	
预付款项	500 000			500 000	
其他应收款（包括应收股利、应收利息）	1 525 000			1 525 000	
存货	12 900 000	②13 500		12 913 500	
合同资产					
持有待售资产					
一年内到期的非流动资产					
其他流动资产					
债权资产					
其他债权资产					
长期应收款					
长期股权投资	1 250 000			1 250 000	
其他权益工具投资					
其他非流动金融资产					
投资性房地产					
固定资产（包括固定资产清理）	5 500 000	⑬7 432 350	⑩2 000 000 ⑪1 000 000	9 932 350	
在建工程（包括工程物资）	7 500 000	⑮2 140 000 ⑮750 000	⑬7 000 000	3 390 000	
无形资产	3 000 000			3 000 000	
开发支出					
长期待摊费用					
递延所得税资产	2 500	⑫39 375		41 875	

(续表)

项目	期初数	调整分录 借方	调整分录 贷方	期末数
其他非流动资产	1 000 000			1 000 000
借方项目合计				44 725 649
贷方项目：				
坏账准备	10 000		⑦7 500	17 500
累计折旧	1 500 000	⑩750 000 ⑪900 000	⑭500 000	350 000
累计摊销			⑯300 000	300 000
固定资产减值准备			⑦150 000	150 000
短期借款	1 500 000	⑰1 250 000		250 000
交易性金融负债				
应付票据	1 000 000	②500 000		500 000
应付账款	4 774 000			4 774 000
预收款项				
合同负债				
应付职工薪酬	550 000		⑮140 000 ⑱210 000	900 000
应交税费	183 000	②167 570 ④6 000 ⑬55 556 ⑮97 500 ⑲988 800	①812 500 ③10 000 ⑫478 800	168 874
其他应付款（包括应付利息、应付股利）	250 000		⑳300 000	550 000
持有待售负债				
一年内到期的非流动负债				
其他流动负债	4 994 500			4 994 500
长期借款	3 000 000	㉑3 000 000	㉑5 000 000	5 000 000
应付债券				
长期应付款				
预计负债				
递延收益				
递延所得税负债	2 500			2 500
其他非流动负债				
实收资本（或股本）	25 000 000			25 000 000
其他权益工具				
资本公积				
减：库存股				
其他综合收益				
盈余公积	500 000		㉓131 828	631 828
未分配利润	250 000	⑳300 000 ㉓131 828	㉒1 318 275	1 136 447
贷方项目合计				44 725 649
二、利润表项目				

项目	上期金额	调整分录 借方	调整分录 贷方	本期金额
营业收入			①6 250 000	6 250 000
营业成本		②3 750 000		3 750 000
税金及附加		③10 000		10 000
销售费用		④100 000		100 000
管理费用		⑤485 500		485 500

— 290 —

(续表)

项 目	上期金额	调整分录 借方	调整分录 贷方	本期金额
研发费用				
财务费用		⑥150 000		150 000
其他收益				
投资收益（损失以"－"号填列）			⑨12 500	12 500
公允价值变动损益（损失以"－"号填列）			⑧10 000	10 000
信用减值损失		⑦7 500		7 500
资产减值损失		⑦150 000		150 000
资产处置损益（损失以"－"号填列）			⑩250 000	250 000
营业外收入				
营业外支出		⑪111 800		111 800
所得税费用		⑫439 425		439 425
净利润（净亏损以"－"号填列）		㉒1 318 275		1 318 275

三、现金流量表项目

项 目	上期金额	调整分录 借方	调整分录 贷方	本期金额
（一）经营活动产生的现金流量				
销售商品、提供劳务收到的现金		①6 681 000	⑥100 000 ⑪58 500	6 522 500
收到的税费返还				
收到其他与经营活动有关的现金				
经营活动现金流入小计				6 522 500
购买商品、接受劳务支付的现金		⑪45 200 ⑭400 000 ⑱1 624 500	②4 431 070	2 361 370
支付给职工以及为职工支付的现金			⑱1 500 000	1 500 000
支付的各项税费			⑲988 800	988 800
支付其他与经营活动有关的现金		⑭100 000 ⑯300 000 ⑱85 500	④106 000 ⑤485 500	106 000
经营活动现金流出小计				4 956 170
经营活动产生的现金流量净额				1 566 330
（二）投资活动产生的现金流量				
收回投资收到的现金		⑨82 500		82 500
取得投资收益收到的现金		⑨15 000		15 000
处置固定资产、无形资产和其他长期资产收回的现金净额		⑩1 500 000 ⑪1 500		1 501 500
处置子公司及其他营业单位收到的现金净额				
收到其他与投资活动有关的现金				
投资活动现金流入小计				1 599 000
购建固定资产、无形资产和其他长期资产支付的现金			⑬487 906 ⑮1 847 500	2 335 406
投资支付的现金			⑨525 000	525 000
取得子公司及其他营业单位支付的现金净额				
支付其他与投资活动有关的现金				
投资活动现金流出小计				2 860 406

(续表)

项目	上期金额	调整分录 借方	调整分录 贷方	本期金额
投资活动产生的现金流量净额				−1 261 406
（三）筹资活动产生的现金流量				
吸收投资收到的现金				
取得借款收到的现金		㉑5 000 000		5 000 000
收到其他与筹资活动有关的现金				
筹资活动现金流入小计				5 000 000
偿还债务支付的现金			⑰1 250 000 ㉓3 000 000	4 250 000
分配股利、利润或偿付利息支付的现金			⑥50 000 ⑮1 000 000	1 050 000
支付其他与筹资活动有关的现金				
筹资活动现金流出小计				5 300 000
筹资活动产生的现金流量净额				−300 000
（四）汇率变动对现金及现金等价物的影响				
（五）现金及现金等价物净增加额			㉔4 924	4 924
调整分录借贷合计		42 775 103	42 775 103	

4) 核对调整分录，借方、贷方合计数已经相等，资产负债表项目年初余额加减调整分录的借贷金额以后已等于期末余额，利润表项目调整分录的借贷金额相抵以后也等于本期金额。

5) 根据工作底稿中的现金流量表项目部分编制现金流量表，如表10-5所示。

表10-5　现金流量表

编制单位：甲股份有限公司　　　　2019年度　　　　　　　　　　　　　　会企03表　元

项目	本期金额	上期金额
一、经营活动产生的现金流量		
销售商品、提供劳务收到的现金	6 522 500	（略，下同）
收到的税费返还		
收到其他与经营活动有关的现金		
经营活动现金流入小计	6 522 500	
购买商品、接受劳务支付的现金	2 361 370	
支付给职工以及为职工支付的现金	1 500 000	
支付的各项税费	988 800	
支付其他与经营活动有关的现金	106 000	
经营活动现金流出小计	4 956 170	
经营活动产生的现金流量净额	1 566 330	
二、投资活动产生的现金流量		
收回投资收到的现金	82 500	
取得投资收益收到的现金	15 000	
处置固定资产、无形资产和其他长期资产收回的现金净额	1 501 500	
处置子公司及其他营业单位收到的现金净额		
收到其他与投资活动有关的现金		
投资活动现金流入小计	1 599 000	
购建固定资产、无形资产和其他长期资产支付的现金	2 335 406	
投资支付的现金	525 000	
取得子公司及其他营业单位支付的现金净额		
支付其他与投资活动有关的现金		

第十章 会计确认和计量结果的报告

(续表)

项　　目	本　期　金　额	上　期　金　额
投资活动现金流出小计	2 860 406	
投资活动产生的现金流量净额	－1 261 400	
三、筹资活动产生的现金流量		
吸收投资收到的现金		
取得借款收到的现金	5 000 000	
收到其他与筹资活动有关的现金		
筹资活动现金流入小计	5 000 000	
偿还债务支付的现金	4 250 000	
分配股利、利润或偿付利息支付的现金	1 050 000	
支付其他与筹资活动有关的现金		
筹资活动现金流出小计	5 300 000	
筹资活动产生的现金流量净额	－300 000	
四、汇率变动对现金及现金等价物的影响		
五、现金及现金等价物净增加额	4 924	
加：期初现金及现金等价物余额	7 031 500	
六、期末现金及现金等价物余额	7 036 424	

在实务中，也可以采用台账法编制现金流量表。现仍以2019年度甲股份有限公司的资料，采用台账法编制现金流量表。其具体步骤如下。

1）设置多栏式现金流量表台账，按"经营活动现金流入""经营活动现金流出""投资活动现金流入""投资活动现金流出""筹资活动现金流入"和"筹资活动现金流出"分设账页，并按现金流量表项目设置专栏，如表10-6至表10-11所示。

2）根据编制的会计分录（实务中为收款凭证和付款凭证）所记录的现金流入和流出业务，分析确定现金流入和流出的类别及项目，并按业务发生顺序逐笔登记现金流量表台账。

表 10-6　现金流量表台账

账页名称：经营活动现金流入　　　　　　　　　　　　　　　　　　　　　　　　　　　元

2019年		凭证号码	摘　要	金　额	现金流量表项目		
月	日				销售商品、提供劳务收到的现金	收到的税费返还	收到其他与经营活动有关的现金
（略）	（略）	13	收到销售商品款	3 955 000	3 955 000		
		14	收回应收票据款	1 000 000	1 000 000		
		26	收回应收账款	255 000	255 000		
		33	应收票据贴现额	1 312 500	1 312 500		
			本年累计	6 522 500	6 522 500		

表10-7 现金流量表台账

账页名称：经营活动现金流出　　　　　　　　　　　　　　　　　　　　　　　　　　　　元

2019年		凭证号码	摘要	金额	现金流量表项目			
月	日				购买商品、接受劳务支付的现金	支付给职工以及为职工支付的现金	支付的各项税费	支付其他与经营活动有关的现金
(略)	(略)	1	支付材料采购款	847 500	847 500			
		3	支付应付票据款	500 000	500 000			
		4	支付材料采购款	563 870	563 870			
		17	支付经营人员薪酬	1 500 000		1 500 000		
		23	支付生产用水电费	450 000	450 000			
		28	支付销售展览费	53 000				53 000
		31	支付销售广告费	53 000				53 000
		35	交纳增值税等税费	510 000			510 000	
		50	交纳所得税	478 800			478 800	
			本年累计	4 956 170	2 361 370	1 500 000	988 800	106 000

表10-8 现金流量表台账

账页名称：投资活动现金流入　　　　　　　　　　　　　　　　　　　　　　　　　　　　元

2019年		凭证号码	摘要	金额	现金流量表项目			
月	日				收回投资收到的现金	取得投资收益收到的现金	处置长期资产收回现金净额	收到其他与投资活动有关的现金
(略)	(略)	6	出售交易性金融资产	82 500	82 500			
		11	固定资产报废的净额	1 500			1 500	
		15	出售固定资产的价款	1 500 000			1 500 000	
		43	收到分配的现金股利	15 000		15 000		
			本年累计	1 599 000	82 500	15 000	1 501 500	

表10-9 现金流量表台账

账页名称：投资活动现金流出　　　　　　　　　　　　　　　　　　　　　　　　　　　　元

2019年		凭证号码	摘要	金额	现金流量表项目		
月	日				购建长期资产支付的现金	投资支付的现金	支付其他与投资活动有关的现金
(略)	(略)	7	支付设备购置款	487 906	487 906		
		8	支付购入工程物资款	847 500	847 500		
		16	购入交易性金融资产	525 000		525 000	
		17	支付工程人员薪酬	1 000 000	1 000 000		
			本年累计	2 860 406	2 335 406	525 000	

第十章　会计确认和计量结果的报告

表 10-10　现金流量表台账

账页名称：筹资活动现金流入　　　　　　　　　　　　　　　　　　　　　　　　元

2019 年		凭证号码	摘　要	金　额	现金流量表项目		
月	日				吸收投资收到的现金	取得借款收到的现金	收到其他与筹资活动有关的现金
（略）	（略）	12	从银行借入长期借款	5 000 000		5 000 000	
			本年累计	5 000 000		5 000 000	

表 10-11　现金流量表台账

账页名称：筹资活动现金流出　　　　　　　　　　　　　　　　　　　　　　　　元

2019 年		凭证号码	摘　要	金　额	现金流量表项目		
月	日				偿还债务支付的现金	分配股利、利润或偿付利息支付的现金	支付其他与筹资活动有关的现金
（略）	（略）	38	归还短期借款	1 250 000	1 250 000		
		39	支付借款利息	1 050 000		1 050 000	
		40	归还长期借款	3 000 000	3 000 000		
			本年累计	5 300 000	4 250 000	1 050 000	

3）期末，结计现金流量表台账各项目的本期累计发生额，并根据本期累计发生额编制现金流量表，如表 10-5 所示。

（三）现金流量表补充资料

除现金流量表反映的信息外，企业还应当在附注中披露将净利润调节为经营活动现金流量、不涉及现金收支的重大投资和筹资活动、现金及现金等价物净变动情况等信息。

采用间接法将净利润调节为经营活动现金流量时，需要对四大类项目进行调整：①实际没有支付现金的费用；②实际没有收到现金的收益；③不属于经营活动的损益；④经营性应收应付项目的增减变动。

仍以 2019 年度甲股份有限公司的资料为例，现金流量表补充资料如表 10-12 所示。

表 10-12　现金流量表补充资料　　　　　　　　　　　　　　　　　　　　　单位：元

补 充 资 料	本 期 金 额	上 期 金 额
1.将净利润调节为经营活动现金流量		
净利润	1 318 275	（略，下同）
加：资产减值准备	150 000	
信用损失准备	7 500	
固定资产折旧	500 000	
无形资产摊销	300 000	
长期待摊费用摊销		
处置固定资产、无形资产和其他长期资产的损失（减：收益）	−250 000	
固定资产报废损失（减：收益）	98 500	
公允价值变动损失（减：收益）	−10 000	

295

(续表)

补 充 资 料	本 期 金 额	上 期 金 额
财务费用（减：收益）	50 000	
投资损失（减：收益）	−12 500	
递延所得税资产减少（减：增加）	−39 375	
递延所得税负债增加（减：减少）		
存货的减少（减：增加）	−13 500	
经营性应收项目的减少（减：增加）	−381 500	
经营性应付项目的增加（减：减少）	−151 070	
其他		
经营活动产生的现金流量净额	1 566 330	
2. 不涉及现金收支的重大投资和筹资活动		
债务转为资本		
一年内到期的可转换公司债券		
融资租入固定资产		
3. 现金及现金等价物净变动情况		
现金的期末余额	7 036 424	
减：现金的期初余额	7 031 500	
加：现金等价物的期末余额		
减：现金等价物的期初余额		
现金及现金等价物净增加额	4 924	

第五节　所有者权益变动表

一、所有者权益变动表的定义和结构

（一）所有者权益变动表的定义

所有者权益变动表是指反映构成所有者权益各组成部分当期增减变动情况的报表。

通过所有者权益变动表，既可以为财务报表使用者提供所有者权益总量增减变动的信息，也可以为其提供所有者权益增减变动的结构性信息，特别是可以让财务报表使用者理解所有者权益增减变动的根源。

（二）所有者权益变动表的结构

所有者权益变动表至少应当单独列示反映下列信息的项目：①综合收益总额；②会计政策变更和前期差错更正的累积影响金额；③所有者投入资本和向所有者分配利润等；④按照规定提取的盈余公积；⑤所有者权益各组成部分的期初和期末余额及其调节情况。

所有者权益变动表以矩阵的形式列示：一方面，列示导致所有者权益变动的交易或事项，即按所有者权益变动的来源对一定时期所有者权益变动情况进行全面反映；另一方面，按照所

有者权益各组成部分（包括实收资本、其他权益工具、资本公积、库存股、其他综合收益、盈余公积、未分配利润）列示交易或事项对所有者权益各部分的影响。

我国一般企业的所有者权益变动表格式参见表 10-13。

二、所有者权益变动表的编制

（一）所有者权益变动表项目的填列方法

所有者权益变动表各项目均需填列"上年金额"和"本年金额"两栏。

① 所有者权益变动表"上年金额"栏内各项数字，应根据上年度所有者权益变动表"本年金额"栏内所列数字填列。上年度所有者权益变动表规定的各个项目的名称和内容同本年度不一致的，应对上年度所有者权益变动表各项目的名称和数字按照本年度的规定进行调整，填入所有者权益变动表的"上年金额"栏内。

② 所有者权益变动表"本年金额"栏内各项数字一般应根据"实收资本（或股本）""其他权益工具""资本公积""库存股""其他综合收益""盈余公积""利润分配""以前年度损益调整"科目的发生额分析填列。

企业的净利润及其分配情况作为所有者权益变动的组成部分，不需要单独编制利润分配表列示。

（二）所有者权益变动表项目的填列说明

① "上年年末余额"项目反映企业上年资产负债表中实收资本（或股本）、其他权益工具、资本公积、库存股、其他综合收益、盈余公积、未分配利润的年末余额。本项目应根据上年资产负债表的年末余额填列。

② "会计政策变更""前期差错更正"项目分别反映企业采用追溯调整法处理的会计政策变更的累积影响金额和采用追溯重述法处理的会计差错更正的累积影响金额。本项目应根据"盈余公积""利润分配""以前年度损益调整"科目的发生额分析填列。

上年年末所有者权益余额，经过会计政策变更和前期差错更正的累积影响金额调整后的所有者权益余额，即为本年年初余额。

③ "本年增减变动金额"项目。

- "综合收益总额"项目反映企业当年的综合收益总额。本项目应根据当年利润表中"其他综合收益的税后净额"和"净利润"项目填列，并对应列在"其他综合收益"和"未分配利润"栏。
- "所有者投入和减少资本"项目反映企业当年所有者投入的资本和减少的资本。其中，"所有者投入的普通股"项目反映企业接受投资者投入形成的实收资本（或股本）和资本溢价或股本溢价，应根据"实收资本""资本公积"等科目的发生额分析填列，并对应列在"实收资本"和"资本公积"栏；"其他权益工具持有者投入资本"项目反映企业发生的除普通股以外分类为权益工具投资的金融工具的持有者投入资本的金额，应根据金融工具类科目的相关明细科目的发生额分析填列，并对应列在"其他权益工具"

栏;"股份支付计入所有者权益的金额"项目反映企业处于等待期的权益结算的股份支付当年计入资本公积的金额,应根据"资本公积"科目所属的"其他资本公积"二级科目的发生额分析填列,并对应列在"资本公积"栏。

- "利润分配"项目反映企业当年的利润分配金额,并对应列在"未分配利润"和"盈余公积"栏。其中,"提取盈余公积"项目反映企业按照规定提取的盈余公积,包括法定盈余公积和任意盈余公积,应根据"盈余公积""利润分配"科目的发生额分析填列;"对所有者(或股东)的分配"项目反映企业对所有者(或股东)分配的利润或股利金额,应根据"利润分配"科目的发生额分析填列。

- "所有者权益内部结转"项目,反映企业构成所有者权益的组成部分之间当年的增减变动金额。其中,"资本公积转增资本(或股本)"项目,反映企业以资本公积转增资本或股本的金额,应根据"实收资本(或股本)""资本公积"科目的发生额分析填列;"盈余公积转增资本(或股本)"项目,反映企业以盈余公积转增资本或股本的金额,应根据"实收资本(或股本)""盈余公积"科目的发生额分析填列;"盈余公积弥补亏损"项目,反映企业以盈余公积弥补亏损的金额,应根据"盈余公积""利润分配"科目的发生额分析填列;"设定受益计划变动额结转留存收益"项目,反映企业因重新计量设定受益计划净负债或净资产所产生的变动计入其他综合收益而后结转至留存收益的金额,应根据"其他综合收益"科目的相关明细科目的发生额分析填列;"其他综合收益结转留存收益"项目,主要反映企业指定为以公允价值计量且其变动计入其他综合收益的非交易性权益工具投资终止确认时,之前计入其他综合收益的累计利得或损失从其他综合收益中转入留存收益的金额,以及指定为以公允价值计量且其变动计入当期损益的金融负债终止确认时,之前由企业自身信用风险变动引起而计入其他综合收益的累计利得或损失从其他综合收益中转留存收益的金额等,应根据"其他综合收益"科目的相关明细科目的发生额分析填列。

④ "本年年末余额"项目反映企业本年资产负债表中实收资本(或股本)、资本公积、库存股、其他综合收益、盈余公积、未分配利润的年末余额。本项目应根据本表中"本年年初余额""本年增减变动金额"各项目所列数字计算填列,并与本年资产负债表中所有者权益的"年末余额"数字相符。

检测 10-10　判断题

所有者权益变动表能够反映所有者权益各组成部分当期增减变动情况,有助于财务报表使用者理解所有者权益增减变动的原因。（　　）

例 10-4　承例 10-1,根据甲股份有限公司 2019 年度的资产负债表及所有者权益各账户的本期发生额等资料编制所有者权益变动表,如表 10-13 所示。

第十章 会计确认和计量结果的报告

表 10-13 所有者权益变动表（简表）

编制单位：甲股份有限公司 2019 年度 会企 04 表 单位：元

项目	本年金额								上年金额							
	实收资本（或股本）	其他权益工具	资本公积	减：库存股	其他综合收益	盈余公积	未分配利润	所有者权益合计	实收资本（或股本）	其他权益工具	资本公积	减：库存股	其他综合收益	盈余公积	未分配利润	所有者权益合计
一、上年末余额	25 000 000					500 000	250 000	25 750 000								
加：会计政策变更																
前期差错更正																
二、本年初余额	25 000 000					500 000	250 000	25 750 000								
三、本年增减变动金额（减少以"—"号填列）						131 828	886 447	1 018 275								
（一）综合收益总额							1 318 275	1 318 275								
（二）所有者投入和减少资本																
1. 所有者投入的普通股																
2. 其他权益工具持有者投入资本																
3. 股份支付计入所有者权益的金额																
4. 其他																
（三）利润分配						131 828	−431 828	−300 000								
1. 提取盈余公积						131 828	−131 828	0								
2. 对所有者（或股东）的分配							−30 0000	−300 000								
3. 其他																
（四）所有者权益内部结转																
1. 资本公积转增资本（或股本）																
2. 盈余公积转增资本（或股本）																
3. 盈余公积弥补亏损																
4. 设定受益计划变动额结转留存收益																
5. 其他综合收益结转留存收益																
6. 其他																
四、本年末余额	25 000 000					631 828	1 136 447	26 768 275								

第六节 附 注

一、附注的定义和作用

附注是对资产负债表、利润表、现金流量表和所有者权益变动表等报表中列示项目的文字描述或明细资料，以及对未能在这些报表中列示项目的说明等。

附注主要起到两方面的作用。第一，附注的披露，是对资产负债表、利润表、现金流量表和所有者权益变动表列示项目的含义的补充说明，能够帮助使用者准确地把握其含义。例如，通过阅读附注中披露的固定资产折旧政策的说明，使用者可以掌握报告企业与其他企业在固定资产折旧政策上的异同，以便进行更准确的比较。第二，附注提供了对资产负债表、利润表、现金流量表和所有者权益变动表中未列示项目的详细或明细说明。例如，通过阅读附注中披露的存货增减变动情况，使用者可以了解资产负债表中未单列的存货分类信息。

附注是财务报表的重要组成部分，通过附注与资产负债表、利润表、现金流量表和所有者权益变动表列示项目的相互参照关系，以及对未能在报表中列示项目的说明，可以使财务报表使用者全面了解企业的财务状况、经营成果和现金流量。

检测 10-11　判断题

财务报表附注是对在资产负债表、利润表、现金流量表和所有者权益变动表等报表中列示项目的文字描述或明细资料，以及对未能在这些报表中列示项目的说明等。　　　　（　　）

二、附注披露的主要内容

附注披露的信息应是定量、定性信息的结合。附注一般应当按照下列顺序至少披露以下内容。

（一）企业的基本情况

① 企业注册地、组织形式和总部地址。
② 企业的业务性质和主要经营活动。
③ 母公司以及集团最终母公司的名称。
④ 财务报告的批准报出者和财务报告批准报出日。
⑤ 营业期限有限的企业，还应当披露有关其营业期限的信息。

（二）财务报表的编制基础

财务报表的编制基础是指财务报表是在持续经营基础上还是非持续经营基础上编制的。企业一般在持续经营基础上编制财务报表，清算、破产属于非持续经营基础。

（三）遵循企业会计准则的声明

企业应当声明编制的财务报表符合企业会计准则的要求，真实、完整地反映了企业的财务

第十章　会计确认和计量结果的报告

状况、经营成果和现金流量等有关信息，以此明确企业编制财务报表所依据的制度基础。

（四）重要会计政策和会计估计

1. 重要会计政策的说明

企业应当披露采用的重要会计政策，并结合企业的具体实际披露其重要会计政策的确定依据和财务报表项目的计量基础。其中，会计政策的确定依据主要是指企业在运用会计政策过程中所做的重要判断。这些判断对在报表中确认的项目金额具有重要影响。

2. 重要会计估计的说明

企业应当披露重要会计估计，并结合企业的具体实际披露其会计估计所采用的关键假设和不确定因素，包括可能导致下一个会计期间内资产、负债账面价值重大调整的会计估计的确定依据等。

（五）会计政策和会计估计变更以及差错更正的说明

企业应当按照《企业会计准则第 28 号——会计政策、会计估计变更和差错更正》的规定，披露会计政策和会计估计变更及差错更正的情况。

（六）报表重要项目的说明

企业应当按照资产负债表、利润表、现金流量表、所有者权益变动表的顺序及其报表项目列示的顺序，采用文字和数字描述相结合的方式，尽可能以列表形式披露报表重要项目的构成或当期增减变动情况，并且报表重要项目的明细金额合计，应当与报表项目金额相衔接。

对报表重要项目的说明，企业应当按照各项具体会计准则的规定在附注中披露相关信息。

（七）其他需要说明的重要事项

这些重要事项主要包括：或有和承诺事项、资产负债表日后非调整事项、关联方关系及其交易等需要说明的事项；在资产负债表日后、财务报告批准报出日前提议或宣布发放的股利总额和每股股利金额（或向投资者分配的利润总额）；有助于财务报表使用者评价企业管理资本的目标、政策及程序的信息等。

同步训练

一、单项选择题

1. 某企业 2019 年 12 月 31 日"固定资产"科目余额为 1 000 万元，"累计折旧"科目余额为 300 万元，"固定资产减值准备"科目余额为 50 万元。该企业 2019 年 12 月 31 日资产负债表"固定资产"项目的金额为（　　）万元。

　　A. 650　　　　　B. 700　　　　　C. 950　　　　　D. 1 000

2. 下列各科目的期末余额，不应在资产负债表"存货"项目列示的是（　　）。

　　A. 库存商品　　B. 生产成本　　C. 工程物资　　D. 委托加工物资

3. 下列各项中，不应在利润表"营业收入"项目列示的是（　　）。
   A. 政府补助收入　　　　　　　　B. 设备安装劳务收入
   C. 代修品销售收入　　　　　　　D. 固定资产出租收入
4. 下列各项中，属于现金流量表"投资活动产生的现金流量"的是（　　）。
   A. 取得借款收到的现金　　　　　B. 处置固定资产收回的现金净额
   C. 吸收投资收到的现金　　　　　D. 分配股利、利润或偿付利息支付的现金
5. 下列各项中，不属于现金流量表"经营活动产生的现金流量"的是（　　）。
   A. 收到的税费返还　　　　　　　B. 偿还债务支付的现金
   C. 销售商品、提供劳务收到的现金　D. 支付给职工以及为职工支付的现金
6. 下列各项中，不影响利润表"营业利润"项目金额的是（　　）。
   A. 出售原材料损失　　　　　　　B. 计提无形资产减值准备
   C. 出售交易性金融资产损失　　　D. 公益性捐赠支出
7. 某企业 2017 年 4 月 1 日从银行借入期限为 3 年的长期借款 400 万元。2019 年 12 月 31 日编制资产负债表时，此项借款应填入资产负债表的项目是（　　）。
   A. 短期借款　　　　　　　　　　B. 长期借款
   C. 其他非流动负债　　　　　　　D. 一年内到期的非流动负债
8. 甲企业年初未分配利润的贷方余额为 150 万元，本年度实现的净利润为 200 万元，分别按 10%和 5%提取法定盈余公积和任意盈余公积。假定不考虑其他因素，甲企业年末资产负债表中"未分配利润"项目的金额为（　　）万元。
   A. 350　　　　B. 320　　　　C. 297.5　　　　D. 200
9. 某企业年末"应收账款"科目的借方余额为 650 万元。其中，"应收账款"明细账的借方余额为 850 万元，贷方余额为 200 万元，年末"坏账准备"科目中有关应收账款计提的坏账准备余额为 65 万元。该企业年末资产负债表中"应收账款"项目的金额为（　　）万元。
   A. 585　　　　B. 600　　　　C. 785　　　　D. 800
10. 2019 年 5 月，甲公司销售商品实际应交增值税 38 万元、应交消费税 35 万元；适用的城市维护建设税税率为 7%，教育费附加为 3%。假定不考虑其他因素，甲公司当月应列入利润表"税金及附加"项目的金额为（　　）万元。
    A. 7.3　　　　B. 38.5　　　　C. 42.3　　　　D. 80.3

二、多项选择题

1. 下列各项中，影响利润表"所得税费用"项目金额的有（　　）。
   A. 当期应交所得税　　　　　　　B. 递延所得税收益
   C. 递延所得税费用　　　　　　　D. 代扣代交的个人所得税
2. 下列各项中，应列入利润表"营业成本"项目的有（　　）。
   A. 出售商品的成本　　　　　　　B. 销售材料的成本
   C. 出租非专利技术的摊销额　　　D. 经营出租设备计提的折旧额
3. 下列各项中，应在资产负债表"预付款项"项目列示的有（　　）。
   A. "预付账款"所属明细科目的借方余额
   B. "应收账款"所属明细科目的借方余额
   C. "应付账款"所属明细科目的借方余额
   D. "预收账款"所属明细科目的借方余额

第十章　会计确认和计量结果的报告

4．下列各项中，属于所有者权益变动表单独列示的项目有（　　）。
　　A．提取盈余公积　　　　　　　　B．综合收益总额
　　C．盈余公积转增资本　　　　　　D．资本公积转增资本
5．下列各项现金流出，属于现金流量表中"筹资活动产生的现金流量"的有（　　）。
　　A．偿还应付账款　　　　　　　　B．偿还短期借款
　　C．发放现金股利　　　　　　　　D．支付借款利息
6．下列各项中，应作为现金流量表"经营活动产生的现金流量"的有（　　）。
　　A．销售商品收到的现金　　　　　B．取得短期借款收到的现金
　　C．采购原材料支付的增值税　　　D．取得长期股权投资支付的手续费
7．下列各项中，会使资产负债表负债项目金额增加的有（　　）。
　　A．计提坏账准备　　　　　　　　B．计提存货跌价准备
　　C．计提长期借款利息　　　　　　D．计提一次还本付息应付债券的利息
8．下列各项中，影响当期营业利润的有（　　）。
　　A．所得税费用　　　　　　　　　B．固定资产减值损失
　　C．销售商品收入　　　　　　　　D．投资性房地产公允价值变动收益
9．下列各项中，应列入资产负债表"应收账款"项目的有（　　）。
　　A．预付职工差旅费　　　　　　　B．代购货单位垫付的运杂费
　　C．销售产品应收取的款项　　　　D．对外提供劳务应收取的款项
10．下列各项中，应列入资产负债表"应付利息"项目的有（　　）。
　　A．计提的短期借款利息
　　B．计提的一次还本付息债券利息
　　C．计提的分期付息到期还本债券利息
　　D．计提的分期付息到期还本长期借款利息

三、判断题

1．所有者权益变动表在一定程度上体现了企业综合收益。（　　）
2．“固定资产清理”科目期末如为贷方余额，则不应并入资产负债表中"固定资产"项目填列。（　　）
3．企业在编制现金流量表时，对为职工支付的社会保险费和住房公积金等，应按照职工的工作性质和服务对象分别在经营活动及投资活动产生的现金流量有关项目中反映。（　　）
4．附注是财务报表的重要组成部分，但企业编制财务报表时，如果没有需要可以不披露附注。（　　）
5．“利润分配”总账科目的年末余额不一定与相应的资产负债表中"未分配利润"项目的数额一致。（　　）
6．综合收益的构成包括净利润和其他综合收益的税后净额两部分。（　　）
7．现金流量表中"销售商品、提供劳务收到的现金"项目，反映本企业自营销售商品或提供劳务收到的现金，不包括委托代销商品收到的现金。（　　）
8．所有者权益变动表"未分配利润"栏目的本年年末余额应当与本年资产负债表"未分配利润"项目的年末余额相等。（　　）

四、不定项选择题

甲股份有限公司(以下简称甲公司)2019 年有关资料如下。
(1) 1 月 1 日甲公司部分总账及其所属明细账余额如下表所示。

万元

总 账	明细账	借或贷	余 额
应收账款	A 公司	借	600
坏账准备		贷	30
长期股权投资	B 公司	借	2 500
固定资产	厂房	借	3 000
累计折旧		贷	900
固定资产减值准备		贷	200
应付账款	C 公司	借	150
应付账款	D 公司	贷	1 050
长期借款	甲银行	贷	300

说明:该公司未单独设置"预付账款"科目;表中的长期借款为 2018 年 10 月 1 日从银行借入,借款期限 2 年,年利率为 5%,每年付息一次。

(2) 2019 年甲公司发生如下交易或事项。

① 3 月 10 日,收回上年已作为坏账转销的应收 A 公司账款 70 万元并存入银行。

② 4 月 15 日,收到 C 公司发来的材料一批并验收入库,增值税专用发票上注明价款 100 万元,增值税税额 13 万元。其款项上年已预付。

③ 4 月 20 日,对厂房进行更新改造。发生后续支出总计 500 万元(不考虑相关税费),所替换的旧设施账面价值为 300 万元(该设施原价 500 万元,已提折旧 167 万元,已提减值准备 33 万元)。该厂房于 12 月 30 日达到预定可使用状态,其后续支出符合资本化条件。

④ 1 月至 4 月该厂房已计提折旧 100 万元。

⑤ 6 月 30 日,从乙银行借款 200 万元,期限 3 年,年利率为 6%,每半年付息一次。

⑥ 10 月份以票据结算的经济业务有(不考虑相关税费):持银行汇票购进材料 500 万元;持银行本票购进库存商品 300 万元;签发 6 个月的商业汇票购进物资 800 万元。

⑦ 12 月 31 日,经计算本月应付职工工资 200 万元,应计提社会保险费 50 万元。同日,以银行存款预付下月住房租金 2 万元,该住房供公司高级管理人员免费居住。

⑧ 12 月 31 日,经减值测试,应收 A 公司账款,预计未来现金流量现值为 400 万元。

⑨ 甲公司对 B 公司的长期股权投资采用权益法核算,其投资占 B 公司表决权资本的 30%。2019 年 B 公司实现净利润 9 000 万元。长期股权投资在资产负债表日不存在减值迹象。

要求:根据上述资料,不考虑其他因素,分析回答第 1 至 6 题。

1. 根据资料(1)和(2),甲公司资产负债表中"预付款项"和"应收账款"项目的金额是( )万元。
  A. 37   B. 150   C. 400   D. 600

2. 根据资料(1)和(2),甲公司资产负债表中"长期股权投资"项目的金额是( )万元。
  A. 2 500   B. 2 700   C. 5 200   D. 9 000

3. 根据资料(1)和(2),甲公司资产负债表中"固定资产"项目的金额是( )万元。
  A. 2 100   B. 2 600   C. 3 100   D. 2 000

第十章 会计确认和计量结果的报告

4．根据资料（1）和（2），甲公司资产负债表中"应付票据"和"应付职工薪酬"项目的金额是（   ）万元。

　　A．800　　　　　B．250　　　　　C．1 050　　　　D．550

5．根据资料（1）和（2），甲公司资产负债表中"应付账款"项目的金额是（   ）万元。

　　A．900　　　　　B．150　　　　　C．1 050　　　　D．800

6．根据资料（1）和（2），甲公司资产负债表中"长期借款"项目的金额是（   ）万元。

　　A．300　　　　　B．200　　　　　C．100　　　　　D．500

五、综合题

1．乙有限责任公司（简称乙公司）为一家从事机械制造的增值税一般纳税企业。2019年1月1日，所有者权益总额为5 400万元。其中，实收资本4 000万元，资本公积400万元，盈余公积800万元，未分配利润200万元。2019年度乙公司发生如下经济业务。

（1）经批准，接受丙公司投入不需要安装的设备一台并交付使用，合同约定的价值为3 500万元（与公允价值相符），增值税税额为455万元。同时，乙公司增加实收资本2 000万元。相关法律手续已办妥。

（2）出售一项专利技术，售价25万元，款项存入银行，专利技术出售免增值税。该项专利技术实际成本50万元，累计摊销额38万元，未计提减值准备。

（3）被投资企业丁公司以公允价值计量且其变动计入其他综合收益的金融资产的公允价值净值增加300万元，乙公司采用权益法按30%持股比例确认应享有的份额。

（4）结转固定资产清理净收益50万元。

（5）摊销递延收益31万元（该递延收益是以前年度确认的与日常活动相关的政府补助）。

（6）年末某研发项目完成并形成无形资产。该项目研发支出资本化金额为200万元。

（7）除上述经济业务外，乙公司当年实现营业收入10 500万元，发生营业成本4 200万元、税金及附加600万元、销售费用200万元、管理费用300万元、财务费用200万元。经计算确定营业利润为5 000万元。

按税法规定当年准予税前扣除的职工福利费120万元，实际发生并计入当年利润总额的职工福利费150万元。除此之外不存在其他纳税调整项目，也没有递延所得税。所得税税率为25%。

（8）确认并结转全年所得税费用。

（9）年末将"本年利润"科目贷方余额3 813万元结转至未分配利润。

（10）年末提取法定盈余公积381.3万元，提取任意盈余公积360万元。

（11）年末将"利润分配——提取法定盈余公积""利润分配——提取任意盈余公积"明细科目余额结转至未分配利润。

假定除上述资料外，不考虑其他相关因素。

要求：（答案中的金额单位用万元表示）

（1）根据资料（1）至（6），逐项编制乙公司相关经济业务的会计分录。

（2）根据资料（2）至（7），计算乙公司2019年度利润总额和全年应交所得税。

（3）根据资料（8）至（11），逐项编制乙公司相关经济业务的会计分录。

（4）计算乙公司2019年12月31日资产负债表中"实收资本""资本公积""盈余公积""未分配利润"项目的期末余额。

2．甲公司为增值税一般纳税人，适用的增值税税率为13%，所得税税率为25%。原材料和库存商品均按实际成本核算,其销售价均不含增值税,其销售成本随销售收入的确认逐笔结转。本年利润采用表结法核算,年末一次确认全年所得税费用。该公司 2018 年 12 月 31 日资产负债表(简表)如下表所示。其中,"应收账款"科目的期末余额为 1 600 000 元,"坏账准备"科目的期末余额为 8 000 元。假定其他各项资产未计提资产减值准备,"累计折旧"科目的期末余额为 500 000 元。交易性金融资产的账面价值等于公允价值,长期股权投资采用成本法核算。

资产负债表(简表)

编制单位:甲公司　　　　　　　　　　2018 年 12 月 31 日　　　　　　　　　　　　　　　　元

资　　产	期 末 余 额	负债和所有者权益	期 末 余 额
货币资金	3 164 000	短期借款	2 000 000
交易性金融资产	200 000	应付账款	840 000
应收票据	240 000	应付票据	400 000
应收账款	1 592 000	预收款项	600 000
预付款项	160 000	应付职工薪酬	40 000
存货	3 680 000	应交税费	96 000
流动资产合计	9 036 000	其他应付款	400 000
		其中:应付利息	400 000
长期股权投资	4 800 000	流动负债合计	4 376 000
固定资产	14 340 000	长期借款	10 080 000
其中:固定资产清理	-80 000		
在建工程	1 488 000	负债合计	14 456 000
无形资产	2 050 000	实收资本	16 000 000
递延所得税资产	2 000	盈余公积	960 000
非流动资产合计	22 680 000	未分配利润	300 000
		所有者权益合计	17 260 000
资产总计	31 716 000	负债和所有者权益总计	31 716 000

2019 年甲公司发生如下交易或事项。

(1) 收回应收票据 240 000 元已存入银行账户。

(2) 从银行借入一年期借款 500 000 元。借款已存入银行账户。

(3) 购入商品一批,增值税专用发票上注明的价款为 4 000 000 元,增值税税额为 520 000 元。商品已验收入库。货款以银行存款支付 2 680 000 元,余款暂欠。

(4) 一台管理用设备,经批准报废,原价 500 000 元,已提折旧 80 000 元,清理费用 10 000 元,残值收入 30 000 元。均通过银行存款收支。该项固定资产已清理完毕,不考虑相关税费。

(5) 以商业承兑汇票支付方式购入材料一批,发票账单已经收到,增值税专用发票上注明的价款为 1 150 000 元,增值税税额为 149 500 元。材料已验收入库。

(6) 销售商品一批,开出的增值税专用发票上注明的价款为 4 600 000 元,增值税税额为 598 000 元。该批商品实际成本为 3 700 000 元。提货单和增值税专用发票已交购货方,货款已收到存入银行。

(7) 以银行存款偿还应付票据 400 000 元。

(8) 委托证券公司购入公允价值为 500 000 元的股票,划分为以公允价值计量且其变动计入当期损益的金融资产核算。

(9) 销售材料一批,材料的销售价格为 1 650 000 元,增值税税额为 214 500 元。该批材料实际成本为 900 000 元。材料已发出,销售款项存入银行。

(10) 以银行存款支付广告宣传等销售费用 200 000 元,取得增值税专用发票上注明的增值税税额为 12 000 元。

（11）购入商品一批，增值税专用发票上注明的价款为 3 500 000 元，增值税税额为 455 000 元。商品已验收入库，货款以银行存款结清。

（12）结转固定资产报废清理净收益 80 000 元。

（13）计提固定资产折旧 500 000 元。其中，销售费用 400 000 元、管理费用 100 000 元。摊销无形资产成本 150 000 元。

（14）确认以公允价值计量且其变动计入当期损益的金融资产的公允价值变动收益 20 000 元。

（15）销售商品一批。该批商品售价为 5 650 000 元，增值税税额为 734 500 元，实际成本为 4 100 000 元，商品已发出。甲公司已于上年预收货款 600 000 元，其余款项已收到存入银行。

（16）以银行存款支付职工薪酬 1 500 000 元。

（17）收到长期股权投资分得的现金股利 60 000 元。

（18）分配职工薪酬费用。其中，销售人员薪酬 900 000 元，管理人员薪酬 400 000 元，在建工程人员薪酬 200 000 元。

（19）计提应收账款坏账准备 20 000 元，计提存货跌价准备 80 000 元。

（20）计提短期借款利息 50 000 元；计提应计入在建工程的长期借款利息 400 000 元。长期借款为分期付息。

（21）计提应交城市维护建设税 38 500 元，应交教育费附加 16 500 元。

（22）转让长期股权投资，实际收到款项 1 500 000 元已存入银行。该项长期股权投资的成本为 1 000 000 元。

（23）转销无法支付的应付账款 300 000 元。

（24）收回应收账款 500 000 元。已存入银行账户。

（25）用银行存款交纳增值税 500 000 元，城市维护建设税 35 000 元，教育费附加 15 000 元，预交所得税 250 000 元。

（26）用银行存款归还短期借款本金 2 000 000 元，长期借款本金 3 000 000 元。

（27）以银行存款偿还应付利息 400 000 元。

（28）本期计提存货跌价准备 80 000 元、计提应收账款坏账准备 20 000 元、以公允价值计量且其变动计入当期损益的金融资产的公允价值增加 20 000 元，导致其账面价值与其计税基础存在差异。假定无其他纳税调整项目。企业按照税法规定计算的应纳税所得额为 1 485 000（1 405 000＋100 000－20 000）元，应交所得税 371 250 元，确认递延所得税资产 25 000（100 000×25%）元，确认递延所得税负债 5 000（20 000×25%）元。

（29）将各收支科目结转本年利润。

（30）将"本年利润"科目余额转入"利润分配——未分配利润"科目。

（31）按照净利润的 10% 提取法定盈余公积金。

（32）将利润分配各明细科目的余额转入"未分配利润"明细科目。

假定除上述资料外，不考虑其他相关因素。

要求：

（1）编制甲公司 2019 年发生的交易或事项的会计分录。

（2）编制甲公司 2019 年的资产负债表、利润表、现金流量表和所有者权益变动表。

参 考 文 献

[1] 财政部会计资格评价中心．初级会计实务（2019）[M]．北京：经济科学出版社，2018．

[2] 财政部会计资格评价中心．中级会计实务（2019）[M]．北京：经济科学出版社，2019．

[3] 财政部．企业会计准则（2006）[M]．北京：经济科学出版社，2006．

[4] 财政部．企业会计准则应用指南（2006）[M]．北京：中国财政经济出版社，2006．

[5] 财政部会计司编写组．企业会计准则讲解（2010）[M]．北京：人民出版社，2010．

[6] 张志凤．会计专业技术资格考试应试指导及全真模拟测试·初级会计实务[M]．北京：北京大学出版社，2014．

[7] 财政部会计司．企业会计准则第 39 号——公允价值计量[M]．北京：中国财政经济出版社，2014．

[8] 财政部会计司．企业会计准则第 2 号——长期股权投资[M]．北京：经济科学出版社，2014．

[9] 财政部会计司．企业会计准则第 40 号——合营安排[M]．北京：经济科学出版社，2014．

[10] 财政部会计司．企业会计准则第 9 号——职工薪酬[M]．北京：中国财政经济出版社，2014．

[11] 财政部会计司．企业会计准则第 30 号——财务报表列报[M]．北京：中国财政经济出版社，2014．

[12] 财政部、国家税务总局．关于全面推开营业税改征增值税试点的通知．财税〔2016〕36 号．

[13] 财政部．关于印发《增值税会计处理规定》的通知．财会〔2016〕22 号．

[14] 财政部、国家税务总局．关于简并增值税税率有关政策的通知．财税〔2017〕37 号．

[15] 财政部、国家税务总局、海关总署．关于深化增值税改革有关政策的公告．财政部、国家税务总局、海关总署公告〔2019〕第 39 号．

[16] 财政部会计司．《企业会计准则第 22 号——金融工具确认和计量》应用指南[M]．北京：中国财政经济出版社，2018．

[17] 财政部会计司．《企业会计准则第 42 号——持有待售的非流动资产、处置组和终止经营》应用指南[M]．北京：中国财政经济出版社，2018．

[18] 财政部会计司．《企业会计准则第 37 号——金融工具列报》应用指南[M]．北京：中国财政经济出版社，2018．

[19] 财政部会计司．《企业会计准则第 16 号——政府补助》应用指南[M]．北京：中国财政经济出版社，2018．

[20] 财政部会计司．《企业会计准则第 14 号——收入》应用指南[M]．北京：中国财政经济出版社，2018．

[21] 财政部．关于修订印发 2019 年度一般企业财务报表格式的通知．财会〔2019〕6 号．

尊敬的老师：

您好。

请您认真、完整地填写以下表格的内容（务必填写每一项），索取相关图书的教学资源。

教学资源索取表

书 名			作者名	
姓 名		所在学校		
职 称		职 务		职 称	
联系方式	电话		E-mail	
	QQ号		微信号	
地址（含邮编）	
贵校已购本教材的数量（本）	
所需教学资源	
系/院主任姓名	

系/院主任：_____（签字）

（系/院办公室公章）

20____年____月____日

注意：

① 本配套教学资源仅向购买了相关教材的学校老师免费提供。

② 请任课老师认真填写以上信息，并请系/院加盖公章，然后传真到 (010) 80115555 转 718438 索取配套教学资源。也可将加盖公章的文件扫描后，发送到 fservice@126.com 索取教学资源。欢迎各位老师扫码关注我们的微信号和公众号，随时与我们进行沟通和互动。

③ 个人购买的读者，请提供含有书名的购书凭证，如发票、网络交易信息，以及购书地点和本人工作单位来索取。

微信号　　　　　　　　　　公众号

反侵权盗版声明

电子工业出版社依法对本作品享有专有出版权。任何未经权利人书面许可,复制、销售或通过信息网络传播本作品的行为;歪曲、篡改、剽窃本作品的行为,均违反《中华人民共和国著作权法》,其行为人应承担相应的民事责任和行政责任,构成犯罪的,将被依法追究刑事责任。

为了维护市场秩序,保护权利人的合法权益,我社将依法查处和打击侵权盗版的单位和个人。欢迎社会各界人士积极举报侵权盗版行为,本社将奖励举报有功人员,并保证举报人的信息不被泄露。

举报电话:(010)88254396;(010)88258888
传　　真:(010)88254397
E-mail:dbqq@phei.com.cn
通信地址:北京市万寿路 173 信箱
　　　　　电子工业出版社总编办公室
邮　　编:100036